핵담판

Chronicle of Nuclear Showdown

이 책은 방일영문화재단의 지원을 받아 저술-출판되었습니다.

평양에서 하노이까지 3,000일의 북핵 문제 연대기

# 핵담판

왕선택 지음

# 담판

—— Chronicle of Nuclear Showdown ——

책▥

# contents

## section 03 / 2014

**케네스 배 석방으로 핵담판 계기 마련.**

## 소니 해킹 사건으로 북미 대화는 물거품되다

## section 04 / 2015

**새로운 미사일 개발에 눈을 뜬 북한.**

## 남한과의 끝장 대결을 결심하다

# section 05 / 2016

# section 06 / 2017

# section 07 / 2018-2019

한반도 안보 정세 대격변 시작,
## 싱가포르에서 사상 최초 북미 정상회담이 열리다

# Prologue

《핵담판》은 2013년 5월 출간한 졸저《북핵 위기, 20년 또는 60년》의 후속편으로 기획했다. 당시 졸저는 북핵 문제가 발생한 시점인 1993년 이후 20여 년간 벌어진 일은 물론 북핵 문제의 시원이 1950년 한국전쟁까지 이어진다는 인식을 바탕으로 60년 동안 북핵 문제와 관련해 벌어진 중요한 일을 연표로 정리하고 중요한 순간에 대한 논평을 첨가했다. 그런 만큼 이번 연대기는 2013년 5월 이후 북핵 문제를 연표로 정리하는 작업이었다. 원고 준비 과정에서 2013년 5월보다는 2011년 12월 17일 김정은 북한 국무위원장 집권을 기점으로 다시 정리하는 것이 좋겠다는 의견이 나왔다.

그런 배경으로 '김정은 시대, 북핵 문제 연대기'가 이 책의 주제가 되었다. 2013년 졸저가 나온 뒤 북핵 문제와 관련한 시계열적 자료집 차원에서 도움이 되었다는 칭찬도 몇 차례 받은 터라 홀로 앉아 위안을 삼기도 했다. 그러나 무미건조한 자료집 형식으로 만들어 독자의 관심을 사지 못했다는 지적도 있었다. 그래서 이번에는 가독성이 좋아지기를 바라는 마음으로 서술 형식을 취했다.

사실 연대기를 정리하는 작업은 시간이 많이 필요하지만 기대 성과는 적은 일이다. 해운대 백사장에서 굵은 모래를 찾아내는 것에 비유할 수 있겠다. 얼마나 커야 굵은 모래인지 헷갈리고, 몇 개를 모아야 일이 끝나는지 알 수도 없다. 광활한 해변에서 모래를 하나하나 뒤집어 보는 인간의 생명이 너무 짧아서 죽기 전에 의미 있는 기여가 가능한지에 대해서도 확신이 없다. 북핵 문제도 엄청나게 복잡하고 장기적으로 전개되지만, 이를 지켜보는 하나의 관찰자 역량은 극도로 제한적이다. 우선 북핵 문제는 다양한 방면에서 진행되기 때문에 어떤 한 분야에서 관찰한 결과를 다른 분야 담당자와 공유하는 것이 구조적으로 어렵다. 통일부와 외교부, 국방부가 기억하는 북핵 문제 양상이 각기 다르고, 보수 진영과 진보 진영이 규정하는 북핵 문제 맥락이 전혀 다르다. 남한과 북한 또는 미국과 중국이 기억하는 북핵 문제 일지가 다르다는 것은 의문을 제기할 필요도 없다. 더구나 북핵 문제는 30년 가까이 진행되는 특성이 있어서 대한민국의 경우 북핵 문제를 직접 담당한 정부 관리들도 2년이나 3년이 지나면 다른 보직을 받고 떠나가는 일이 반복되다 보니, 시대 변화에 따라 달라진 북핵 문제의 특징이 후대에 제대로 전달되기도 어렵다. 북핵 문제와 관련한 기록이 적지는 않지만 특정한 시기나 사건에 집중한 기록물이 대부분이고 통시적이며 통합적인 기록을 찾기 어려운 이유다.

북핵 문제 연대기를 제대로 작성할 수 있는 자격을 제대로 갖추지 못했다는 점에서 필자도 다르지 않다. 다만 2002년 이후 북핵 문제를 꾸준하게 보도했고 통일부와 외교부, 국방부, 청와대, 국회 출입 기자를 두루 거쳤기 때문에 통시적 자료 정리에는 다소 유리한 위치라고 할 수 있다. 북한대학원대학교에서 북한 국내 정치 구조와 외교 정책 특성에 대해 집중적으로 공부한 시간은 북핵 문제와 관련한 튼튼한 분석 틀을 얻는 계기였다. 또 미국 조지워싱턴대학에서 국제 정책 실무로 석사 학위를 받았고, 3년 동안 YTN 워싱턴 특파원으로 근무한 경험도 도움이 되었다. 북핵 문제에서 중대한 축을 구성하는 미국의 국내 정치나 대북 정책을 면밀하게 관찰했고, 덕분에 균형감을 유지하면서 북핵 문제를 다루는 기반을 갖출 수 있었다.

2013년 미약하지만 나름대로 경험과 조건을 갖췄다는 생각에 용기를 모아 책을 냈는데, 출간 이후 오자와 탈자도 보이고 중요한 사건이 연표에서 빠진 것도 발견되었다. 심지어 내용에 오류가 있는 경우도 있어서 부끄럽고 죄송스러운 마음에 두번 다시는 책을 쓰지 않겠다는 다짐도 했다. 책을 쓴다는 것은 자신의 무지와 게으름, 어리석음과 편견을 돌에 새기는 일과 같다는 말에 공감할 수밖에 없다. 그러나 북핵 문제와 관련해 해당 업무를 직접 담당한 관리 출신의 전문가가 작성한 기록도 필요하지만, 북핵 문제를 장기적으로 다룬 언론인이 서술한 연대기도 필요하다는 의무감에 부끄러움을 무릅쓰고 또다시 연대기 출간 작업에 나섰다.

특히 2017년 11월 워싱턴 특파원 출신 언론인 모임인 한미클럽과 주한 미국 대사관이 주관하는 '돈 오버도퍼 기자상'을 받고, 2018년 2월 전문기자 부문 삼성언론상을 수상한 것은 개인적으로 북핵 문제 연대기 작업에 다시 참여한 배경이었다. 2015년 별세하신 오버도퍼 전《워싱턴포스트》기자는 1997년 역작인《두 개의 한국(The Two Koreas)》을 펴내 한국 현대 외교사 차원에서 의미 있는 기록물을 남겼다. 필자도 오버도퍼 기자와 직접 대화를 나눠 본 적이 있어서 그가 얼마나 정확하고 공정한 기록을 남기기 위해 노력했는지 증언할 수 있다. 그의 책을 읽고 그와 대화를 나눈 뒤 '외교사 기록자' 차원에서 그의 제자가 되기로 작심한 바 있다. 하물며 그의 이름을 담은 기자상을 받은 상황에서 북핵 문제 연대기 작업은 피할 수 없는 과제라는 생각이 들었다.

많이 팔리기 어려운 책이 될 거라는 전망이 큰데도 기꺼이 출판을 맡아 주신 '책책'의 선유정 대표에게 진심으로 감사의 말씀을 드리고 싶다. 여전히 일과 공부에만 집중하고 가정의 일에 무심한 가장과 더불어 힘겨운 삶을 공유하는 아내 이정아, 아들 왕현목, 딸 왕도경에게 감사와 미안한 마음을 전한다. YTN 통일, 외교, 안보부 소속으로 필자의 동료 기자인 김문경 부장과 김세호 기자, 김지선 기자, 강정규 기자, 한연희 기자에게도 심심한 감사의 말씀을 드린다.

2019년 3월 19일
서울 도렴동 외교부 기자실에서

북핵 문제,
김정은 도박으로
재조정되다

2011년 12월 17일 김정일 국방위원장 사망에 따라 당시 28세였던 김정은 위원장이 북한 최고 지도자가 됐다. 김정은 위원장이 통치를 시작하고 1년이 지나는 시점에서도 북핵 문제는 여전히 선친인 김정일 위원장의 유산이라는 성격이 강했다. 그러나 2012년 12월 12일 은하 3호 우주 로켓 발사 성공을 계기로 김정은 위원장이 직접 관리하는 최대 관심사로 등장한다.

이 무렵 한국에서는 박근혜 대통령이 대통령에 당선됐고, 미국에서는 버락 오바마 대통령이 연임을 위한 재선에서 당선됐으며, 중국에서는 시진핑 부주석이 공산당 총서기로 선출됐다. 한반도를 둘러싼 당사국 최고 지도자 4명이 새로운 조합을 형성하면서 한반도와 주변 정세는 중대한 변화 요인이 생겼고, 북핵 문제도 심각한 변화를 겪게 된다. 그렇지만 변화 방향은 안타깝게도 부정적인 방향이었다.

# 제 1 장

---

# 은하3호발사,
# 도박의시작

---

북핵 문제의 근원은 김일성 주석 시절로 거슬러 올라갈 수 있지만, 북핵 문제를 주도적으로 추진한 사람은 김정일 국방위원장이었다. 2011년 12월 17일 김정은 위원장*이 북한의 최고 지도자로 등장한 시점에서도 핵 문제는 이미 북한의 핵심 과제로 자리 잡았고, 여전히 선친인 김정일 국방위원장의 문제였다. 그렇지만 북핵 문제는 어느 시점에서 김정은 위원장의 문제로 전이되었다.

언제부터인지에 대해서는 논란이 있을 수 있다. 2013년 2월 12일 3차 핵실험을 기점으로 제시할 수도 있다. 그렇지만 3차 핵실험 국면은 두 달 전에 발생한 우주 로켓 발사와 연동된 문제라는 점에서 보면 2012년 12월 12일이 중요하다. 물론 12월 로켓 발사는 8개월 전인 4월 13일 로켓 발사 실패를 만회하기 위한 사건이었다. 그러므로 2012년

---

* 김정은 위원장은 국무위원장, 노동당 위원장으로 불리기도 한다. 2016년 6월 이전에는 제1국방위원장이나 제1비서 등으로 불리기도 했다. 이 책에서는 김정은 국무위원장으로 통일하고, 약칭으로 김정은 위원장을 사용하기로 한다.

4월 13일이 결정적인 날이라는 설명도 가능하다. 그러나 김정은 위원장이 단독 통치를 시작한 지 불과 4개월이 안 된 시기여서 국내 정치가 불안정한 상태였기 때문에 핵 문제에 몰입하지 못했을 가능성이 크다. 이때를 중요한 시기로 간주한다면 2009년 5월 25일 2차 핵실험 강행 시점이나 2009년 4월 5일 우주 로켓 발사도 중요하게 다뤄야 한다. 김정은 위원장이 후계자 수업을 받던 기간인 만큼 김정은 위원장도 주요 정책 결정에 참여했을 거라고 확실시되기 때문이다.

정반대로 시기를 한참 늦춰서 2016년 1월 6일을 주목하는 분석도 가능하다. 이날 4차 핵실험이 2016년과 2017년 2년 동안 이어진 끝장 대결의 시작점이었기 때문이다. 이날 이후 김정은 위원장은 그 이전 시기와 비교가 되지 않는 속도로 미사일과 핵 개발 폭주를 시작했고, 2017년 11월 29일 화성 15형 미사일 발사를 계기로 국가 핵 무력 완성을 선언하기에 이르렀다.

2009년 4월부터 2016년 1월 사이에 핵 문제와 관련해 최소한 여섯 차례 중대 결단의 순간이 있었고, 각 상황마다 서로 다른 의미를 갖는다. 그중에서도 가장 결정적인 순간을 고르는 것은 북한 핵 문제에 대한 이해 수준이나 방향, 탐색 방식을 보여 주는 접근법을 반영한다고 할 수 있다. 여러 가지 접근법 가운데 김정은 위원장의 북핵 문제 몰입 정도를 구분하는 순간과 국제 관계 전반에서 그 전과 후가 확연히 달라지는 순간은 단연 2012년 12월 12일 우주 로켓 발사 성공의 순간이다. 그 순간 김정은 위원장은 거대한 도박의 함정에 빠져들었고, 북핵 문제는 김정일 국방위원장의 도박에서 김정은 위원장의 도박으로 변경되었다.

# 우주 로켓 발사 준비 완료!

2012년 10월 19일 미국 뉴욕의 유엔본부 건물에서 심상치 않은 소란이 일어났다. 유엔 총회 제3위원회에 참석한 박길연 외무성 부상이 북한 대표단장 자격으로 연설하면서 우주 로켓 발사를 강행하겠다는 입장을 밝힌 것이다. 박길연 부상은 북한의 우주 개발 노력은 주권 국가의 자주적 권리 행사인 동시에 국제법에 따르는 합법적 권리 행사라며 당당하게 실용 위성을 계속 쏘아 올릴 거라고 말했다. 북한이 우주 로켓을 발사하는 것은 유엔 안전보장이사회가 2006년 7월 15일 채택한 대북 제재 결의 1695호에 의해 금지돼 있었다. 유엔 안보리는 북한이 2006년 7월 5일 탄도 미사일 7기를 연속 발사한 것에 대해 동북아 지역의 평화와 안정, 안보를 위협에 빠뜨리는 행위로 규정하면서 향후 탄도 미사일 프로그램과 관련한 모든 행위를 금지한다는 내용의 제재 결의를 채택했다. 이후 북한이 관련 규정을 위반할 때마다 1695호 규정을 근거로 추가 제재 결의인 1718호와 1874호 등을 채택했다. 유엔 안보리 제재 결의가 지목하는 미사일 프로그램과 관련한 모든 행위에는 우주 로켓도 포함돼 있다. 그러므로 박길연 부상의 로켓 발사 발언은 유엔 안보리 결의를 정면으로 위반하겠다는 선언에 다름 아니다.

이 시기 김정은 위원장의 행보에서 특이한 현상이 포착되었다. 조선중앙통신이 10월 14일을 마지막으로 김 위원장 동정 보도를 중단한 것이다. 북한 매체가 최고 지도자 관련 보도를 재개한 것은 10월 29일로 보름이 지난 시점이다. 보름 만에 다시 등장한 김 위원장은 김일성군사종합대학 창립 60돌을 맞아 이 학교에서 열린 김일성 주석과 김정일 국방위원장 동상 제막식에 참가했다. 김 위원장은 이날 행사에서 당과 수령에 충실하지 못한 군인은 아무리 군사가다운 기질이 있고 작전 전술에 능하다 해도 필요 없다면서 누구인지 확인되지 않는 대상을 겨냥한 적개심을 노골적으로 표출했다. 한편 이날 행사와 관련하여 저녁에 열린 모란봉악단 공연에 부인 리설주를 동행한 것이 북한 매체에 보도되었다. 리설주의 움직임에 대한 보도는 9월 8일 이후 51일 만이었다. 김 위원장이 이 시기에 장기간 잠행한 배경이 무엇인지 확인되지 않았지만, 로켓 발사를 둘러싼 진지한 검토가 있었을 가능성이 크다.

2012년 11월 초 평양시 산음동의 무기 공장에서 미사일 부품으로 보이는 화물이 평안북도 철산군 동창리 서해 로켓 발사 기지 조립 건물로 운반된 것이 위성 사진에 포착되었다. 이 사실은 11월 23일 일본《아사히신문》보도로 알려졌다. 미국 언론에서는 북한이 3주 이내에 미사일을 발사할 거라고 예측하는 보도가 나왔다. 이로써 로켓 발사는 기정사실이 되었다. 11월 29일 중국 전국인민대표대회 상무위원회 리젠궈 부위원장이 북한을 방문했다. 리젠궈 부위원장은 북한 지도부를 만나 로켓 발사 중단을 설득했다. 그러나 북한은 12월 1일 로켓 발사 계획을 공식 발표했다. 오후 5시쯤 조선우주공간기술위원회는 12월 10일에서 22일, 오전 7시부터 정오 사이에 실용 위성을 발사하겠다고 예고했다. 김정일 국방위원장 사망 1주기인 12월 17일을 중심으로 날짜가 정해진 것을 보면 북한 국내 정치 일정을 중심으로 계획표가 준비된 것이다. 북한은 12월 4일 국제해사기구(IMO, International Maritime Organization)에 로켓 발사 일정을 통보하고 1단계와 2단계 추진체 그리고 덮개 낙하점을 알렸다.

그런데 12월 9일 일요일 0시 30분, 북한이 갑자기 로켓 발사 시기를 조정 중이라고 발표해 지켜보는 사람들을 혼란에 빠뜨렸다. 이에 대해 북한 사정에 밝은 정보 소식통은 중국의 압력이 일정 부분 작동한 결과라고 해석했다. 리젠궈 부위원장의 로켓 발사 철회 요구에 대해 북한이 수용 불가 입장을 밝혔지만, 이후 고민을 거듭하면서 급박하게 '시기 조정'을 했다는 것이다. 다음 날 북한은 로켓 발사 일정을 연기한다고 발표했다. 12월 10일 오후 4시쯤 조선중앙통신은 조선우주공간기술위원회 대변인 담화를 보도하며 과학기술 위성인 '광명성 3호 2호기' 발사 준비 사업을 마지막 단계에서 추진하고 있지만, 운반 로켓 1계단 조정 발동기 계통에서 기술 결함이 발견돼 위성 발사 예정일을 12월 29일로 연장한다고 보도했다. 이 보도가 나온 이후 한국 정부 당국은 북한이 로켓을 발사하지 않을 가능성에 주목했다. 그러나 일부에서는 북한이 국제 사회의 로켓 발사 저지 노력을 회피하기 위해 교란 작전이나 기만 작전을 동원한 것으로 해석하는 목소리도 있었다.

## 은하 3호 발사 성공의 향기에 취하다

2012년 12월 12일 오전 김정은 위원장은 국제 사회가 심각한 반대와 경고를 보내는 가운데 우주 로켓 은하 3호 발사에 대한 '최종 친필 명령'을 조선우주공간기술위원회에 하달했다. 조선우주공간기술위원회는 1998년 말 처음으로 존재가 확인된 조직이며 노동당 중앙위원회와 내각의 지도를 받는다고 알려졌다. 존재감이 없었던 조선우주공간기술위원회가 2009년 2월 14일 갑자기 대변인 담화를 내고 우주 로켓 은하 2호 발사를 예고하면서 그 존재를 공식적으로 드러낸 것이다. 당시 대변인은 시험 통신 위성인 광명성 2호를 운반 로켓 은하 2호로 발사하기 위한 준비를 함경북도 화대군의 동해 위성발사장에서 본격 진행 중이라고 밝혔다. 2009년 당시 우주 로켓 발사 예고는 1998년 8월 대포동 1호 발사와 2006년 7월 대포동 2호 미사일 발사에 이어 세 번째 대형 로켓 또는 미사일 발사라는 점에서 국제 사회에 새로운 충격과 당혹감을 안겼다.

3년이 지난 2012년 12월 12일 오전 9시 김정은 위원장은 위성관제종합지휘소를 방문해 발사 명령을 직접 내리고 로켓 발사와 관련한 모든 과정을 지켜보면서 과학자와 기술자를 독려했다. 김 위원장의 지휘소 방문은 2009년 4월 5일 김정일 국방위원장이 광명성 2호 발사 장면을 지켜본 장면을 연상시켰다. 오전 9시 49분 46초 평안북도 철산군 동창리 로켓발사장에서 우주 로켓 은하 3호가 인공 지구 위성 광명성 3호 2호기를 탑재하고 하늘을 향해 솟구쳐 올랐다. 필리핀 동부 해상 방향으로 날아간 은하 3호는 발사 지점에서 남방으로 45킬로미터, 고도 98킬로미터 상공에서 1단 추진체를 분리시켰다. 9시 53분 백령도 상공, 즉 남쪽으로 200킬로미터, 고도 180킬로미터 상공을 지났고, 9시 58분에는 일본 오키나와 상공을 지났다. 9시 59분 13초 광명성 3호 2호기는 예정된 지구 궤도에 진입했다. 2단 추진체는 발사 지점에서 남쪽으로 2,600킬로미터 떨어진 필리핀 동부 300킬로미터 해상에 떨어졌다. 북한 매체들은 광명성 3호 2호기가 97.4도의 궤도 경사각으로 근지점 고도 499.7킬로미터, 원지점 고도 584.18킬로미터인 극궤도를 돌고 있으며, 주기는 95분 29초라고 보도했다. 광명성 3호 2호기가 지구 궤도에 안착했다는 점은 한국과 미국의 관계 당국도 인정했다.

은하 3호 발사 성공은 김정은 위원장에게 거대한 승리를 의미하는 사건이었다.

첫째, 8개월 전인 2012년 4월 13일 외신기자들을 초청한 가운데 진행한 은하 3호 발사가 실패하는 국제 망신을 깔끔하게 복구했다.

둘째, 아버지인 김정일 국방위원장의 유훈을 완성했다. 김정일 국방위원장은 1990년대 초반 북핵 문제가 불거진 이후 우주 로켓 또는 미사일 발사를 추진했지만 성공하지 못했다. 1998년 8월 대포동 1호에 대해 북한은 위성을 궤도에 올렸다고 주장했지만, 미국에서는 확인된 바 없다면서 실패라고 주장했다. 2006년 7월 15일 새벽에는 대포동 2호 미사일을 발사했지만, 수십 초 만에 몸체가 쪼개지면서 해상에 추락한 것으로 파악되었다. 2009년 4월 5일 은하 2호 운반 로켓을 이용한 광명성 2호 위성도 북한은 궤도 진입에 성공했다고 주장했지만, 미국 우주 관계 당국에서는 새로운 인공위성이 우주 궤도로 진입한 사실이 없다고 밝혔다. 김정일 국방위원장은 결국 인공위성이 우주 궤도에 진입한 것을 확인하지 못한 채 2011년 12월 17일 한을 안고 사망했던 것이다. 더구나 김정일 위원장 사망 1주기를 5일 앞두고 그 아들이 선친의 유훈을 완성하는 모습은 북한 주민들을 감동시키는 선전물이기도 했다.

셋째, 인공위성 발사는 김일성 주석과 김정일 위원장이 제시한 강성대국 완성의 지표 가운데 하나이며, 더구나 김일성 주석 탄생 100주년인 2012년에 성공했다는 점이 중요하다. 김정은 위원장이 강성대국의 문을 열어젖힌 3대 수령으로서 자질과 능력과 의지를 공인받은 사건이라는 의미가 있다.

김정은 위원장이 일관성 있게 핵과 미사일 개발을 밀어붙인 배경에는 북한 엘리트 참모들의 전략적 판단도 있었을 것이다. 그러나 이날 은하 3호 발사가 성공하는 순간 김 위원장이 느낀 환희와 감격은 무엇보다도 중요한 배경이 되었을 것이다. 로켓 발사에 성공하면서 핵과 미사일 문제를 잘 대응하면 미국과 결정적인 담판을 이끌어 낼 수 있다는 확신을 굳혔을 것이다.


## 유엔 안보리 대북 제재 결의 2087호

2012년 12월을 감격적인 승리로 마무리한 김정은 위원장은 2013년 1월 1일을 매우 희망차게 맞이했음이 분명하다. 오전 9시 조선중앙TV가 김 위원장 신년사를 30분 동안 방송했는데, 신년사에 포함된 내용에 긍정적인 요소가 적지 않았다. 김일성 주석은 매년 1월 1일 TV 방송을 통해 신년사를 했지만, 1994년 7월 집권한 김정일 국방위원장은 TV 신년사 방송을 하지 않았다. 은둔의 지도자로 알려진 김정일 위원장은 대신 1월 1일 아침 《노동신문》 등 3대 신문의 공동 사설을 통해 국가 지도 방향과 지침을 제시했다. 그러므로 북한 최고 지도자가 방송에서 육성으로 신년사를 한 건 19년 만의 일이었다.

김정은 위원장은 신년사에서 2013년을 김일성 주석과 김정일 위원장의 유훈을 받들어 새로운 백년을 설계하는 창조와 변혁의 해로 규정했다. 그러면서 높은 긍지를 가지고 사회주의 강성 국가 건설을 위해 힘을 모으자고 제안했다. 특히 사회주의 강성 국가를 만들기 위해 가장 중요한 것이 경제 발전이라고 강조했다. 당과 군인, 주민을 총동원해 생활 향상에 결정적인 계기를 만들어야 한다면서, 새해 투쟁 구호는 경제 강국을 위한 전환적 국면을 만들자는 것이라고 말했다.

김정은 위원장의 신년사는 유럽에서 유학 생활을 경험한 젊은 지도자가 개혁과 개방 의지를 갖고 있음을 보여 준 거라는 해석이 뒤따랐다.

신년사 직전 우주 로켓을 발사하면서 세상을 시끄럽게 만든 정황을 감안하면 국제 사회를 기만하거나 농락하기 위한 교란 전술이라는 해석도 적지 않았다. 그러나 김정은 위원장은 5년 뒤인 2018년 4월 경제 건설 총력전을 선언함으로써 2013년 신년사에서 제시한 강성 국가 건설의 비전이 국제 사회를 농락하기 위한 기만 전술이 아니었음을 분명히 밝혔다.

김정은 위원장이 유화적인 목소리를 냈지만, 12월 12일 로켓 발사에 따른 제재 목소리를 잠재우기에는 턱없이 부족했다. 서울 시각으로 2013년 1월 23일 오전 5시쯤 유엔 안보리는 북한의 우주 로켓 발사를 강력히 규탄하는 내용의 대북 제재 결의 2087호를 통과시키고 북한이 추가 도발에 나설 경우 중대한 조치를 취하겠다고 경고했다. 김정은 위원장은 2013년을 새로운 백년을 설계하는 창조와 변혁의 해로 규정했지만, 실제로는 새해 벽두부터 전쟁 협박 발언이 난무하는 난장판으로 변해 갔다. 김정은 위원장은 온몸에서 투지가 뿜어져 나오는 괴물 투사로 거듭나는 모습을 온 세상에 보여 주었다.

북한은 유엔 안보리 대북 제재 결의가 나오자마자 이에 강력히 저항하겠다는 의지를 담은 조치를 연속으로 내놓았다. 제재 결의가 나온 지한 시간 만인 1월 23일 오전 6시 외무성 성명 발표를 통해 미국의 대북적대 정책으로 한반도 비핵화는 종말을 고했다고 선언했다. 그러면서 핵 억제력을 포함한 물리적 대응을 하겠다고 협박했다. 다음 날인 24일에는 국방위원회 성명을 통해 전면 대결전에 돌입했으며, 높은 수준의 핵실험을 할 거라고 엄포를 놓았다. 이어서 앞으로 진행될 미사일과 우주 로켓 그리고 핵실험이 미국을 겨냥하고 있다는 점을 숨기지 않는다고 선포했다. 1월 26일《노동신문》은 논평에서 핵실험뿐만 아니라 그보다 더한 일도 해야 한다는 것이 인민의 요구라고 주장했다. 27일 새벽 조선중앙통신 보도는 김정은 위원장이 국가 안전과 대외 부문 일꾼협의회를 주재하여 중대한 국가 조치를 결심하고 구체적인 과업을 제시했다고 밝혔다. 이에 대해 미국은 냉정한 반응을 보였다. 1월 27일 미국 미사일방어청은 캘리포니아주 해안에서 요격 미사일 시험 발사를 성공리에 진행했다고 발표했다.

## 3차 핵실험, 벼랑 끝 전술 진화

북한이 막가파식 저항 행보를 보이고 미국은 북한을 제대로 손보겠다는 의지를 드러내면서, 북한의 추가 핵실험도 1월 말경에는 기정사실로 받아들여지고 있었다. 2013년 1월 31일 《뉴욕타임스》 보도를 보면, 미국은 북한 핵실험에 대비하여 오키나와 주둔 미군 부대에 고감도 탐지 장비를 탑재한 정찰기를 배치했다. 우라늄을 이용한 핵탄두 실험을 점검하기 위한 조치였다. 2월 1일 미 해군은 탄도 미사일 요격용 SM3 미사일을 탑재한 이지스 순양함 샤일로함을 부산항에 입항시켰다. 진해해군기지에는 북한의 지상 목표물을 정밀 타격할 수 있는 핵 추진 잠수함이 입항했다.

이외에도 두께 60미터 콘크리트를 관통할 수 있는 벙커버스터 폭탄 장착이 가능한 B2 스텔스 폭격기를 미국 본토에서 괌으로 전진 배치했다는 언론 보도가 나왔다. 미 해군은 한국 해군과 더불어 2월 4일부터 6일까지 포항과 울진 동쪽 공해상에서 종합 해상 훈련을 실시했다. 북한의 압박 행보에 굴복하지 않겠다는 군인 정신에 투철한 행보로 볼 수도 있고, 북한의 도발적 행동을 자극해서 더 큰 보복 조치를 취할 수 있는 명분을 얻기 위한 행보로 보는 분석도 나타났다.

　미국의 단호한 대응 방식이 이어지면서 북한은 일시적으로 핵실험 유보 가능성을 시사하기도 했다. 2월 10일 대외 선전용 웹사이트 '우리민족끼리'는 미국과 적대 세력은 북한의 국가적 중대 조치가 뭔지도 모르면서 3차 핵실험이라고 지레짐작해 선제 타격 등 입방아를 찧는다고 비난했다. 국가적 중대 조치는 미국의 침략 위협에 대응해 민족의 이익을 지키자는 것이지, 그 누구를 위협하자는 것이 아니며 미국의 대응이 후회막심한 손해를 초래할 거라고 주장했다. 다음 날인 2월 11일 북한 매체들이 노동당 중앙위원회 정치국 회의를 보도하면서 '조선민주주의인민공화국 창건 65돌과 조국해방전쟁 승리 60돌을 승리자의 대축전으로 맞이할 데 대하여'라는 제목의 결정서를 채택했다는 소식을 전했다. 관심사인 핵실험과 관련한 내용은 없었다. 3차 핵실험이 연기될 거라는 전망에 힘을 실었다. 그러나 이런 관측은 모두 빗나갔고, 북한의 관련 동향은 기만 전술이었음이 드러났다.

　2월 12일 오전 11시 57분 북한은 함경북도 길주군 풍계리 핵실험장에서 3차 핵실험을 강행했다. 한국 국방부 자료를 보면 지진 규모는 4.9, 폭발 위력은 6~7킬로톤으로 측정되었다. 2월 12일이 선택된 것은 국내외 정치 일정 때문이었을 것이다. 김정일 국방위원장 탄생일인 2월 16일이 나흘 앞이라는 점과 버락 오바마 미국 대통령 국정 연설을 하루 앞둔 시점이라는 점을 고려했을 것이다. 이날 오후 3시 북한 매체들은 특별 보도를 통해 이번 실험으로 핵무기 소형화, 경량화, 다종화를 이뤘다고 주장했다. 오후 8시쯤에는 북한 외무성 담화 형식을 통해 이번 실험이 1차 조치에 불과하며 미국이 정세를 더 어지럽힐 경우 2차, 3차 대응에 나서겠다고 협박했다.


## 워싱턴을 불바다로 만들겠다!

북한은 핵실험을 강행하면서 강력한 독기를 과시했지만, 미국은 예상한 일이라는 듯 차분하고 침착한 태도로 제재 행보에 착수했다. 서울 시각으로 2월 13일 오전 11시 오바마 대통령은 새해 국정 연설에서 북한의 핵실험은 고립을 심화시킬 뿐이라고 경고했다. 한국 정부는 2월 14일 함대지 순항 미사일 해성 2와 잠대지 순항 미사일 해성 3을 공개했다. 그렇지만 독이 바짝 오른 북한은 전혀 위축되지 않았다. 오히려 전에 보지 못한 결기를 보이면서 협박 공세 수위를 높이는 데 열중했다. 2월 27일 '우리 민족끼리' 개인 필명 논평에서 미국은 북한의 전략 로켓과 핵무기 사정권에 포함되었다고 협박했다. 한국과 미국은 북한의 협박에 아랑곳하지 않고 3월 1일에 예정된 대규모 한미 연합 군사 훈련인 독수리 훈련을 진행하기 시작했다.

북한 정찰총국장 김영철 대장은 3월 5일 오후 8시 조선중앙TV에 군복 차림으로 나와 정전협정이 백지화되었다는 내용의 성명을 발표했다. 군복 차림의 김영철은 매우 깊은 인상을 남겼지만 미국의 대북 제재 행보에 변화를 주지는 못했다. 이날 유엔 안보리는 비공개 회의에서 대북 제재 결의안 초안을 배포하며 대북 제재 행보를 이어 갔다. 한국 정부도 다음 날인 6일 북한이 무력 도발에 나설 경우 도발 원점과 지원 세력은 물론 지휘 세력까지 타격하겠다고 위협의 강도를 높였다. 북한도 맞대응을 이어 갔다. 같은 날《노동신문》1면은 북한군 장교 발언을 인용하는 형식으로 미국이 핵무기 공격을 해 오면 서울은 물론 워싱턴도 불바다로 만들어 버리겠다며 객기를 부렸다. 같은 날 평양 시내에서 위장 그물망을 씌운 버스가 목격되었다. 전쟁이 임박했다는 소문을 확산하기 위한 인위적 연출이었다. 국제 사회를 상대로 그런 연출을 했다면 매우 순진한 발상이다. 물론 북한 당국은 북한 주민들의 긴장감을 높이는 효과를 노렸을 가능성도 있다. 그렇다면 순진한 발상이 아니라 노회한 선전선동이라는 평가를 받을 만하다. 3월 7일에는 외무성 대변인 성명을 통해 제2의 한반도 전쟁이 불가피하다며 협박 수위를 높이려고 안간힘을 썼다. 그러나 미국은 그야말로 눈곱만큼도 물러서지 않았다. 뉴욕 기준으로 3월 7일 유엔 안전보장이사회는 1월 23일 대북 제재 결의 2087호 채택 이후 1개월 반 만에, 북한이 핵실험을 강행한 지 4주 만에 대북 제재 결의 2094호를 채택했다. 이로써 북한의 핵과 미사일 도발에 이어 국제 사회의 대북 제재, 압박 강화라는 악순환 구도가 형성되었다.

2013년 초 한반도 군사 긴장 상황을 극적으로 높이기 위한 북한의 노력은 집요하게 이어졌다. 그러나 효과는 별로 없었다. 서울에서도 과거와 달리 라면 사재기 같은 혼란이 벌어지지 않았다. 근본적인 이유는 북한 군사력이 위협적이지 않았기 때문이다. 미사일은 미국 본토는커녕 미군기지가 있는 일본 오키나와나 미국령 괌에도 미치지 못하는 수준이었다. 핵탄두 역시 북한이 소형화, 경량화 고지를 돌파했다고 주장했으나 기술적으로 신빙성이 크게 떨어졌다. 북한의 협박은 불쾌하지만 형편없는 공갈이나 허장성세라는 인식이 대세였다. 그 와중에 만약의 사태에 대비한 미국의 미사일 방어 역량이나 한반도 긴급 상황에 대비한 미국의 군사력 투입 역량이 강화되는 반작용이 커졌다.

미국과 한국을 상대로 겁을 주고 군사적 긴장감을 극도로 높여서 미국과의 담판을 유도한다는 김정은 위원장의 구상은 볼품없이 실패하고 말았다. 2013년 초 김 위원장이 보여 준 행보는 부처님 손바닥을 벗어나지 못하는 손오공의 작은 몸짓에 불과했다. 그러나 역시 김 위원장의 진정한 목표가 한국과 미국을 공포의 도가니에 몰아넣는 것이 아니라 북한 내부를 결속하면서 자신의 권력 기반을 강화하는 고도의 선전 선동 작전이었다면 평가는 달라질 것이다. 미국 또는 남한과의 대결 구도를 장기전으로 규정하고, 2013년 초 상황을 하나의 시행착오로 규정할 수 있다. 실제로 김정은 위원장의 구상은 2017년 말에 이르러 상당 부분 목표를 달성하는 경로를 밟는다. 김 위원장의 대미 전략은 핵과 경제 병진 노선이라는 이름으로 정리되고, 이후 한반도 안보 정세는 새로운 국면으로 진입한다.

제 2 장

# 20대
# 청년 수령 등장

김정은은 2011년 12월 17일 북한의 최고 지도자가 되었다. 이날 오전 8시 30분 김정일 국방위원장이 사망한 것이다. 김정은 당시 노동당 제 1비서는 1984년 1월 8일 출생으로 알려졌으니 만 스물여덟에 다다른 시점이다. 북한 조선중앙TV는 이틀 뒤인 12월 19일 낮 12시 특별 방송을 통해 김정일 국방위원장이 달리는 야전열차에서 사망했다고 보도했다. 이 보도가 전 세계 주요 언론의 제목으로 등장하면서 한반도 안보 상황, 특히 북한 내부의 권력 변동 가능성이 국제 사회 초미의 관심사로 떠올랐다. 김정일 위원장이 사망하면 북한 체제가 금방 무너질 수 있다는 일부 전문가 가설에서 비롯된 반응이었다. 그렇지만 북한의 붕괴와 관련한 징후는 전혀 나타나지 않았다.

김정일 위원장의 장례식은 12월 28일 평양 금수산 기념 궁전 앞에서 진행되었다. 김정은 위원장 등 여덟 명이 차가운 눈을 맞으며 영구차를 호위했다. 김 위원장 외에 장성택 노동당 행정부장, 김기남 당 비서, 최태복 최고인민회의 의장, 리영호 총참모장, 김영춘 인민무력부장, 김정각 총정치국 제1부국장, 우동측 국가안전보위부 제1부부장이었다. 수십만 평양 시민이 엄동설한에 대성통곡하는 모습이 전 세계로 방송되었다. 새로운 지도자 김정은 위원장은 극도로 침통한 표정을 보였다. 격정과 불안, 혼란의 분위기도 나타났지만 비장함과 결기, 단호함의 메시지도 동시에 표출되었다. 특히 삼십도 안 된 청년 지도자의 이미지도 강렬하게 노출됐다. 김 위원장이 영구차를 호위하는 여덟 명 가운데 하나라는 점은 절대 권력을 행사하는 최고 지도자가 아니라 여러 지도자 가운데 한 명이라는 이미지를 보여 준 것이다.

한국을 포함해 서방 세계에서는 김정은 위원장이 이끄는 북한은 과도적 집단 지도 체제 아래 장성택 부장이 후견인으로서 막후 권력을 행사할 거라는 판단이 우세했다. 그러나 김정은 위원장은 집권 초기부터 호방한 모습을 연출하며 절대 권력자의 위상을 과시하기 시작했다. 집권하자마자 미국과 핵 문제를 놓고 중대한 협상을 진행하면서 결단력 있는 지도자 모습을 보였다. 그러나 4월 15일 김일성 탄생 100주년 기념 행사를 주관하는 과정에서 무모하거나 과격하다는 인상을 주며 감정 기복이 심하다는 점도 노출되기 시작했다.

# 윤달합의와 데이비스의 굴욕

김정일 국방위원장이 사망하기 직전에 북한과 미국은 핵 문제와 관련해 중요한 협상을 진행하고 있었다. 북한 외무성 김계관 제1부상은 2011년 7월 28일과 29일 뉴욕을 방문해 스티븐 보즈워스 미 국무부 대북정책특별대표와 회담했다. 회담에 대해 김계관 제1부상은 회담이 "건설적이며 흥미진진했다."라고 말했다. 보즈워스 대표는 "진지하고 업무적이었다."라고 논평했다. 김계관 제1부상은 10월 24일과 25일 스위스 제네바에서 보즈워스 특별대표를 만나 2차 고위급 협상을 진행했다. 미국에서는 제네바 협상을 계기로 수석대표를 글린 데이비스 대사로 교체했다. 회담이 끝난 뒤 보즈워스 대표는 회담이 "전반적으로 긍정적이며 건설적이었다."라고 언급했다. 김계관 제1부상은 "커다란 진전도 있었고 일부 문제에서 견해 차이를 좁히지 못한 부분도 있었다."라고 밝혔다. 협상 분위기는 긍정적이었다. 그렇지만 협상은 갑자기 중단되었다. 김정일 위원장이 사망한 것이다.

협상이 재개된 것은 다음 해인 2012년 2월 23일 베이징이었다. 북한과 미국은 이틀간의 회담을 마치고 2월 29일 북핵 문제와 관련한 합의 사항을 발표했다. 북한은 핵실험과 미사일 실험 유예, 우라늄 농축 활동 중단 등을 시행하고, 미국은 북한에 24만 톤 규모의 영양 지원을 한다는 것이 주요 내용이었다. 발표 날짜가 2월 29일이라 '윤달합의'라는 별명을 얻었다. 윤달합의는 북한의 핵 활동을 중단하는 것이 시급하다는 인식을 반영하며 긍정적이라는 평가를 받았다. 국제 사회에서는 윤달합의를 근거로 새로운 지도자가 고립의 길이 아닌 개혁과 개방의 길을 선택할 거라는 전망과 기대감을 내놓기도 했다. 그러나 국제 사회의 기대감이 물거품이 되는 데는 16일밖에 걸리지 않았다.

3월 16일 북한은 조선우주공간기술위원회 대변인 이름으로 담화를 발표하여, 4월 12일에서 16일 사이 철산군 동창리 서해 로켓발사장에서 지구 관측 위성 광명성 3호를 쏘아 올리겠다고 예고했다. 북한은 4월 13일 예고한 대로 광명성 3호를 탑재한 우주 로켓 은하 3호를 발사했다. 북한은 전례 없이 외국 언론사 기자 일부를 사전에 동창리로 초청하여 취재 지원을 하면서 발사 장면을 공개했다. 그러나 오전 7시 38분 55초에 발사된 로켓은 2분 14초 만에 기능 이상으로 폭발하면서 위성 발사는 실패로 귀결되었다. 폭발 당시 로켓은 발사장에서 남쪽으로 70킬로미터 해상, 고도 70.5킬로미터 위치에 있었다. 폭발 이후에도 추진체와 탑재물은 관성에 의해 2분 정도 더 남쪽으로 비행했고, 1단은 17개 조각으로, 2단과 3단은 3개 조각으로 나뉘어 평택에서 군산 앞바다 광범위한 수역에 떨어졌다. 한국 해군은 로켓 잔해물을 수거하고 기술 분석을 진행했다. 북한의 은하 3호 로켓 발사는 실패로 끝났지만, 발사 자체가 유엔 안보리 결의를 정면으로 위반한 것이고 윤달합의도 파기한 셈이 되었다. 미국은 윤달합의에 따른 대북 영양 지원 준비를 중단하고 대신 유엔 안보리를 통한 대북 제재 절차에 착수했다. 4월 16일 유엔 안보리 긴급 회의가 열렸고, 북한의 로켓 발사를 규탄하는 의장 성명을 채택했다. 예상대로 북한은 4월 17일 외무성 성명을 통해 유엔 안보리 의장 성명을 배격한다는 입장을 발표하고, 윤달합의에 구속되지 않을 것임을 선언했다. 어렵게 성사된 윤달합의는 휴지 조각으로 돌변했고, 김정은 위원장의 전향적 정책 채택 가능성을 전망한 전문가들은 일제히 목소리를 낮췄다.

윤달합의가 파기되는 과정에서 가장 큰 손실을 입은 쪽은 북한이었다. 윤달합의로 얻을 수 있는 영양 지원 24만 톤을 받지 못했다. 영양 지원을 포기하면서 강행한 로켓 발사도 실패했다. 버락 오바마 대통령도 피해자였다. 오바마 대통령은 2009년 4월 5일 체코에서 '핵무기 없는 세상을 만들자'라는 주제로 연설했는데, 하필 그날 북한이 우주 로켓을 발사하는 바람에 망신을 당한 적이 있었다. 이번에는 자신이 승인한 북한과의 협상이 휴지 조각이 되면서 다시 한번 국제 사회의 조롱거리가 되고 말았다. 가장 심각한 패배자는 아마도 글린 데이비스 특별대표일 것이다. 데이비스 대표는 북한이 합의를 위반한 거라고 주장했지만, 북한은 자신들이 합의한 것은 군사용 미사일 발사 유예이므로 평화 목적의 우주 로켓 발사는 합의와 무관하다고 주장하면서 반박했다. 워싱턴 내부에서는 데이비스 대표가 북한에 속았다는 비판이 나왔다. 데이비스 대표 이전에도 북한과의 협상에서 골탕을 먹은 사례가 있었지만, 이번처럼 극명하게 바보가 된 사례는 찾기 어렵다. 데이비스 대표의 실패는 개인 차원이 아니라 워싱턴의 대북 협상론자 그룹을 궤멸시키는 결과를 가져왔다. 북한과 대화하는 것은 어리석은 짓이라는 워싱턴 대북 강경파의 목소리만 남으면서, 북한이나 북한 문제와 관련한 혐오감이나 피로감은 돌이킬 수 없는 대세로 자리 잡았다.


## 모란봉악단에 미키마우스도 등장

4월 13일 이후 북한 핵 문제는 갑자기 소강 상태에 들어간다. 북한이 구체적인 도발 행위를 하지 않았고, 미국도 북핵 문제와 관련해 적극적인 대응에 나서지 않았다. 국제 사회에서는 김정은 위원장이 은하 3호를 발사했지만 중국의 덩샤오핑처럼 북한의 개혁과 개방을 주도할 수 있다는 기대감을 버리지 않았다. 어린 시절 스위스에서 유학했다는 사실에 주목하여 북한의 체제 전환이 일어나지 않으리란 보장이 없다는 인식이었다.

국제 사회의 기대감은 7월 6일 북한에서 새로 결성된 여성 악단인 '모란봉악단'의 공연이 공개되면서 증폭되었다. 연주자들이 어깨선이 드러나는 드레스를 입어 눈길을 끌었고, 공연 중간에 미키마우스와 곰돌이 푸 캐릭터가 등장했다. 무대 배경에 미국 할리우드 영화《록키》가 펼쳐지면서 OST가 흐르는가 하면 미국을 대표하는 가수 프랭크 시내트라의 〈마이 웨이〉가 울려 퍼지는 등 미국 문화의 향기가 물씬 배어났다. 무엇보다 김정은 위원장 부인 리설주 여사가 처음으로 등장했다. 출중한 외모를 과시하며 행사 내내 김정은 위원장 옆에 앉았던 리설주 여사는 과감한 의상을 차려입은 모란봉악단의 연주자들 못지않게 시청자들의 주목을 받았다. 다소 긴장된 모습으로 행사장에 들어온 김정은 위원장은 공연이 끝나자 만족스런 표정으로 오른손을 높이 들어 모란봉 단원들에게 엄지척을 보냈다. 이 장면은 새로운 지도자 김정은 위원장이 꿈꾸는 북한의 미래 모습에 강한 호기심을 불러일으켰다. 국제 사회는 4월 우주 로켓 발사 때 경험한 당혹감보다 미키마우스와 함께 재등장한 청년 김정은의 새로운 결단 가능성에 주목했다.


## 김정은, 후견인 리영호를 숙청하다

김정은 위원장이 혁신적인 조치를 취할 수도 있다는 전망은 불과 열흘 만에 사그라졌다. 7월 16일 오전 6시 북한 관영 매체들의 긴급 뉴스 보도가 나왔다. 북한 노동당 정치국이 전날인 15일 밤에 회의를 열고 인민군 총참모장 리영호를 모든 직무에서 해임하는 결정을 내렸다는 것이다. 리영호 숙청은 상상을 뛰어넘는 충격적인 조치였다. 리영호는 김정일 국방위원장이 자신의 사망을 예견하면서 김정은 위원장의 후견인으로 지목한 사람이었다. 리영호 숙청 이틀 뒤인 7월 17일 김정은 위원장은 현영철 대장을 차수로 승진시키고 총참모장으로 보임했다. 다음 날인 18일에는 북한 매체들이 중대 보도를 통해 김정은 위원장에게 원수 칭호를 수여한다는 결정을 보도했다.

15일부터 18일까지 벌어진 사태가 모두 관련되었다고 가정하면, 리영호가 김정은 위원장의 권위에 도전했거나 도전으로 간주할 수 있는 행위를 저질렀고, 이에 대해 김 위원장이 단호하게 처벌함으로써 자신의 권위를 드러낸 것으로 보인다. 이후 김정은 위원장은 후견인 집단을 포함해 북한 최고 간부들을 상대로 자신의 위상이 김일성 주석이나 김정일 국방위원장과 동일한 수령이라는 점을 각인시키는 데 집중한 것 같다. 김정은 위원장이 북한 엘리트들이 자신의 권위에 복종한다고 확신하는 데 2년 정도 소요된 것으로 보인다. 엘리트 숙청 사태가 그 후에도 2년 이상 지속되었기 때문이다. 김정은 위원장이 은하 3호 발사 실패 이후 핵 문제를 포함해 한국이나 미국과의 대결 문제에서 이른바 속도 조절과 수위 조절을 적용한 것은 국내 정치에 집중했기 때문이라는 분석이 제기되었다.

## 괌에서 평양으로, 북한과 미국의 은밀한 접촉

2012년 8월 17일 매우 특이한 사건이 발생했다는 사실이 나중에 알려졌다. 이에 따라 김정은 위원장이 단지 국내 정치에 집중하느라 북핵 문제와 관련해 조용한 행보를 보였다는 분석은 설득력을 잃었다. 특이한 사건이란, 미 정보 당국 관계자들이 괌에서 군용기를 타고 북한을 방문해 3박4일 동안 체류한 일이었다. 이 사건은 11월 당시 동아일보 조승호 기자 보도를 통해 알려졌는데, 4월 7일의 유사 사례를 언급하면서 북한과 미국이 막후 접촉을 하고 있다는 정황으로 해석했다.

4월 7일의 사례도 괌에서 출발한 미 국방부 소속 C-40 특별기가 비밀리에 평양을 방문한 것이고, 역시 5월 22일 언론 보도를 통해 알려졌다. 4월 7일이 중요한 것은 북한이 로켓을 발사한 4월 13일에서 6일 전이기 때문이다. 미국은 분명히 북한의 로켓 발사를 말리기 위해 평양을 방문했던 것이고, 북한도 미국 관리의 비밀 방문을 수락한 상황이었다. 이외에도 7월 13일에는 북한과 미국의 관리들이 뉴욕에서 비밀리에 만나 양국 간 현안을 논의했다고 서울의 외교 소식통이 전했다.

4월 접촉도 그렇고, 8월 접촉도 그렇고, 누가 평양에 갔는지, 누가 협상에 나섰는지 공식으로 확인되지는 않았다. 다만 4월 접촉의 경우 중앙정보국(CIA, Central Intelligence Agency) 소속 조셉 디트라니 요원과 마이클 모렐 CIA 부국장이 동행했고, 8월에는 모렐 부국장이 갔다는 관측이 정설이다. 2012년 4월부터 8월까지 4개월 동안 비밀리에 북한과 미국의 정보 당국자 또는 외교 당국자가 접촉하는 상황이 최소한 세 차례 있었으며, 이 기간에 북한과 미국이 외교적 충돌을 회피하고 군사적 도발 행위를 자제하는 상황이 벌어진 것은 결코 우연이 아니다. 그렇다면 두 사례는 어떻게 연결되어 있을까? 답변의 실마리는 유엔 안보리에서 찾을 수 있다.

유엔 안보리는 4월 13일 북한의 은하 3호 로켓 발사와 관련해 강력하게 비난하는 입장을 발표했다. 그런데 유엔 안보리는 로켓 발사를 비난하는 의장 성명을 채택하는 선에서 대응을 마무리했다. 유엔 안보리는 북한에 대해 새로운 제재 결의를 채택할 수도 있었는데 그렇게 하지 않고 그보다 한 단계 낮은 조치를 채택한 것이다. 유엔 안보리가 온건하게 대응한 이유는 명확하게 알려지지 않았다. 하지만 미국의 비밀특사가 극비리에 북한을 방문한 사실이 뒤늦게 밝혀지면서 다양한 추측이 제기되었다. 먼저 미국의 비밀특사는 로켓 발사 중지를 강력하게 요구했을 것이다. 그러나 북한은 이미 로켓 발사를 예고한 만큼 미국의 요구를 수용할 가능성이 별로 없었다. 다만 로켓 발사 이후 상황에 대해서는 협상 가능성이 있었다. 미국의 경우 그해 11월에 오바마 대통령의 연임을 결정하는 대통령 선거가 있었다는 것이 하나의 분석 근거가 될 만하다. 오바마 행정부의 경우 11월 초 미국 대선까지 핵실험이나 로켓 발사 등 도발적 행위를 중단할 것을 요구하는 시나리오를 추측할 수 있다. 북한이 도발 행위를 자제하는 대신 얻는 것은 무엇이었을까? 이후 상황을 꼼꼼히 뜯어봐도 북한에 제공된 상응 조치가 무엇인지 명확하게 추측하기 어렵다. 다만 4월 13일 로켓 발사에 대해 유엔 안보리가 의장 성명 발표로 규탄 조치를 마무리한 것이 상식선에 비해 수위가 낮은 대응이었다는 것은 틀림없다. 북한이 로켓 발사 행보를 재개한 시점이 11월 초였다는 것이 나중에 밝혀진 점도 미국 대선 일정과 관련해 북한과 미국의 거래 가능성을 보여 주는 대목이다.

## 인민군 총참모장의 굴욕, 계급 강등

북한 국내 정치의 특이한 현상은 10월 11일에도 확인되었다. 3개월 전 숙청된 리영호에 이어 북한 인민군 총참모장이 된 현영철 북한군 차수가 갑자기 계급이 강등된 상태로 TV 방송에 등장한 것이다. 노동당 창건 67주년 기념일 금수산 태양궁전 참배 장면에 현영철이 비쳤는데, 계급이 차수가 아니라 대장인 것으로 확인되었다. 이에 앞서 10월 7일 김정은 위원장은 국가안전보위부를 방문해 적대분자 색출 작업을 강도 높게 진행하라고 지시한 터였다. 김 위원장의 지시는 3개월 전에 일어난 '동까모 사건'과 연결된 것이었다. 7월 15일 북한 대남 기구인 조국평화통일위원회는 성명을 내어 남한과 미국 정부의 지령을 받고 북한에 침투해 김일성 동상과 기념비 등을 파괴하려는 테러범들을 체포했다고 발표했다. 이들 테러범을 '김일성 동상을 까부수기 위한 모임' 관계자라고 설명했기 때문에 이후 이 사건은 동까모 사건으로 알려졌다. 7월에 동까모 사건 테러범을 체포했는데도 10월에 적대분자 색출을 직접 지시한 것은 김정은 위원장이 색출 작업을 만족스러워하지 않았음을 보여 준다. 3일 뒤에 현영철이 계급이 강등된 상태로 나타난 것도 적대분자 색출과 관련됐다고 추정할 수 있다.

그런데 예상치 않은 이상한 일이 또 일어났다. 북한 매체에서 김정은 위원장 동정 보도가 사라진 것이다. 김정은 위원장은 10월 14일 특수학교 개교 기념 행사 참석 보도 이후 북한 매체에 등장하지 않았다. 김 위원장은 보름 만인 10월 30일 아침 김일성군사종합대학 개교 60돌 기념 행사에 참석했다는 보도를 통해 건재를 확인했다. 북한 국내 정치에서 특이한 현상이 나타나며 김정은 위원장의 표정이 어두워졌다는 관계자들의 판단이 나오기 시작했다.

김정은 위원장이 공개 행사에 나오지 않은 시기에 김 위원장을 자극할 수 있는 두 가지 상황이 발생했다. 하나는 10월 16일 일본 《아사히신문》 보도였다. 김정은 위원장 고모인 김경희 노동당 비서가 싱가포르를 방문해 김정은 이복형인 김정남을 접촉했을 가능성이 있다는 보도였다. 이 시기 김정은과 김정남이 갈등 구도를 보였기 때문에 이 보도가 김정은을 자극했을 개연성이 매우 크다. 이틀 뒤인 10월 18일에는 핀란드의 TV 방송이 보스니아에서 국제학교에 다니는 김정남의 장남 김한솔과 인터뷰한 내용을 보도하는 일이 벌어졌다. 김한솔은 "할아버지인 김정일 국방위원장을 만난 일이 없고 독재자라는 사실도 몰랐다."라고 말했다. 이 일도 김정은을 자극했을 것이다. 북한의 국내 정치 이상 현상은 11월 초로 이어졌다. 11월 4일 북한 매체들은 장성택 노동당 행정부장을 국가체육지도위원장으로 임명했다고 보도했다. 노동당 중앙위원회 정치국 확대회의에서 국가체육지도위원회를 설치하고 위원장에 장성택 부장을 임명한다는 내용의 결정서를 채택했다는 것이다. 장성택 부장은 김정은 위원장의 후견인 중에서도 북한을 실질적으로 움직이는 실세라는 평가를 받는 인물이었다. 장성택 부장의 영전은 김정은 위원장의 표정이 어두워진 상황과 대비되면서 두 사람 간에 갈등 전선이 생길 수 있다는 전망이 나오기 시작했다.


## 로켓을 발사할 시간이 왔다

2012년 11월 23일 일본 《아사히신문》은 북한이 평양 산음동 무기 공장에서 탄도 미사일로 보이는 부품을 열차를 이용해 서해 동창리 로켓발사장으로 이동하는 모습이 인공위성에 포착됐다고 보도하며 그 시기는 11월 초라고 추정했다. 12월 1일 오후 5시 우주공간기술위원회 발표로 12월 10일부터 22일 사이에 로켓을 발사한다고 예고했다. 12월 4일 국제해사기구에 로켓 발사를 통보했다. 12월 10일에는 기술 결함이 발견됐다면서 발사 시기를 12월 29일로 연장한다고 발표했다. 이 발표로 국제 사회는 한때 북한이 발사를 보류할 거라는 예상도 했다. 그러나 북한 발표는 기만 차원이었던 것으로 보인다. 12월 12일 오전 9시 49분 북한은 우주 로켓 은하 3호 발사를 강행했다.

2012년 일지를 보면 김정은 위원장의 통치 방식에서 중대한 분기점이 7월 중순이라는 점이 크게 보인다. 7월 6일 모란봉악단 공연을 관람하는 김정은 위원장은 순진하거나, 아니면 소극적인 표정을 감추지 못하는 수줍은 청년에 가깝다. 북한 매체들은 김 위원장이 모란봉악단을 만든 이유는 북한 주민들에게 즐거움을 제공하겠다는 의지의 발로라고 설명한다. 북한 주민에게 봉사하는 최고 지도자, 북한 주민의 존경을 받는 지도자가 되겠다는 생각을 가진 것으로 볼 수 있다. 그러나 7월 15일 리영호 총참모장 숙청 이후 확연하게 달라진다. 걸그룹 공연을 관람하면서 엄지척을 보내는 순진한 청년 수령의 모습을 보이는 상황에서, 리영호 총참모장이 불편한 조언 또는 무례한 간언을 하며 불협화음이 생겼을 가능성을 제기할 수 있다. 김정은 위원장은 이 시기 이후 자신의 위상과 관련해 상당한 고민을 한 것으로 추정된다. 자신이 후견인 그룹의 보호와 간섭을 받는 철부지 청년 취급을 당하는 것에 대해 전면적으로 배격하겠다는 구상을 했을 가능성이 가장 크다.

2012년 10월 김정은 위원장은 순진한 청년에서 독기가 바짝 오른 영악한 독재자로 빠르게 변해 갔다. 후견인들의 간섭과 잔소리에 마음이 상한 젊은 수령은 고위 관리들에게 불쾌감을 투사하며 수령의 위상을 과시하는 조용하지만 매우 치명적인 투쟁을 시작한 것으로 보인다. 우주 로켓 발사는 미국 등 국제 사회의 제재와 압박에 저항하는 행동이면서 김정은 위원장의 분노와 격정을 표출하는 소재라는 의미도 동시에 반영했을 것이다. 12월 12일 우주 로켓 발사를 결심한 핵심 배경으로 두 가지 맥락 가운데 하나만 골라야 한다면, 국내 정치 차원의 조치가 더 무겁게 보인다.

# 제 3 장

# 2012년 체제와
# 김정은의 핵 개발 폭주

김정은 위원장이 2012년 12월 12일 우주 로켓 은하 3호 발사를 강행한 것은 북한의 핵 개발 폭주를 알리는 신호탄이었다. 이런 점에서 2012년 11월부터 12월 사이 한국과 미국, 중국의 최고 지도자가 새로 선출되거나 재편되는 상황은 매우 주목할 만한 일이다. 김정은 위원장의 우주 로켓 발사나 핵실험 강행, 이후 전쟁 분위기 고조 상황이 공교롭게도 주변국의 최고 지도자 등장이나 재편에 때를 맞춰 진행된 것이다. 버락 오바마 미국 대통령은 2012년 11월 6일 대통령 선거에서 재선에 성공했고, 11월 15일에는 중국 시진핑 주석이 중국 공산당의 새로운 총서기가 되었다. 뒤이어 12월 19일에는 박근혜 대통령이 당선되었다. 김정은 위원장은 2012년 4월 11일 제4차 당대표자회에서 노동당 제1비서로 추대되고, 4월 13일 최고인민회의 제12기 제5차 회의에서 국방위원회 제1위원장에 추대되었다. 김정은 위원장 입장에서 실제로 집권한 시기를 2011년 12월 17일로 계산해도 2012년은 최고 지도자 1년 차다. 이렇게 해서 우연하게도 2012년 남과 북, 미국과 중국의 최고 지도자가 새로 선출되거나 재편되면서 새로운 최고 지도자 조합(필자는 '2012년 체제'라고 부른다.)이 동북아시아 지역에 등장한 것이다.

국가 최고 지도자가 교체되면 정책 노선이 변경되고 엘리트가 대폭 교체된다. 주변 국가와 소통하는 방식과 관계 양상도 크든 작든 달라진다. 한 명의 정상이 새로 등장해도 국가 관계에 변화가 발생하는데, 4명 모두 새로 만나는 조합이라면 엄청난 변화 가능성을 예고하는 것이다. 물론 변화 방향이 긍정적인지 부정적인지는 상황에 따라 달라질 수 있다. 박근혜, 김정은, 오바마, 시진핑으로 구성된 새로운 남북미중 최고 지도자 조합은 어땠을까? 안타깝게도 항구적인 한반도 평화 체제 구축이나 북핵 문제 해결 차원에서 보면 부정적인 방향으로 흘러갔다. 오바마 대통령은 임기 4년 내내 소극적인 대응으로 일관했고, 시진핑 주석도 국내 문제와 미중 관계에 집중하면서 한반도 문제에는 방어적인 태도를 보였다. 반면 박근혜 대통령은 무모할 정도로 대북 압박에 몰두했고, 김정은 위원장도 극단적으로 반발하는 양상을 보였다. 남과 북이 극한 대결 구도를 유지하고 미국과 중국이 방관하는 태도를 보이면서 한반도 안보 정세가 악화 일로를 벗어나지 못한 것이다. 이런 추세는 2017년 5월 문재인 대통령이 등장하면서 '2012년 체제'가 종료되고 '2017년 체제'가 새롭게 시작되는 시점까지 달라지지 않았다.

## 오바마 대통령과 '전략적 인내'의 뿌리

버락 오바마 대통령은 2008년 11월 대통령에 당선되는 시점까지 북한을 포함해 당시 불량국가로 알려진 국가들과의 대화와 협상 가능성을 예고한 관여 정책(engagement policy) 옹호자였다. 오바마 대통령은 취임 이후 실제로 적성국가와 관계 회복을 시도했다. 쿠바가 대표 사례다. 오바마 대통령은 집권 7년 차인 2016년 3월 20일 쿠바의 수도 아바나를 방문해 자신의 구상을 현실로 구현했다. 오바마 대통령은 대통령 선거를 3개월 앞둔 시점인 2008년 7월 23일 TV 방송에 출연하여 북한은 미국과 대화가 단절된 조건에서 핵무기 여덟 개를 제조했다며 북한과의 대화 필요성이나 의지를 언급했다. 2008년 9월 26일 공화당 대통령 후보인 존 매케인 상원의원과의 첫 번째 TV 토론회에서 오바마 민주당 대통령 후보는 부시 대통령 행정부가 북한이나 이란 등과 대화를 거부하면서 불량국가를 징벌하려고 했지만 효과가 없으며, 오히려 핵무기 개발 노력을 가속화하는 결과가 됐다고 꼬집었다. 오바마 대통령은 선거 승리 이후인 11월 19일 오바마 당선인 정권인수위원회 이름으로 발표한 정책 구상인 '오바마-바이든 플랜'에서 북한 핵 문제 해결과 관련해 직접적인 외교 정책을 추구하겠다고 밝혔다.

그런데 2008년 12월 말 이후에는 불량국가와의 대화 의지를 표명하는 대목에서 북한을 빼고 말하는 등 미묘한 변화를 보이기 시작했다. 오바마 대통령의 인식 변화 또는 오바마 행정부의 접근법 변화에는 당시 한국 정부와의 접촉이 영향을 미친 것으로 보인다. 오바마 대통령이 민주당 대통령 후보로 확정된 이후인 2008년 9월 김태효 청와대 대외전략비서관이 오바마 진영 외교 분야 참모를 만나 상호 관심사를 협의한 사실이 있다. 대통령 선거 직후인 11월 7일에는 외교부 황준국 북핵기획단장이 오바마 캠프의 한반도정책팀장인 프랭크 자누지를 만나 상호 관심사를 협의했다. 11월 14일에는 이명박 대통령이 직접 워싱턴을 방문한 기회를 활용해 매들린 올브라이트 전 국무장관 등 오바마 진영 외교 분야 자문위원들을 만나 자신의 대북 정책을 설명하고 한미 동맹을 강조했다.

오바마 대통령 당선 전후 세 차례에 걸친 한미 협의를 통해 이명박 정부가 제안한 것은 북한과의 대화 노력을 반대하지 않지만, 어떤 대화든 한미 동맹을 중시하는 기조에서 진행해야 하며, 이를 위해 한국 정부와 사전에 협의하자는 것이었다. 한국 정부의 제안에 대해 미국도 긍정적인 반응을 보였다고 당시 정부 당국자가 설명했다. 이명박 정부는 북한 비핵화를 위해 압박과 제재를 강조했다. 북한과의 대화는 압박과 제재를 무력화하는 부작용이 있는 만큼 신중한 접근, 즉 북한과의 대화를 자제할 것을 제안했다고 해석되었다.

오바마 행정부의 대북 정책은 북한과의 대화 추진에서 북핵 반대, 한미 동맹과 한미 공조 중시로 방점이 이동했다. 출범한 지 1년이 지난 한국의 이명박 정부와 이제 막 출범하는 미국의 오바마 행정부가 한미 동맹과 한미 공조를 중시하자는 원칙에 합의하면서, 미국이 북한과의 대화 등 관여 정책을 추진하는 기회가 봉쇄되는 결과를 낳았다. 이명박 정부가 대북 압박을 추진하는 상황에서 미국이 북한과 대화를 시도하는 것은 이명박 정부의 대북 압박 정책을 공격하는 결과가 되는 것이 자명하기 때문이었다. 2009년 2월 10일 오바마 대통령 취임 첫 기자회견에서 불량국가들과의 대화 의지는 재확인되었지만, 북한과의 대화 가능성은 언급이 없었다. 북한 문제에 대해 오바마 대통령의 거리 두기 행보가 가시화되는 시점에서 북한이 로켓을 발사하며 북미 대화 분위기가 현저하게 막히는 상황이 발생했다. 오바마 행정부 초기 대북 정책에 대해 문정인 연세대 교수는 2009년 4월 20일 뉴욕에서 열린 코리아 소사이어티 주최 토론회에서 조지 W. 부시 행정부 초기 정책을 닮아 간다고 비판했다.

그러나 오바마 행정부는 이명박 정부와 대북 정책 공조를 약속했음에도 불구하고 몇 차례에 걸쳐 북한과의 대화를 모색했다. 오바마 대통령이 한국 정부의 우려에도 불구하고 북한과의 대화를 처음 검토한 시점은 대통령 취임 이전이었다. 11월 7일 전미외교정책협의회가 뉴욕에서 개최한 한반도 전문가 토론회에 북한의 리근 북 외무성 미국 국장이 등장하고, 오바마 대통령 당선인 참모인 자누지 한반도정책팀장이 참석하면서 자연스럽게 대화가 이뤄졌다. 2월 24일에는 존 루이스 스탠퍼드대학 명예교수와 지그프리드 헤커 스탠퍼드대학 국제안보협력연구소 소장 등 미국의 북한 전문가 그룹이 민간 교류 차원에서 북한을 방문했다. 이런 방문이 주목받는 것은 오바마 행정부가 북한과 대화할 의지가 있음을 보여 주기 때문이다.

오바마 대통령은 북한과의 대화에 대해 소극적인 입장으로 돌아섰지만, 민주당의 주요 인물인 빌 클린턴 전 대통령은 북한과의 대화를 찬성하는 입장이었다. 클린턴 전 대통령은 2009년 5월 18일 서울을 방문한 기회에 김대중 전 대통령을 만나 북미 관계 개선에 대해 의견을 교환했다. 클린턴 전 대통령은 김대중 전 대통령의 권고를 받고 힐러리 클린턴 국무장관에게 북한과의 대화를 권고한 것으로 알려져 있다. 클린턴 전 대통령의 노력은 2009년 상반기에 발생한 2명의 미국 여기자 억류 사건을 계기로 적극 전개되었다. 미국 여기자 억류 사건은 3월 17일 일어났다. 미국 커런트TV 소속 기자인 유나 리와 로라 링이 북한과 중국 국경 인근에서 취재 활동을 하다 북한 국경으로 잠시 넘어간 상황에서 북한 당국에 체포된 것이다. 이들은 6월 8일 북한에서 진행한 재판 결과 노동교화형 12년을 선고받고 복역을 시작했다. 이 두 사람을 구출하기 위해 미국 정부는 북한과 물밑 접촉을 진행했고, 8월 4일 사전 합의에 따라 빌 클린턴 전 대통령이 이틀 일정으로 평양을 방문했다. 북한은 두 기자를 석방했다.

귀국 이후 클린턴 전 대통령은 오바마 대통령을 만나 북한과의 대화를 권고했다. 그러나 오바마 대통령은 한국 정부와 협의한 결과를 중시하겠다는 태도를 견지했다. 다만 오바마 행정부는 임기 3년 차인 2011년 중반 북한과의 대화를 추진했다. 그 결과 2012년 2월 29일 윤달합의를 만들어 냈지만, 북한의 합의 파기로 궁지에 몰리고 말았다. 정리하면 오바마 행정부는 당선인 신분에서는 북한과의 대화 가능성을 진지하게 검토했지만, 당시 대북 강경 정책을 추진하던 한국 정부 요청으로 대화 노력을 제대로 전개하지 못했다. 특히 오바마 행정부 초기부터 말기까지 북한의 로켓 발사나 핵실험 등으로 진지한 대화를 할 수 없는 여건에 직면했다. 결국 오바마 행정부가 선택한 전략적 인내의 뿌리는 기본적으로 골치 아픈 국제 문제에 대해 소극적인 태도를 선호하는 특징이 바탕에 깔려 있지만, 한국 이명박 정부의 정책 공조 요청과 북한의 막무가내식 대응 요인이 70퍼센트가 넘는 것으로 분석된다.

# 시진핑 총서기 등장, 북중 관계도 재조정

시진핑 주석이 중국 공산당 총서기로 등극한 2012년 11월 15일 시점에서 보면, 북한과 중국 관계는 혈맹보다는 불편한 문제가 두드러지는 상황이었다. 북한이 유엔 총회 발언 등을 통해 로켓 발사 구상을 공공연히 밝혔고, 11월 초 실제로 발사 준비를 진행했기 때문이다. 시진핑 주석이 공산당 총서기로 결정되는 과정에서 부패 척결 문제 때문에 심리적 압박을 겪는 시점이었다. 2012년 2월 충칭에서 발생한 왕리쥔 부시장 망명 시도 사건 그리고 보시라이 충칭시 공산당 서기 부정부패 사건 여파가 그해 말에도 영향을 미치는 상황이었다. 특히 보시라이 사건을 계기로 또 다른 중국 지도부 거물인 저우융캉 공산당 정치국 상무위원의 비리 혐의를 조사하는 중이었다. 저우 상무위원에 대한 조사는 당시까지 불문율로 통하던 상무위원 면죄 관행을 무너뜨린다는 점에서 중국 사회에 엄청난 충격을 안기는 일이었다.

중국 최상층 지도자를 상대로 한 시진핑 주석의 부정부패 척결 캠페인은 임기 말인 2017년까지 이어졌다. 시 주석의 부패 척결 캠페인으로 투옥된 중국 사회 최상층 지도자는 모두 6명이다. 2014년 3월 공산당 중앙군사위원회 쉬차이허우 부위원장이 체포되었다. 6월에는 정치협상회의 쑤룽 부위원장, 7월에는 드디어 저우융캉 전 상무위원이 체포되었다. 그해 12월에 후진타오 전 국가주석의 비서를 지낸 통일전선공작부 링지화 부장, 2015년 4월에 중앙군사위원회 궈보슝 부위원장이 체포되었다. 2017년 7월에는 공산당 정치국원 겸 충칭시 당서기 쑨정차이가 체포되었다. 쑨정차이는 차기 상무위원으로 진입하고 부주석이나 부총리를 맡을 거라는 예측이 나올 정도로 미래가 유망한 정치 지도자였다.

차기 국가주석 후보로 꼽힐 만큼 권세를 누렸지만, 시진핑 주석의 부패 척결 캠페인에 걸리면서 한순간에 당과 국가를 배신한 범죄자로 추락했다.

시진핑 주석이 중국 최고 권력자로 등장하는 시기 중국은 주변국과의 외교 관계가 좋지 않았다. 미국과는 소강 국면이었지만 남중국해 영유권 분쟁과 항행 자유 문제로 긴장이 높아지는 추세였다. 특히 센카쿠 열도, 중국어로 댜오위다오 영유권 분쟁에서 미국이 일본 쪽을 간접 지원하자 미국과의 관계 악화는 피할 수 없는 구도가 되었다. 일본과는 댜오위다오 문제로 정면 충돌한 상황이었다. 시진핑 주석은 국가부주석을 역임하던 2012년 9월 19일 중국을 방문한 리언 패네타 국방장관을 만나 "일본의 댜오위다오 매입은 웃기는 짓"이라며 일본은 행동을 중단해야 한다고 강조했다.

한국과의 관계도 좋지 않았다. 이명박 정부는 2012년 10월 7일 미사일 사거리 제한을 기존 300킬로미터에서 800킬로미터로 연장한다고 발표했다. 사거리 연장과 더불어 미사일 탄두 무게도 800킬로미터 미사일 기준으로 500킬로그램으로 제시하지만, 사거리가 줄면 탄두 중량을 늘려도 되는 방식으로 지침을 변경했다. 이 발표는 미국과 사전 협상과 합의를 거친 것으로 중국의 우려감을 증폭하는 요인이 되었다. 다음 날인 8일 중국 외교부 홍레이 대변인은 정례 브리핑에서 "중국은 한반도에서의 군사적 대치와 격화를 원하지 않는다."라며 거부감을 보였다.

북한과의 관계도 썩 좋은 편은 아니었다. 2011년 12월 김정은 위원장이 집권했지만, 양국 사이에 우호적인 연락과 교류가 진행되지 않았다. 그나마 2012년 8월 13일 장성택 노동당 행정부장의 중국 방문이 고위급 교류에서 중요한 일정이었다. 장 부장은 13일부터 18일까지 중국에 머물면서 후진타오 주석과 원자바오 총리 등 중국 최고 지도부를 만났다. 장 부장은 중국에 대규모 경제 협력과 지원을 요청했다고 알려졌지만, 이후 양국 간에 대규모 경제 협력이나 교류가 이뤄진 것은 파악되지 않았다.

그 와중에 북한은 시진핑 주석이 공산당 총서기로 취임하기 한 달 전인 10월 19일 유엔 총회 정부 대표 연설을 통해 우주 개발을 위한 자주적 권리를 당당하게 행사하면서 실용 위성을 계속 쏘아 올릴 것임을 언급했다. 시 주석은 총서기 취임 2주가 지난 시점인 11월 29일 리젠궈 전인대 상무위원회 부위원장을 북한에 보내 로켓 발사 자제를 요청했다. 그러나 김정은 위원장은 이를 외면하고 발사를 강행했다. 시진핑 총서기는 이날 발사를 모욕으로 받아들였을 가능성이 크다. 시진핑 주석은 뉴욕 시각으로 2013년 1월 22일 북한의 우주 로켓 발사에 대한 유엔 안보리 대북 제재 결의 2087호 채택에 동의했다. 다음 날인 1월 23일 베이징을 방문한 박근혜 대통령 당선인 특사단을 만난 자리에서 비핵화 지지, 대량 살상 무기 개발 반대 입장을 분명히 밝혔다고 특사단장으로 참여한 김무성 새누리당 의원이 전했다. 중국은 2월 12일 북한의 3차 핵실험에도 분연히 반대했다. 중국 외교부는 북한이 핵실험을 강행하자 홈페이지에 입장문을 올리고 단호하게 반대한다는 입장을 밝혔다. 양제츠 외교부장은 같은 날 지재룡 중국 주재 북한 대사를 불러 강력한 반대 의사를 표명하고 대화 복귀를 촉구했다. 중국은 3월 7일 유엔 안보리 대북 제재 결의 2094호 채택에도 찬성했다.

시진핑 주석이 2012년 11월 권력을 장악한 지 한참 지난 시점에서도 북한과 우호 관계를 만들지 못한 상황은 2012년 말 이후 북한의 핵과 미사일 개발 폭주 배경 가운데 하나로 볼 수 있다. 시진핑 주석이 북한의 핵과 미사일 관련 도발에 대해 항상 불쾌감을 감추지 않으며 북한을 제재하고 압박하는 조치에 동참한 것은 결과적으로 북한이 핵 개발 계획을 중단하지 못하고 정반대로 저항 수위를 높여야 한다는 절박감을 강화한 요인이었기 때문이다. 시진핑 주석이 북한을 달래지 못한 배경에는 김정은 위원장이 어리다는 조건도 있었을 것이다. 물론 김정은 위원장을 제대로 관리할 수 없었던 시 주석의 입장도 있을 것이다. 국내적으로 부패 척결 캠페인에 집중하고 외부적으로는 미국과의 갈등 관리에 집중해야 하는 상황에서 북한 문제나 한반도 문제에 정밀히 대응할 수 없었을 것으로 추정된다. 원인이야 어찌됐든 시진핑 주석과 김정은 위원장이 신뢰 관계를 맺지 못하고 갈등과 대립 구도를 보이면서 북중 관계는 빠른 속도로 악화되는 경로를 밟아 갔다. 이와 더불어 북핵 문제와 한반도의 안보 정세도 끝없는 악화 일로의 함정으로 빨려 들어갔다.

## 박근혜 대통령 등장, 고집과 격분의 대충돌

2012년 12월 19일 박근혜 새누리당 후보가 대통령 선거에서 승리했을 때, 새 정권의 대북 정책에 대해 두 가지 전망이 존재했다. 하나는 이명박 정부와 마찬가지로 북한에 강경 대응을 하리라는 것, 다른 하나는 이명박 정부가 강경 일변도 정책을 펴면서 북한 문제와 관련해 실패를 거듭했다는 점을 중시하여 관여 정책을 병행할 거라는 전망이었다. 박근혜 대통령이 관여 정책도 할 수 있다는 전망은 박 대통령이 10년 전 북한을 방문해 김정일 국방위원장과 회담한 경험을 상기한 것이었다.

박근혜 대통령은 2002년 5월 11일부터 14일까지 평양을 방문, 김정일 위원장과 만나 회담하고 8개 항에 이르는 합의문도 채택했다. 합의 사항은 금강산댐 위기설 관련 남북 공동 조사, 동해선 육로 연결을 전제로 한 이산가족 면회소 설치, 국군 포로 생사 확인, 북한 축구 대표팀의 서울 방문, 시베리아 철도 연결을 위한 협의 기구 참여 등이다. 2002년 5월 시점에서 박근혜 대통령은 김대중 대통령을 제외하고 유일하게 김정일 국방위원장과 회담한 정치인이었다. 김 위원장과 합의한 8개 항은 당시 정부 차원에서도 중요하게 여기는 내용으로 매우 생산적인 결과라는 평가를 받았고, 우호적인 분위기에서 회담이 이뤄졌음을 보여 주는 증거였다. 그래서 일부 전문가들은 박근혜 대통령이 보수 진영인 만큼 북한에 대해 강경한 입장을 보일 수 있지만, 관여 정책에 해당하는 조치를 취할 수 있다는 전망을 내놓은 것이다.

외교 분야 참모진 구성에서도 관여 정책 채택 가능성을 읽을 수 있었다. 남북 관계 분야에서 좌장의 역할을 담당한 최대석 이화여대 교수는 보수 진영 학자로 분류된다. 그렇지만 매우 합리적이고 실용적인 견해를 가진 학자였고, 적절한 수위에서 북한과의 대화와 협상은 필요하다는 입장이었다. 최 교수는 대선 승리 직후 정권인수위원회에 들어가 통일부 장관이나 청와대 통일정책 분야 주요 참모를 맡을 거라는 전망이 우세했다. 그러나 인수위원회에 들어간 지 한 달 만에 공개하지 않은 사유로 인수위원회를 떠났다. 박근혜 대통령 참모 진영에서 합리적인 목소리를 냈던 최 교수의 이탈은 박근혜 정부가 출범하는 시점에서 이명박 정부 못지않게 대북 강경 정책 일변도의 양상을 보이는 요인이 되었다. 동시에 북한의 도발 행위가 잇따르자 대결 상황에서 결코 물러서지 않는 박근혜 대통령의 승부사 기질이 발동한 것이 집권 초기에 강경 정책을 선호한 배경의 하나였다. 박근혜 대통령은 집권 초기부터 탄핵을 당해 청와대에서 강제로 퇴거한 2017년 3월 12일까지 북한과의 대결 자세를 풀지 않았고, 압박과 제재를 가함으로써 핵 문제와 관련한 북한의 전략적 셈법을 바꿀 수 있다고 믿은 것으로 보인다. 박 대통령의 대북 정책에 대해 김정은 위원장이 강경하게 맞대응하면서 대충돌로 향하는 경로를 따라간다.

2012년 체제, 즉 박근혜 대통령과 김정은 국무위원장, 버락 오바마 대통령과 시진핑 중국 주석으로 구성된 최고 지도자 조합은 한반도 상황을 악화시킨 중대한 배경 요인이었다. 북핵 문제를 악화시킨 것은 김정은 위원장이지만, 이에 대해 박근혜 대통령이 불퇴전의 대결 자세로 일관한 것은 사태를 긍정적으로 해결할 수 있는 기회를 차단하고 악화시키는 결과로 이어졌다. 오바마 행정부가 한미 동맹을 강조하면서 한국 정부의 정책에 일정 부분 편승하는 정책을 채택한 것은 미국의 국가 이익에 어긋나는 점이 없었기 때문이다. 오바마 대통령의 소극적인 관망 태도 때문에 박근혜 대통령은 특별한 외부 견제 없이 대북 강경 정책을 마음껏 전개할 수 있었다. 이런 조건에서 중국이 북한을 옹호하는 동시에 통제하는 노력을 전개했다면, 북핵 문제는 다른 경로를 걸어갈 수도 있었다. 그러나 시진핑 주석은 국내 문제에 집중하면서 김정은 위원장에 대해 부정적인 대응으로 일관했다. 이로써 김정은 위원장은 국내 정치 차원의 분노와 남한 등 주변 국가의 압박 정책에 대항하는 수단으로 핵과 미사일 개발 프로그램을 사용하는 경향을 보였다.

장성택 처형 뒤
새로운 통치 체제를
구축하다

2012년 12월 우주 로켓 발사 성공에 자신감을 얻은 김정은 위원장은 2013년 벽두부터 막무가내식으로 도발적 행태를 이어 갔다. 워싱턴을 불바다로 만들겠다는 협박이《노동신문》에 올라왔다. 김정은 위원장은 북한 인민군에게 적들을 모조리 불도가니에 쓸으로 넣으라고 명령했다. 그러나 협박 공세는 전혀 먹히지 않았고, 미국은 '전략적 인내'라는 이름으로 북한의 도발을 무시하는 정책을 차분하게 진행한 것이다. 경제 발전에 대한 강렬한 의지와 국제 사회의 대북 제재에 대한 불만과 압박감으로 불쾌해하던 김 위원장은 핵 무력 건설과 경제 발전을 동시에 추구한다는 '병진 노선'을 국가 전략으로 채택한다. 그렇지만 2013년에 전개한 '병진 노선'은 미국의 무시 전략에 무기력했다. 김정은 위원장은 그러나 이후에도 '병진 노선'을 근간으로 미국과의 핵담판을 통해 경제 발전을 추구하는 전략은 버리지 않았다. 결국 2018년 미국과의 핵담판이 시작되면서 김정은 위원장의 전략은 심대한 부작용을 초래하는 상황에서 소기의 성과를 거둔 것으로 평가된다.

# 제 4 장

---

# 핵-경제 병진 노선,
# 출구 또는 입구

---

2013년 초 김정은 위원장은 워싱턴을 불바다로 만들겠다면서 미국을 상대로 황당한 협박 공세에 집중했다. 유엔 안보리 대북 제재 결의가 나오기 전인 2월 19일에는 남한을 최종 파괴하겠다고 위협했으며, 2월 27일에는 미국이 북한의 핵무기 사정권에 포함되었다고 주장했다. 3월 6일 '워싱턴 불바다' 협박이 있었고, 3월 25일에는 김정은 위원장이 동해안에서 진행된 국가급 합동 군사 훈련을 참관했다. 3월 26일 제1호 전투 근무 태세를 발표했고, 3월 29일 미사일 부대에 사격 대기 지시가 내려왔다. 3월 30일에는 남북 관계가 전시 상황에 돌입했다고 주장했다.

그런데 3월 30일에는 전시 상황 돌입 선언만 한 게 아니었다. 그 유명한 병진 노선, 즉 '경제 건설과 핵 무력 건설 병진 노선'을 채택하고 개성공단 폐쇄 가능성을 언급했다. 다음 날은 박봉주 전 당 경공업부장을 내각 총리로 임명했다. 특히 병진 노선 채택은 김정은 집권 이후 1년 반의 통치 경험을 총결산한 것이면서, 이후 김정은의 통치 방향을 제시한다는 점에서 김정은 정책의 모든 것을 설명하는 키워드라고 할 수 있다.

그렇지만 김정은 위원장이 병진 노선을 얼마나 확신했는가는 명확하지 않다. 병진 노선을 공표하고 두 달여 만에 한반도 비핵화 방안을 제의한 것은 혼란을 유발하는 움직임이었다. 미국을 상대로 한 협박 공세가 효과를 거두지 못하는 현실을 감안하여 상황을 수습하기 위해 충동적으로 제안했을 가능성도 배제할 수 없다.

# "불도가니에 쓸어 넣어라"

2013년 3월 7일, 한국 시각으로 3월 8일 오전 0시 14분, 새로운 유엔 안보리 대북 제재 결의 2094호가 채택되었다. 북한의 2월 12일 핵실험을 규탄하고 대북 제재를 한층 강화하는 내용이었다. 중국도 결의에 찬성해 만장일치로 채택되었다. 안보리 제재 결의가 나오자 북한의 야멸찬 협박은 한 차원 더 악랄해지는 양상을 보였다. 3월 9일 오전 6시 외무성 대변인 성명을 통해 유엔 안보리 결의를 전면 배격하며 핵보유국 지위와 위성발사국 지위를 영구화하겠다고 호언했다. 같은 날 북한 인민군 현영철 총참모장이 판문점을 시찰했다. 3월 11일로 예정된 한미 연합 군사 훈련인 키리졸브를 앞두고 전쟁 분위기를 높이기 위한 행보였다. 11일 김정은 위원장은 서해 최전방 부대를 시찰하고 "명령만 내리면 적들을 모조리 불도가니에 쓸어 넣어라."라고 지시했다. '워싱턴 불바다'에 이어 '불도가니' 발언에도 냉정하고 단호한 미국의 대응 자세는 달라지지 않았다. 3월 11일 빅토리아 눌런드 미 국무부 대변인은 북한의 정전협정 백지화 주장에 대해 성립하지 않는 말이라고 일축했다. 3월 12일 한국 정부는 북한의 협박 공세는 심리전일 뿐이라고 평가절하했다. 미국은 3월 8일과 18일, 25일 각각 전략 폭격기 B-52를 한반도 상공에 띄우면서 단호한 대응 의지를 효과적으로 보여 주었다.

그러나 북한의 대응은 미리 시나리오를 준비한 것처럼, 한반도가 전쟁 위기에 빠졌다는 인식을 만들기 위한 작업에 충실할 뿐이었다. 3월 14일 북한 라디오 방송인 조선중앙방송은 김정은 위원장이 서해 전방 부대에서 실탄 사격 훈련을 지도했다고 전했다. 3월 7일과 11일에 이어 세 번째 방문이었다. 3월 15일에는 동해에서 단거리 미사일 2기를 발사했다. 발사된 미사일 종류는 사거리 120킬로미터 정도로 알려진 KN-02라고 추정되었다. KN-02 미사일의 경우 서울이나 워싱턴을 향해 협박하는 수단으로 활용하기보다는 일반적인 훈련 일정으로 발사하는 경우가 많았다. 그렇지만 북한의 협박 공세가 전방위적으로 이뤄지는 만큼 단거리 미사일 발사도 의도가 있다고 해석되었다. 미국은 북한의 위협이 진행되는 와중에 본토 서부 해안 요격 미사일 방어 부대에 기존 미사일 30기에 14기를 추가 배치한다고 발표했다.

김정은 위원장의 움직임은 더욱 빨라졌다. 3월 20일 무인 타격기 사격 훈련 지도, 22일 특수부대로 알려진 인민군 11군단 예하 1973군부대 지휘부 시찰, 23일 1973군부대 예하 2대대 시찰, 24일 인민군 501군부대 방문, 25일 동해안 국가급 합동 군사 훈련 참관 일정을 숨 가쁘게 이어 갔다. 합동 군사 훈련은 서울을 겨냥한 장사정포 위력을 화면으로 보여 주기 위한 일정인데 남한 국민, 특히 서울 시민들의 공포감을 자극하려는 것이었다. 이에 앞서 3월 21일에는 공습 대비 훈련을 실시했고, 3월 26일에는 인민군 최고사령부 성명으로 1호 전투 근무 태세를 발표했다. 같은 날 유엔 안보리에 한반도는 핵전쟁 상황이 조성되었다고 통보했다. 3월 27일에는 남북 간 군 통신선을 단절하고 군 통신연락소 활동을 중단한다고 발표했다.

북한의 모든 조치는 전쟁이 임박했다는 인식을 확산하기 위한 노력의 산물이었다. 긴장을 최고조로 올린 뒤에 긴장 완화를 미끼로 한국과 미국의 양보를 받거나 협상 국면을 만들려는 의도라는 것이 일반적인 해석이었다. 그렇지만 미국은 일관되게 맞대응 또는 증폭 대응을 보였다. 하이라이트는 3월 28일에 진행되었다. 미국 미주리주 공군기지에 대기 중이던 스텔스 전략폭격기 B-2 두 대가 한반도로 전개한 것이다.

전폭기 두 대는 전북 군산 앞 서해상 직도 사격장에서 훈련탄을 투하하는 훈련 임무를 수행한 뒤 본토로 귀환했다. 북한이 위협을 고조시켜서 전쟁이 불가피하다고 판단할 경우 몰래 평양 상공으로 날아가 김정은 위원장이 거주하는 공간에 폭탄을 투하하겠다는 메시지를 발신한 것이었다.

　김정은 위원장 역시 끝장 대결 행보를 이어 갔다. 3월 29일 오전 0시 30분 인민군 전략미사일군의 화력 타격 임무에 관한 작전 회의를 긴급 소집하고 사격 대기 상태에 들어갈 것을 지시했다. 다음 날인 30일 오전 8시에는 정부, 정당, 단체 특별 성명을 통해 남북 관계는 이 시각 이후 전시 상황에 들어간다고 선언하며, 남북 사이에서 제기되는 모든 문제는 전시에 준하여 처리할 거라고 위협했다. 또한 한미 연합군이 군사적으로 도발한다면 전면전, 핵전쟁으로 번질 것이며 청와대와 주한 미군기지는 물론 괌과 하와이, 미국 본토까지 초토화될 거라고 엄포를 놓았다. 소식을 전한 조선중앙통신은 김정은 위원장의 결정은 "미국과 괴뢰패당에 대한 최후 경고이며 정의의 최종 결단"이라고 주장했다. 북한의 움직임만 본다면 한반도를 전쟁 발발 일보 직전의 화약고라 불러야 할 만큼 긴박한 상황이었다. 미국의 대응 조치도 전례를 찾기 어려울 정도로 민감한 수준을 넘어선 것이 사실이었다. 다만 북한은 협박 공세를 전개하면서도 대규모 군부대 이동이라든가 대규모 군사 장비 이동 등 군사적 도발에 필요한 사전 절차를 진행하지 않았다. 북측의 위협 내용도 궁극적으로 미국이 침공할 경우를 가정하고 그에 대한 대응 의지를 강조하는 것일 뿐 예방 공격을 하겠다는 의지 표현은 아니었다. 미국 쪽 군사적 대응 역시 전쟁 발발 가능성에 대비하는 것이 아니라 북한의 협박 공세에 대한 기싸움 차원에서 진행한다는 것이 명백했다. 북한과 미국이 위협적인 말과 보여 주기식 행정 조치 등을 통해 전쟁 위기를 고조하려 했지만 실질적인 전쟁 가능성은 매우 희박한 수준이었다.


## 병진 노선, 61년 만의 부활

북한 노동당은 3월 31일 중앙위원회 전원회의를 열고 다음 날인 4월 1일로 예정된 북한 최고인민회의 제12기 제7차 전체회의에 앞서 주요 의제를 토의했다. 이날 전원회의에서 채택된 내용 가운데 당의 새로운 노선으로 경제 건설과 핵 무력 건설 병진 노선이 포함되었다. 다음 날 열린 최고인민회의에서는 '자위적 핵보유국의 지위를 더욱 공고히 할 데 대하여'라는 제목의 법령을 채택했다. 전원회의는 김정은 위원장이 주재했다. 김정은 위원장은 병진 노선에 대해 "자위적인 핵무장을 통해 나라의 방위력을 높이는 동시에 경제 건설에 힘을 쏟아 사회주의 강성 국가를 건설"할 것이라고 설명했다. 또 "적들은 핵을 포기하지 않으면 경제 발전을 할 수 없다고 위협하지만, 우리는 더욱 핵을 틀어쥐면서 가장 빠른 시간 안에 인민 생활을 향상시킬 것"이라고 기염을 토했다. 구체적인 과제로는 농업과 경공업 육성에 역량 집중, 대외 무역의 다각화를 통한 투자 활성화, 경제 구조의 근본적 개선을 제시했다. 동시에 통신 위성 등 발전된 위성 발사도 함께 추진해야 한다고 강조했다. 한편 전원회의는 박봉주 전 경공업부장을 당 중앙위 정치국 위원으로, 현영철과 김격식, 최부일을 후보위원으로 선출했다.

북한의 병진 노선은 이번에 처음 채택한 게 아니었다. 1962년 12월 노동당 중앙위원회 제4기 제5차 전원회의에서 '경제 건설과 국방 건설의 병진' 방침을 채택한 터였다. 경제 건설과 국방 건설 어느 하나도 약화되지 않도록 비슷한 비중으로 발전시키겠다는 구상이었다. 북한에서는 1953년 전쟁이 끝난 직후부터 민생 경제 향상에 주목하는 경공업 우선 정책 지지자들이 있었고, 중공업과 군수 공업을 발전시키는 것이 선결 과제라는 중공업 우선 정책 지지자들이 대립 구도를 형성해 왔다. 1950년대 정책 논쟁의 배후에는 김일성 주석을 중심으로 하는 빨치산 출신 간부들과 연안파, 소련파 등 해외파 간부들의 권력 투쟁이 있었다. 경공업 우선과 군수 공업 우선을 둘러싼 정책 논쟁은 그 자체로 중요한 의미와 역동성을 지닌 정치 현상이었다. 1960년대 들어와서도 국방 건설의 중요성을 강조하는 세력과 민생 경제 향상에 초점을 맞춰야 한다고 주장하는 세력이 대립했다. 논쟁이 계속되자 김일성 주석이 1962년 회의에서 두 가지 모두 달성하자며 '병진 노선'을 제시하고 논란을 봉합하려 했던 것이다. 병진 노선은 이후에도 베트남 전쟁 격화와 한국군의 베트남전 참전, 흐루시초프 실권 등으로 논란이 지속되었다. 이에 대해 김일성 수상은 1966년 당대표자대회에서 병진 노선을 재확인했다.

1960년대 병진 노선은 경제와 국방 정책 차원에서 본다면 성공하지 못했다. 병진 노선이 지속됨에 따라 국방비가 계속 증대하면서 경제 건설 지연과 7개년 경제 발전 계획의 3년 연기 등 차질을 빚었다. 이 과정에서 박금철 등 국내 빨치산 계열은 김일성의 지도력에 도전하는 행보를 보였다. 김일성은 1967년 6월에 열린 노동당 중앙위원회 제16차 전원회의에서 사회주의 건설의 새로운 혁명적 대고조를 일으킬 것을 제안했고, 이른바 '갑산파 숙청'으로 알려진 반대파 제거에 나섰다. 이 시기에 숙청당한 갑산파 대표자가 바로 박금철이었다. 병진 노선을 단지 경제 정책 차원으로만 분석할 수 없는 이유다.

김정은 위원장이 61년 전에 채택한 병진 노선을 부활시킨 이유는 무엇일까? 워싱턴을 불바다로 만들겠다면서 미국을 상대로 협박 공세를 전개하는 와중에 갑자기 병진 노선을 채택한 배경은 무엇일까? 기본적으로 협박 공세가 먹히지 않는다는 판단이 1차적으로 작용했다고 본다. 국내 정치 일정에 대한 압박감도 전략 변경 필요성을 가중했을 것이다. 북한에서는 4월 15일이 김일성 주석 생일인 태양절이기 때문에 4월 15일 행사를 성대하게 치러야 한다는 제약을 염두에 두면서 중요한 정책 결정을 내린다. 3월 중순 이후 상황에서 보면, 태양절이 한 달도 남지 않은 상황에서 협박 공세가 먹히지 않는 걸 보며 4월 초에는 전략을 변경해야 한다는 강박이 있었을 것으로 추정된다. 근본적으로 1962년 할아버지 김일성 주석처럼 김정은 위원장도 경제 발전과 안보 불안 해소라는 두 과제를 동시에 해결해야 하는 조건에 처했음을 인식한 게 가장 큰 이유였을 것이다. 김정은 위원장도 경제 발전 의지가 강력했지만, 국내 정치 차원에서 핵무기가 없을 경우 안보 문제에 대한 불안감이 너무 크다는 모순된 상황에 직면해 있었다. 안보 불안이 크면 주민 결속이 불가능하고 미국 등 국제 사회와 유리한 조건에서 협상을 전개할 수 없다는 판단 아래 두 개 다 하자는 병행론에 의지한 것으로 분석된다.

미국과의 관계 개선과 경제 발전에 대한 김정은 위원장의 의지는 3차 핵실험을 단행하고 미국과 워싱턴 불바다 협박전을 전개하는 와중에도 여러 차례 노출되었다. 2013년 1월 7일 미국의 빌 리처드슨 뉴멕시코 주지사와 에릭 슈미트 구글 회장을 초청한 것은 김정은 위원장의 경제 발전 의지가 강하다는 점을 강하게 보여 주었다. 하지만 그런 의지와 구상을 뒷받침하는 정교한 계획 없이 단지 거칠고 조잡한 수준의 희망 사항이라는 점도 드러났다. 더욱 극적인 장면은 2월 26일 미국의 전 프로 농구선수 데니스 로드먼을 초청한 것이다. 로드먼은 북한 방문 이후 김정은 위원장이 "얼어붙은 북한과 미국의 관계 개선을 원한다."라는 메시지를 매우 큰 목소리로 전달했다. 또 김정은 위원장이 오바마 대통령의 전화를 받고 싶어 한다는 희망을 전했다. 3차 핵실험을 마치고 미국과 협박 공방전을 벌이는 시기라는 점을 고려하면 김정은 위원장은 극적인 효과에 대한 기대감이 과도하게 크다는 평가도 받을 수 있다. 또한 미국의 국가 역량에 대한 인식이나 북한의 국가 역량에 대한 인식에서 현실 감각이 크게 떨어진다는 점도 보여 준다.

## 박봉주 총리, 6년 만에 구원 등판

4월 1일 예정대로 북한 최고인민회의는 제12차 제7기 전체회의를 개최했다. 최고인민회의는 전체회의에서 전날 노동당 전원회의에서 정치국원으로 선출된 박봉주 전 노동당 경공업부장을 내각 총리로 임명했다. 박봉주가 누구인가? 1939년 4월 함경북도 김책시에서 출생한 박봉주 총리는 2003년 9월 이후 북한 경제 개혁의 상징으로 각인된 인물이다. 박 총리는 2002년 7월 1일 노동당 화학공업상 시절 김정일 국방위원장의 신임 속에서 시작한 '7·1 경제 관리 개선 조치' 정책을 입안하고 추진한 인물로 알려져 있다. 2002년 10월에는 북한 경제 시찰단 자격으로 한국과 인도네시아, 말레이시아, 싱가포르를 방문했다. 2003년 9월에는 내각 총리로 승진하면서 김정일 국방위원장이 원하던 경제 발전 정책을 주도하는 역할을 담당했다. 그러나 박봉주 총리의 경제 개혁 노력은 당시 2차 북핵 위기로 미국의 대북 강경 정책이 강조되는 국면에서 성과를 거두지 못했다. 특히 2005년 9월 미국 재무부가 북한과의 불법 금융 거래 의혹을 이유로 마카오의 방코 델타 아시아 은행에 금융 제재를 시작하면서 박봉주 총리의 정치적 입지가 급속히 약화되는 과정을 겪었다. 전통적인 노동당 중심의 엘리트들은 자본주의를 확산하는 오류를 범했다고 비난하면서 박 총리를 공격했다. 박 총리는 한동안 김정일 국방위원장의 신임을 바탕으로 기존 엘리트 진영의 공격을 견뎌 내며 개혁 정책을 지속했지만, 새로운 경제 정책의 성과가 나오지 않으면서 급속하게 영향력을 상실해 갔다. 박 총리는 2007년 4월 내각 총리에서 해임되고, 같은 해 5월 순천 비날론연합기업소 지배인으로 좌천되었다. 이 시기에 박 총리를 압박하던 기존 엘리트 가운데 장성택 노동당 행정부장이 있었다는 점은 역사의 아이러니를 보여 주는 사례라고 할수 있겠다.

박봉주 총리가 평양으로 돌아온 것은 2010년 8월 당 중앙위 제1부부장 자리를 받은 이후다. 2012년 4월에는 당 경공업부장으로 승진했다. 박 총리의 평양 복귀에 대해서는 상당히 많은 의미를 부여할 수 있다. 첫째, 2007년 좌천의 이유가 된 자본주의 확산에 대한 책임에서 면제됐다는 점을 의미한다. 동시에 경제 개혁의 성과가 부족했다는 차원에서 무능하다는 지적에 대해서도 면죄부를 받은 것으로 판단할 수 있다. 둘째, 김정일 국방위원장은 물론 김정은 국무위원장이 박봉주 총리를 각별하게 신임하고 최고 수준으로 의존한다는 점을 명확하게 보여 주는 장면이다. 셋째, 박 총리를 다시 기용함으로써 북한 경제 발전에 대한 김정일 위원장과 김정은 위원장의 소망이 상당히 강하다는 점을 재확인한 것이다. 이런 배경에서 2013년 3월 병진 노선 채택 이후 박봉주 총리를 경제 정책 운용 최고 담당자로 기용한 것은 김정은 위원장이 북한의 경제 발전 과제를 박 총리에게 부여했다는 점을 보여 준다. 김정은 위원장은 박 총리를 다시 기용하면서 화학공업상과 농업상 등 30여 명의 내각 장관 가운데 9명을 교체하고 내각을 큰 폭으로 재편했다. 박 총리에 대한 신임과 의존을 보여 주는 장면이다.

## 핵 무력 완성을 향하여, 내키지 않는 돌격전

김정은 위원장이 병진 노선을 채택한 것은 필연이었을까? 핵과 미사일 개발을 포기하고 국제 사회의 도움을 받아 경제 발전에 매진하는 방안은 대안이 될 수 없었을까? 논리적으로 가능하지만 현실적으로 불가능하다는 계산이 상식적이다. 자신의 권력 정당성의 기초를 스스로 허무는 셈이 될 수 있기 때문이다. 김정은 위원장의 권력 정당성은 막스 베버가 제시한 세 가지 정당성, 즉 카리스마, 전통, 합법적 정당성 가운데 두 번째인 전통적 정당성에 해당한다. 전통적 정당성을 보유한 지도자는 본래 정당성을 창출한 최초 지도자와 혈연 관계로 연결돼 있으며, 최초 카리스마 지도자가 제시한 위대한 약속을 이행하고 관리하는 과제에 가장 적합한 인물이라 권력을 계승한 것이다. 김정은 위원장은 김일성 주석에 이어 김정일 국방위원장과 혈연 관계를 증명했기 때문에 위대한 약속을 지키는 노력만 진행한다면 정당성의 문제가 없다. 그렇다면 무엇이 위대한 약속인가를 알아야 한다. 최초 지도자, 즉 김일성 주석이 제시한 위대한 약속은 무엇인가? 반제국주의 투쟁을 하며 자주 민족 국가의 자존심을 지키고, 궁극적으로 자주 민족 국가를 건설한다는 것이다. 북한식으로 말하면 한반도에서 주한 미군을 몰아내고 남한을 흡수하는 방식으로 통일을 이루겠다는 것이다. 김정은 위원장이 핵무기 개발을 추진하지 않는다면 반제국주의 투쟁에서 승리할 수 있다는 신뢰감을 인민들에게 주기 어렵고, 무능한 지도자라는 낙인이 찍히면서 정당성이 약화된다. 반면 핵무기 개발을 추진하고 국가 핵 무력을 완성한다면 초강대국 미국과 전쟁해도 패배하지 않는 방어 수단을 갖는 셈이고, 반제국주의 투쟁이 가능하고, 궁극적으로 승리할 가능성도 있다는 신뢰감을 인민들에게 안겨 줄 수 있다. 그런데 핵무기 개발을 추진하면 국제 사회의 대북 경제 제재 때문에 경제 발전을 이뤄 낼 수 없다는 치명적인 문제점이 있다. 이 모순을 해결하기 위해 김정은 위원장은 핵과 미사일 개발은 속도 조절을 하면서 가능하면 유리한 조건으로 미국과 협상하여 문제를 해결하겠다는 의지를 자주 보여 주었다.

2013년 4월 이후 북한의 핵과 미사일 개발은 2016년 1월까지 비교적 느리게 진행되었다. 2013년 4월 이후 핵무기 개발과 관련해서 북한이 도발적 조치를 취한 것은 4월 2일 북한 원자력총국 대변인이 조선중앙통신 기자의 질문에 답하는 형식으로 영변의 모든 핵 시설 및 무력화된 5메가와트 흑연감속로 재정비와 재가동 조치가 실행 중이라고 주장한 것 외에 특별히 거론할 것이 없다. 미사일과 관련해서도 5월 18일에서 20일 사이에 동해 방면에서 단거리 발사체가 발사된 것 외에 다른 조치는 없었다. 반면 경제 발전에 대한 의지 표명은 끊이지 않고 노출되었다. 그 사이 미국과의 핵 문제 일괄 협상 제안이 여러 차례 이뤄졌다. 돌이켜 본다면 2018년 상반기에 김정은 위원장은 한반도 정세 격변과 관련해 획기적으로 달라진 모습을 보였지만, 그런 노력은 2013년 4월 병진 노선 출범 시점에서 이미 노출되었다는 점을 이해하는 것이 중요하다. 2013년 북한의 핵 문제가 해결 국면에 들어설 가능성이 있었지만, 그 기회를 살리지 못했다는 점을 의미할 수 있기 때문이다.

남과 북이 2013년 6월 12일과 13일 서울에서 당국자 회담을 열기로 했다가, 하루 전인 11일 수석대표의 계급과 의제 관련 논란으로 회담 자체를 무산시킨 것은 당시 남북 관계가 감정적으로 전개되었음을 보여 주는 사례다. 당시 남측은 북측에서 대표단장으로 조평통 서기국장이 나오는데, 장관급이 아니라 수용할 수 없다고 항의했다. 김양건 당 통일전선부장이 나올 것을 요구하며, 안 그러면 남측 대표단장을 통일부 차관으로 내보낸다고 통보했다. 결국 직급으로 논란을 빚으며 남북 당국자 회담이 불발되었다.

# 제 5 장

# 김정은 위원장,
# 미국과 '핵담판' 1차 시도

김정은 위원장은 2013년 3월 말 병진 노선을 채택했지만, 실제로 병진 노선에 대한 의지가 강하지는 않았다. 병진 노선을 채택하고 두 달 반이 지난 시점인 6월 16일 미국에 고위급 회담을 제안하면서 비핵화를 논의할 수 있다고 밝혔기 때문이다. 2013년 새해 벽두부터 핵실험을 강행하고, 워싱턴을 불바다로 만들겠다고 협박 공세를 하고, 병진 노선을 채택하여 핵무기 개발을 최고 정책 목표로 규정해 놓고는 갑자기 비핵화 회담을 제안하는 것은 앞뒤가 전혀 맞지 않는 행동이다. 그러나 김정은 위원장은 이후에도 같은 전략을 몇 차례 반복했기 때문에 나름대로 노림수가 있었다고 봐야 할 것이다.

 김정은 위원장 행보를 보면 경제 발전을 위해 대북 제재를 풀어야 하고, 그러려면 비핵화 결단을 내려야 한다는 결론에 도달한 것으로 해석된다. 다만 2013년 초 상황에서는 굴복하는 태도로 비핵화 협상에 응할 생각이 없었던 듯 보인다. 오히려 미국을 압박해서 담판을 시도하고, 그 결과로 경제 제재 해제를 이끌어 내겠다는 의도가 매우 강하게 드러났다. 결론적으로 김정은 위원장의 2013년 초 전략은 성과를 거두지 못했다. 다만 김정은 위원장은 2018년에도 같은 전략을 구사했고, 결국 한국과 미국의 호응을 얻어 내는 데 성공했다. 김 위원장이 2018년 새해 벽두부터 전개한 핵담판은 2013년 6월과 골격이 같다고 할 수 있다. 다만 남쪽의 경우 대통령이 박근혜 대통령에서 문재인 대통령으로 바뀌었고, 미국은 오바마 대통령 대신 트럼프 대통령이 나섰다는 것이 달라진 점이다.

## "비핵화는 수령님과 장군님의 유훈"

북한은 2013년 6월 16일 국방위원회 대변인 중대 담화를 내고 핵무기 개발을 중단할 수 있다고 밝혔다. 담화는 3개 항으로 이뤄졌다. 1항에서 대변인은 북한의 협박 공세에 대한 미국의 비난이 부당하다면서 오히려 미국이 군사적 도발을 했기 때문에 대항한 것이라고 주장했다. 2항에서는 놀랍게도 "조선반도의 비핵화는 우리 군대와 인민의 변함없는 의지이고 결심"이라면서 "조선반도의 비핵화는 우리 수령님과 우리 장군님의 유훈이며 우리 당과 국가와 천만군민이 반드시 실현하여야 할 정책적 과제"라고 밝혔다. 다만 한반도 비핵화는 '북핵 폐기'를 의미하는 것이 아니고 미국의 핵 위협 종식을 포함한 한반도 전역의 비핵화를 의미한다고 지적했다. 3항에서는 미국과의 대화를 제안했다. 대변인은 "조선반도의 긴장 국면을 해소하고 지역의 평화와 안전을 이룩하기 위하여 조미 당국 사이에 고위급 회담을 개최하고, 고위급 회담에서는 "군사적 긴장 상태 완화 문제, 정전 체제를 평화 체제로 바꾸는 문제, 미국이 내놓은 '핵 없는 세계 건설'을 포함하여 쌍방이 원하는 여러 가지 문제를 폭넓고 진지하게 협의"할 수 있다고 제안했다. 회담 장소와 시일도 미국이 편리한 대로 정하라면서 미국은 기회를 놓치지 말고 대범한 용단과 선의에 적극 호응해야 할 거라고 주장했다.

북한의 갑작스런 정책 노선 변화와 회담 제의에 한국과 미국은 당황한 기색을 보였다. 한국 정부는 다음 날인 17일 통일부 대변인 발표를 통해 비핵화와 관련하여 북한의 진정성과 구체적인 행동이 중요하다고 유보적인 태도를 보이면서 결국 무시했다. 미국도 미국 시각으로 17일 백악관 국가안전보장회의(NSC, National Security Council) 대변인 발언을 통해 미국은 북한과 신뢰할 수 있는 협상을 원한다며 부정적인 입장을 보였다. 대변인은 북한이 유엔 결의와 비핵화를 포함하는 국제 의무를 준수해야 하고, 미국은 북한을 말이 아닌 행동으로 판단할 거라고 밝혔다.

6월 21일 유엔 주재 북한 대표부 신선호 대사가 기자회견을 자청했다. 유엔 주재 북한 대사가 기자회견을 한 것은 3년 만이었다. 신선호 대사는 50분 정도 진행된 회견에서 대부분의 시간을 유엔군 사령부 해체와 평화 체제 도입을 주장하는 데 사용하며 북미 고위급 대화를 언급했다. 북미 대화와 관련해 미국이 북한과 협력하겠다는 진정하고 순수한 의지가 있다면, 모든 현안을 확실히 해결할 수 있다고 말했다. 북미 고위급 회담 개최 제안을 재론하기 위한 행사였다. 미 국무부 패트릭 벤트렐 대변인은 같은 날 정례 브리핑에서 신선호 대사의 회견 내용을 모두 보지는 못했지만, 유엔군은 계속해서 주둔할 거라고 말했다. 북한이 요구한 대북 경제 제재 해제에 대해서도 제재 역시 계속될 거라면서 북한의 주장은 과거부터 익히 들어 온 말이라고 일축했다. 북한의 제안을 거부한 것이다. 한국 정부 당국자도 한국 시각으로 6월 22일 신선호 대사의 회견은 귀담아들을 만한 내용이 없다면서 최근 이어지는 대화 공세의 하나로 보인다고 말했다. 또한 북한은 이번 회견에서 자신들이 변화할 준비가 됐는지 보여 주지 못했고 진정성도 없었다고 비판했다.


## 최룡해 "우리는 전쟁을 원하지 않는다"

김정은 위원장이 갑자기 미국과의 대화를 제의했지만 미국이 외면하는 상황은 8월까지 이어졌다. 그러나 북한은 미국과의 대화를 꾸준히 요구했다. 8월 24일 최룡해 인민군 총정치국장의 연설도 같은 맥락이었다. 최룡해 총정치국장은 북한에서 선군절로 기념하는 8월 25일을 하루 앞두고 평양 4·25문화회관에서 열린 중앙보고대회에 참석하여 "경제 강국 건설과 인민 생활 향상을 총적(최종적) 목표로 내세우는 우리에게 있어서 평화는 더없이 귀중하다."라고 말했다. 이어 "우리 인민은 전쟁을 바라지 않으며 어떻게 해서든지 동족상쟁을 피하고 조국을 자주적 평화적으로 통일할 것을 바라고 있다."라고 강조했다. 또한 "자주, 평화, 친선의 이념 밑에 우리나라의 자주권을 존중하고 우호적으로 대하는 세계 여러 나라와 친선 협조 관계를 발전시킬 것"이라며 "동북아시아와 세계의 평화와 안정을 수호하고 세계의 자주화를 실현하는 데 이바지할 것"이라고 덧붙였다. 다만 "전체 조선 민족은 외세의 지배와 간섭, 침략과 전쟁 책동을 단호히 배격하고 북과 남 사이의 대결 상태를 해소하며 통일을 방해하는 그 어떤 행위도 절대로 허용하지 말아야 한다."라고 촉구했다.

최룡해 총정치국장의 발언에서 특이한 점은 '핵 억제력'이나 '핵 무력과 경제 건설 병진' 등의 표현이 전혀 나오지 않았다는 점이다. 특히 남한에서 을지프리덤가디언 한미 연합 군사 훈련이 진행 중인데도 이에 대한 반발을 자제하고 대남, 대미 유화 자세를 유지했다. 6월 16일 국방위 정책국 대변인 중대 담화와 같은 기조라고 볼 수 있다. 북한의 유화 공세는 8월 29일 국방위 정책국 대변인 담화에서도 나타난다. 국방위 정책국 대변인은 조선중앙통신을 통해 발표한 담화에서 을지프리덤가디언 한미 연합 군사 훈련과 대북 전단 살포 등을 '전쟁 소동'이라고 비난했다. 대변인은 지금이야말로 대화 상대를 겨냥한 시대착오적 행동이 아니라 대화 분위기와 평화적 환경 마련에 유익한 정책적 결단만 허용될 때라고 주장했다. 그러면서 한반도의 평화와 긴장 완화를 위해 최대한의 인내성을 발휘하면서 여러 가지 건설적이고 과감한 평화 조치를 구상하고 실천해 나가기 위한 문제들을 심중히 검토하고 있다고 밝혔다. 북한 입장은 평상시 도발을 자행하던 양상과 달랐다. 개성공단 정상화와 추석 이산가족 상봉 합의 등으로 조성된 남북 간 화해 분위기를 깨지 않겠다는 의지를 피력하고 한미 양측에 대화 노력을 촉구한 것으로 해석되었다. 대변인 담화 사흘 뒤인 9월 1일 일본에서 북한 입장을 대변해 온 조총련, 즉 재일본조선인총연합회 기관지 《조선신보》는 북한이 한반도 평화 정착을 위한 '통 큰 해법'을 구상한 결과라는 내용의 해설 기사를 올렸다. 신문은 이 담화가 과감한 평화 조치를 언급한 것과 관련해 미국과 남한 당국이 더 이상 시비할 수 없는 대범한 행동 계획, 통이 큰 문제 타결안이 구상되었을 수 있다고 해석했다.

국방위 정책국 대변인의 유화적 담화가 나온 8월 29일 북한 관영 매체들의 보도는 북한군 지도부 개편을 시사하는 내용을 포함했다. 북한 매체들은 김정은 위원장이 전날 김일성경기장에서 열린 횃불컵 1급 남자 축구 결승 경기를 관람했다는 내용을 보도하며 수행자 명단을 공개했다. 보도를 보면 김격식 총참모장이 제외되고 대신 리영길 총참모부 작전국장이 호명되었다. 그것도 장정남 인민무력부장 바로 앞에 호명되었다. 그 이전에는 리영길 작전국장이 장정남 인민무력부장 뒤에 소개된 터였다. 이런 상황은 인민군 총참모장인 김격식이 해임되고 리영길이 그 자리로 들어왔음을 시사했다. 김격식은 2010년 천안함·연평도 사건을 주도한 것으로 알려졌기 때문에 남한이나 미국에 대해 유화적인 조치를 취한 거라는 해석이 나왔다. 리영길은 소장파로 2013년 초 총참모부 작전국장이 되었다. 5월 말에는 최룡해 총정치국장이 특사로 중국을 방문할 때 동행했다.

## 보즈워스 재등장, 오바마의 의중인가?

북한은 6월 중순 미국과의 대화 의지를 표출한 지 3개월이 지난 9월 말에 미국과 간접적인 대화에 성공했다. 9월 25일과 26일 이틀 동안 독일 베를린에서 열린 세미나에 북한 관리들이 참석했고, 미국에서는 스티븐 보즈워스 전 대북정책 특별대표를 포함한 민간 전문가들이 참석했다. 세미나에 참석한 북한 관리는 외무성 리용호 부상과 최선희 부국장이 포함된 만큼 정부 대표단으로 분류할 수 있었다. 미국에서는 보즈워스 전 대표 외에 로버트 갈루치 전 국무부 차관보와 조엘 위트 전 국무부 북한 담당관이 포함되었다. 갈루치 전 차관보와 위트 전 북한 담당관은 오바마 행정부에서 의미 있는 민간 외교관, 즉 민간인 자격으로 북한 관리들을 만난 다음 면담 결과를 비공개적으로 미 국무부나 중앙정보국에 전달하는 간접적 소통 수단 역할을 하지 못했다. 그러나 보즈워스 전 대표의 경우는 오바마 행정부의 신뢰를 받았기 때문에 북한 관리들과의 접촉 결과를 국무부에 전달했을 것으로 추정된다. 위트 전 담당관은 행사가 끝난 뒤 기자들과 만나 아주 유익한 대화였고 분위기도 좋았다면서 "격의 없고 개방적인 분위기에서 여러 이슈에 대해 의견을 나눴다."라고 말했다.

북한 관리와 미국 민간 전문가의 접촉은 10월 1일과 2일 런던에서 재개되었다. 북한에서는 리용호 외무성 부상과 최선희 외무성 부국장이 나오고, 미국에서는 보즈워스 전 대표와 조지프 디트라니 전 국가정보국 산하 비확산센터 소장이 참석했다. 일정이 끝난 뒤 보즈워스 전 대표는 상대방을 매우 존중하는 분위기에서 접촉이 진행되었다고 밝혔다. 북한이 6자회담 재개에 강한 의지를 보였다며, 대화를 통해 북핵 문제를 해결할 수 있다는 데 공감대를 마련했다고 평가했다. 다만 6자회담 재개의 선행 조건으로 미국이 북한 측의 성의 있는 조치를 요구하는 터라 공식 대화가 이뤄지기까지는 시간이 걸릴 것으로 전망했다.

보즈워스 전 대표가 북한 관리들을 만난 것은 그 자체로 의미를 갖는다고 해석할 수 있다. 보즈워스 전 대표는 미국 정부의 신뢰를 얻고 있는 만큼 미 국무부가 간접적으로 북한과 소통하고 싶다는 의사를 표현한 것으로 볼 수 있기 때문이다. 오바마 대통령은 북한과의 대화에 의욕을 보였고, 부분적으로 대화를 시도한 적도 있었다. 그러나 한국 정부가 대북 강경 정책을 전개하며 미국 정부에 대해 한미 동맹 차원에서 정책 공조를 해야 한다고 주장하는 상황이라 북한과의 대화를 적극 추진할 수는 없었다. 그런 조건에서 보즈워스 전 대표가 움직였기 때문에 오바마 대통령이 한국 정부의 반대에도 불구하고 북한과의 대화를 타진한다는 해석이 나왔다.

## 다시 평화협정 체결을 주장하다

10월 14일 북한은 미국에 평화협정 체결을 요구하면서 체제 안전 보장을 촉구했다. 신선호 유엔 주재 북한 대표부 대사는 유엔 총회 제1위원회 기조연설에서 미국이 한반도의 긴장 완화와 항구적 평화를 원한다면 대북 적대 정책을 포기하고 평화 공존을 해야 한다고 주장했다. 그러면서 북한의 체제 안전 보장과 관련해 한국전쟁 정전협정을 평화협정으로 대체해야 한다고 강조했다. 북한 핵 문제와 관련해서는 전제조건 없는 대화와 협상을 통해 평화적으로 해결해야 한다는 기존의 주장을 되풀이한 것이다. 이는 미국이 체제 안전을 보장하지 않을 경우 핵무기 개발을 계속하겠다는 뜻으로 해석할 수도 있지만, 체제 안전을 보장할 경우 핵무기 개발을 중단할 수 있다는 의미로도 해석할 수 있다.

10월 23일에는 외무성이 담화를 발표하고 비핵화 가능성을 다시 거론했다. 북한 외무성 대변인은 담화를 통해 지금 한반도 정세에서 가동되는 것은 미국의 핵 위협과 반공화국 제재뿐이라고 비판했다. 이어서 외부의 핵 위협이 계속되는 한 그에 맞설 핵 억제력도 강화할 수밖에 없다고 밝혔다. 예나 지금이나 행동 대 행동이 핵 문제 해결의 기본 원칙이라고 말하며, 비핵화는 조선반도 전체의 비핵화라는 점도 거듭 강조했다. 이는 한국과 미국, 일본에서 주장하는 선 비핵화 조치를 수용하지 않겠다는 입장을 밝힌 것으로 해석할 수 있다. 그러나 북한이 과거에 보여 준 메시지 전달 기법을 볼 때, 외부 핵 위협이 계속되지 않는다면 핵 억제력 강화를 포기할 수 있다는 의미로 해석할 수도 있다. 표현은 험악하지만 북한 외무성 담화의 요지는 비핵화를 할 수 있다는 입장을 밝히면서, 미국을 향하여 회담을 통해 문제를 해결하자는 메시지를 던진 것으로 해석된다.

## 개성공단도 대화와 협상으로 재가동

북한이 6월에 국방위 중대 제안을 내놓은 이후 남북 관계도 협상 국면에 들어갔다. 2013년 6월 개성공단은 가동 중단 상태에 놓여 있었다. 같은 해 3월 유엔 안보리 대북 제재 결의 채택을 계기로 남과 북이 개성공단 운영과 관련해 갈등을 드러냈고, 4월 3일 북한은 남측 근로자의 공단 진입을 차단했다. 4월 8일 남측은 공단 가동 중단을 선언했고, 북측은 맞대응으로 북측 근로자 철수를 결정했다. 이로써 개성공단은 4월 9일 가동 중단 상태에 들어갔다.

국방위 정책국 대변인 중대 담화가 나온 뒤인 7월 3일 북한이 통지문을 보내왔다. 개성공단 관계자의 공단 방문을 허용하고 필요한 협의를 하자는 내용이었다. 다음 날 남측이 개성공단 관련 남북 당국 실무 회담 개최를 공식 제안했다. 북한이 이를 받아서 7월 6일과 7일 1차 회담이 판문점 통일각에서 열렸다. 남과 북은 이후 개성공단 가동 중단 사태 재발 방지 보장과 개성공단 발전적 정상화 방안을 논의하는 일정을 진행했다. 7월 25일 6차 회담에서 북한이 결렬을 선언하기도 했지만, 8월 7일 북한 조평통 대변인이 특별 담화를 발표하고 회담 재개를 제안했다. 이를 남측이 받아서 8월 14일 7차 회담이 열렸다. 8월 29일 개성공단 남북공동위원회 구성 및 운영에 관한 합의서를 채택했다. 9월 2일 공동위원회 1차 회의를 개최하고 상설 사무처 구성과 운영 등을 논의했다. 9월 10일 2차 회의를 열고 개성공단 재가동에 대한 세부 사항을 합의했다. 합의에 따라 9월 16일 개성공단은 다시 가동되었다. 10월 30일 국회 외교통일위원회 소속 국회의원 21명이 개성공단을 방문했다.

7월 18일 경기도 화성에서 열리는 동아시아컵 축구대회에 참석하기 위해 북한의 여자 축구선수와 임원 36명이 남측을 방문했다. 대회는 20일부터 28일까지 열렸다.

7월 29일 남측 정부도 5개 민간 단체의 대북 인도주의적 지원 사업을 승인했다. 지원 사업은 북한의 영유아와 초등생 대상 의약품과 영양식 지원 등이었다. 우리 정부는 이후에도 인도주의 사업을 몇 차례 더 승인했다.

8월 15일 박근혜 대통령은 8·15 경축사에서 추석을 전후하여 남북 이산가족 상봉을 추진하자고 제안했다. 다음 날 대한적십자사는 국제적십자사연맹을 통해 대북 수해 지원으로 10만 달러 제공을 결정하고 북한에 통지문을 보내 이산가족 상봉과 관련한 적십자 실무 접촉을 8월 23일 판문점에서 개최할 것을 제안했다. 8월 18일 북한이 조평통 담화를 통해 적십자 접촉에 동의하지만 장소를 금강산으로 하자고 수정 제안하면서 대립이 있었다. 결국 8월 23일 판문점 평화의 집에서 적십자 접촉이 열렸다. 추석을 전후한 이산가족 상봉과 화상 상봉에 북한도 합의하고 관련 준비 절차를 진행했다. 그러나 상봉 행사를 4일 앞둔 9월 21일 북한이 갑자기 조평통 대변인 성명을 통해 일방적으로 상봉 연기를 발표했다. 조평통 대변인은 남한 보수 세력이 이산가족 상봉 행사에 대해 박근혜 정부의 원칙 있는 대북 정책 결과라고 주장하고 금강산 관광에 대해서도 악의적으로 중상한다면서, 남북 관계에 대화와 협상이 이뤄질 수 있는 분위기가 마련될 때까지 상봉 행사를 연기한다고 설명했다. 결국 2013년 상봉 행사는 불발되었다.

# 메릴 뉴먼 석방, 서광은 비치는가?

2013년 12월 7일 북한에 억류된 미국인 메릴 뉴먼이 풀려났다. 뉴먼은 10월 중순 관광 차 10일 일정으로 북한을 방문했는데, 10월 26일 베이징으로 나오기 위해 평양 순안공항의 비행기에서 대기하다 북한 당국에 체포되었다. 뉴먼은 반공화국 적대 행위 혐의를 적용받았다. 북한이 10월 말 공개한 뉴먼의 사죄문에 따르면, 한국전쟁 참전 용사인 85세의 뉴먼은 전쟁 당시 간첩 행위를 한 사실이 드러나 체포되었다. 뉴먼은 사죄문에서, 구월산 일대에서 정탐, 파괴 행위를 벌이던 간첩, 테러분자와 그 일당을 찾아내 남조선의 반공화국 모략 단체인 '구월산 유격군 전우회'와 연계하려는 범죄를 저질렀다고 시인했다. 그러나 북한 억류에서 풀려난 뒤 문제의 사죄문은 본인이 작성한 게 아니라고 말했다.

북한이 억류 중인 미국인을 별다른 설명 없이 석방하는 것은 물밑 접촉을 통해 북한이 원하는 특정한 요구 사항을 미국이 수용했거나 수용할 수 있다는 의지를 보여 주는 경우에 가능하다. 뉴먼의 석방은 북한과 미국의 물밑 접촉이 성공적이라는 사실을 반영한다. 이와 관련해 9월 말 베를린 그리고 10월 초 런던에서 있었던 북한 관리와 미국 민간 전문가의 접촉이 중요한 계기가 되었을 가능성이 있다. 미국과의 대화를 성사시키겠다는 김정은 위원장의 의지는 6월 16일 국방위 정책국 대변인 담화로 드러났고, 뉴먼의 석방을 계기로 성과를 기대할 수 있는 상황으로 변경되었다.

2013년 말 상황은 2018년 김정은 위원장이 추진하는 국면 전환 행보와 유사하다는 점에서 매우 흥미로운 토론 주제를 제공한다. 우선 김정은 위원장이 2017년이나 2018년에 조성된 어떤 환경 때문에 유화 공세를 전개한 것이 아니라 2013년 이후 비핵화를 전제로 한 미국과의 협상을 꾸준히 추진해 왔다는 가설을 세울 수 있다. 이 가설은 김정은 위원장이 2015년과 2016년에도 유사한 제안을 하고, 제안 이후 상당 기간 협상을 성사시키기 위해 노력했다는 점에 주목하는 것이다. 이 가설은 한국과 미국이 북핵 문제를 해결할 수 있는 기회를 살리지 못했다는 것을 의미하기도 한다. 2013년 6월 국방위 중대 담화에 한국과 미국이 긍정적으로 호응했다면 2018년 상반기에 목도한 북미 정상회담이나 미 국무장관의 평양 방문, 북한 노동당 부위원장의 워싱턴 방문 등이 5년 전에 이뤄졌을 가능성이 있다. 물론 2013년에 북한과 대화를 시작했다고 해서 북핵 문제가 풀렸을 거라고 단정하는 것은 과도하다. 그럼에도 불구하고 대화와 협상을 진행했다면 2016년과 2017년에 경험한 극단적 대결 상황은 예방했을 수도 있고, 북핵 문제 해결 기회가 더 일찍 열릴 가능성도 있었을 것이다. 그러나 2013년 김정은 위원장의 국면 전환 노력은 북한에서 초대형 뉴스가 터지며 갑자기 중단된다. 김정은 위원장 고모부이자 후견인이던 장성택 노동당 행정부장이 체포된 것이다.

# 제 6 장

## 장성택 처형,
## 공포 정치의 계절

2013년 11월 29일 김정은 위원장이 백두산이 위치한 양강도 삼지연군을 방문했다. 다음 날 북한 매체들은 김정은 위원장이 삼지연군의 체육 시설과 혁명사적지, 군부대 등을 현지 시찰했다고 보도했다. 보도에 나온 김정은 위원장의 얼굴은 평온하면서도 긴장감을 감추지 못하는 기묘한 표정이었다. 김정은 위원장의 삼지연 방문길에 측근 참모 8명이 수행했다. 김원홍 국가안전보위부장과 김양건 노동당 비서, 한광상 노동당 재정경리부장 그리고 황병서 당 조직지도부 부부장과 김병호 당 선전선동부 부부장, 홍영칠 당 기계공업부 부부장, 마원춘 당 재정경리부 부부장, 박태성 중앙위 부부장이다. 이들은 2011년 12월 김정일 국방위원장 사망 이후 운구차를 호위하던 8인과 대비되었다. 운구차 8인의 운명은 그다지 긍정적이지 않았다. 그러나 삼지연 8인은 김정은 위원장의 각별한 신임을 받고 북한 권력 세계에서 승승장구하는 핵심 엘리트가 되었다. 김정은 위원장의 삼지연 방문 보도는 특별할 것 없었지만, 결코 평범하지 않은 일정이었다는 게 금방 확인되었다.

## "장성택 행정부장 측근 2명 처형"

김정은 위원장의 백두산 방문 나흘 뒤인 12월 3일 오후 서울 여의도 국회에서는 정보위원회가 열리고 있었다. 국가정보원 고위 당국자는 충격적인 정보 사항을 여야 의원들에게 설명했다. 북한 김정은 위원장의 고모부로 후견인 역할을 해 온 장성택 노동당 행정부장이 실각하고 장성택 부장 최측근 고위 인사 2명이 처형을 당했다는 것이다. 처형당한 사람은 노동당 행정부 제1부부장인 리용하와 부부장 장수길이었다. 이들은 11월 하순 공개 처형된 것으로 확인되었다. 장성택 실각과 관련해 장성택의 매형인 전영진 쿠바 주재 대사와 조카인 장용철 말레이시아 주재 대사는 외국에 체류하고 있다가 강제 소환되었다.

장성택이 누구인가? 1946년 1월 함경북도 청진에서 태어난 장성택은 1972년 김일성 주석의 딸 김경희와 결혼하면서 백두 혈통 가문의 일원이 되었다. 김정일 국방위원장과 처남, 매부 관계이고 김정은 국무위원장과는 고모부와 조카 관계가 된다. 장성택의 직책은 노동당 정치국 위원, 노동당 행정부장, 노동당 중앙군사위원회 위원, 노동당 중앙위원회 위원, 국방위원회 부위원장, 국가체육지도지원장, 최고인민회의 대의원, 조선인민군 대장이다. 1970년대 중반에는 음주가무를 지나치게 좋아한다는 이유로 2년 동안 강선제강소에서 강제 노역을 하는 시련을 겪기도 했다. 그러나 당으로 복귀해 조직지도부 제1부부장을 맡으면서 백두 혈통 가문의 정상적인 일원으로 활동했다. 2004년 다시 '분파 행위'를 했다는 이유로 좌천된 적이 있지만, 김정일 국방위원장의 비호를 받으며 2006년 당 중앙위 제1부부장으로 복귀했다. 2009년 국방위원회 위원에 선임되고 1년 만에 부위원장으로 승진했다. 2008년 말 김정일 국방위원장이 3남 김정은으로 후계 체제를 결정할 때 리제강 당 조직지도부 제1부부장과 함께 측근에서 조언해 준 인물로 알려져 있다. 이에 따라 장성택은 김정일 위원장 사망 뒤 김정은 위원장의 후견인 역할을 하며 상당한 권력을 휘두른 것으로 알려졌다. 국가정보원의 장성택 실각 비공개 보고 이후 그의 신변에 대해서는 알려진 게 없었다. 장성택이 이번에도 정치 위기를 극복하고 권력을 유지할 수 있겠지만, 숙청될 수도 있고 처형당할 가능성도 배제할 수 없었다. 숙청을 당하는 상황이 되면 장성택이 그동안 준비해 놓은 군부 지지 세력을 동원하여 반란을 일으키는 시나리오도 배제할 수 없었다. 한반도에 충격과 불안이 엄습하는 가운데 한국과 미국의 군사 당국은 급변 사태 가능성에 대비하기 시작했다.

## 북한 관영 매체, 장성택 실각 확인

북한은 12월 9일 오전 6시 관영 매체 보도를 통해 장성택 실각을 공식으로 확인했다. 북한 매체 보도에 따르면 북한 노동당은 중앙위원회 정치국 확대회의를 열어 장성택 부장을 모든 직무에서 해임하고 출당과 제명 조치를 하기로 결정했다. 회의는 김정은 위원장이 주재했다. 정치국 회의는 장성택 일당이 당의 통일과 단결을 좀먹고 당의 유일적 영도 체계를 세우는 사업을 저해하는 반당, 반혁명적 종파 행위를 감행했다고 규정했다. 이날 오전에는 신문을 통해, 오후에는 TV를 통해 장성택이 체포되는 장면을 담은 사진도 공개했다. 사진을 보면 장성택은 회의장에서 회의 도중에 체포되었다.

북한 수령인 김정은 위원장의 고모부이자 김정일 국방위원장의 지명을 받아 후견인 역할을 해 온 실력자 장성택이 회의장에서 힘없이 끌려 나가는 장면은 충격 그 자체였다. 일부 분석가는 북한 정치의 불안정성에 주목하면서 급변 사태 가능성을 거론하기도 했다. 그러나 장성택이 끌려 나가는 상황에서 차분하게 정렬하고 있는 노동당 정치국 회의장 분위기를 보면 조금의 혼란도 느껴지지 않았다. 사람들은 장성택이 과연 목숨을 부지할 수 있을 것인가에 관심을 보이기 시작했다. 그리고 12월 11일《노동신문》에 장문의 글이 나오자 장성택이 곧 목숨을 잃을 거라는 전망이 우세해졌다. 신문이 게재한 논평은 〈길이 빛나라, 삼지연의 강행군이여〉다. 논평은 1960년대 갑산파 숙청 사건을 상기한 뒤 "이번 삼지연 방문에서 원수님의 위대한 심장에서 뿜어진 것도 바로 이런 철석의 신념, 의지"라고 지적했다.

갑산파 숙청이란 1967년 5월 4일부터 8일까지 5일 동안 열린 노동당 중앙위원회 제4기 제15차 전원회의에서 당시 세도가로 알려진 박금철과 리효순, 김도만 등 갑산파 세력이 숙청된 사건을 말한다. 박금철은 부수상, 리효순은 노동당 대남 담당 비서, 김도만은 선전 담당 비서였다. 이들은 김일성 주석을 중심으로 한 만주 빨치산 세력의 일원인 김영주가 잠재 후계자로 주목받는 것에 반발해 자파 세력의 권력 확장을 시도했다. 특히 김도만은 박금철을 찬양하는 영화《일편단심》을 만들었다. 박금철이 일제에 체포되어 감옥 생활을 할 때 그의 아내가 절개를 지킨 내용을 주제로 한 박금철의 반일 투쟁 역사를 선전한 것이다. 이에 대해 당시 스물다섯 살이었던 김정일 국방위원장은 갑산파의 권력 야욕을 간파하고 이들을 제거하기 위한 행보에 들어갔다. 그 결과 갑산파를 대표하는 세 사람이 숙청되고 갑산파로 분류된 다른 관련자들도 숙청 대열에 포함되었다. 회의에서 김정일 국방위원장 세력은 박금철이 당 조직비서로서 인물을 등용·배치·해임·철직시키는 사업을 하며 당 책임비서 자리를 자기의 측근자로 배치해 추종자를 꾸려 놓고 봉건 유교 사상까지 주입하는 잘못을 저질렀다고 규탄했다.

## "왼새끼를 꼬면서 건성건성 박수를 쳤다"

예상대로 장성택은 12월 12일 처참한 죽음을 맞이했다. 12월 13일 오전 6시 북한 매체 보도에 따르면 북한 국가안전보위부는 특별군사재판을 진행했다. 재판부는 국가전복음모행위에 대한 공화국 헌법 제60조에 따라 사형 판결을 내리고 즉시 집행했다. 북한 매체들은 장성택의 죄목도 자세히 보도했다. 내용을 요약하면 아래와 같다.

장성택은 당과 국가의 지도부와 사회주의 제도 전복을 목적으로 반당, 반혁명적 종파 행위를 감행하고 조국을 반역한 천하의 만고 역적이다. 김정은 위원장을 후계자로 추대하는 문제를 토의하는 상황에서 왼새끼를 꼬며, 즉 속으로 다른 마음을 먹으면서 계승 문제를 음으로 양으로 방해했다. 당 대회에서 후계자 문제가 결정되자 자리에서 마지못해 일어나 건성건성 박수를 치며 오만불손하게 행동했다. 장성택은 김정일 위원장이 사망하자 정권 야욕을 실현하기 위해 본격적으로 책동하기 시작했다. 장성택은 반역 작업에 써먹을 세력을 교묘한 방법으로 규합했다. 자신이 지도하는 부서를 크게 늘려서 국가 사업을 장악하며 '소왕국'으로 만들었다. 무엄하게도 대동강 타일 공장에 김일성 주석과 김정일 국방위원장 모자이크 영상 작품과 현지 지도 사적비를 모시는 사업을 가로막았다. 김정은 위원장이 조선인민내무군 군부대에 보내 준 친필 서한을 천연 화강석에 새겨 정중히 모시자는 장병들의 의견을 묵살하다가 마지못해 그늘진 한쪽 구석에 건립하도록 내리먹이는 망동을 부렸다. 장성택은 당의 노선과 정책을 거역하는 반당 행위를 감행했는데, 이는 자신의 존재감을 부각해서 환상과 우상화를 조장하려는 의도의 발로였다. 자신에 대한 환상을 조성하기 위해 각종 물자를 심복졸개들에게 나눠 주면서 체면을 세우는 무엄한 짓을 했다. 장성택이 지도하던 부서와 산하 기관의 추종분자들은 장성택을 '1번 동지'라고 불렀다. 장성택은 심복졸개와 추종자들이 인민군 최고 사령관의 명령에 불복하는 반혁명 행위를 서슴없이 감행하게 했다. 장성택은 내각 총리 자리에 올라앉을 꿈을 꾸면서 자신의 부서가 나라의 경제 부문을 장악하게 하여 내각을 무력화하려고 했다. 장성택은 국가 기구 체계를 무시하여 내각 소속 검열 감독 기관을 자신의 관할로 소속시키고, 내각에서 맡아 하던 일체 사업과 관련한 문제를 좌지우지함으로써 내각이 경제 사령부의 기능과 역할을 제대로 할 수 없게 만들었다. 장성택은 국가건설감독기구와 관련한 문제를 다루면서 대원수들이 작성한 건설법과 어긋난다는 의견을 듣자 "건설법을 뜯어고치면 되지 않는가?"라고 망발했다. 장성택은 수도 건설과 관련하여 몇 년 사이에 건설건재기지를 폐허로 만들었고, 기술자와 기능공을 약화시켰으며, 중요한 건설 단위를 심복들에게 넘겨 돈벌이를 하게 만드는 방법으로 평양시 건설을 고의로 방해했다.

장성택은 석탄을 비롯한 지하 자원을 마구 팔아먹도록 해서 심복들이 거간꾼들에게 속아 많은 빚을 지게 만들고, 그 빚을 갚는다고 하면서 라선경제무역지대 토지를 50년 기한으로 외국에 팔아먹는 매국 행위도 서슴지 않았다. 2009년 만고역적 박남기를 부추겨 수천억 원을 남발함으로써 경제적 혼란을 일으키고 민심을 어지럽히도록 배후 조종한 장본인도 바로 장성택이다.

장성택은 정치적 야망을 실현하는 데 필요한 자금을 확보하기 위해 돈벌이를 장려하고 부정부패 행위를 일삼았다. 은행에서 거액의 자금을 인출한 뒤 귀금속을 사들여 국가 재정 관리 체계에 혼란을 조성하는 반국가 범죄 행위를 감행했다. 2009년부터 온갖 추잡하고 더러운 사진 자료를 심복졸개들에게 유포시켜 자본주의 날라리풍이 사회에 들어오도록 선도했고, 가는 곳마다 돈을 마구 뿌리면서 부화방탕한 생활을 일삼았다. 2009년 한 해만 해도 비밀 돈 창고에서 460여만 유로(한국 돈으로 약 67억 원)를 탕진하고 외국 도박장까지 출입했다.

장성택은 군대를 동원하면 정변을 성사시킬 것으로 계산하고 인민군 내부에서 추종 세력을 포섭하기 위해 노력했다. 심리 과정에서 장성택은 정변 대상이 "최고 령도자 동지다."라고 말했다. 정변 시기는 정해지지 않았지만, 일정한 시기에 경제가 완전히 주저앉고 국가가 붕괴 직전에 이를 경우 자신이 총리에 올라 막대한 자금을 풀어 생활 문제를 해결하면 인민과 군대는 자신을 위해 만세를 부를 것으로 계산했다고 토설했다. 이런 사실은 장성택이 미국과 괴뢰패당의 '전략적 인내' 정책과 '기다리는 전략'에 편승하여 공화국을 내부로부터 와해, 붕괴시키고 당과 국가 권력을 장악하기 위해 악랄하게 책동해 온 만고역적, 매국노라는 점을 보여 준다.

## 공안 기관 연쇄 방문 "불순분자를 색출하라"

장성택 부장은 언제, 어떤 계기로 종파분자의 굴레를 쓰고 조카에게 잔혹히 처형당하는 신세가 됐을까? 사태 발생은 2013년 11월 말이지만, 그해 3월 이미 서울에서는 3차 핵실험을 전후로, 즉 2월 중순을 전후로 장성택 부장이 자택 연금 상태에 놓였다는 첩보가 돌기 시작했다. 김영철 정찰총국장과 최룡해 당 부위원장 등이 중심이 되어 장성택의 공개 활동을 제한하고 있다는 것이었다. 이 첩보는 북한을 흔들기 위한 역정보라는 평가도 있었지만, 2013년 들어 실제로 장성택의 공개 행보가 줄었기 때문에 정보 신뢰도는 높은 편이었다. 장성택 부장의 연금이 2월 중순 전후에 시작됐다면, 조사가 시작된 시점 또는 조사 착수를 결심한 시점은 2월 초 이전이어야 한다. 시간을 거슬러 올라가면 2012년 10월과 11월 김정은 위원장의 움직임에서 특이한 행보가 감지된다.

10월 7일 김정은 위원장이 국가안전보위부를 방문했다. 김정은 위원장은 보위부 경내에 새로 세워진 김정일 국방위원장의 동상을 찾아 둘러본 뒤 보위부는 적에 대한 털끝만 한 환상이나 양보는 곧 죽음이며 자멸의 길이라는 것을 인민의 가슴에 깊이 새겨 주기 위한 사업을 잘해야 한다고 강조했다. 이어 외부의 사상문화적 침투와 심리모략 책동을 단호히 분쇄하기 위한 투쟁을 강도 높이 벌이고 어리석게도 딴 꿈을 꾸는 불순 적대분자들은 단호하고도 무자비하게 처리해야 한다고 지시했다. 또 적들이 당을 따르는 인민의 마음과 지향을 가로막고 당과 대중을 갈라 놓으려고 책동하는 조건에서 이런 책동을 파괴하기 위한 책략을 바로 세우고 투쟁의 도수를 더욱 올려야 한다고 목소리를 높였다. 보위부 방문에는 최룡해 인민군 총정치국장이 동행했고, 현지에서 김원홍 보위부장과 김창섭 보위부 정치국장 등이 일행을 맞이했다. 김정은 위원장의 발언은 장성택 부장의 죄목을 나열한 노동당 정치국 회의 결과와 결이 비슷하다. 김정은 위원장의 장성택에 대한 공격 의지가 2012년 10월 초에 이미 형성된 것으로 추측할 만한 대목이다.

김정은 위원상은 11월 23일에도 불순분자 색출과 척결을 강조했다. 11월 24일 조선중앙통신 보도를 보면 김정은 위원장은 북한에서 우리의 파출소에 해당하는 전국분주소소장회의에 보낸 축하문에서 인민보안원이 제 살 궁리만 하며 인민의 이익을 침해하는 일이 없어야 한다고, 분주소장과 인민보안원은 인민을 위한 좋은 일을 스스로 찾아 해야 한다고 강조했다. 이어 적들의 사상문화적 책동과 심리모략전을 짓뭉개며 딴 꿈을 꾸는 불순 적대분자들을 무자비하게 소탕해 버리라고 지시했다. 북한에서 전국 분주소 소장 회의가 열린 것은 1999년 이후 13년 만에 처음이라는 점에서 매우 이례적이었다. 분주소는 국가안전보위부와 마찬가지로 공안 조직이라는 점에서 김정은 위원장이 말하는 불순 세력은 내부 불만 세력일 가능성이 더 컸다.

다음 날인 11월 24일에는 북한이 30년 만에 전국 규모의 사법검찰기관간부회의를 소집했다. 11월 25일 조선중앙통신 보도를 보면 전국 사법검찰일꾼열성자대회 참가자들이 평양 만수대 언덕의 김일성과 김정일 동상에 꽃바구니를 바치고 인사하면서 간부 회의 일정에 착수했다. 김정은 위원장은 "계급적 바탕이 나쁘고 겉으로는 표현하지 않으면서 '속에 칼을 품고 때가 오기를 기다리며 못된 짓을 하는 자들'과 '강력범죄자들'을 법으로 엄격히 다스려야 한다."라고 당부했다. 국가안전보위부 방문 발언과 전국분주소소장회의 축하 발언 그리고 사법검찰일꾼열성자대회 개최 등이 거의 같은 시기에 열린 것은 결코 우연으로 볼 수 없다. 이 시기 김정은 위원장은 국제 사회를 향해 우주 로켓을 발사하면서 저항하는 모습을 보였다. 그러나 김정은 위원장의 공격 목표물은 내부에 있었던 것으로 보인다. 1년 뒤에 벌어진 일을 생각하면 그것은 장성택이었을 가능성이 농후하다.

## 장성택 처형과 김정남 암살 지령

김정은 위원장이 국가안전보위부를 찾아 불순분자 색출을 지시하던 즈음인 2012년 10월 16일 일본 《아사히신문》에 김정은 위원장을 자극할 만한 작은 기사가 실렸다. 김정은 위원장의 고모인 김경희 노동당 비서가 싱가포르를 방문했고, 거기에서 김 위원장의 이복형인 김정남을 만났을 가능성이 있다는 보도였다. 이 기사는 9월 말에 나온 한국 언론 보도를 바탕으로 후속 보도 차원에서 나온 것이었다. 9월에 나온 보도는 김경희의 건강이 갑자기 나빠져서 싱가포르의 병원에 입원했다는 내용이었다. 《아사히신문》은 한국 정부 관계자 말을 인용해 치료 차 방문한 기회에 김경희가 김정남과 만났을 것으로 추정했다. 그런데 2012년 10월은 김정은 위원장이 북한 관계 기관에 김정남 암살을 지시한 상태였다.

2017년 2월 김정남 암살 사건 이후 한국 국가정보원이 국회 정보위원회에 보고한 내용을 보면 김정은 위원장은 2012년 봄 이전에 김정남 암살을 지시했고, 이후 스탠딩 오더, 즉 시간에 관계 없이 임무를 완수할 때까지 유효한 명령이었다는 것이다. 김정은 위원장의 암살 명령은 북한 최고위층에서는 전파가 된 정보로 추정된다. 이와 관련해 7월 14일자 일본《요미우리신문》에 실린 기사, 즉 장성택이 김정남에게 체제 비판을 자제하라고 충고했다는 보도에 주목할 필요가 있다. 이 신문은 장성택 부장이 2개월 전인 5월에 일시 귀국한 김정남에게 외국 매체에 세습 비판 등의 발언을 삼가도록 충고했다고 전했다. 특히 권력 세습과 조선인민군 능 체제의 근간에 관련된 문제는 발언하지 말라고 요구한 것으로 알려졌다. 김정남의 목숨이 위태롭다고 보아 그를 보호하기 위해 충고했을 거라고 해석된다. 김정남이 5월에 귀국하여 김정은 위원장을 만나지는 않았을 것으로 추정된다. 그러나 김정은 위원장은 김정남의 귀국 사실은 물론 장성택과 접촉한 사실도 알았을 것이다.

김정남 암살 지령과 장성택 처형이 연결된 사안이라는 점은 장성택의 죄목에 나타나 있다. 북한 매체 보도에 따르면 장성택은 김정은 위원장으로 후계자를 정하는 상황에서 다른 마음을 품었고, 김정일 국방위원장이 사망하자 정권 야욕을 실현하기 위한 책동을 벌였다. 반역을 준비하기 위해 세력을 교묘히 규합했다. 내각 총리가 돼서 국가 경제 권한을 장악하려고 했다. 일정한 시기에 경제가 완전히 주저앉고 국가가 붕괴 직전에 이를 경우 자신이 총리에 올라 막대한 자금을 풀어 생활 문제를 해결하면 인민과 군대는 자신을 위해 만세를 부를 것으로 계산했다고 토설했다. 그런데 이런 설명은 장성택이 반역을 결행하면서 스스로 수령이 되겠다는 것인지, 아니면 자신은 총리를 하고 다른 수령을 옹립하겠다는 구상인지 모호하다. 극도로 민감한 부분인데도 모호성이 강조된 것은 장성택이 반역을 결행하면서 김정남을 수령으로 옹립하는 시나리오였다는 의심을 내포한다고 볼 수 있다.

2012년 봄 어느 시기까지 국가안전보위부가 집행해야 하는 임무는 김정남을 암살하는 것이 아니라 산 채로 평양에 데려오는 것이었다. 2012년 10월 서울지방검찰청이 탈북자를 가장해 들어온 북한 보위부 공작원을 조사한 자료에 따르면, 중국에서 활동한 공작원들은 김정남을 죽이지 말고 부상을 입혀서 북한으로 데려오라는 지시를 받았다. 김영수로 알려진 문제의 공작원은 2010년 7월 김정남을 살해하면 국제 문제가 될 수 있으니 테러 위협 정도로 상처를 입힌 뒤 북한으로 이송하라는 지시를 받았다고 진술했다. 공작원은 보위부 지시를 이행하기 위해 택시 사고를 가장한 테러 시나리오를 세우고 택시기사를 매수하는 등 노력을 기울였지만 김정남이 중국에 입국하지 않아서 계획을 실행하지 못했다고 설명했다.

어떤 경우든 김경희 비서의 김정남 접촉은 김정은 위원장을 자극하는 계기가 되었을 가능성이 있다. 공교롭게도 이틀 뒤인 10월 18일 핀란드 TV 방송이 김정남의 장남 김한솔과 인터뷰한 내용을 보도했다. 하필 김정은 위원장이 이 시기에 공개 활동을 중단한 것도 특이한 점이다. 북한 매체들은 10월 14일 이후 김정은 위원장의 공개 활동을 보도하지 않다가 10월 30일 보도를 재개했다. 보름 넘게 공개 활동을 하지 않은 것이다. 보름 만에 다시 나타난 김정은 위원장은 이제 젊은 수령에서 잔혹한 독재자로 거듭나는 길을 질주하기 시작했다.

# 2014

**케네스 배 석방으로 핵담판 계기 마련.**

# 소니 해킹 사건으로 북미 대화는 물거품되다

김정은 위원장은 극도로 어수선한 분위기에서 2014년을 맞았다. 고모부인 장성택 노동당 행정부장을 처형한 것이 상당한 부담 요인이었다. 그러나 한편으로는 비협조적인 후견인 세력을 정리하고 자신의 의지에 따라 당과 국가, 군대를 통치할 수 있는 여건을 마련한 것은 긍정적인 요소였다. 병진 노선을 국가 전략으로 채택했지만, 미국과의 핵담판을 성사시키기 위한 노력은 계속됐다. 다만 2014년에는 화전양면 전략이 더욱 강하게 추진됐다. 특히 남쪽에 대해서는 인천아시안게임 참가 등 유화 정책을 전개하기도 했다. 그러나 박근혜 대통령의 대북 정책은 단호한 방식이었고, 오바마 미국 대통령도 박 대통령의 대북 정책을 후원하는 입장이었다. 김정은 위원장의 핵담판 탐색은 전혀 성과가 나오지 않았다.

2013년부터 구글 회장 에릭 슈미트와 농구선수 출신 데니스 로드먼을 초청해 미국과의 소통 가능성을 타진했지만 소용이 없었다. 그러던 중 한국계 미국인 케네스 배의 북한 억류 기간이 길어지면서 오바마 행정부가 다급한 처지에 몰렸다. 결국 케네스 배 석방으로 미국과의 대화가 열리는 계기가 마련됐다. 그러나 비슷한 시기에 발생한 소니 해킹 사건이 북한과 미국의 대화를 가로막는 요인으로 작용했다.

# 제 7 장

---

# 화전 양면으로
# 국면 전환을 노리다

---

2014년 1월 신년사를 낭독하는 김정은 위원장의 모습은 비교적 담담했다. 불과 20일 전 고모부를 처형하는 잔혹성을 보여 주며 세상을 놀라게 했지만, 담담한 표정과 음색으로 새해 정책 기조를 발표했다. 김정은 위원장은 남북 관계 개선의 필요성을 강조하면서 백해무익한 비방중상을 끝내자고 제안했다.

이는 남북 대화 제의를 예고하는 것으로 분석되었다. 장성택 숙청과 관련해서는 '종파 오물을 제거했다'는 표현을 사용하며 당의 사상과 의도대로만 사고하고 행동해야 한다고 말해 종파주의를 용납하지 않는다는 입장을 재확인했다. 경제 강국 건설과 주민 생활 향상을 강조한 것은 1년 전과 다르지 않았다.

신년사의 내용과 형식을 보면 김정은 위원장은 20일 전의 충격적인 숙청 사건을 작은 사건 정도로 처리해서 우울하고 무거운 분위기를 털어내고 새롭고 희망적인 분위기를 찾아보겠다는 의도가 뚜렷했다. 특히 경제 발전에 대해서는 2012년이나 2013년 못지않게 강한 의지가 있다는 점이 신년사에 고스란히 반영되었다.

　구체적인 정책 차원에서 본다면 북한은 국면 전환 또는 분위기 전환을 위해 대화와 협박을 동시에 병행하는 화전양면 정책을 적극적으로 활용했다. 남한에 대해서는 인천에서 열리는 아시안게임 참가 문제를 놓고 대화와 협상 국면을 주도하는 모양새를 보였다. 미국에 대해서는 케네스 배 등 미국인 인질 석방 가능성을 흘리면서 오바마 행정부가 대화를 거부할 수 없는 분위기를 만드는 데 주력했다. 동시에 남한이나 미국을 향한 협박 공세 수위는 낮추지 않았다.

# 국방위원회 중대 제안 "핵재난을 예방하자"

1월 16일 예상대로 북한 국방위원회가 중대 제안 형식을 빌려 세 가지 사항을 요구했다. 첫째, 남북 관계 개선 분위기 마련을 위한 실천적 조치, 둘째, 상대방에 대한 모든 군사적 적대 행위를 전면 중지하는 실제적 조치, 셋째, 핵재난을 막기 위한 현실적 조치였다. 비핵화 가능성을 제시한 만큼 긍정적인 요소는 있었다. 무엇보다 미국과의 핵담판을 통해 안보 정세를 근본적으로 변경하겠다는 구상에 따른 두 번째 시도로 평가할 만하다. 그러나 2013년 6월 유화 공세에 집중한 것과 달리 이번에는 화전 양면 작전을 동원했다.

대화를 제의하면서 상대방인 한국 대통령을 저급한 표현으로 비난하고 김정은 위원장에게는 최상의 존대를 하는 등 대화를 성사시키겠다는 의도보다 상대방을 압박하겠다는 의지만 강하게 나타났다. 한국 정부는 다음 날 통일부 대변인 논평에서 북한이 사실 왜곡을 한다고 비난하며 사실상 제안을 거부했다. 이후에도 북한은 1월 24일 국방위 공개 서한을 발표하고 중대 제안이 위장 평화 공세가 아니라며 남측에 수용을 촉구했다. 이어 남북 관계 개선에 필요한 조치를 먼저 취하겠다며 남측이 제안한 이산가족 상봉 제안을 수용했다. 이에 따라 남과 북은 2월 5일 적십자 실무 접촉을 진행하고 설을 전후한 이산가족 상봉 행사 진행에 합의했다.

2월 12일에는 남북 고위급 접촉이 이뤄졌다. 남측은 수석대표로 김규현 청와대 국가안보실 차장이 참석하고, 북측은 원동연 통일전선부 부부장이 나왔다. 두 사람은 14일까지 협의를 진행한 끝에 이산가족 상봉을 예정대로 진행하고 상호 비방과 중상을 중지하는 등의 내용에 합의했다. 북한의 협조적 태도에 따라 2월 20일부터 25일까지 금강산에서 이산가족 상봉 행사가 진행되었다. 2월 21일에는 대북 인도적 지원 물자 반출을 승인받았다. 분유 17톤과 결핵약 등이 포함되었다.

일시적으로 유화 국면에 들어갔지만 군사적 긴장 국면도 동시에 조성되었다. 북한은 2월 21일 신형 방사포 4발을 발사하면서 화전 양면 작전을 진행하고 있음을 분명히 알렸다. 2월 24일과 25일에는 북한 경비정 한 척이 연평도 서쪽 24킬로미터 근해 북방한계선을 세 차례 침범하기도 했다. 2월 24일부터 4월 18일까지 예정된 한미 연합 군사 훈련 일정을 겨냥한 맞대응 조치로 각종 미사일과 로켓을 연거푸 발사했다. 3월 26일까지 북한이 발사한 미사일과 로켓은 90기로 집계되었다. 2월 21일 신형 방사포 4발을 비롯해 2월 27일에는 스커드 계열 미사일 2기를 동해로 발사했다. 3월 3일에 스커드 2기를 동해로, 3월 4일에는 신형 방사포 4발을 동해로 발사했다. 3월 16일 프로그 로켓 25발을 동해로, 3월 22일에는 프로그 로켓 30발을 동해로, 3월 23일에는 프로그 로켓 16발을 동해로 발사했다. 3월 26일에는 노동 계열 미사일 2기를 동해로 발사했다.

북한의 연속되는 미사일 발사에 대해 국제 사회는 관망하는 태도를 보였고, 특히 한국과 미국에서는 무시하는 분위기가 강했다. 단거리 미사일 이하 수준의 미사일은 재래식 군사력으로 간주되고, 재래식 군사력에 관한 한 북한은 한국과 미국의 연합 전력은 물론 한국군 단독 역량과 비교해도 열악한 수준이었다. 압도적인 역량을 보유한 상대방에게 열악한 군사력을 노출시키는 미사일 발사는 자충수 그 자체였다. 다만 미국은 단거리 이하 미사일 기종과 달리 중거리 미사일인 노동 미사일 발사에 대해서는 민감하게 반응했다. 3월 27일 유엔 안보리에서 의장 명의의 '구두 언론 성명'을 발표했다. 북한의 미사일, 로켓 연속 발사는 한미 연합 군사 훈련에 대응하는 것이지만, 김정은 위원장의 조급함을 보여 주는 상징으로 해석되었다.


## 박근혜 대통령, '드레스덴 구상' 발표

딩시 유럽을 순방 중이던 박근혜 대통령은 2014년 3월 28일 독일 드레스덴을 방문한다. 박 대통령은 드레스덴에서 '한반도 평화 통일을 위한 구상'이라는 연설을 하며 평화 통일 기반 구축을 위한 3대 제안을 발표했다. 첫째, 남북한 주민들의 인도적 문제 해결로 이산가족 상봉 정례화, 북한의 영유아 보건 사업 등을 제안했다. 둘째, 남북 공동 번영을 위한 민생 인프라 구축으로 복합 농촌 단지 조성과 경제 개발 협력 강화 등을 제안했다. 셋째, 남북 주민 간 동질성 회복으로 역사와 문화예술, 스포츠 교류 장려와 북한 인력 경제 교육, 미래 세대 교육 프로그램 공동 개발 등을 제안했다. 드레스덴 구상은 박근혜 대통령이 준비한 포괄적인 대북 정책이지만, 북한과의 적대 관계가 강조되고 신뢰 수준이 바닥에 떨어진 상황이라 북한이 수용할 수 없는 제안이었다. 박 대통령도 북한과의 관계 개선을 목표로 제시한 구상이 아니었다. 박 대통령은 시종일관 북한을 시혜나 교화 대상으로 여겼고, 북한이 순종하는 상황을 만들기 위해 정책 역량을 집중했을 뿐이다. 드레스덴 구상 역시 북한의 굴복을 전제로 한 정책 구상이며 국내 정치 차원이나 국제 정치 차원에서 존재감을 부각하기 위한 노력이라고 평가할 수 있다.

예상대로 북한은 드레스덴 구상을 단호하게 배격한다는 입장을 발표했다. 북한 조선중앙통신은 3월 31일 게재한 〈남조선 집권자의 저급한 외교〉에서 독일을 방문한 박근혜 대통령이 잡동사니를 이것저것 긁어모아 '통일 제안'이랍시고 내놓았다는 주장을 폈다. 박 대통령이 북한의 경제난과 북한 어린이들의 배고픔을 언급한 데 대해서도 격변하는 현실에 아예 눈을 감은 것이라며, 이는 탈북자들의 악담과 국가정보원의 잘못된 정보 때문이라고 비난했다. 북한 매체가 박 대통령의 3대 대북 제안을 직접 거론하며 입장을 표명한 것은 이것이 처음으로 제안을 거부한다는 의사를 밝혔다. 다음 날인 4월 1일 당 통일전선부 외곽 단체인 '우리 민족끼리'는 논평을 통해 드레스덴 구상은 사람 웃기는 광대극이고, 제 코도 못 씻는 천치바보만이 고안할 수 있는 어리석은 발상 외에 다른 아무것도 아니라며 최강의 저열한 용어를 사용해 폄하했다. 4월 12일에는 국방위원회 대변인 담화를 발표하고, 드레스덴 구상은 흡수통일 논리라면서 조목조목 비난했다. 대변인은 담화에서 드레스덴 선언은 민족 내부 문제를 남의 나라 땅까지 들고 다니며 비굴하게 놀아댄 민족 반역자의 넋두리라고 주장했다. 3대 제안도 남북 관계 개선과 거리가 먼 부차적이고 말단적인 것이라고 비판했다. 한편 7·4남북공동성명과 6·15공동성명 등 역대 남북 합의에서 최우선 과제는 정치·군사 대결 해소였다고 강조했다.

이처럼 드레스덴 구상은 탄생 이전부터 긍정적 변화를 만들어 낼 수 없는 한계를 지녔다. 4월 16일 발생한 세월호 참사에 심대한 영향을 받은 것도 사실이다. 수학여행을 떠난 꽃다운 고등학생 250명 등 304명의 목숨을 앗아 간 세월호 참사는 대한민국 사회를 충격과 슬픔의 도가니로 만들었다. 특히 사고 발생 이후 박근혜 대통령의 대응 자세에 대해 국민적 분노가 고조되면서 국가 정책 추진 동력을 상당 부분 상실하고 말았다. 박근혜 정부의 내부 정책 동력이 미약하고, 북한이 결코 수용하지 않겠다는 상황에서 드레스덴 구상을 현실 정책으로 꽃피울 수는 없었다.

## 북한 무인기 발견, 남북 기싸움 가열

한미 연합 군사 훈련은 4월 18일까지 진행되기 때문에 4월 중순까지 북한이 군사적으로 민감한 조치를 취하는 것은 예상 가능한 일이었다. 과거의 경우 4월 중순이 넘어가면 북한도 대화나 유화 공세로 전환하곤 했다. 그렇지만 2014년 4월에는 새로운 돌발 변수가 나타나면서 남북 간 기싸움이 4월 중순 이후 오히려 가열되는 상황이 벌어졌다. 문제의 시작은 3월 24일 경기도 파주에서 발견된 추락한 소형 무인기였다. 처음에는 작은 뉴스로 다뤘지만, 3월 31일 백령도와 4월 6일 삼척에서 유사한 모양의 무인기가 발견되자 북한 소행 가능성이 제기되었다. 이에 따라 4월 7일 무인기 관련 전군 주요 지휘관 회의가 열렸다. 5월 8일 국방부는 문제의 소형 무인기가 모두 북한 소행이라고 밝혔으며, 다음 날인 9일에는 합동참모본부 명의로 북한의 소형 무인기 도발 행위에 대한 경고문을 발표했다.

북한은 4월 14일 국방위원회 검열단 명의의 진상공개장을 발표하고 "무인기 사건의 북한 소행설은 천안함 사건의 복사판"이라고 비난했다. 5월 11일에는 국방위 검열단 담화를 발표하고 북한 소행설을 부인했다. 그러면서 한동안 소강 상태를 보였던 핵실험 위협도 병행하는 모습을 보였다. 4월 4일 유엔 차석대사가 "새로운 형태의 핵실험"을 언급했다.

4월 29일 외무성 담화를 내고 "새로운 형태의 핵실험은 시효가 없다."라고 위협했다. 5월 8일에는 유엔 차석대사가 다시 "핵실험은 연례 행사"라고 주장했다. 이 과정에서 국방부 김민석 대변인은 "북한은 없어져야 할 나라"라는 원색적인 표현을 사용해 북한을 비난했다. 이에 대해 북한 국방위원회는 중대 보도 형식으로, 조국평화통일위원회 대변인은 성명 형식으로 5월 13일 국방부 대변인을 비난했다. 5월 20일에는 북한 경비정과 단속정이 서해 북방한계선(NLL, Northern Limit Line)을 침범했고, 우리 측은 경고 통신과 경고 사격을 실시했다. 북한은 5월 21일 서남전선사령부 공개 보도를 통해 보복 위협을 가했고, 실제로 5월 22일 서해상에서 북한 해군 선박이 우리 측 함정에 포격 도발을 감행했다.

북한은 그러나 5월 22일 해군 함정 포격 도발을 마지막으로 대응 방식을 변경하는 모양새를 보였다. 서남전선사령부는 5월 23일 포격 도발을 부인했고, 북한은 인천아시안게임 참가를 공식 발표했다. 6월 30일에는 국방위원회가 특별 제안 형식으로 남북 간 모든 합의를 이행할 것과 비방 중상 금지, 모든 군사적 적대 행위 중지를 거론했다. 7월 7일에는 제안 주체의 격을 높여서 공화국 정부 발표 형식으로 북침 전쟁 연습 전면 금지와, 남북 간 합의 존중과 이행 등을 제안했다.

특이한 점은 남측에 대화를 제안하면서도 미사일과 로켓은 쉬지 않고 발사했다는 것이다. 6월 26일 동해에서 신형 방사포 3발을 발사하고, 6월 29일 동해에서 스커드 미사일 2기를 발사했다. 7월 2일 동해에서 신형 방사포 2발을 발사하고, 7월 9일과 13일 동해에서 스커드 미사일 2기를 각각 발사했다. 7월 14일에는 동해로 방사포와 해안포 150여 발을 발사했다. 7월 26일에도 동해로 스커드 1기를 발사하고, 7월 30일에는 동해로 신형 방사포 4발을 발사했다. 북한의 미사일 연속 발사에 대해 한국 국방부는 7월 14일 NLL 이남으로 미사일이 발사될 경우 가차 없이 응징하겠다는 입장을 밝혔지만 전체적으로 유보적인 대응 태도를 보였다. 북한이 발사하는 것은 단거리 미사일이며, 동해를 향해 발사하는 만큼 통상적인 군사 훈련으로 분류하여 적극적으로 문제 삼지 않는 게 적절하다고 판단한 것으로 보인다.

## "남북 관계 개선 위해 인천아시안게임 참가"

북한은 2014년 벽두부터 미사일과 로켓을 발사하며 긴장을 고조시키고 남측과 감정 싸움을 벌였지만, 화전 양면 작전이라는 기본 틀을 버리지는 않았다. 간헐적으로 대화 공세나 유화 공세를 제기했는데, 특히 2014년 9월 19일부터 10월 4일까지 인천에서 열리는 아시안게임 참가를 계기로 국면 전환을 노렸다. 북한의 아시안게임 참가는 대회를 주최하는 인천시의 주요 관심사였다. 민주당 소속의 송영길 인천시장은 북한에 대해 강경 정책 일변도인 박근혜 정부와 달리 화해와 협력 정책이 적절하다는 정책 기조를 갖고 있었다. 그러므로 인천시는 북한의 참가를 성사하기 위해 독자적인 노력을 전개했다. 대회 조직위원회 김영수 위원장은 1월 8일 신년 기자 간담회에서 북한 참가 가능성을 낙관적으로 본다고 밝혔다. 송영길 인천시장은 1월 17일 민주당 김한길 대표 등 당 지도부와 연평도를 방문한 자리에서 안보는 총 끝에만 의존할 수 없는 터 북한이 아시안게임에 참가하면 남북 긴장도 완화될 것이라며 북한이 참가해야 한다고 말했다.

북한은 인천시의 적극적인 유치 노력에 화답해 1월 20일 대회에 참가할 계획임을 밝혔다. 북한 조선중앙통신은 1월 20일 북한의 축구선수들이 올해 여러 국제 경기에 참가한다며 9월 19일부터 10월 4일까지 펼쳐지는 2014년 아시아경기대회 축구 경기에도 북한 남녀 축구팀이 다 참가한다고 보도했다. 그러나 공식으로 참가 의사를 밝히지는 않았다. 북한이 공식으로 대회 참가 의사를 확인한 것은 5월 23일이었다. 조선중앙통신은 북한 올림픽위원회가 인천에서 진행되는 아시아경기대회에 북한 선수단을 보내기로 결정했다고 전했다. 북한은 6월 10일 아시아올림픽평의회에 제출한 명단에서 14개 종목에 150명이 참가한다고 밝혔다. 2002년 부산아시안게임 때 18개 종목 184명보다 작은 규모였다.

7월 7일에는 공화국 정부 성명을 내보내고 응원단 파견 계획도 발표했다. 북한이 남측에 응원단을 파견한 것은 2002년 부산아시안게임과 2003년 대구유니버시아드, 2005년 인천아시아육상대회에 이어 네 번째다. 그러나 북한은 이후 7월 17일 남한과의 실무 접촉에서 응원단의 규모와 인공기 게양 등에 대한 견해 차이를 보이며 불쾌감을 드러냈고, 8월 28일 응원단을 파견하지 않는다고 발표했다. 북한은 결국 선수 150명 등 선수단 273명이 참석했다. 금메달 11개와 은메달 11개, 동메달 14개를 획득해 종합 순위 7위를 기록했다. 북한 선수단은 9월 28일과 10월 5일 두 차례에 걸쳐 서해 직항로를 이용해 북으로 귀환했다.


## 북한 '최고위급 실세' 3인방 동반 출동

아시안게임은 예정대로 9월 19일 개막해서 열띤 경기를 진행하고,

10월 4일 저녁 폐막식을 끝으로 행사 일정을 마쳤다. 폐막식이 열리는 날 오전 8시 30분쯤 통일부 대변인이 긴급 사항을 발표했다. 북한의 고위급 대표단이 아시안게임 폐회식 참석을 위해 오전에 인천을 방문한다는 것이었다. 북한은 전날 방문 계획을 통보했고, 남측이 동의해서 방남이 이뤄졌다. 고위 대표단은 북한 선수단 격려, 우리 측 관계자와 오찬, 폐회식 참석에 이어 오후 10시쯤 항공편으로 돌아갈 예정이라고 밝혔다.

북측 방문은 고위급 인사 3명과 지원 인원 8명으로 구성되었다. 고위급 인사는 황병서 북한 인민군 총정치국장, 최룡해 노동당 비서 겸 국가체육지도위원장, 김양건 대남비서였다. 남측 언론은 북한 실세 3인방이 출동했다면서 특별 보도를 긴급 편성했다. 북한에서는 최고 지도자 한 명을 제외하고는 실세가 존재하지 않고, 권력의 2인자 개념도 없고, 참모에게 최고위급이라는 수식어를 사용하는 것도 적절하지 않지만, 남측 언론은 최고위급 실세 3인방이 남측을 방문했다면서 '실세'라는 표현을 사용했다. 황병서 총정치국장은 2014년 전광석화와 같은 속도로 승진 가도를 달렸다. 3월 노동당 조직지도부 부부장에서 제1부부장으로 승진했다. 4월 초 대장으로 진급했고, 4월 말 차수에 오른 뒤 군 총정치국장이 되었다. 9월 25일 최고인민회의 제13기 제2차 회의에서 총정치국장에 걸맞은 국방위원회 부위원장에 선임되었다. 최룡해 노동당 비서는 김일성 주석과 빨치산 활동을 함께 한 최현 전 인민무력부장 아들로 2010년 9월 당시 후계자 신분이던 김정은 위원장과 함께 인민군 대장 칭호를 얻으며 본격적인 주목을 받기 시작했다. 김양건 대남비서는 오랫동안 북한의 대남 정책을 총괄해 온 인물이다. 2014년 8월 김대중 전 대통령 서거 5주기를 맞아 개성공단에서 화환과 조전을 남측에 전달하기도 했다.

북한 대표단은 10시 10분쯤 인천공항을 통해 도착했다. 류길재 통일부 장관이 이들을 영접하는 일정으로 송도 오크우드 호텔에서 가벼운 차담회를 준비했다. 차담회는 11시 20분에서 11시 34분까지 진행됐다. 다음 일정은 오찬이었다. 오찬은 인천시청 주변 한정식 식당인 영빈관에서 열렸다. 오후 1시에 시작되는 일정을 준비했지만, 실제로는 1시 50분에 오찬이 시작됐다. 북한은 고위 대표 3명 등 8명이 참석했다. 황병서, 최룡해, 김양건 외에도 김영훈 체육상, 맹경일 조선아시아태평양평화위원회 부위원장, 손광호 체육성 부상 등이 참석했다. 남측도 8명이었다. 김관진 청와대 국가안보실장과 류길재 통일부 장관, 김규현 청와대 국가안보실 제1차장, 김남식 통일부 차관, 천해성 통일부 남북회담본부장, 김기웅 통일부 통일정책실장, 홍용표 청와대 통일비서관이다. 남과 북의 참석자들은 의례적인 수준에서 인사말을 교환했다. 남측 대표들이 박근혜 대통령 면담을 주선할 수 있다고 이야기했지만, 이들은 시간 부족으로 어렵다면서 고사했다. 김정은 위원장 친서를 휴대했는지도 궁금한 사안이었지만 가져오지 않은 것으로 정리됐다. 남북 고위급 접촉을 10월 말에서 11월 초에 개최하는 일정에 남과 북이 합의한 것이 성과였다. 오찬은 오후 4시쯤 종료됐다.

이후 북측 대표단은 아시안게임에 참가한 북한 선수단 선수촌을 방문해 북측 선수와 임원들을 격려했다. 이후 폐막식 행사 참석을 위해 아시안게임 주경기장으로 이동했다. 폐막식 행사가 정식으로 시작되기 전에 북측 대표단은 현장에서 정홍원 국무총리를 예방했다. 정 총리는 이번 아시안게임에서 남북이 거둔 수확이 교류와 협력으로 이어져 남북 간에 봇물 터지는 성과가 일어나길 바란다고 말했다. 현직 총리가 북한 고위급 인사를 만난 것은 2007년 11월 제2차 남북 정상회담 후속 조치를 논의하기 위해 서울에서 열린 남북 총리회담 이후 7년여 만에 처음이었다. 우리 측 배석자는 김관진 국가안보실장과 류길재 통일부 장관, 한기범 국가정보원 1차장 등이었다. 북측에서는 황병서 총정치국장과 최룡해 비서, 김양건 통전부장, 맹경일 부위원장이 참석했다. 면담 시간은 14분이었다. 이어 새누리당 김무성 대표와 새정치민주연합 문희상 비상대책위원장 등 여야 의원 10명도 만났다.

북한 대표단은 폐막식 일정이 모두 끝나기 직전에 정홍원 총리를 다시 찾아 7분간 추가로 면담했다. 이 자리에서 황병서 총정치국장은 "이번에 좁은 오솔길을 냈는데 앞으로 대통로를 열어 가자."라고 제안했다. 정 총리는 "진정성을 갖고 노력하면 엄청난 결실이 있을 것"이라고 화답했다. 북측 대표단은 10시 30분쯤 약 12시간에 걸친 방남 일정을 모두 마치고 IL-62 특별기에 올라 북한으로 돌아갔다.

북한 고위급 참모 3인의 인천 방문은 그러나 남북 관계 개선의 물줄기를 새로 만들지는 못했다. 《조선신보》는 10월 5일 보도에서 북한 고위급 방남이 최고 영도자의 결단에 따른 것이라며 북한은 남한의 상응한 결단을 기대할 거라고 강조했다. 신문은 남과 북이 대립과 갈등을 보여 왔지만, 인천 경기장에서는 체육을 통한 민족 화합이 이뤄졌다며 북의 최고 수뇌부도 그 정신을 대담하게 실천해 고위 인사들을 파견했다고 해석했다. 이어 고위 인사들이 서울까지 방문길을 연장해 청와대를 방문하지는 않았지만, 남북 공동 선언에 따라 큰 걸음을 내디딘 북측은 당연히 남측이 상응한 결단을 내릴 것을 기대하고 촉구할 거라며 공은 청와대에 넘어갔다고 주장했다.

《조선신보》의 기대와 달리 청와대는 상응하는 조치를 취하지 않았다.

북한 대표단이 돌아가고 일주일도 되지 않아서 군사적 충돌 상황이 잇따라 발생했다. 10월 7일 오전 9시 50분쯤 서해 연평도 서쪽 해상에서 북한 경비정 한 척이 NLL을 900미터 정도 침범했다. 우리 해군이 경고 방송에 이어 경고 사격을 하자 북한은 수십 발의 대응 사격에 나섰다. 10월 10일 오후 4시쯤 경기도 연천 합수리 일대에서 한 민간 단체가 북한으로 전단을 날려 보내는 행사를 시작한 직후 북한은 대북 전단을 향해 14.5밀리미터로 추정되는 고사총탄 수 발을 공중에 발포했다. 이에 따라 우리 군도 K-6 기관총 40여 발을 대응 사격했다.

인천아시안게임을 계기로 남북 관계 개선을 추진한 김정은 위원장은 희망하는 상황을 만들지 못했다. 김정은 위원장은 2018년 2월에도 같은 방법으로 스포츠 일정을 활용해 남북 관계 개선 등 국면 전환을 시도했고, 마침내 성공했다.

# 제 8 장

# 농구와 구글 그리고 북핵

2014년 1월 7일 CNN 앵커 크리스 쿠오모가 진행하는 뉴스 프로그램에 왕년의 NBA 프로 농구 스타 데니스 로드먼이 등장했다. 인터뷰가 성사된 이유는 로드먼이 2013년 2월 이후 네 번째로 북한을 방문 중이었기 때문이다. 한 달 전 최고 지도자의 고모부인 장성택 노동당 행정부장이 잔혹하게 처형되었기 때문에 로드먼의 북한 방문은 세계적인 관심사가 되었다. 로드먼은 자신의 NBA 시절 동료들과 함께 김정은 위원장 생일 기념 행사로 준비된 친선 농구 경기에 참석하기 위해 평양을 방문 중이었다. 1월 6일 평양에 도착하여 7박8일 일정을 마치고 1월 13일 평양을 떠났다. 로드먼은 1월 8일 친선 농구 경기 일정을 진행하며 경기장에서 마이크를 잡고 생일 축하 노래를 불러 논란의 대상이 되었다.

앵커 쿠오모는 인터뷰 초기부터 로드먼의 북한 방문에 대해 불량국가 독재자에게 힘을 실어 주는 여행이 될 수 있다는 우려를 제기하면서 압박하는 질문을 던졌다. 특히 북한에 미국인이 억류돼 있는데, 이들의 석방과 관련해 어떤 노력을 했는지 집요하게 물었다. 로드먼 역시 인터뷰 초기부터 불쾌감을 보이다가 감정이 폭발하는 상황에 이르렀다. 로드먼은 억류 미국인 가운데 한 사람인 케네스 배가 무슨 일로 체포되었는지 안다면 그런 질문을 하지 않았을 거라고 말했다. "케네스 배가 무슨 행동을 했는지 안다면…. 그가 이 나라에서 무슨 일을 했는지 알고 있나요?" 북한에 억류된 한국계 미국인인 케네스 배가 뭔가 큰 잘못을 했기 때문에 체포를 당했다는 취지이며, 북한 당국을 몰아세우는 것은 잘못이라는 판단이 전제된 말이었다. 쿠오모 앵커도 무슨 일로 체포되었는지 말해 보라면서 로드먼을 압박했다. "북한은 혐의 내용에 대해 아무것도 발표하지 않았어요. 그가 무슨 행동을 했다는 말입니까? 말해 보세요." 로드먼은 그러나 앵커가 답변할 사안이라면서 앵커가 부당한 질문을 하고 있다는 입장을 보였다. 그 과정에서 로드먼이 한 마디 할 때마다 욕설을 섞고 주제와 동떨어진 말을 반복하여 인터뷰는 난장판이 되어 버렸다. 로드먼을 따라온 전 NBA 프로 농구 스타 찰스 스미스가 나서서 사태를 수습하려고 했지만 역부족이었다. 스미스는 자신들의 방북을 정치적으로 해석하는 사람이 있지만 문화 교류 차원에서 방문했을 뿐이라고 해명했다. 그 후 다른 기회에 로드먼을 따라 북한을 방문한 걸 후회한다고 말했다. 예능 프로그램을 연상할 정도로 얼굴이 화끈 달아오르는 장면을 연출하면서 로드먼의 인터뷰는 끝이 났다.

　로드먼은 이후 미국으로 돌아와 술에 취한 상태에서 인터뷰를 했다고 시인했다. 이어 알코올 중독과 관련한 재활 프로그램에 들어가 치료를 받았다. 로드먼은 4차 방북 이후 언론 매체의 관심을 받지 못했다. 김정은 위원장도 로드먼과의 교류에 실망감을 보인 것으로 알려졌다. 로드먼의 개인 성격이 영향을 미쳤을 수도 있고, 로드먼 방북 후원

업체의 이권 개입 논란이나 미국 정부의 무관심 등에 영향을 받은 것으로 해석할 수도 있다. 로드먼의 북한 방문은 그러나 북한과 미국의 관계 속에서 상당한 의미를 부여할 만한 요소를 담고 있었다. 북한 입장에서는 외부와 소통하는 하나의 연결선 역할을 했다는 점에서 의미가 있다. 2011년 12월 단독 통치를 시작한 이후 김정은 위원장은 국제 사회와 소통한 적이 없었다. 모란봉악단 공연에 미키마우스를 등장시키면서 미국과 화해 의지를 드러내긴 했지만, 그것은 일방적인 데다 핵무기 개발 프로그램을 병행하는 차원에서 매우 기괴한 접근법이었다. 로드먼을 통한 소통 역시 부적절한 요소가 많았지만, 김정은 위원장이 오바마 대통령과의 전화 통화를 원한다는 점은 분명하게 전달할 수 있었다. 미국 입장에서도 의미가 있다. 미국에서는 북한 문제가 상당히 큰 사안이지만, 김정은 위원장을 만난 미국인이 없다는 점에서 심각한 정보 부족 상황에 직면하고 있었다. 로드먼이 김정은 위원장을 평가하는 게 적절한지에 대해서는 논란의 여지가 있겠지만, 현실적으로 로드먼은 김정은을 만난 최초의 미국인이라는 점에서 미국의 정보 기관도 관심이 없지는 않았을 것이다. 또한 로드먼과 같이 북한을 방문한 인물 가운데 미국 정보 기관을 위해 봉사한 사람이 있을 가능성도 배제할 수 없을 것이다. 또 하나, 크리스 쿠오모와 로드먼의 공개된 언쟁은 케네스 배 억류 사건을 널리 알리는 결과를 만들어 냈다. 케네스 배 억류 사건은 그 후 별다른 변화가 없었지만 2014년 말로 접어들면서 북미 관계 흐름에 상당한 영향을 미치는 의미 있는 요소가 되었다.

## 데니스 로드먼, 김정은을 만난 유일한 미국인

데니스 로드먼은 1961년생이며 1990년대 NBA 최고의 팀인 시카고 불스 주전 선수로 활약한 프로 농구선수 출신이다. 미국 프로 농구의 신화적 인물인 마이클 조던 그리고 또 다른 슈퍼스타 스코티 피펜과 삼각편대를 이루면서 시카고 불스의 전성기를 주도했다. 로드먼은 위대한 선수였지만 선수 시절부터 파격적인 머리 염색과 기괴한 문신, 과격한 감정 표현 등으로 '악동'이라 불리며 유명세를 탔다. 한동안 잊어졌던 악동 로드먼은 2013년 2월 26일 김정은 위원장 초청으로 평양을 방문하면서 미디어의 관심 대상이 되었다. 김정은 위원장을 만난 유일한 미국인으로 알려졌고, 그것은 사실이었다. 김정은 위원장 등장 이후 북한과 미국 간에 고위 관리 대화는 물론 초보 수준의 접촉도 어려운 상황이었다. 《뉴욕타임스》 3월 4일 보도에 따르면 로드먼의 북한 방문은 뉴욕의 미디어, 출판 매체인 바이스 미디어가 기획한 행사였다. 바이스 미디어는 이른바 '스턴트 저널리즘', 즉 사람들이 쉽게 갈 수 없는 현장을 보여주는 프로그램을 추구하는 매체였다. 김정은 위원장이 농구광이라는 사실에 착안해서 북한 학교에 농구대 등을 기부하겠다며 방북 논의를 시작한 결과 로드먼 방북을 성사시켰다.

김정은 위원장을 만나 본 로드먼은 미국 언론 매체들과의 인터뷰에서 북한에 관한 흥미로운 소식을 전했다. 김정은 위원장은 버락 오바마 대통령과의 통화를 원하고 오바마 대통령의 전화를 기다린다는 전달 사항은 큰 반향을 일으켰다. 김정은 위원장의 부인 리설주 여사는 예쁜 딸 이야기를 했다고 전했다. 김정은 위원장에게 딸이 있다는 것은 로드먼이 처음으로 확인한 사실이었다.

로드먼은 2013년 9월 3일 김정은 위원장의 환대 속에 북한을 두 번째 방문했다. 중국 CCTV 보도에 따르면 로드먼이 평양 순안공항에 도착할 때 북한 체육성 관계자들이 영접을 나왔고 숙소로 이동하는 과정에서 북한 당국이 준비한 벤츠 승용차를 이용했으며 경찰차 호위를 받았다. 조선중앙통신에 따르면 김정은 위원장이 로드먼 일행을 환영하면서 로드먼과 친선 농구 경기를 관람하고 만찬을 같이 했다. 로드먼은 평양 일정을 마치고 9월 7일 베이징에 도착했다. 로드먼은 북한에서 나온 뒤 언론 인터뷰에서 김정은 위원장의 딸 이름이 김주애라고 말했는데, 김정은 위원장과 관련해 확인된 몇 개 안 되는 정보였다. 로드먼은 또 김정은 위원장이 최고로 호화로운 생활을 한다고 전했다. 영국 일간지와의 인터뷰에서 자신은 북한 방문 기간에 섬에서 파티와 제트스키, 승마 등을 즐겼다며 그런 호화 생활을 하는 사람은 본 적이 없다고 말했다. 로드먼은 북한 방문 전만 해도 북한에 억류 중인 미국인 케네스 배의 석방을 김정은 위원장에게 요청할 것이라고 말했지만, 방북 직전에는 그런 요청을 할 계획이 없다면서 입장을 변경했다. 북한 방문 이후 케네스 배 석방 문제와 관련한 기자들의 질문에는 자신의 소관이 아니라며 오바마 대통령에게 물어보라고 말했다.

로드먼은 2013년 12월 19일부터 23일까지 세 번째 북한 방문 일정을 진행했다. 이번 방북은 9월 초 2차 방북 때 계획된 것으로 당시 김정은 위원장은 로드먼에게 북한 농구선수들의 훈련을 요청한 바 있다. 그런데 이 여행은 장성택 처형 시기와 겹쳐서 국제 사회 초미의 관심사였다. 로드먼의 방북은 예정대로 진행됐지만 김정은 위원장을 만나지는 못했다. 로드먼은 대신 2주 뒤인 2014년 1월 초 북한을 다시 방문해 미국 NBA 은퇴 선수들과 북한팀의 친선 경기에 참가한다고 밝혔다. 로드면의 북한 방문이 진행된 배경에는 대규모 행사를 유치해서 수익을 얻으려는 기업들의 노력이 있었다. 로드먼의 3차 방북은 아일랜드의 유명 온라인 베팅 업체인 패디파워(Paddy Power)가 개입했다. 패디파워는 3차 방북 이후 로드먼의 북한 방문 이벤트를 후원하지 않겠다는 입장을 공개적으로 밝혔다.

김정은 위원장이 로드먼을 초청한 배경은 개인 관심사를 해결하는 것이 가장 중요한 변수로 보이고, 그 외에 북한이 국제 사회에 편입하는 노력 차원에서 적극적 태도를 보인 것으로 평가된다. 로드먼이 1차 방문을 마치고 나서 김정은 위원장은 오바마 대통령의 전화를 기다린다고 말한 건 김정은 위원장의 진심이 반영된 것으로 추측된다. 그렇지만 오바마 대통령은 로드먼의 북한 방문에 대해 진지하게 받아들이지 않았다. 미국 국무부가 로드먼 방북에 관심을 보인다는 증거는 전혀 나타나지 않았다. 물론 미국 정보 기관이 로드먼의 협조를 얻어 김정은 위원장의 성향을 파악하는 차원에서 공작을 진행했을 가능성은 배제할 수 없다. 로드먼의 북한 방문 행사가 케네스 배 억류 사건의 존재를 널리 알렸다는 것 외에 북한과 미국 관계에 실질적인 영향을 준 건 없었다. 북한은 로드먼의 방북 행사 외에도 국제 사회와 소통할 수 있는 수단을 찾아내기 위한 노력을 전개했다. 예를 들어 구글 회장 에릭 슈미트의 북한 방문 행사가 대표적이다.

## 구글 회장 에릭 슈미트, 평양에 가다

김정은 위원장 집권 이후 유명한 미국인 가운데 데니스 로드먼보다도 먼저 북한을 방문한 사람이 있었다. 구글 회장 에릭 슈미트였다. AP통신은 2013년 1월 2일 슈미트 회장이 곧 북한을 방문할 것이라고 보도했다. 빌 리처드슨 전 뉴멕시코 주지사가 준비하는 북한 방문 행사에 슈미트 회장도 참가한다는 내용이었다. 이 뉴스는 그 자체로 엄청난 반향을 불러일으켰다. 슈미트 회장이 방문하면 북한에 억류된 케네스 배의 석방 가능성이 있는가가 가장 큰 관심사로 대두되었다. 2012년 12월 12일 북한이 우주 로켓을 발사하면서 국제 사회의 규탄 대상이 되었기 때문에 북한 방문의 적절성노 도마에 올랐다. 이와 더불어 김정은 위원장의 전날 신년사 내용도 관심 대상으로 떠올랐다. 김정은 위원장은 과학 기술로 경제 발전을 이뤄야 한다면서 모든 학교에 컴퓨터를 보급하겠다고 말했다. 이 발언은 슈미트 회장의 평상시 지론, 즉 인터넷과 모바일은 빈곤에서 벗어나게 해 주는 힘이 있다는 주장과 연결된다는 점에서 다시 주목을 받았다. 구글은 특히 북한과 소규모 교류 프로그램을 진행한 경험이 있었다. 2011년 4월 1일 미국을 방문 중이던 북한의 국장급 관리 12명이 캘리포니아주 마운틴뷰의 구글 본사를 1시간 40분 동안 견학한 적이 있었다. 북한 관리들의 구글 방문 일정은 공식으로 발표되지 않았지만, 양측이 서로 관심을 보였다는 점은 노출되었다. 슈미트 회장의 방문도 같은 맥락으로 이해되었다.

슈미트 회장의 북한 방문 소식이 나오자 미국 정부는 대북 정책에 도움이 되지 않을 거라면서 부정적인 입장을 밝혔다. 1월 3일 미 국무부 빅토리아 눌런드 대변인은 정례 브리핑에서 "슈미트 회장은 미국 당국자와 동행하지 않는다. 미국 정부로부터 어떤 메시지도 가져가지 않을 것"이라며 "그들은 비공식 차원에서 여행하는 것으로 민간인이기 때문에 자신들의 결정권을 갖고 있다."라고 말했다. 특히 "솔직히 미국은 방북 시점이 특별히 도움될 거라고 생각하지 않는다."라고 강조했다. 1월 7일 슈미트 일행이 북한에 들어가는 시점에서는 이번 방북이 경솔하다 며 과격한 용어까지 동원했다. 미국 정부의 부정적인 반응에 대해 행사 를 기획한 리처드슨 전 주지사는 1월 4일 CBS 방송에 출연해 이번 방 북은 "개인적이고 인도주의적 차원에서 이뤄진 것"이며 미국 정부를 대 표하지 않는다고 확인했다. 슈미트 회장 동행에 대해서는 구글 차원의 여행이 아니고 슈미트 회장이 개인적으로 외교 정책에 관심이 있다고 답변했다. 국무부가 과민한 반응을 보이는 것에 대해 이해하면서도 국 무부 요청에 따라 방북 시점을 당초 12월 초에서 한 달 정도 미뤘다고 설명했다.

　슈미트 회장 일행은 모두 9명으로 1월 7일 평양에 도착해 3박4일 일 정을 마친 뒤 1월 10일 평양을 출발하여 베이징에 도착했다. 첫날은 평 양에 도착한 것 외에 다른 일정이 알려지지 않았다. 방북 이틀째 첫 일 정은 김일성종합대학 방문이었다. 방문단 일행은 학생들의 인터넷 사 용을 참관했다. 외무성을 방문하여 리용호 외무상과 만나는 일정도 있 었다. 억류된 미국인 케네스 배에 대한 논의가 있었지만, 방문단 차원에 서 외부에 발표할 만한 성과는 없었던 것으로 알려졌다. 3일째 일정으 로 평양에서 가장 큰 도서관인 인민대학습당 방문이 있었다. 북한 소프 트웨어 개발과 컴퓨터 산업의 중심지인 조선컴퓨터센터도 찾았다. 슈미 트 회장 일행은 북한이 자체 개발한 운영 체계인 '붉은별'과 이를 탑재 한 북한산 태블릿PC에 대해 질문을 던지면서 북한 주민들의 컴퓨터, 인 터넷 사용에 큰 관심을 보였다. 일행은 이날 김일성 주석과 김정일 국방 위원장 시신이 안치된 금수산 태양궁전도 방문했다. 방북단은 10일 오 후 베이징공항에 도착해 기자들을 만났다. 리처드슨 전 주지사는 이번 방문에서 김정은 위원장을 만나지 못했고, 다만 북측 인사들에게 북핵 실험 반대와 인터넷 사용 확대, 케네스 배 인도적 처우 등을 강조했다고 설명했다. 한편 리처드슨 주지사는 슈미트 회장이 북한에서 록 스타와 같은 열광적인 환영을 받았다고 전했다. 슈미트 회장은 이번 방북이 자유롭고 개방적인 인터넷 문제를 논의하기 위한 개인적 방문이었다며 북한의 IT 기술은 매우 제한적이었다고 평가했다.

## "북한은 가장 기괴한 곳"

슈미트 회장은 한동안 북한 방문과 관련한 언급을 하지 않다가, 4월 24일 MSNBC 인터뷰에서 몇 가지 구체적인 언급을 했다. 슈미트 회장은 북한은 "가장 기괴한 곳"이었고 "북한의 주민 통제 수준은 놀랍고 충격적이었다."라고 말했다. 북한 정부는 인터넷에 접속할 수 있지만 일반 주민은 할 수 없다면서 휴대전화 100만 대가 있지만, 정부 통제 때문에 통신을 위한 데이터 신호를 이용할 수 없는 상태였다고 설명했다. 자신의 방북 참여 결정에 대해서는 "조금이라도 개방시켜서 북한 주민들이 정부가 말하는 게 모두 진실은 아니라는 인식을 약간이나마 갖게 하는 것이었다."라고 털어놓았다. 다만 "영향이 있었는지는 모르겠다."라고 덧붙였다.

슈미트 회장 일행의 북한 방문은 많은 주목을 받았지만, 개인적 차원일 뿐 공적 차원의 성과는 없는 것으로 정리되었다. 미 국무부는 방문이 이뤄지기 전부터 경솔한 일정이라면서 어떠한 관여도 없다는 것을 강조하는 태도를 보였다. 리처드슨 전 뉴멕시코 주지사가 평상시 북한과 관련한 외교 행보에서 존재감을 과시하려는 경향이 있었다는 점을 감안하면 이번에도 리처드슨 전 주지사의 공명심 차원에서 방문 일정이 진행되었을 가능성이 있다. 국무부 역시 경솔한 방북이라고 비난하면서도 방문 결과를 경청할 수 있다는 입장을 밝히는 등 이중적인 반응을 보였다. 이런 시각에서 보면 미국 정부가 북한과 외교 관계가 없고 북한 내부 동향을 파악하는 수단이 없는 만큼 김정은 위원장과 관련한 정보 수집을 위한 고도의 공작이라는 분석도 무시할 수는 없을 것이다.

이런 차원에서 북한도 슈미트 회장 일행의 방문을 최대한 활용하기 위해 노력했을 것으로 분석할 수 있다. 슈미트 회장의 관심사를 반영해 컴퓨터, 인터넷과 관련된 북한의 주요 시설물을 모두 보여 주고 시연회까지 하면서 슈미트 회장의 환심을 사기 위해 노력했다. 그러나 김정은 위원장 면담은 물론 김영남 최고인민회의 상임위원장 면담 일정이 없었던 것은 이들의 방문에 큰 비중을 두지 않았다는 증거로 볼 수 있다. 김정은 위원장이 슈미트 회장을 외면한 것은 북한이 은하 3호 로켓을 발사한 직후라는 점에서 북한 내부적으로 매우 혼란한 상황이 지속되었기 때문이라는 해석이 가능하다. 그러나 슈미트 회장 방북이 원래 12월 초로 예정돼 있었고 로켓 발사 때문에 일정이 대폭 축소된 것을 감안한다면, 원래 계획은 더 컸고 김정은 위원장이 직접 나섰을 가능성도 배제할 수 없을 것이다.


## 김정은, 경제 발전에 관심, 방법은 좌충우돌

슈미트 초청 행사와 로드먼 초청 행사는 모두 민감한 시기에 이뤄졌다는 점에서 주목 대상이었다. 두 행사를 통해 구체적인 변화가 나온 것은 아니지만 북한에 대한 이해, 특히 김정은 위원장에 대한 이해를 증진하는 차원에서 시사점이 상당히 많았다고 평가할 수 있다. 슈미트 회장 방문 일정에서 두드러진 것은 컴퓨터, 인터넷 산업 발전과 관련해 슈미트 회장의 관심을 끌기 위해 북한이 상당한 노력을 기울였다는 점이다. 슈미트 회장이 방문자가 아니었다면 상상할 수 없을 정도로 북한 컴퓨터 산업 기반 시설을 많이 노출했다. 로드먼을 환대한 것도 간접적으로 경제 발전과 관련이 있다. 김성은 위원장이 오바마 대통령의 전화를 기다린다는 말은 관계 개선에 대한 의지를 드러낸 것이며, 미국과의 관계 개선을 희망하는 이유는 경제 발전 기회를 원하기 때문이라고 분석할 수 있다.

두 가지 초청 행사에서 나타난 특징은 김정은 위원장이 의사 결정을 충동적으로 한다는 것이다. 슈미트 회장을 초청하고 정성을 다해 접대하는 모습을 보이기는 했지만 김정은 위원장 면담은 이뤄지지 않았다. 슈미트 회장의 위상으로 볼 때 김정은 위원장을 만나지 않고 북한에 대한 투자나 지원을 결정할 수는 없을 것이다. 로드먼 역시 과도하게 자유분방한 언행으로 유명하기 때문에 진지한 만남을 중재하는 역할을 수행하기에는 적합하지 않은 인물이었다.

그럼에도 불구하고 2013년 1월 1일 신년사를 보면 김정은 위원장이 두 가지 초청 행사를 결정하면서 경제 발전에 도움이 되리라 기대했다는 것을 충분히 추측할 수 있다. 김정은 위원장은 2013년을 새로운 백년을 설계할 창조와 변혁의 해로 규정하면서 경제 발전을 강조했고, 특히 경제 강국을 위한 전환적 국면을 만들기 위해 당과 군인, 주민이 총동원해야 한다고 말했다.

김정일 위원장은 슈미트 회장 초청 행사를 통해 컴퓨터 프로그램 역량을 강화하는 방안이나 인터넷과 관련한 각종 산업 발전 가능성을 적극적으로 검토했을 것이다. 로드먼 초청 행사는 스포츠 경기를 상업적으로 활성화하는 방안이 있는지를 검토하는 계기였을 것이다. 모란봉악단을 창단하면서 당과 국가의 선전 도구가 아니라 외국 공연을 통해 수익을 얻는 방안을 연구하는 것과 일맥상통한다고 볼 수 있다. 그러나 김 위원장의 구상은 북핵 문제에 따른 국제 사회의 경제 제재가 존재하는 한 비현실적이라는 한계를 벗어날 수 없었다. 김 위원장도 시간이 지나면서 현실적인 문제점에 대한 인식을 높여 간 것으로 관측된다.

슈미트 회장과 로드먼의 북한 방문 일정은 김정은 위원장 중심의 북한 체제가 안정적으로 움직이고 있다는 인식을 국제 사회에 확산하는 결과도 가져왔다. 러시아의 북한 문제 전문가로 미국 존스홉킨스대학 국제관계대학원 연구원인 알렉산더 만수로프 박사는 보고서를 통해 북한의 새 지도자 김정은 위원장이 등장 초기의 우려와 달리 집권 1년 만에 상당한 성과를 거뒀다고 평가했다. 만수로프 연구원은 "2012년을 마무리한 북한에서 희망의 기운과 미래에 대한 새로운 기대감이 감지된다."면서 "김정은이 이끄는 새로운 지도 체제 덕분"이라고 말했다. 북한 군부로서는 숙청과 개편이 잇따른 '끔찍한 해'였지만 우주 로켓 발사에 성공한 우주 프로그램, 과학, 기술 분야에서는 '놀라운 해'였다고 평가했다. 경제 분야도 중국의 '지원'을 바탕으로 호조를 보였고, 농업도 작황이 예상을 웃도는 등 좋은 모습을 보였다고 평가했다.

# 제 9 장

# 인질 외교로 미국과 대화 성사

한국계 미국인 케네스 배는 1968년생으로 2012년 11월 3일 북한 라선 지구에서 체포된 이후 억류 생활을 시작했다. 중국에서 북한 전문 여행 사를 운영하며 북한 관광객을 모집해 안내하는 역할도 수행했다. 케네 스 배는 11월 3일 여행객을 인솔하여 함경북도 나진항을 통해 북한에 들어갔다가 반공화국 적대 행위 혐의로 체포되었다. 케네스 배 억류를 포함해 북한에서 미국 국민이 체포된 사례는 모두 일곱 번이었다.

첫 번째 사례는 1996년 8월 24일 에반 헌지커 억류 사건이었다. 헌 지커 사건은 당시 뉴멕시코주 하원의원이던 빌 리처드슨 특사의 평양 방문으로 비교적 조기에 해결되었다. 헌지커는 같은 해 11월 27일 석방 됐지만 3주 만인 12월 18일 권총 자살을 한 상태로 발견되었다.

두 번째로 북한에 억류된 미국인은 한국계 미국인 이광덕 목사였다. 이 목사는 1989년 이후 북한을 18회 방문하면서 대북 인도 지원 사업 을 전개했다. 1998년 5월 26일 북한은 이 목사가 신분을 사업가로 속 이고 남한을 위해 간첩 행위를 했다는 이유로 체포했다. 이 목사 석방은 뉴욕 채널, 즉 미 국무부 과장급 관리와 뉴욕의 유엔 주재 북한 대표부 과장급 협의 채널을 통해 교섭이 이뤄진 것으로 알려졌다. 이 목사는 8월 27일 풀려났다. 북한은 이 목사 석방과 관련해 행정 비용이나 시설 사용료 등의 명목으로 12만 달러를 요구했고, 가족들은 요구 사항 가운데 일부 비용을 지급한 것으로 알려졌다.

## 2012년 11월 라선지구에서 체포

세 번째 사례는 11년 뒤인 2009년 3월 17일 일어났다. 미국 샌프란시스코에 본부를 둔 커런트TV 소속 기자 2명이 북한과 중국 국경 지역에서 취재 활동을 하다 불법 입국 혐의로 북한 당국에 체포된 것이다. 체포된 기자는 둘 다 여성으로 한국계 미국인 유나 리와 중국계 미국인 로라 링이었다. 이들의 억류는 여기자라는 점에서 특이했고, 이들이 소속된 커런트TV의 대주주 가운데 한 명이 클린턴 대통령 행정부에서 부통령을 지낸 앨 고어였기 때문에 세계적인 관심사로 떠올랐다. 두 사람은 8월 4일 석방되었다.

네 번째 사례는 2009년 12월 25일 로버트 박 억류 사건이다. 1981년생으로 한국계 미국인인 로버트 박은 북한 인권 운동가로 활동하면서 북한의 열악한 인권 실태를 항의하기 위하여 두만강을 건너 북한에 들어갔다가 불법 입국 혐의로 체포되었다. 로버트 박은 억류 기간 중에 구타와 성고문을 당한 것으로 알려졌다. 억류된 지 43일 만인 2010년 2월 6일 풀려났지만, 외상 후 스트레스 장애 증세로 3월 말 샌프란시스코정신병원에 강제 입원한 적이 있다.

다섯 번째 사례인 아이잘론 말론 곰즈는 로버트 박의 사례를 보고 모방한 경우였다. 곰즈는 2010년 1월 25일 로버트 박과 마찬가지로 두만강을 건너 북한에 들어갔다 체포되었다. 곰즈는 영어를 가르치면서 한국에 체류한 경험이 있으며 한국에 머물 때 로버트 박과 같은 교회를 다닌 인연이 있다. 곰즈 석방에는 지미 카터 전 대통령이 관여했다. 카터 전 대통령은 8월 25일 북한을 방문하여 8월 26일 곰즈를 데리고 미국으로 돌아왔다. 카터 전 대통령은 평양에서 김정일 국방위원장을 면담할 것으로 예상되었지만, 김정일 위원장의 중국 방문 일정 때문에 만나지 못했다.

여섯 번째 사례는 한국계 미국인 전용수다. 전용수는 2010년 11월 북한 억류 생활을 시작하여 2011년 5월 27일 석방되었다. 전용수 역시 미국에서 목사로 활동하며 북한 인권 개선을 위해 활동했다. 이와 관련해 2011년 4월 26일부터 28일까지 북한을 방문한 지미 카터 전 미국 대통령이 전용수의 석방을 위해 노력했지만 성과를 거두지 못했다. 2011년 5월 24일 로버트 킹 특사가 평양을 방문해 북한의 식량 상황을 관찰하면서 전용수의 석방 문제에 대한 협의도 진행한 것으로 알려졌다. 북한은 킹 특사가 북한에 체류하는 기간인 4월 27일 전용수를 석방했다.


## 15년 노동교화형 선고

2013년 4월 27일 북한에서 케네스 배를 재판에 회부한다는 보도가 나왔다. 조선중앙통신은 케네스 배가 북한에 적대감을 갖고 북한을 전복하려 한 범죄 행위를 전부 인정했다면서 최고 재판소 재판에 회부되었다고 전했다. 4월 30일에는 최고 재판소가 케네스 배의 반공화국 적대 행위 혐의에 대해 유죄를 인정하고 15년 노동교화형을 선고했다는 보도가 나왔다. 북한 조치는 과거 사례에 비해 강경한 수준이지만, 일부에서는 고위급 인사를 보내 석방 교섭을 시작하라고 미국을 압박하는 거라는 해석도 있었다. 그러나 미국은 고위 인사를 보내지 않았고, 케네스 배는 수감 생활을 이어 가면서 억류 장기화 경로를 밟기 시작했다. 그러던 중 2개월이 지난 7월 3일 《조선신보》에 케네스 배 근황을 소개하는 특집 보도가 실렸다. 북한이 특별교화소 수감자의 언론 취재를 허용한 것은 전례를 찾기 어려운 것으로 미국인 억류 문제를 다시 부각해서 북미 접촉을 성사시키겠다는 의도로 풀이되었다.

이런 가운데 7월 23일에는 일본의 교도통신이 지미 카터 전 미국 대통령이 북한 초청으로 평양 방문을 검토 중이라고 보도했다. 통신은 카터 전 대통령이 방북 여부를 놓고 수전 라이스 백악관 국가안보 보좌관, 존 케리 국무장관 등과 협의했다고 전했다. 북한은 카터 전 대통령 외에 마르티 아티사리 전 핀란드 대통령도 초청한 상태라고 통신은 덧붙였다. 북한의 움직임은 케네스 배 석방 문제와 관련해 돌파구를 마련하려는 시도로 해석되었다. 미국도 호응하는 태도를 보였다.

2013년 8월 13일 미 국무부 마리 하프 부대변인은 정례 브리핑에서 케네스 배 석방을 위해 미국 정부는 여러 가지 다른 방법을 기꺼이 검토할 예정이라고 밝혔다. 북한이 원하는 특정한 협상 조건, 즉 미국 정부 고위 관리나 전직 대통령 등 미국 유명 정치인의 방북 요구를 들어줄 수 있다는 의미였다. 이로부터 2주 뒤 마리 하프 부대변인은 보도 자료를 내고, 일본을 방문 중인 로버트 킹 미 국무부 북한인권특사가 케네스 배 석방을 위해 8월 30일 북한을 방문하고, 8월 31일 일본으로 이동한다고 발표했다. 킹 특사의 북한 방문이 성사된 것은 북한이 케네스 배를 석방할 의사가 있다는 것으로 해석되었다. 그러나 이 일정은 발표 사흘 만에 무산되고 말았다. 8월 30일 킹 특사는 북한을 방문하지 못했고, 북한에서는 아무런 언급이 없었다.

킹 특사의 방문 취소에 대해 북한은 9월 1일 조선중앙통신의 외무성 대변인 인터뷰 보도 형식으로 한미 연합 군사 훈련에 미국 전략폭격기

B-52가 참가하는 등 엄중한 군사적 도발을 했기 때문이라고 밝혔다. 이외에 북한이 킹 특사 방문을 철회한 것은 미국이 케네스 배 석방과 북미 대화를 연계하지 않겠다고 선언했기 때문이라는 분석도 있다. 마리 하프 국무부 부대변인은 8월 28일 정례 브리핑에서 케네스 배 석방과 북핵을 둘러싼 북미 대화 또는 6자회담 재개를 연계하지 않을 방침이라고 말했다. 그리고 2005년 9월 6자회담 공동 성명에서 합의한 대로 북한은 핵무기와 핵 프로그램을 포기해야 한다면서, 북한은 진정성 있고 신뢰할 수 있는 조치를 취해야 한다고 주장했다. 킹 특사의 방북이 무산되고 한 달이 좀 넘은 시기인 10월 10일 북한은 케네스 배 모친 배명희의 북한 방문을 허용했다.

## 새로 억류한 미국인은 신속 석방

케네스 배 석방 문제가 지지부진한 가운데 또 다른 미국인이 북한을 방문했다가 체포되는 일이 발생했다. 2013년 10월 8박9일 일정의 관광 목적으로 북한을 방문한 미국인 메릴 뉴먼(85세)이었다. 뉴먼의 경우 다른 억류자에 비해 금방 풀려났다. 조선중앙통신은 11월 19일 보도를 통해 인도주의적 견지에서 뉴먼을 추방할 거라며 "본인이 잘못에 대해 사죄하고 뉘우친 점과 그의 나이, 건강 상태를 고려했다."라고 설명했다.

뉴먼이 석방되자 미국 정부는 즉시 환영한다는 반응을 보이며 1년 넘게 억류된 케네스 배 석방도 요구했다. 그러나 북한은 케네스 배에 대해 아무런 반응도 보이지 않았다. 뉴먼의 석방은 이후에 일어난 장성택 처형 사건과 어떤 관련이 있는지 관심을 불러일으켰다. 날짜를 계산해 본다면 뉴먼의 석방이 10일 정도 선행했기 때문에 장성택 처형 사건과 무관하다는 판단도 가능하다. 하지만 장성택 부장은 연금 상태였으며 중대 처벌 가능성이 논의되는 시점으로 보는 것이 적절하다. 장성택 처형을 염두에 두고 복잡한 상황을 만들어 낼 가능성이 있는 뉴먼을 먼저 석방한 것으로 보인다.

## 북, 로버트 킹 특사 초청 또 취소

케네스 배는 2012년 11월 3일 억류되었지만, 2014년에 들어서는 시점에서도 미국 사회의 주목도는 높지 않았다. 그러던 것이 로드먼 인터뷰 문제로 미국 사회에 널리 알려졌다. 북한은 다시 한번 케네스 배를 이용해 미국과의 대화를 시도했다. 1월 20일 케네스 배는 평양 친선병원의 기자회견에서 조속하게 석방되기를 원하고, 북한에 쓸모 있는 사람이 되기를 희망한다고 전했다. 케네스 배의 기자회견은 북한이 케네스 배 석방을 조건으로 미국을 향해 대화를 압박하는 조치라고 해석되었다. 북한의 압박에 미국도 물러서는 태도를 보였다.

　1월 28일 일본 교도통신은 익명의 소식통을 인용해 로버트 킹 미 국무부 북한인권특사가 지난주 뉴욕에서 장일훈 유엔 주재 북한 대표부 차석대사와 비공개로 만나 케네스 배 석방을 위해 북한 방문 의사를 밝혔다고 보도했다. 이에 대해 장일훈 대사는 구체적인 답변을 주지 않고 대신 한미 연합 군사 훈련을 중단할 것을 요구했다. 교도통신 보도에 대해 젠 사키 미 국무부 대변인은 1월 29일 정례 브리핑에서 케네스 배 석방을 위해 북한과 직접 접촉 중이라고 밝히며, 킹 특사가 당장 방북할 계획은 없다고 말했다. 그렇지만 2월 7일《조선신보》는 킹 특사가 2월 10일 북한을 방문한다고 보도하여 북한과 미국 간에 물밑 접촉이 성사 단계에 있음을 알렸다. 그러나 기대감은 잠시에 그쳤다. 2월 9일 교도통신은 북한이 킹 특사 초청 계획을 철회했다고 보도했다. 북한이 킹 특사 초청을 잠정적으로 승인하고 구체적인 협의에 나섰지만 최종적으로 승인을 취소했다는 것이다. 같은 날 평양 친선병원에 입원한 케네스 배가 노동교화소로 이송된 것을 확인했다. 교도통신 보도와 관련해 젠 사키 미 국무부 대변인은 2월 11일 정례 브리핑에서 북한이 킹 특사 초청 결정을 알려 온 날은 2월 5일이고, 초청 철회를 알려 온 날은 2월 8일이라고 밝혔다. 철회 사유는 1년 전과 마찬가지로 한미 연합 군사 훈련 문제였다고 설명했다.

## 2014년 5월 미국인 억류자는 3명

상황이 긴박하게 돌아가는 와중에 2월 10일 미국에서 북한 문제에 가장 정통한 인물인 도널드 그레그 전 주한 미국 대사가 자신이 대표로 있는 비정부기구인 '태평양세기연구소' 소속 인원 4명과 함께 평양을 방문했다. 그레그 전 대사는 2월 14일 베이징으로 나와 기자들을 만났다. 그레그 전 대사는 북한에서 외무성 부상 등 관계자와 두 차례 만나 케네스 배의 석방을 촉구했다고 말했다. 그레그 전 대사는 북한의 주장에 대해 상응하는 조치가 필요하다는 인식을 갖고 있으며 미국에서는 친북 경향이 있다는 평가를 받지만, 케네스 배 석방과 관련해 구체적인 성과는 없었다. 그레그 대사는 케네스 배 석방과 관련한 구체적인 임무를 받고 북한 방문 일정을 추진한 것이 아니라 다른 일정을 진행하면서 케네스 배 석방을 요청하는 정도였던 것으로 추정된다. 그 사이 북한에 억류된 미국인이 2명 더 늘어났다.

4월 25일 북한 매체들은 미국인 매튜 토드 밀러(24세)가 관광 목적으로 입국하며 입국 검사 과정에서 망동을 부린 혐의로 4월 10일 억류됐다고 보도했다. 밀러가 입국 과정에서 북한 당국이 합법적으로 발급한 관광증을 찢어 버리며 법질서를 난폭하게 위반했다는 것이다. 5월 4일에는 또 다른 미국인 제프리 에드워드 파울이 억류되었다. 파울은 나이트클럽에 갔다가 고의로 성경을 두고 오는 등 관광 목적에 위반하는 행동을 했다는 이유로 체포되었다. 북한에 억류된 미국인이 3명이 된 것이다. 이에 앞서 호주인 한 명이 북한에 억류되었다가 13일 만에 석방되는 일이 벌어졌다. 호주인 선교사 존 쇼트(75세)는 불법적인 종교 활동 혐의로 2월 18일 억류되었다가 3월 3일 추방 형식으로 풀려났다. 북한에 억류된 남한 선교사 김정욱에 대한 재판 결과도 이즈음 공개되었다. 북한은 5월 31일 8개월째 북한에 억류된 김정욱이 무기 노동교화형을 선고받았다고 확인했다. 국가전복음모죄와 간첩죄 등이 적용되었다. 김정욱은 2월 27일 평양 기자회견에서 반국가 범죄 혐의를 사죄한다며 석방을 호소하기도 했다.

## 북미, 평양에서 2년 만에 비공개 회담

북한에 억류된 미국인 3명에 대한 처리가 지지부진한 가운데 북한과 미국이 비공개 회담을 진행했다는 보도가 나왔다.《서울신문》8월 28일 김미경 워싱턴 특파원 보도에서 워싱턴 소식통을 인용해 "미 정부 당국자들이 최근 군용기를 이용해 평양을 다녀온 것으로 안다."면서 "케네스 배 등 미국인 3명의 억류 문제와 북핵, 미사일 문제 등에 대한 협의가 이뤄졌을 것으로 예상"했다. 이 보도와 관련해 서울의 한 외교 소식통은 미 백악관과 정보 기관 관계자들이 8월 16일 군용기로 북한을 방문했다고 전했다. 이 보도나 전언은 이후 공식으로 확인되지 않았다. 미국이 북한과의 비밀 대화를 위해 군용기를 띄운 것은 2012년 8월 이후 2년 만으로, 억류자 문제에 대해 적극적인 해결 의지를 보여 준 것이다. 미 행정부가 적극적인 움직임을 보이는 것은 11월로 예정된 중간선거에서 오바마 행정부가 공격받을 수 있다는 우려감 때문이라고 해석되었다. 이런 가운데 북한은 8월 31일 CNN을 평양으로 초청해 미국인 억류자 3명의 인터뷰를 지원했다. 미국인 3명은 자신들의 석방을 위해 미국 정부에 특사를 보내 달라고 요청했다. 이것은 미국 정부가 억류자 석방을 위해 적극적인 노력을 해야 한다는 압박용이었다. 그러나 미국은 공개 상황에서는 북한의 요구를 수용할 수 없다는 태도를 변경하지 않았다.

억류자를 활용한 대미 심리전은 9월에도 계속되었다. 9월 14일 6개월 동안 억류했던 미국인 매튜 토드 밀러의 재판을 진행하고 6년 노동교화형을 선고했다. 밀러에게 적용된 제목은 불법 입국과 간첩 혐의였다. 거듭되는 북한의 압박에 미국도 타협하는 징후가 나타났다. 9월 16일 '미국의 소리(VOA, Voice Of America)'에 따르면 미국 정부는 북한 측에 대북특사로 어느 정도 유명한 사람을 원하는지 알려 줄 것을 요구했다. 기존에는 로버트 킹 북한인권특사를 거론했지만, 더 고위급 인사를 파견할 수 있다는 의미로 해석되었다. 1996년 8월 24일 처음으로 북한에 억류된 미국인인 에반 헌지커의 경우 당시 뉴멕시코주 하원의원인 빌 리처드슨이 석방교섭특사로 활약했다. 2009년 3월 17일 억류된 미국인 기자 유나 리와 로라 링 석방 교섭을 위해 평양을 방문한 특사는 빌 클린턴 전 대통령이었다. 2010년 1월 25일 억류된 아이잘론 말론 곰즈 석방을 위해 파견된 사람은 지미 카터 전 대통령이었다.

## 미국 특사는 제임스 클래퍼 정보국장

북한과 미국 간 물밑 접촉이 진행된다는 전망이 확산되던 2014년 10월 22일 북한에 억류된 제프리 파울이 전격적으로 석방되었다. 파울은 서울 시각으로 22일 오전 2시 군용기를 타고 평양을 떠나 4시쯤 괌에 도착했다. 괌에서 간단한 건강 진단을 받고 하루 체류한 뒤 오하이오주 데이턴으로 이동했다. 파울의 석방은 미국 정부에서 파견한 고위급 특사의 활동이 알려지지 않은 가운데 진행됐다는 특징을 보이는데, 의문은 곧 풀렸다. 워싱턴 기준으로 11월 8일 오전 10시가 좀 넘은 시각 다른 억류자 2명이 풀려나 괌에 도착했다는 소식이 긴급 뉴스로 세계에 타전되었다. 케네스 배와 매튜 토드 밀러를 괌으로 데려온 미국 정부 특사는 제임스 클래퍼 국가정보국장이었다. 클래퍼 국장은 11월 16일 미국 언론과의 인터뷰에서 북한 방문 결과를 설명했다. 클래퍼 국장은 11월 7일 평양에서 김원홍 국가안전보위부장, 김영철 정찰총국장과 만찬을 함께 했다. 북한 관리들은 미국의 인권 문제 개입에 대해 내정 간섭이라고 비판하며 한미 연합 군사 훈련에 의혹을 제기했다. 클래퍼 국장은 버락 오바마 대통령의 친서를 북측에 전달했다. 친서에 사과를 의미하는 언급은 없었다. 클래퍼 국장은 오바마 대통령 개인의 특사라는 점과 억류자를 석방하면 긍정적인 제스처가 될 거라는 내용이 들어 있었다.

북한은 클래퍼 국장이 북한 체제 승인이나 평화 협정 논의 등 북미 관계 돌파구에 대해 제안하지 않은 데 실망하고 불만을 표출했다. 다음 날은 협상 메시지 없이 억류자 인수를 위해 방문한 만큼 특사 자격을 박탈한다거나 신변 안전을 보장할 수 없다면서 협박도 했다. 다만 억류자 석방은 예상대로 진행되었다. 평양 시각으로 8일 오전 북측은 갑자기 20분 안에 짐을 싸라고 통보한 뒤 고려호텔로 이동해 김정은 당시 국방위원회 제1위원장 명의 사면장을 읽고 억류자 2명을 넘겨주었다. 클래퍼 국장은 북한 관리들의 발언 속에 제도적 편집증이 있었다며, 북한은 스스로 북한이 포위되었다고 느낀다는 인상을 받았다는 이야기를 했다. 클래퍼 국장은 이번 방북이 '버킷 리스트', 즉 죽기 전에 반드시 하고 싶은 일 중 하나였다고 말해 개인적 호기심이 중요한 관심사였음을 드러냈다. 남한과 북한의 주민 그리고 해외동포까지 8,000만 명이 남북 관계와 북미 관계, 핵 문제에 구체적인 영향을 받는 환경에서 미국의 국가정보국장이 개인적 관심사를 언급한 것은 유감스러운 일이 아닐 수 없다.

북한이 인질 외교를 하면서 궁극적으로 노린 것은 미국과의 대화 기회 창출이었다. 그런 차원에서 북한의 인질 외교는 외형상 성과를 거둔 것으로 평가할 수 있다. 빌 클린턴 전 대통령이나 지미 카터 전 미국 대통령 등 저명한 인사가 동원되어 북한과 대화했다. 현직 관리도 평양을 방문하거나 북한과 접촉했다. 현직 관리로는 제임스 클래퍼 국장이 지위가 가장 높고, 로버트 킹 특사 역시 미국 행정부의 주요 관리였던 만큼 북한은 미국 정부와의 대화를 유도하는 데 성공했다. 물론 미국과의 대화를 통해 얻어 내려고 한 목표를 달성하는 문제, 예를 들어 평화 협정 체결이나 외교 관계 수립, 경제 지원 등에 대해서는 엄중한 한계를 보였다. 그렇지만 미국과의 대화를 성사시키는 것 자체가 북한 외교의 중요한 목표였기 때문에 성공이라고 할 만한 요소도 있었다. 오바마 대통령이 친서를 통해 억류자 석방을 긍정적인 제스처로 간주하겠다는 입장을 밝힌 것도 의미를 부여할 수 있는 부분이다. 북한과의 대화를 적극적으로 추진할 수 있다는 신호로 볼 만하기 때문이고, 실제로 미국 행정부에서 북한과의 대화 가능성에 대해 진지하게 준비한 것도 사실이다. 그렇지만 케네스 배 석방을 계기로 조성된 북한과 미국의 대화 분위기는 단지 잠시였을 뿐이다. 북한과 미국은 다시 격렬한 충돌 국면에 빠져 버렸다. 소니 해킹 사건이 발생했기 때문이다.

# 제10장

## 소니 해킹으로
## 북미 대화 무산

2015년 11월 24일 미국 로스앤젤레스의 소니영화사 사무실에 출근한 직원들은 컴퓨터를 켜자마자 심각한 수준의 해킹이 있었다는 사실을 알아챘다. 검은색 화면에 해골 그림이 있고, "GOP에게 해킹당했다."라는 글귀가 적혀 있었다. 회사 측은 모든 컴퓨터 전원을 끄고 컴퓨터 보안 전문 업체에 연락해 긴급 대응을 요청했다. 회사 측은 당황했지만 그날은 컴퓨터망이 하루 망가지는 정도로 마무리될 거라는 전망이 우세했다. 그러나 다음 날 아침 회사의 미래를 걱정해야 할 정도로 대규모 해킹이라는 것이 드러났다. 상영을 준비 중인 영화《애니(Annie)》의 동영상 파일이 불법 다운로드 사이트에 올라간 것이다.

해킹을 했다고 주장한 'GOP(the Guardian of Peace, 평화의 수호자)'는 해킹을 통해 얻은 소니영화사 내부 자료를 순차적으로 언론사에 유포하기 시작했다. 소니영화사 최고위 간부를 비롯한 임직원 3,500여 명의 이메일 내용과 임직원 급여표 등이 각종 미디어를 통해 보도되기 시작했다.

12월 16일 해커가 원하는 것이 무엇인지 확인되었다. 해커는 소니영화사가 개봉을 준비 중인 신작 영화《더 인터뷰(The Interview)》상영 중단을 요구했다.

# "영화를 상영하면 무자비한 조치를 취할 것이다"*

영화 《인터뷰》를 기획한 사람은 소니영화사의 극작가 세스 로건이었다. 영화 줄거리는 미국의 TV 토크쇼 담당자들이 북한을 방문해 김정은 위원장 인터뷰 프로그램을 진행하는 상황에서 미 중앙정보국의 요청을 받고 김정은 위원장 암살을 추진하면서 벌어지는 극적인 상황이다. 회사 측 호응이 좋아서 로건의 구상대로 제작이 진행되었고, 2014년 6월 영화 예고편을 일부 공개했다.

예고편이 공개되자 북한이 격렬한 반발 논평을 내면서 분위기가 험악해졌다. 북한 외무성은 6월 25일 성명에서 북한 최고 지도자를 모욕하고 암살하는 내용을 담은 영화를 제작하도록 미국 정부가 불량한 영화 제작자들에게 뇌물을 주었다고 비난했다. 영화 상영은 참을 수 없는 테러 행위이며 전쟁 행위라고 주장했다. 영화가 실제로 상영되면 치명적이고 무자비한 보복 조치가 있을 거라고 협박했다. 북한은 반기문 유엔 사무총장과 버락 오바마 미국 대통령에게 항의 서한을 보내 이 영화의 제작과 상영 계획에 불만을 제기했다. 《인터뷰》 관계자들은 일단 북한이 반응을 보이면서 유명세를 탄 것은 환영하는 태도를 나타냈지만 내부에선 불안감도 있었다.

소니사는 결국 8월 초 영화 상영 시기를 가을에서 크리스마스 전후로 미뤘고, 일부 내용도 북한을 자극하지 않는 쪽으로 완화하는 등 수정을 가했다. 수정된 내용에는 김정은 위원장이 암살되는 장면을 삭제하는

---

* 소니 해킹 사건의 재구성은 2015년 3월 《배니티 페어(Vanity Fair)》 보도 "An Exclusive Look at Sony's Hacking Saga"를 주로 인용했다. www.vanityfair.com/hollywood/2015/02/sony-hacking-seth-rogen-evan-goldberg

것도 포함되었다. 그렇지만 걱정과 불안이 완전히 가신 것은 아니었다. 9월 25일 내부 보안 검사를 진행한 결과 방화벽이 작동하지 않았고, 회사가 관리하는 기기 100대가 정상으로 작동하지 않았다. 영화 개봉 준비가 한창이던 11월 21일 에이미 파스칼 공동회장과 마이클 린튼 공동회장을 포함한 소니영화사 지도부에 불길한 내용을 담은 이메일이 도착했다. 발송자 이름은 '신의 사도들(God's Apostles)'이었다. 내용은 돈을 내지 않으면 소니영화사 전체를 상대로 폭탄 세례를 퍼부을 거라는 협박과 저주였다.

## 《인터뷰》 상영을 중단할 것인가?

11월 27일 구체적인 피해가 드러나기 시작했다. 소니영화사가 제작한 영화 동영상 원본 파일 5개가 불법 파일 공유 사이트에 올라갔다. 파일 5개 가운데 4개는 개봉되지 않은 작품이었다. 12월 1일 소니영화사 임원 17명을 포함한 6,000여 명의 급여표가 유출되었다. 미 연방수사국(FBI, Federal Bureau of Investigation)은 이날 수사를 정식으로 시작했다고 밝혔다. 12월 3일에는 소니영화사와 일한 배우, 직원들의 개인 정보가 대량 유출되었다. 그중에는 안젤리나 졸리의 여권과 비자를 비롯해 영화 예산 서류와 비밀 계약서, 회사 임원들의 이메일 계정과 비밀번호 등도 포함되었다. 회사는 이날 보도 자료를 내고 북한이 해킹 공격의 진원지로 파악되었다는 일부 보도 내용은 정확하지 않다고 부인했다. 다음 날인 12월 4일 AP통신은 소니사의 해킹 수법과 1년 전 한국에서 일어난 해킹 공격 수법이 유사하다며 북한이 유력한 용의자라고 보도했다. 안젤리나 졸리에 대한 험담과 오바마 대통령에 대한 인종 차별 발언이 포함된 이메일 유출은 12월 9일과 10일에 있었다. 제작 담당인 스콧 루딘은 파스칼 회장과 이메일을 교류하면서 졸리는 "실력 없는 싸가지"라고 묘사했다. 파스칼 공동회장은 오바마 대통령이 좋아하는 영화에 대해 농담하면서 흑인 노예 문제를 다룬 영화를 집중적으로 거론했다. 험담 당사자인 루딘 이사는 다음 날인 11일 자신의 이메일 발언에 대해 공개적으로 사과했다. 파스칼 회장도 언론 인터뷰에 응하면서 자신의 잘못된 사고방식에 실망했고, 자신이 생각해도 끔찍한 일이라며 사과했다. 12월 12일에는 일부 직원과 가족들의 건강 관련 기록이 유출되었다. 12월 16일 해커들은 기자들에게 보낸 이메일에서 문제의 영화《인터뷰》를 상영할 경우 그 장소와 시간을 지목하여 보복 조치를 하겠다는 협박 구상을 밝혔다. 또 이에 덧붙여서 2001년 9·11 테러를 기억하라고 위협했다.

소니사는 12월 25일 크리스마스에 맞춰 개봉하려던 당초 계획을 취소해야 하는지 고민에 빠졌다. 극장들도 사정은 마찬가지였다. 영화 사전 홍보를 위한 여행은 취소되었다. 극장주들은 잇따라 상영 취소 계획을 밝혔다. 12월 17일 소니영화사는 결국 크리스마스 개봉을 일단 취소했다.《인터뷰》의 TV 광고도 중단했다. 그러나 소니영화사의 결정은 해커의 협박에 언론과 표현의 자유를 스스로 포기하는 나약한 모습을 보였다는 비난에 직면했다. 이런 분위기에 편승하여《인터뷰》상영을 포기한 극장주 가운데 일부는 북한의 협박에 굴복하지 않는다는 의지를 보여 주는 차원에서《팀 아메리카》를 상영하자는 의견이 대두되기도 했다. 그러나 실행되지는 않았다.

12월 19일 소니 해킹에 대한 미국 정부의 공식 발표가 나왔다. 미 연방수사국은 북한 정부가 이번 해킹에 책임이 있다고 발표했다. 이번에 사용된 악성 소프트웨어와 북한 해커들이 과거에 개발한 소프트웨어가 연계되었음을 확인했다는 것이다. 북한이 한국의 은행과 언론사를 공격하는 데 사용한 악성 소프트웨어와 이번 공격에 쓰인 프로그램이 유사하다고 설명했다. 오바마 대통령은 이번 해킹은 표현의 자유에 대한 심각한 위협이라면서 소니사가 개봉을 포기한 것은 실수라고 규정했다. 그러면서 이번 피해와 관련해 미국이 원하는 시간과 장소, 방법을 선택해 북한에 비례적으로 대응하겠다고 예고했다.

미국 영화계도 북한의 협박에 굴복한 것에 대해 비난하는 입장을 발표했다. 미국의 영화감독조합은 성명을 내고 수정헌법 1조에 규정된 예술, 표현의 자유를 수호하기 위해 북한의 테러 위협에 맞서 단호하게 대응해야 한다면서 외부 극단주의자들에게 결코 겁먹지 않는다는 사실을 보여 주려면 영화를 상영해야 한다고 주장했다. 영화 상영 중단에 대한 비난 여론이 거세지자 소니영화사는 다른 방법으로 영화를 출시한다는 구상을 밝혔다.


## "북한 소행설은 근거 없는 비방"

소니 해킹이 북한 소행이라는 미국 정부 발표에 대해 북한은 곧바로 부인했다. 북한 외무성 대변인은 12월 20일 조선중앙통신 기자와의 문답 형식으로 미국이 소니영화사 해킹 사건의 배후로 북한을 지목한 것은 근거 없는 비방이라면서 정면으로 부인하고, 미국 정부와 공동 조사에 나설 것을 주장했다. 북한의 반응에 대해 미 백악관은 당일 공동 조사

제안을 일축했다. 마크 스트로 백악관 국가안보회의 대변인은 성명을 내고 FBI가 분명히 밝힌 것처럼 이번 파괴적 공격 사건의 책임은 북한에 있다는 입장을 거듭 강조했다. 이어 북한은 오랫동안 도발 행동에 대한 책임을 부인해 온 역사를 갖고 있다면서 북한은 책임을 인정하고 소니사에 손해배상을 해야 한다고 촉구했다. 북한이 또 반발했다. 북한 국방위원회는 22일 새벽 정책국 성명을 내고, 미국이 근거도 없이 북한을 해킹의 배후로 지목했다며 테러의 본거지인 미국 본도 전체를 겨냥한 초강경 대응전을 벌이겠다고 협박했다. 이어 누구든지 미국에 편승한다면 무자비한 징벌을 피하지 못할 것이라며, 북한은 사이버전을 포함한 모든 전쟁에서 미국과 대결할 준비를 다 갖췄다고 강조했다.

북한과 미국이 소니사 해킹 문제로 말싸움 공방전을 벌이는 가운데 12월 23일 새벽《뉴욕타임스》등 미국 언론은 북한의 인터넷이 완전히 다운되었다고 보도했다. 미국의 인터넷 실행·관리 업체 '딘 리서치'의 더그 마도리 소장은 북한 인터넷이 미국 시각으로 12월 19일 밤부터 불안정한 상태를 보이다 22일 다운된 상태라고 밝혔다. 북한 인터넷은 23일 오전 11시쯤 복구되었다가 24일 새벽에 또다시 불통되었다. 미국 언론은 이번 사태가 오바마 미국 대통령이 북한에 대해 "비례적 대응에 나서겠다."라고 공언한 직후라는 점에 주목하면서 미국의 보복 공격에 의한 결과라는 분석을 제기했다. 미 국무부 마리 하프 부대변인은 12월 24일 정례 브리핑에서 이렇다 저렇다 언급할 것이 없다며 확인을 거부했다. 이런 분위기에서 미국의 일부 독립 영화사들은 문제의《인터뷰》를 상영하겠다는 입장을 밝혔고, 소니영화사도 방침을 바꿔 영화 파일을 공급하면서 12월 25일 331개 독립 영화관에서 상영이 시작되었다. 영화는 대부분의 극장에서 매진 사태가 빚어졌다. 이에 앞서 24일에는 독립 영화관 상영과 별도로 구글의 콘텐츠 장터와 영상 서비스 웹사이트인 유튜브 무비, 마이크로소프트 엑스박스 비디오 등을 통해 1회 관람 기준 5.99달러에 영화를 배포하기 시작했다.


## 소니 해킹, 북한 소행설 논란과 혼란 확산

그러나 《인터뷰》 상영이 시작된 12월 25일 인터넷 보안 전문가 집단에서는 북한이 해킹 주범이 아닐 수 있다는 견해가 나오기 시작했다. 미국 사이버 보안 업체 '노스(Norse)'의 커트 스탬버거 수석부회장은 CBS 인터뷰에서 독립적인 조사를 진행한 결과 소니를 해킹한 것은 내부자라며 FBI의 조사 결과가 잘못되었다고 주장했다. 소니사에서 근무하다 지난 5월 퇴사한 레나라는 여성이 해킹했다고 주장하는 '평화의 수호자'와 연계돼 있다는 것이었다. '에라타 시큐리티' 소속 로버트 그레이엄과 소프트웨어 회사 '드래고스 시큐리티'의 공동설립자인 로버트 리 등은 같은 방송에서 FBI가 제시한 증거들이 북한의 책임을 입증할 만큼 강력하지 못하다고 평가했다. 미국 랜드연구소의 사이버 안보 전문가인 마틴 리비키도 AP통신에 FBI가 보여 준 증거로는 북한 사람으로 위장한 사람과 실제 북한 사람을 구분할 수 없다고 말했다.

북한 소행설을 지지하는 논의도 제기되었다. 클리포드 뉴먼 미국 서던캘리포니아대학 컴퓨터시스템안보센터 국장은 FBI가 일부 증거를 공개하지 않았다면서 이번 해킹과 관련해 모종의 교신 내용이나 녹음된 대화를 확보했을 수 있다고 말했다. 논란에 대해 북한은 자신들의 소행이 아니라는 입장을 거듭 확인했다. 북한 국방위원회 정책국은 12월

27일 대변인 담화에서 미국이 북한 주요 매체의 인터넷 가동에 훼방을 놓기 시작했다고 주장했다.

논란에도 불구하고 오바마 행정부는 북한 소행설에 근거한 대응 조치를 취했다. 오바마 대통령은 2015년 1월 2일 대북 제재 조치를 담은 행정명령에 서명했다. 오바마 대통령은 의회에 보낸 서한에서 북한이 소니를 상대로 파괴적이고 위협적인 사이버 공격을 감행한 데 대한 대응 차원에서 추가 제재를 가한다고 설명했다. 행정명령에 따라 미국 재무부는 북한 정찰총국과 조선광업개발무역회사, 조선단군무역회사 등 단체 3곳과 개인 10명을 제재 대상으로 지정했다. 12월 19일 오바마 대통령이 비례적 대응을 하겠다고 공언한 이후 첫 번째 대응 조치였다. 12월 19일 이후 북한에서는 인터넷망이 잇따라 불통되는 사태가 일어났지만 미국은 미국의 관련성에 대해 그렇다, 아니다 언급할 것이 없다고 일축했다. 미국에서는 북한에 대한 강경 제재 여론이 고조되었다. 1월 13일 미 하원은 국무부와 재무부, 국토안보부 고위 당국자들을 불러 소니 해킹과 관련한 청문회를 개최하고 북한에 대한 강경 제재를 촉구했다.

소니 해킹이 북한 소행이라는 미국 정부 발표 이후 북한에 대한 압박 강화 목소리가 높아졌지만, 실제로는 대북 제재가 크게 강화되지 않았다. 북한도 대응 수위를 조절하는 양상이 감지되었다. 1월 13일 뉴욕에서는 유엔 주재 북한 대표부 안명훈 차석대사가 특별 기자회견을 개최했다. 많은 기자가 미국에 대한 북한의 비난 공세를 예상했지만, 북한은 한미 연합 군사 훈련 중단을 요구하면서 비핵화 협상 가능성을 언급했다. 북한은 지난 1월 9일 미국이 한미 연합 군사 훈련을 1년간 중단할 경우 핵실험을 임시로 중단하겠다는 제안을 미국에 전달했다는 점을 거듭 설명했다. 대북 제재에 대한 미 국무부의 소극적 태도와 안명훈 차석대사의 기자회견 내용은 당시 소니 해킹 문제를 계기로 미국에 조성된 강경 분위기를 감안하면 비상식적으로 차분했다.


## 케네스 배 석방 모멘텀은 물거품으로

북한과 미국이 분위기에 맞지 않는 태도를 보이는 것은 소니 해킹 전에 벌어진 상황, 즉 케네스 배 석방을 계기로 대화를 타진하는 움직임과 충돌했기 때문이었다. 북한과 미국의 은밀한 대화 가능성 타진 행보는 케네스 배 석방 과정을 시간적으로 면밀하게 분석할 필요가 있다. 케네스 배 석방 발표 시점은 워싱턴 시각으로 11월 8일 낮이었다. 그런데 이 시각은 원래 예정된 시점에 비해 하루 반에서 이틀 정도 늦춰진 것이다. 억류자 석방 임무를 수행하기 위해 제임스 클래퍼 미 국가정보국장이 워싱턴을 출발한 것은 11월 4일 오전이었다. 정상적으로 여행했다면 클래퍼 국장은 평양 시각 11월 5일 저녁 평양에 도착했을 것이다. 그런데 하와이에서 중간 기착을 하는 중에 비행기의 기계 결함이 발견되었고, 예정된 일정보다 하루 반을 더 묵고 여행을 이어 갔다. 클래퍼 국장이 이용한 항공기는 C-40 기종으로 보잉 737-700을 개조한 군용기였다. 워싱턴DC 인근 메릴랜드주 앤드루공군기지에 주둔한 공군 제89비행편대 소속이었다. 클래퍼 국장은 결국 1월 7일 오후 평양에 도착해 북한 고위 관리들과 만찬을 함께 하면서 관심사를 논의했다. 만일 C-40 수송기가 고장 나지 않았으면 케네스 배 석방이 11월 6일 오전에 이뤄졌을 것이다. 11월 6일이라면 그해 미국 중간선거가 11월 4일에 이뤄졌다는 점에 주목하게 된다. 당초 북한과 미국이 케네스 배 석방 교섭을 하면서 중간선거 일정을 염두에 뒀을 가능성을 강하게 시사하는 부분이다. 이 시기 북한은 미국에 공식 대화를 요구하고, 미국은 중간선거 이전에 억류자 석방을 요구했을 것이다. 그러나 중간선거 일정을 염두에 두고 진행해 온 협상 타결이 기대한 날짜보다 이틀이나 사흘 정도 늦어지면서 11월 6일 석방으로 정리되었는데, 실제로는 비행기 고장 때문에 이틀이 더 늦어진 11월 8일에 이뤄진 것으로 분석할 수 있나.

중간선거 일정에 맞추지는 못했지만, 케네스 배 석방은 하원 선거에 패배한 오바마 대통령의 무기력증을 완화하는 계기를 마련해 준 이벤트였다. 이후 오바마 행정부가 일정 기간 북한과 대화하는 문제를 진지하게 검토한 것은 우연이라고 볼 수 없다. 11월 21일 미 국무부 당국자는 한국 기자들과 만난 자리에서 미국이 북한과 대화할 준비가 되어 있고, 북한과 어떤 대화도 가능하다는 입장을 밝혔다. 12월 12일에는 미국 국무부 대북 정책 특별대표인 성 김 대사가 베이징을 방문해 기자들을 만난 자리에서 북한과의 양자 대화에 응할 의사가 있음을 밝혔다. 12월 16일에는 국무부 대니얼 러셀 동아태 차관보가 워싱턴DC의 세미나에서 미국은 북한과 기꺼이 직접 대화하려고 노력해 왔다며 미국 행정부가 북한과의 대화에 주저한 적이 없다고 말했다.

그렇지만 북한과 미국의 대화 가능성은 12월 19일 소니 해킹은 북한 소행이라는 FBI의 발표 이후 급격하게 줄어들기 시작했다.

## 오바마, "북한 정권은 결국 붕괴할 것이다"

소니 해킹이 아니었다면 미국 오바마 행정부는 케네스 배 석방 이후 조성된 긍정적인 분위기를 이어 가기 위해 북한 제재 조치를 취하지 않았을 것이다. 대북 제재가 없었다면 북한과 미국이 대화에 나섰을 가능성이 있었다. 북한과 미국이 2015년 벽두부터 대화를 시작했다면 2018년 6월에 목격한 북미 정상회담은 2015년 말쯤에 열렸을 가능성도 배제할 수 없을 것이다. 2015년 1월 9일 북한이 미국에 제안한 내용, 즉 1년 동안 한미 연합 군사 훈련을 중단하면 북한도 핵실험을 임시 중단할 수 있다는 제안이 북미 비핵화 협상의 물꼬를 트는 계기가 됐을 수도 있다. 그러나 역사는 그렇게 진행되지 않았다. 1월 23일 버락 오바마 미국 대통령은 유튜브 인기 진행자들과 인터뷰하면서 북한 정권이 결국 붕괴할 것이라고 독설을 퍼부었다. "북한이 지구상에서 가장 고립되고 가장 제재를 많이 받는 국가"라면서 "요즘 세상에서 그렇게 잔혹한 독재정권은 유지되기 어렵기 때문에 시간이 지나면 붕괴할 것"이라고 말한 것이다. 정권 붕괴에 대한 언급은 북한을 극도로 자극하는 내용인 만큼 북한과의 대화 타진 행보를 망치는 결과가 된 것으로 보인다.

오바마 대통령의 독설에도 불구하고 북한과 미국의 대화 타진 움직임은 일정 기간 이어졌다. 1월 29일 성 김 특별대표가 베이징을 방문하는 상황에서 북한에 대화를 제의했다고 한국의 일부 언론이 보도했다. 다음 날 김 대표는 기자들과 만나 외교 대화에 대해 구체적으로 말하지 않겠다며 해당 보도를 둘러싼 언급을 피하면서도 북한과의 대화 가능성은 열려 있다고 말했다. 그러면서 대화를 희망했지만 북측과 접촉하지 못했다고, 대화의 무산 책임이 북한에 있음을 시사했다. 이에 대해 북한 외무성 대변인이 2월 1일 조선중앙통신 기자의 질문에 대답하는 형식으로 입장을 밝혔다. 북한이 최근 김 대표의 평양 방문을 제의했지만 미국이 거부했다는 주장이었다. 김 대표가 전날 베이징에서 북측의 불성실한 태도 때문에 대화와 접촉이 이뤄지지 못하는 것처럼 말했지만, 책임을 전가하는 것일 뿐 북미 대화의 문을 닫은 것은 미국이라고 비난했다.

북한과 미국의 대화 타진 상황에 대해 다음 날인 2월 2일 외교 소식통의 상황 설명이 언론에 알려졌다. 소식통에 따르면 북한이 김 대표의 방북을 제안하고, 김 대표는 김계관 외무성 제1부상과 제3국에서 회동할 것을 제안했다. 김 대표는 북한이 최근 핵실험을 일시 중단할 수 있다는 제안 그리고 미국 정부에 대화를 제의한 것과 관련해 북한의 진의를 확인하는 탐색적 대화가 필요하다는 판단에 따라 회동을 역제안했다. 그렇지만 북한은 평양에서 대화하자는 입장을 고수하여 회동이 성사되지 못했다. 김 대표는 평양 방문도 검토했지만 탐색적 대화 장소로 적절하지 못하고 미국의 협상력이 약화될 수 있는 점을 우려해 난색을 표한 것이다. 이와 관련해 또 다른 소식통은 한국 정부가 반대했기 때문에 김 대표의 방북이 무산되었다고 설명했다.

북한이 미국과의 대화가 무산되었다고 선언한 것은 2월 4일이었다. 국방위원회는 성명을 내고 미국과 더는 마주 앉을 필요도 없고 상종할 용의도 없다는 것을 오바마 행정부에 정식으로 통고하지 않을 수 없다고 밝혔다. 또한 미국 멸망의 마지막 페이지를 미국 땅에서 백두산 총대로 써 주겠노라 결심했다며 미국 본토를 직접 겨냥해 위협했다.

남한과의
끝장 대결을
결심하다

김정은 북한 국무위원장은 한국계 미국인 케네스 배 석방을 계기로 미국과의 핵담판이 열릴 가능성을 기대하면서 2015년을 맞았다. 그러나 소니 해킹 사건의 여파로 대화는 성사되지 않았다. 블라디미르 푸틴 러시아 대통령 초청으로 모스크바를 방문하는 일정도 검토했지만, 측근 참모인 현영철 처형이라는 끔찍한 상황이 전개되면서 불발됐다. 김정은 위원장은 새로운 전략으로 잠수함 발사 탄도 미사일SLBM 개발을 통해 남한과 미국을 협박하는 방안에 주목했다. SLBM 개발은 성공하지 못했지만, 2017년에는 장거리 미사일을 독자적으로 제작하는 성과로 이어졌고, 결국 미국과의 핵담판을 성사시켰다. 남한과는 목함 지뢰 사건을 계기로 대화 국면을 만들어 냈지만, 박근혜 대통령은 고압적 태도로 일관했고, 김정은 위원장도 박 대통령과의 기세 싸움에서 물러설 의사가 없었다. 결국 김정은 위원장은 2025년 말 남한과는 끝장 대결을 피할 수 없고, 끝장 대결을 하려면 핵과 미사일을 더욱 위협적인 수준으로 만들어야 한다는 결론을 내린다.

# 제11장

# 현영철 처형과
# 러시아 외교

2015년 5월 13일 오전 9시 여의도 국회 정보위원회에 한기범 국가정보원 제1차장이 출석했다. 한기범 제1차장은 현안 보고에서 충격적인 정보 사항을 밝혔다. 북한군 유력 인사인 현영철 인민무력부장이 총살을 당했다는 내용이었다. 시기는 4월 30일이고 방식은 공개 처형이었다. 총살을 목격한 사람은 수백 명 규모였고 처형에 사용된 총기는 고사포였다. 현영철 부장은 4월 28일 모란봉악단 공연을 관람하는 장면이 확인된 만큼 북한 최고 엘리트 지위에서 형장의 이슬로 사라지는 데 이틀이 걸린 셈이다. 2013년 12월 3일 장성택 체포 소식을 국회 정보위원회에 출석한 국가정보원장이 보고한 장면과 매우 흡사하다는 점이 눈길을 끈다.

현영철 인민무력부장은 2010년 9월 28일 김정은 위원장과 더불어 인민군 대장 칭호를 받은 6명 가운데 한 명으로 김정은 시대 급부상한 대표적인 엘리트였다. 현영철은 2012년 7월 15일 김정은 집권 이후 처음으로 숙청을 당한 리영호에 이어 인민군 총참모장으로 취임하면서 군부 내 최고 측근 위상을 과시한 인물이다. 의심할 바 없는 김정은 시대 엘리트였다는 점에서 현영철 처형은 장성택 부장 처형 못지않은 충격을 안겨 주었다. 김정은 위원장의 극단적인 잔혹성을 보여 주는 중요한 사례로 지목되고 있다. 현영철 처형은 북한과 러시아가 전개한 외교와 밀접하게 관련돼 있다는 점에서도 의미를 지닌다.

## 현영철, 김정은 시대 다크호스로 등장

현영철은 1949년 1월 11일 함경북도 어랑군 출생으로 1966년 군에 입대했다. 2006년 2월부터 인민군 부총참모장직을 맡았고 2010년 9월 28일 갑자기 출세의 길을 걷기 시작했다. 현영철은 9월 28일 제3차 당 대표자회 개최가 예정된 당일 오전 1시와 6시 발표에서 인민군 대장 승진 명단에 들어갔다. 대장 승진자는 김정은, 김경희, 최룡해, 최부일, 김경옥, 현영철 6명이었다. 9월 28일 새벽 상황은 김정은 위원장의 존재가 공식 확인된 최초의 순간이었다. 2012년 7월 15일 현영철은 북한 인민군 총참모장직에 임명되었다. 동시에 대장에서 차수 계급으로 진급하고 당 중앙군사위원회 부위원장직에도 임명됨으로써 군부에서 최룡해 총정치국장 다음 가는 2인자 자리를 차지했다. 그러나 벼락출세의 정점에 올라간 지 불과 3개월 만인 2012년 10월 인민군 대장으로 계급이 강등되는 수모를 겪었다. 김정은 위원장의 신임에 문제가 생겼다는 점을 처음으로 노출했다는 점에서 불행한 미래를 예고한 셈이었다. 2013년 5월경에는 총참모장직에서 해임되어 5군단장으로 강등되었다. 계급은 한 칸 더 내려가서 인민군 상장이 되었다. 이때 인민군 상장 지위에 만족하고 소박한 삶을 이어 갔다면 현영철은 북한 기준으로 부귀영화를 더 오래 누렸을지도 모른다. 그러나 역사는 안락한 삶을 허락하지 않았다.

현영철은 2014년 6월 25일 인민무력부장의 모자를 쓰고 평양에 다시 나타났다. 이후부터 북한에서 다양한 방식의 무력 시위가 재연되었다. 6월 26일 오후 동해상에서 300밀리미터 방사포 계열로 추정되는 단거리 발사체 3발이 발사되었다. 6월 26일 방사포 발사는 군 내부에 경각심을 불러일으키고 내부를 통제하기 위한 것이라는 해석이 나왔다. 특히 인민무력부장 교체를 계기로 군 내부의 결속을 다지려는 의미가 있다는 분석이었다.

현영철은 인민무력부장 취임 이후 무력 시위를 중심으로 한 김정은의 군심 잡기 행보를 모두 수행했다. 2014년 10월 24일 조선중앙통신은 현영철이 김정은 위원장의 공군 비행 훈련 지도 수행에 이어 연합부대 '쌍방 실동 훈련' 지도를 수행했다고 보도했다. 2014년 가을 김정은 위원장 행보를 보면 군인들을 만나 전투 태세 강화를 주문하는 일정이 많다. 11월 3일과 4일 김정은 위원장은 평양에서 열린 제3차 대대장·대대정치지도원대회에 참석해 연설했다. 김정은 위원장은 적들과 대결전을 앞둔 오늘의 정세로 볼 때 군력 강화의 필요성이 더욱 요구된다며, 우선 대대장과 대대정치지도원들이 모범을 보이라고 강조했다. 대대장·대대정치지도원대회는 1953년 10월 김일성 주석이 처음 주관했고, 2006년 10월 제2차 대회 이후 8년 만에 열린 것이다. 12월 25일에는 군인들의 복지와 보급을 관장하는 후방 사업 부문 간부들을 한자리에 모아 후방일꾼대회를 개최했다. 북한이 후방일꾼대회를 개최한 것은 1993년 이후 처음이다. 김정은 위원장은 12월 30일 방사포 부대 포사격 훈련을 참관했다. 김여정 노동당 제1부부장도 같이 참관했다. 김여정 제1부부장이 군사 훈련 참관에 공개적으로 동행한 것은 이번이 처음이었다.

# 러시아를 이용해 활로를 찾는다

현영철의 행보 가운데 특이한 점은 러시아와의 외교 관계 개선 노력에 참여했다는 점이다. 2014년 11월 9일 현영철은 러시아를 방문해 블라디미르 푸틴 대통령을 예방했다. 드미트리 야조프 전 소련 국방장관의 아흔 살 생일 축하 행사에 참석하기 위해 러시아를 방문하면서 푸틴 대통령과 만난 것이다. 현영철의 러시아 방문이 종료된 직후 최룡해 노동당 상무위원 겸 비서가 러시아를 방문했다. 최룡해 비서는 11월 17일 오전 평양을 떠나 모스크바로 향했다. 그런데 최룡해 비서가 탄 비행기는 그날 오후 평양으로 되돌아왔다. 기체 결함으로 추정되었다. 비행기는 그날 저녁 다시 출발해 11월 18일 새벽 모스크바에 도착했다.

11월 18일 오전으로 알려졌던 푸틴 대통령 예방 일정은 기체 결함 때문에 모스크바 기준 오후 5시로 변경되었다가 7시쯤 면담이 이뤄졌다. 장소는 크렘린궁이었다. 면담은 비공개로 한 시간 정도 진행되었다. 최룡해 비서가 김정은 위원장의 친서를 전달한 것으로 알려졌다. 11월 19일 조선중앙통신에 따르면 푸틴 대통령은 김정일 전 국방위원장과 만난 사실을 언급하면서 두 나라의 호혜적 협조를 좀 더 발전시키는 방안을 적극 탐구하는 것이 중요하다고 강조했다. 최룡해 비서는 뜻깊은 내년에 북러 두 나라의 친선 협조 관계를 더 높은 단계로 확대, 발전시키자고 언급했다. 최룡해는 11월 20일 세르게이 라브로프 러시아 외무장관과 만나 북러 정상회담 가능성을 협의했다. 라브로프 장관은 최룡해 비서와 회담을 마친 뒤 가진 기자회견에서 "러시아는 최고위급을 포함한 다양한 수준에서 북한과 접촉할 준비가 되었음을 확인했다."라고 설명했다. 이어 "북한이 아무런 전제 조건 없이 6자회담에 복귀하겠다는 뜻을 밝혔다."라고 전했다.

한편 중국 언론은 이날 회담에서 불쾌한 상황이 연출되었다고 보도했다. 중국공산주의청년단 기관지인 《중국청년보》는 최룡해 비서가 면담에 한 시간 지각했고, 라브로프 장관에 앞서 발언하며 외교 관례를 어겼다고 주장했다. 이 보도는 북한과 러시아의 관계 개선 행보에 대한 중국의 불만을 표출한 것이라는 해석이 나왔다. 최룡해 비서는 이후 하바롭스크 등 러시아 동부 지역을 방문하고 24일 귀국했다.

최룡해 특사의 러시아 방문 성과에 대해 북한에서 긍정적인 반응이 나왔다. 조선중앙통신은 25일 북한과 러시아가 전제 조건 없는 6자회담 재개를 위해 계속 노력하는 방안을 논의했다고 보도했다. 푸틴 대통령을 만난 자리에서 최 특사가 김정은 위원장이 보내는 인사와 친서를 전달했으며 양국이 호혜적 협조를 더욱 확대, 발전시키고 정치, 경제, 군사 등 모든 분야에서 교류와 접촉을 심화하기로 했다고 보도했다. 같은 날 《조선신보》는 최룡해 특사의 러시아 방문을 계기로 미국에 대한 북러 공조 체제가 작동하게 되었다고 평가했다. 이어 러시아의 전방위 다극화 외교와 김정은 위원장의 선군노선 자주외교는 미국의 강권과 전횡을 배격하고 동북아에 평화번영의 새 질서를 세운다는 점에서 일치한다고 강조했다. 또한 러시아 측이 최고위급을 포함한 다양한 수준의 접촉을 진행할 준비가 되었음을 확인했다고 덧붙였다.

최룡해 특사의 러시아 방문 시기에 북한과 러시아의 협력 사업이 시작된 것도 주목할 부분이다. 11월 24일 남과 북, 러시아 협력 사업인 라진-하산 프로젝트의 타당성을 조사하기 위한 석탄 운송 시범 사업이 시작되었다. 통일부 관계자에 따르면 포스코, 현대상선, 코레일 3사 컨소시엄과 정부 관계자로 구성된 남측 점검단 13명이 북한 라선특별시에 들어갔다. 점검단은 서시베리아 광산에서 생산된 유연탄 4만 500톤이 중국 화물선을 통해 나진항을 거쳐 포항으로 실려 나가는 과정을 지켜보았다. 라진-하산 노선은 블라디보스톡 항로에 비해 물류 비용을 10~15퍼센트 절감할 것으로 추정되었다. 12월 23일에는 러시아가 북한에 무상 지원하기로 한 식량 5만 톤 전달이 모두 끝났다. 식량 지원은 10월 3일 남포항에 식량을 선적한 선박이 도착하면서 시작되었다. 조선중앙통신은 이번 식량 지원이 두 나라 사이의 전통적인 친선 협조 관계를 한층 발전시키는 데 이바지할 것이라고 전했다.

## 북러 정상회담 가능성을 타진하다

최룡해 특사의 러시아 방문에서 가장 중요한 관심사는 북러 정상회담이었다는 것이 12월 19일 러시아 크렘린궁 대변인 발표로 확인되었다. 대변인은 푸틴 대통령이 2015년 5월 9일 승전 70주년 기념 행사를 맞아 김정은 위원장을 초청했다고 밝혔다. 2015년 1월 21일 라브로프 러시아 외무장관은 연두 기자회견에서 김정은 위원장이 5월 러시아 방문에 긍정적인 첫 번째 신호를 보내왔다고 말했다. 1월 23일에는 '미국의 소리' 방송에서 러시아 대통령궁 공보실 이메일을 근거로 김정은 위원장의 기념 행사 참석이 확인되었다고 보도했다. 이 보도와 관련해 1월 28일 크렘린궁 공보실은 5월 행사에 20개국 지도자들이 참석하는데, 북한 지도자도 그중 한 명이라고 확인했다. 크렘린궁 설명은 그러나 북한 최고 지도자가 김정은 위원장을 의미하는 것인지, 김영남 상임위원장을 지칭하는 것인지에 대한 이해가 부족한 결과로 분석됐고, 모호성은 끝까지 해소되지 않았다.

5월 행사에 김정은 위원장을 초청하기 위한 러시아의 대북 유화 정책은 더욱 적극적으로 전개되었다. 1월 29일 미국의 '자유아시아방송(RFA, Radio Free Asia)'은 러시아 일간지 《코메르산트》를 인용해 러시아가 북한 라선특구에 대한 전력 공급 사업 타당성 조사에 들어갔다고 보도했다. 《코메르산트》는 시베리아 횡단철도와 한반도 종단철도 연결 사업도 진전될 것이라고 알렸다. 1월 30일에는 북한과 러시아의 군사 분야 협력에 대한 보도가 나왔다. '미국의 소리'에 따르면 발레리 게라시모프 러시아군 총참모장이 국방부 고위급 회의에서 북한과 베트남, 쿠바 등과 대규모 군사회담을 열어 접촉을 확대하고, 육해공군이 참여하는 합동 군사 훈련도 실시할 계획이라고 밝혔다. 앞서 드미트리 메드베데프 총리가 2014년 12월 국방부에 북한과 우발적 군사 충돌 방지 협정 체결을 준비하라고 지시하는 등 북러 간 군사 협력이 확대되는 것으로 보였다. 양측의 군사 분야 협력은 2014년 11월 최룡해 비서의 러시아 방문 시기에 노광철 인민군 부총참모장이 러시아 측과 군사 협력 확대 방안을 논의한 것으로 알려졌다.

북한도 러시아와의 관계 개선에 대한 기대감을 보여 주었다. 《노동신문》은 2월 3일 보도에서 김정은 위원장이 새해를 맞아 세계 각국 지도자에게 연하장을 보낸 소식을 전하며 러시아를 중국보다 앞서 거론했다. 1월 1일 각국에서 김정은 위원장에게 연하장을 보내온 소식을 전할 때도 중국보다 러시아를 먼저 거론했다. 2월 6일에는 김정은 위원장이 5월에 극동 지역을 방문할 가능성이 있다는 언급이 나왔다. 러시아 하바롭스크 주지사는 김정은 위원장이 푸틴 대통령과 함께 극동을 방문할 가능성이 있다고 말했다. 북한과 러시아의 관계는 2월 24일 리용남 북한 무역상의 러시아 방문으로 한층 강화되는 양상을 보였다. 양측은 2월 26일 함경북도 온성에서 동해 쪽 라진항으로 이어지는 150킬로미터 구간 철도를 개보수하는 사업을 진행하기로 합의했다. 알렉산드르 갈루슈카 러시아 극동개발부 장관은 모스크바를 방문한 리용남 북한 무역상과 함께 러북 민간 경제 협력 기구인 비즈니스협의회에 참석한 뒤 이같이 밝혔다. 이와 관련하여 갈루슈카 장관은 2014년 10월 20일부터 24일까지 북한을 방문해 상호 경제 협력 사업 추진에 합의한 바 있다. 당시 '러시아의 소리(VOR, Voice of Russia)'에 따르면 러시아는 20년에 걸쳐 북한 내 철도 3,500킬로미터 구간을 개보수하는 북한 철도망 현대화 프로젝트 '포베다'를 추진하고, 러시아는 20년 동안 희토류 금속을 비롯해 티타늄과 금, 석탄 등을 채굴할 예정이었다. 포베다 프로젝트에 소요되는 자금 규모는 26조 원으로 추정되었다. 북한과 러시아는 이 시기에 루블화 결제를 시작했다.

## 2015년을 북러 친선의 해로 지정

북한과 러시아가 2015년을 양국 '친선의 해'로 결정한 것도 관계 개선에 대한 의지를 반영한 것이다. 조선중앙통신은 해방 70년과 러시아의 전쟁 승리 70주년을 맞이하는 2015년을 북한과 러시아 친선의 해로 정했다면서 정치와 경제, 문화 등 다양한 분야에서 양국 관계를 새로운 단계로 발전시키려는 목적이라고 설명했다.

3월 13일에는 리수용 북한 외무상과 라브로프 러시아 외무장관이 모스크바에서 회담을 진행했다. 러시아 외무부는 언론 보도문을 통해 양국 외무장관 회담에서 양자 관계 발전과 한반도 및 동북아 지역 정세 그리고 상호 관심사가 되는 국제 문제 등을 논의했다고 밝혔다. 당초 리 외무상은 항공편 조정 때문에 모스크바를 방문한 것으로 회담 일정이 없었지만, 러시아 측이 김정은 위원장의 러시아 방문을 설득하기 위해 일정을 추가한 것으로 알려졌다. 3월 17일 《노동신문》은 러시아의 친선 관계를 부각했다. 최룡해 노동당 비서와 리수용 외무상의 방러, 알렉산드르 갈루슈카 러시아 극동개발부 장관의 방북, 양국 경제협조합의서 조인 등을 거론하며 친선과 유대가 나날이 두터워진다고 평가했다. 3월 30일 보도에서도 러시아 관련 소식을 크게 다뤘다. 러시아 전승 70주년 기념 행사 소식을 전하면서 러시아 28개 도시에서 7만 8,500명이 동원된 경축 열병식이 진행되고 경축 연회 등 다양한 행사가 열린다고 전했다. 《노동신문》 보도는 김정은 위원장의 러시아 방문을 기정사실화하면서 분위기를 조성하려는 것이라는 관측이 나왔다.

북한과 러시아의 경제 협력을 보여 주는 보도는 4월에도 이어졌다. 4월 11일 미국의 '자유아시아방송'에 따르면 막심 셰레킨 러시아 극동개발부 차관은 북한이 값싼 노동력을 러시아에 무제한 제공할 준비가 되었다고 말했다. 셰레킨 차관은 극동개발부 홈페이지 자료에서 북한 노동자는 임금도 저렴하고 관리도 쉽고 파견 분야도 벌목에서 농업으로 점차 확대하고 있다고 말했다. 이어 북한 노동자들이 중국인 노동자를 대체할 전망이라고 말했다. 지역 경제에서 중국 의존도가 높아지고 있다는 우려에 대해 해명하며 나온 발언이었다. 이 시기 러시아에 파견된 중국인 노동자는 7만 6,000명, 북한 노동자는 2만 명 정도로 추산되었다.

# 현영철, 마지막으로 러시아 여행

현영철 부장은 2015년 4월 13일 로두철 내각 부총리와 함께 러시아 방문을 위해 평양을 출발했다. 로두철 부총리는 정부 대표 자격으로 '러시아-북한 친선의 해' 개막 행사에, 현영철 부장은 인민군 대표 자격으로 제4차 국제안보회의에 참석한 것이다. 로두철 부총리는 4월 14일 러시아 외무부 영빈관에서 열린 개막식에 참석했다. 4월 15일 세르게이 쇼이구 러시아 국방장관은 현영철 부장과 면담하면서 김정은 위원장이 5월 열리는 승전 행사에 참석하기를 기대한다고 말했다. 현영철 부장은 4월 16일 안보회의 행사에 참석해 미국과 핵전쟁도 불사한다는 입장을 밝히며 세계적인 뉴스 메이커가 되었다. 현영철 부장은 미국과 남한의 대북 적대 정책이 중단되지 않는 한 핵전력을 중심으로 한 군사력 강화 정책을 지속하겠다고 말했다. 이어 북한은 평화를 원하지만 미국과 그 추종 세력이 도발과 침략 전쟁을 강요하는 길로 나오면, 재래식 무력에 의한 전쟁이든 핵전쟁이든 그 어떤 형태의 전쟁에도 단호하게 대응할 거라고 호언했다.

4월 22일 타스통신 보도에 따르면, 푸틴 대통령 외교보좌관인 유리 우샤코프가 기자들과 만나 북한 지도자에게 초청장이 발송되었고, 여러 북한 인사가 김정은 위원장의 모스크바 방문을 확인했다고 말했다. 그렇지만 행사가 2주 정도 남은 시점에서 김정은 위원장의 러시아 방문이 이뤄지지 않을 수도 있다는 관측이 나오기 시작했다. 우샤코프 보좌관도 행정적 조율이 남아 있다고 말해 불발 가능성을 일부 인정하는 발언을 했다. 4월 23일 알렉산드르 티모닌 주한 러시아 대사는 김정은 위원장의 러시아 방문이 이뤄질 거라고 전망했다. 티모닌 대사는 서울에서 열린 기자 간담회에서 러시아는 김정은의 방문을 기다린다고 말했다. 6자회담에 대해서는 조속한 재개가 필요하지만, 모든 당사국이 서로 받아들일 수 있는 공동의 접근을 이루는 것이 중요하다고 지적했다. 4월 24일 새벽에는 나진-하산 프로젝트 2차 시범 운동의 일환으로 러시아 유연탄 4만 7,000톤을 싣고 북한 나진항을 출발한 중국 화물선이 충남 당진항 앞바다에 도착했다.

## 백두산 등정, 현영철 처형

러시아 방문을 마친 현영철은 4월 24일 밤 자정 황병서 인민군 총정치국장, 리영길 총참모장, 김원홍 국가안전보위부장 등과 함께 금수산 태양궁전 참배 일정을 진행했다. 4월 25일 건군절을 계기로 열린 제5차 인민군 훈련일꾼대회 일정은 24일과 25일 이틀로 김정은 위원장이 직접 지도했다. 김정은 위원장은 연설에서 인민군대의 가장 중요하고 절박한 과업은 당의 전략적 의도에 맞게 전투 준비를 완성하는 거라면서 전시에는 싸움 잘하고 평시에는 훈련 잘하는 군인이 영웅이며 애국자라고 강조했다. 현영철은 4월 28일 모란봉악단 공연을 관람했다. 현영철의 마지막 공식 일정이었다.

국정원 보고에 따르면 현영철은 4월 30일 총살되었다. 체포 사유에 대해 국가정보원은 불경죄 또는 반역죄라고 설명했다. 4월 24일과 25일 열린 훈련일꾼대회에서 현영철이 조는 모습을 보였다는 점과 김정은 위원장의 지시를 수차례 이행하지 않고 불만을 드러낸 것 등이 문제였다고 보고했다. 이와 관련해 2016년 12월 그해 여름에 탈북한 전

영국 주재 북한 대사관 태영호 공사는 현영철이 자택에서 불순한 발언을 한 사실이 도청을 통해 확인되어 처벌되었다고 언급했다. 그러나 태영호 공사의 설명이 근거가 있는지는 명확하지 않다. 일부 언론에서는 현영철이 러시아와의 무기 도입 협상에서 실패하는 바람에 처벌되었다고 추측했다. 그렇지만 국정원이 국회 보고에서 불경죄나 반역죄를 제시한 것을 고려하면 신빙성이 떨어진다.

현영철 총살을 전후해서 두 가지 특이한 일이 나타났다. 하나는 현영철이 김정은 위원장의 4월 19일 백두산 등정 일정에서 제외된 것이다. 김정은 위원장은 김정일 국방위원장의 원수 칭호 수여 기념일인 4월 20일을 계기로 인민군 전투비행사 행군단과 더불어 백두산에 올랐다는 것이다. 날짜를 역으로 계산해 보면 김정은 위원장은 백두산 등정 기간에 현영철 처벌을 결심한 것으로 보인다. 백두산 등정을 수행한 참모는 황병서 총정치국장과 최룡해 비서, 김양건 비서, 리재일 노동당 선전선동부 제1부부장, 리병철 노동당 제1부부장이었다.

현영철이 총살된 4월 30일 북한은 러시아 정부에 김정은 위원장 방문 불발 사실을 통보했다. 러시아 측은 불참 사유가 북한 내부 문제와 연계된 것이라고 설명했다. 방러 불발에 대해 다양한 해석이 나왔다. 김정은 위원장이 중국보다 러시아를 먼저 방문하는 것에 부담을 가진 점이 불참 배경으로 제기되었다. 국내 정치가 불안하여 평양을 비울 수 없다는 해석도 나왔다. 모스크바에서의 의전 등급이 낮을 걸 우려해 참석을 포기했다는 분석도 있었다. 그렇지만 현영철 처형이 4월 30일에 이뤄진 사실을 감안하면 불참 이유가 국내 문제와 연계된 것이라는 러시아의 설명이 정확하다고 판단된다.

제12장

## 북한이 SLBM을
## 만들 수 있는가?

2015년이 시작되는 상황에서 북한은 미국과의 대화 가능성에 여전히 기대를 걸고 있었다. 미국과 협상하여 안전과 번영 문제를 해결하겠다는 구상이 있었고, 케네스 배 석방을 계기로 미국 오바마 행정부가 대화 의지를 보였기 때문이다. 그러나 소니 해킹 문제로 미국과의 대화 노력은 성과를 거두지 못했다. 결국 북한은 2월 4일 "미국과 더는 마주 앉을 필요도 없고 상종할 용의도 없다."면서 대화 추진 중단을 선언한다. 북한은 이후 미사일을 발사하면서 미국을 압박해 협상을 성사시키겠다는 작전을 진행했다. 김정은 위원장의 대응은 새로운 종류의 미사일 개발이었다. 우선 잠수함 발사 탄도 미사일(SLBM, Submarine-Launched Ballistic Missile)이 1차 개발 대상으로 떠올랐다.

## "새로운 전술 유도 무기를 더 많이 만들어라"

북한이 2015년 2월 4일 미국과의 대화 추진 중단을 선언한 이후 미사일을 처음 발사한 것은 이틀 뒤인 2월 6일이었다. 조선중앙통신은 2월 7일 새벽에 출고한 보도에서 북한 해군 155군부대가 신형 반함선 로켓을 최첨단 수준에서 개발하는 자랑찬 성과를 거뒀다고 주장했다. 김정은 위원장은 적 함선을 먼 거리에서 마음대로 타격할 수 있는 로켓 수준에 만족을 표하며 정밀화된 전술 유도 무기를 더 많이 만들 것을 주문했다고 통신은 전했다. 북한 보도는 북미 대화와 남북 대화 모두 교착에 빠진 정세와 관련해 불만을 표출하기 위한 무력 시위로 해석되었다. 북한은 이틀 뒤인 2월 8일 또 미사일을 발사했다. 8일 오후 4시 20분부터 5시 10분까지 50분 동안 원산에서 동북 방향으로 모두 5발이 발사되었다. 사거리는 200킬로미터로 추정되었다. 2월 6일 발사체와 마찬가지로 대화 요구 거부에 대한 불만 표출, 한미 연합 군사 훈련을 염두에 둔 기선 제압용으로 해석할 수 있었다.

2월 14일에는 불벼락 발언을 앞세워 협박 공세를 이어 갔다. 금수산 태양궁전 광장에서 열린 인민군결의대회에서 황병서 총정치국장은 미국이 침략과 도발의 원흉이라며 미제가 자주권과 존엄, 생존권을 0.001밀리미터라도 침해한다면 가장 무자비하고 무서운 불벼락을 들씩우겠다고 위협했다. 북한의 협박 공세는 고강도이긴 하지만 기존의 협박 공세 특성에 따르면 평범한 수준이었다. 즉 미국이 북한을 침공할 경우 강력하게 반격하겠다는 것인데, 미국이 침공하지 않는다면 미국을 공격하지 않겠다는 의미도 내포된 셈이었다.

그런데 2월 19일 미국 인터넷 매체인 '워싱턴 프리 비컨(Washington

Free Beacon)'이 특이한 내용의 단독 보도를 내보냈다. 미 국방부 관리를 인용해 북한이 1월 23일 KN-11 미사일을 해상기지 플랫폼에서 발사했다고 보도한 것이다. 이에 대해 미 국방부 대변인은 민감한 사안이라며 논평을 거부했다. 이 보도가 민감했던 이유는 북한의 실험이 SLBM 개발의 초기 단계라는 평가가 나왔기 때문이다. 북한이 2~3개월 전인 2014년 11월 함경남도 신포조선소에서 미사일 사출 실험을 실시한 것이 보도된 바 있지만 큰 파문이 일지는 않았다. 일반적인 미사일 실험으로 간주했기 때문이다. 그러나 해상기지 플랫폼이라면 SLBM 개발 과정일 가능성이 높아진다. 북한이 SLBM 개발에 성공한다면 전략적으로 큰 변화가 생겨난다. 즉 북한이 잠수함에 핵탄두를 탑재한 탄도 미사일을 싣고 동해나 남해로 이동한 뒤 수중에서 기습적으로 미사일을 발사한다면 미사일 요격 가능성이 현저하게 낮아지기 때문이다. 이 보도와 관련해 일부 전문가는 북한이 수년 내에 SLBM 개발이 가능할 거라고 전망했으며, 일부 전문가는 북한의 기술 수준을 고려할 때 수년 내에는 불가능하다는 판단을 내놓았다.

시험 발사 날짜가 1월 23일이라는 점도 시사하는 바가 적지 않다. 북한과 미국이 대화 가능성을 놓고 타진하던 때여서 분위기는 매우 좋지 않았지만 아직 결렬을 선언한 시점은 아니었다. 북한이 미국과 마주 앉아 대화할 이유가 없다면서 결렬을 선언한 시점은 2월 4일이었다. 북한은 미국과의 대화 노력이 실패로 돌아간다는 걸 1월 23일 이전에 알았지만, 다른 이유 때문에 결렬 선언 시점을 늦췄다는 점이 두드러진다.

## "북, 2020년에 핵무기 100개 보유 가능성"

2015년 2월 24일 미국 워싱턴DC의 존스홉킨스대학 회의실에서 북한 전문 웹사이트인 '38노스' 운영진과 연구진이 기자 간담회를 열고 북한 문제와 관련해 매우 흥미로운 연구 결과를 발표했다. 결과 요지는 북한이 2020년이면 핵무기 100개를 제조할 수 있다는 것. 미국 존스홉킨스대학 한미연구소와 미 국방대학 대량살상무기연구센터가 1년 동안 공동 연구한 결과였다. 연구는 핵무기 전문가인 데이비드 올브라이트 과학국제안보연구소(ISIS, Institute for Science and International Security) 소장의 지도를 받아서 진행한 것으로 신뢰성이 높은 편이다. 연구 결과에 따르면 북한은 2015년 현재 10개에서 16개의 핵무기를 보유하고 있었다. 북한의 기술 개발 추세가 보통 수준을 유지할 경우 2020년이 되면 50개를 보유할 것이고, 개발 속도가 느리면 20개, 속도가 빠르면 최대 100개를 보유할 것으로 예상했다.

같은 날 미국의 보수 성향 정책 연구 기관인 헤리티지재단도 〈2015년 미국 군사력 지수〉 보고서를 발표하고, 북한의 군사 능력에 대한 평가를 공개했다. 보고서는 김정은 정권이 비핵화는 물론이고 비핵화를 위한 6자회담 복귀 의사가 없으며 앞으로 계속 핵무기를 발전시켜 나갈 거라고 전망했다. 또 핵탄두 소형화 논란과 관련해 북한이 이미 중거리 미사일인 노동 미사일 같은 것에 핵무기 탑재 능력을 확보했을 수 있다고 밝혔다. 사이버전 능력과 관련해서는 사이버전 인력이 3,000명에서 6,000명 수준으로 늘었으며 미국과 우방을 향해서도 공격할 수 있다고 평가했다. 보고서는 특히 남과 북의 군사력을 13개 항목으로 나눠 비교한 결과 북한이 절대 우위를 보인다면서 남한이 앞서는 부분은 장갑차와 헬리콥터 2개 항목에 불과하다고 지적했다. 로켓 발사대의 경우 북한은 4,800대로 추정되었고, 남한은 200대였다.

　북한 핵무기와 관련해 같은 날 미국에서 발표한 보고서 내용은 기존에 전문가 집단에서 공유하던 상식 수준보다 심각한 수준이었다. 북한의 역량을 과소평가한다는 지적을 받았던 한국과 미국의 군사 당국도 북한 군사력에 대한 평가를 재검토해야 한다는 의견이 대두되었다.《뉴욕타임스》는 2월 27일자 신문 사설에서 '38노스'의 연구 보고서는 과거 추산을 훨씬 뛰어넘는 것으로 다른 위기 상황에 가려져 온 위협에 대해 새롭게 주목할 것을 요구한다면서 북한이 신속하게 협상에 임하도록 해야 한다고 지적했다. 신문은 특히 버락 오바마 행정부와 당사국은 문제의 해법을 찾지 못했고, 핵무기와 미사일 생산 억제를 위한 기존의 협상에 북한을 참여시키는 데도 실패했다고 비판했다.


## 리퍼트 주한 미국 대사 피습 사건

북한과 미국의 대화 가능성이 멀어지고 북한의 대미 미사일 협박 공세가 재개된 가운데 한미 동맹과 한반도 정세를 심각하게 뒤흔들 수 있는 중대한 돌발 사건이 2015년 3월 5일 발생했다. 마크 리퍼트 주한 미국 대사가 괴한이 휘두른 25센티미터짜리 칼에 얼굴을 찔려서 심각한 상처를 입은 것이다. 사건은 오전 7시 40분쯤 서울 세종문화회관 세종홀에서 열린 민족화해협력범국민협의회 조찬 강연 중에 발생했다. 행사발표자로 초청받은 리퍼트 대사가 강연에 앞서 아침을 먹기 시작한 순간이었다. 진보 진영 운동가로 다른 테이블에 앉아 있던 '우리 마당 독도 지킴이' 김기종 대표가 헤드테이블로 이동해 리퍼트 대사를 습격했다. 기습 공격을 받은 리퍼트 대사는 얼굴과 손목, 손가락 부위 다섯 군데를 찔렸다. 오른쪽 뺨의 길이 11센티미터, 깊이 3센티미터짜리 상처가 가장 컸다. 리퍼트 대사는 사건 발생 직후 인근 병원으로 후송돼 응급 처치를 받고 목숨을 구했다. 오른쪽 뺨에 80바늘을 꿰맸다. 의료진은 얼굴 상처가 1센티미터만 더 깊이 들어갔어도 극히 위험했다며 천운으로 목숨을 구했다고 말했다. 김기종은 현장에서 사건을 저지른 직후 '남북 대화 가로막는 전쟁 훈련 중단하라! 전시작전통제권을 환수하라'라는 내용의 유인물을 배포했다. 현장에서 검거된 김기종은 살인 미수와 외교 사절 폭행 등 업무 방해 혐의로 구속돼 징역 12년을 선고받고 복역 중이다.

리퍼트 대사를 공격한 건 여러 가지로 황당한 일이었다. 서울의 공공장소에서 특정인을 상대로 칼부림이 발생한 사례가 거의 없었고, 더구나 주한 미국 대사를 상대로 한 공격은 상상하기 어려운 일이었다. 특히 리퍼트 대사는 버락 오바마 대통령의 최측근 참모인 만큼 오바마 대통령의 우려와 불쾌감, 분노를 자극할 수 있는 소재였다. 실제로 오바마 대통령은 사건 발생 직후 백악관에서 보고를 받고 리퍼트 대사에게 즉시 전화를 걸었다. 응급 처치를 마치고 대형 수술을 받기 위해 기다리다 전화를 받은 리퍼트 대사는 오바마 대통령에게 "위급한 상황은 지나갔고, 자신은 안전하며, 한국 의료진이 신뢰감 있게 치료를 진행하고 있다."면서 안심할 것과 차분한 대응을 요청했다. 오바마 대통령은 도대체 누가 공격했는지 물었고, 리퍼트 대사는 반정부 활동을 하는 진보 진영 인사로 추정된다면서 단발성 사건이라고 설명했다.

오바마 대통령이 이처럼 민감하게 대응한 것은 리퍼트 대사는 오바마 대통령의 오래된 선거 참모로 친동생처럼 아끼는 후배였기 때문이다. 주한 미국 대사로 온 것도 오바마 대통령 권유였다. 오바마 대통령은 2014년 10월 24일 미 국무부에서 국무장관 주재로 진행된 주한 미국 대사 취임 선서식에 친지 자격으로 참석해 박수를 쳤다. 오바마 대통령은 현장에 있던 한국인들에게 "내 친구를 한국으로 보내는데, 불고기를 많이 사 줘라."라고 농담을 던졌다. 서울에 가면 자기 후배가 불고기를 얻어먹을 줄 알았는데 칼을 맞고 죽을 수 있는 상황에 직면했으니, 오바마 대통령의 당혹감이 어느 정도였는지 짐작할 수 있다. 오바마 대통령은 리퍼트 대사가 안심하라는 말을 하자, 불필요한 과잉 반응을 하지 않는 쪽으로 마음을 정했다. 만약 이 장면에서 리퍼트 대사가 오바마 대통령의 전화를 받지 못했거나 통화 중에 불쾌감이나 공포감을 표출했다면, 오바마 대통령은 충격과 당혹감 속에서 감정적인 대응을 했을 가능성도 배제할 수 없다.

한미 동맹을 중대 위기에서 구해 낸 리퍼트 대사의 침착한 대응은 현장 대응에서도 나타났다. 리퍼트 대사는 미 해군 정보 장교 출신이라 적의 공격을 받은 위기 상황에 대응하는 방법을 알았다. 리퍼트 대사는 김기종의 습격을 받고 의자에서 넘어지며 일방적으로 칼에 찔리는 상황이었다. 그렇지만 곧바로 몸의 균형을 잡고 범인의 추가 공격을 막아 내는 데 성공했다. 다행히 주변에 있던 사람들이 즉시 달려들어 비교적 빠르게 범인을 제압했다. 리퍼트 대사가 해군 장교 시절에 배운 지침은 세 가지였다. 첫째, 주변 사람들에게 자신이 얼마나 다쳤고, 필요한 것이 무엇인지 명확히 알릴 것, 둘째, 현장을 최대한 빨리 떠날 것, 셋째, 출혈이 있을 경우 15분 이내에 지혈 등 응급 처치를 받을 것. 리퍼트 대사는 범인과 분리된 직후 자신이 얼굴과 팔목 등을 크게 찔렸고, 병원으로 후송돼야 한다는 점을 주변 사람들에게 말했다. 이에 따라 대사관 소속 수행원과 현장 취재를 담당하던 기자들이 리퍼트 대사를 건물 밖으로 안내했다. 대사 전용차가 있었지만 현장에서 멀리 떨어진 주차장에 대기 중이라 도움이 되지 못했다. 이 과정에서 문화일보 신보영 기자는 119와 경찰에 신속히 신고했고, 당시 동아일보 소속이던 조숭호 기자는 주변을 지나던 경찰 순찰차를 불러 세워 대사의 테러 소식을 알리고 긴급히 가까운 병원으로 후송할 것을 요청했다. 대사는 다행히 출혈 이후 15분 만에 병원 응급실에 도착했고, 한국 의료진의 효과적인 응급 처치를 받았다. 이런 결과는 주변에 있던 사람들의 성의 있는 대응과 한국 의료진의 높은 수준 등이 배경이 됐지만, 침착하게 대응한 대사 자신의 공로가 크다. 이 사건은 한미 동맹에 위기를 초래할 수 있었지만, 리퍼트 대사의 침착한 대응으로 한미 동맹을 오히려 강화하는 계기가 되었다. 북미 관계나 남북 관계 차원에서도 상황을 악화하는 요인으로 작용하지 않고 단발성 사건으로 정리되었다.

## SLBM, 진짜인가?

2015년 5월 8일 북한이 갑자기 인공위성 발사는 자주권이라면서 또 발사하겠다는 입장을 발표했다. 북한 국가우주개발국 대변인 명의의 담화에서 새로운 위성 관계 종합 지휘소를 건설했다며, 평화적 위성을 필요한 시기에 정해진 장소에서 계속 발사한다는 것은 불변의 입장이라고 밝혔다. 동시에 새로운 관제소 건설이 장거리 탄도 미사일 발사 임박을 시사한다거나, 인공위성 발사체 기술이 핵 운반을 위한 것이라는 국제 사회 여론은 궤변이라고 비난했다. 미국 등의 위성은 합법적이고 북한의 위성은 불법이라는 주장은 '날강도적'이라며 인공 지구위성 발사국으로서 북한의 지위는 달라지지 않는다고 주장했다. 북한의 갑작스런 인공위성 발사 예고는 그 시점을 고려할 때, 러시아 방문 무산에 따른 대체 일정으로 해석되었다. 한국과 미국에서는 별다른 반응을 보이지 않았다.

5월 9일 북한이 새로운 종류의 미사일 발사 시험에 성공했다고 주장했다. 조선중앙통신은 김정은 위원장이 지켜보는 가운데 육지로부터 멀리 떨어진 곳에서 전략 잠수함의 탄도탄 수중 발사 시험을 성공리에 진행했다고 보도했다. 발사 날짜를 말하지는 않았지만 전날인 5월 8일 신포 인근 해역으로 추정되었다. 북한은 2015년 들어서도 미사일을 자주 발사했지만, 대부분 사거리 300킬로미터 미만으로 추정되는 단거리 미사일이었다. 사실 북한이 미사일을 발사하는 이유는 기술적인 성능 향상을 위한 자료 수집 차원도 있겠지만, 기본적으로는 미국과의 대화를 압박하기 위해 한반도에 군사적 긴장을 고조하려는 몸부림이었다. 그러나 북한이 단거리 미사일을 발사하면 서울에서 비난 공세가 쏟아졌지만 군사적 긴장을 조성하기에는 역부족이었다. 북한이 1980년대 이후 사거리 300킬로미터나 500킬로미터의 스커드 미사일 수백 기를 보유하고 있다는 것은 공지의 사실이 된 상황에서 단거리 미사일 시험 발사로 전쟁의 공포 분위기가 고조될 리 없었다. 그러나 5월 9일 보도된 미사일 발사는 긴장감을 불러일으킬 만한 근거가 충분했다. SLBM 개발 가능성이 높기 때문이었다.

한국 국방부는 5월 11일 발표에서 북한이 SLBM 수중 사출 실험에 성공한 것으로 평가한다고 발표했다. 잠수함에서 모의탄을 발사해 해저에서 지상으로 쏘아 올리는 실험에 성공했다면서 북한이 SLBM 추진체 개발까지는 완료한 것으로 평가했다. 북한이 통상 개발 과정을 거친다면 2~3년 안에 SLBM을 실제 전력화할 것으로 전망했다. 이 미사일은 북한이 보유한 2,000톤급 잠수함인 신포급 잠수함에서 발사될 것으로 예측했다. SLBM은 사전 탐지와 대응이 어렵고 미사일 요격 가능성이 떨어진다는 점에서 전략적 의미를 지니고 있다. 국방부는 북한의 SLBM 공격 가능성에 대해 한미 연합 전력이 가진 탐지 자산과 공격 수단으로 대응할 수 있다고 말하면서도 북한의 실험 발사를 심각하게 우려한다고 밝혔다. 이어 북한에 대해 SLBM 개발 중단을 촉구하고 단호한 대응 의지를 피력했다. 미국 국무부도 북한의 군사 행동과 한반도 상황을 긴밀하게 주시한다면서 북한의 미사일 실험이 명백하게 유엔 안보리 결의를 위반한 것이라고 비난했다. 이어 북한이 역내에서 추가로 긴장을 고조하는 행동을 자제하고, 국제적 의무와 약속을 충실히 이행하는 구체적인 조치들에 초점을 맞추기를 촉구했다.

## 북한 SLBM 개발, 시행착오 연발

북한이 SLBM 개발을 주장하고 난 이후 북한의 핵무기 개발 관련 협박은 무게감이 달랐다. 5월 20일 북한은 국방위원회 정책국 대변인 성명을 내고 핵 타격 수단이 '소형화' '다종화' 단계에 들어섰다고 주장했다. 중거리와 단거리 로켓은 물론 우주 로켓의 정밀화, 지능화도 최상의 명중 확률을 담보할 수 있는 단계라고 주장했다. SLBM 수중 발사 시험도 도발이 아닌 정당한 자위력 강화 조치이며 합법적인 주권 행사라고 주장했다. 그리고 자위적인 핵 억제력을 더 완벽하게 강화하는 것이 북한의 확고한 의지이며 불변의 입장이라고 강조했다. 한국 국방부는 북한 국방위 성명에 대해 핵 개발은 물론 탄도 미사일 사출 시험 등은 명백한 유엔 안보리 위반 사안이라며 일체의 위협과 도발 행위를 즉각 중단하라고 촉구했다. 북한이 남측의 도발 중단 요구를 수용할 만한 상황은 아니었기 때문에 북한은 이후에도 핵과 미사일 개발을 계속 진행해 나갔다. 그러나 북한의 미사일 개발 노력은 상당한 수준의 시행착오를 피하지 못했다.

5월 31일 북한은 외무성 대변인 담화를 내고 핵 무력 강화를 계속 진행하겠다고 주장했다. 이 담화는 5월 27일 한미일 3국 6자회담 수석대표 회의에서 북한이 대화를 거부했다고 주장한 것은 진실 왜곡이라고 반박하는 차원으로 나왔다. 외무성 대변인은 담화에서 비핵화 대화를 망친 것은 오히려 미국이라며 대화는 이미 늦었고, 상호 불신과 적의만이 뿌리 깊은 북미 사이에 전쟁을 막을 수 있는 유일한 방도는 북한이 국방력을 강화해 힘의 균형을 이룩하는 것뿐이라면서 자위적 억제력인 핵 무력을 강화할 거라고 주장했다. 북한은 이후 한동안 무력 도발이나 시위를 하지 않고 미사일 개발에 몰두한 것으로 보인다. 북한이 도발 행위를 다시 보여 준 것은 9월 14일이었다. 9월 중순은 8월 4일 이후 남과 북 사이에 진행된 목함 지뢰 사건의 파문이 가신 이후로 북한이 상황을 긍정적으로 관리해야 하는 시점이었다.

9월 14일 북한 국가우주개발국 국장이 기자 질문에 답하는 형식으로 발언에 나섰다. 국장은 "선군 조선의 위성들이 당 중앙이 결심한 시간과 장소에서 창공 높이 계속 날아오르는 것을 보게 될 것"이라고 말했다. 이 말은 북한이 장거리 미사일 또는 우주 발사체를 발사할 것임을 예고한 것으로 해석되었다. 다음 날인 9월 15일 북한 원자력연구원 원장이 조선중앙통신 기자의 질문에 답하는 형식으로 발언했다. 그는 "영변의 모든 핵시설이 재정비되어 정상 가동을 시작했다."면서 "미국과 적대 세력들이 무분별한 적대시 정책에 계속 매달린다면 언제든지 핵뇌성으로 대답할 만단의 준비가 되어 있다."라고 주장했다.

북한은 11월 28일에도 잠수한 발사 탄도 미사일을 발사했지만 성공하지 못한 것으로 평가되었다. 잠수함에서 탄도 미사일을 발사한 징후는 포착되었지만, 미사일이 날아간 건 식별되지 않고 보호막 덮개 파편만 발견된 것으로 알려졌다. 시험 발사가 불발되자 미사일이 수중에서 공중으로 솟구치지 못했을 가능성이 떠올랐다. 정부 소식통은 북한이 오래전부터 SLBM을 개발하고 있지만 아직 성공하지 못했음을 보여 준다고 분석했다. 이후 국가정보원은 국회 보고에서 김정은 위원장이 11월 28일 발사 현장을 방문했을 것으로 추정한다고 밝혔다. 북한은 이후에도 2016년 새해를 맞는 시점까지 SLBM 부문에서 특별한 성과를 보여 주지 못했다. SLBM이 아닌 다른 종류에서도 북한은 존재감을 보여 주지 못했다. 그러나 북한의 무기력한 모습은 2016년 새해가 시작되고 나서 크게 바뀌었고, 2017년 들어서는 획기적으로 달라지더니 엄청난 수준의 질적 발전을 이뤘으며, 한국이나 미국을 향한 협박 수준도 달라졌다.

# 제13장

## 목함 지뢰 사건의 재구성

2015년 8월 4일 경기도 파주시 소재 군사분계선 근처에서 지뢰가 폭발해 수색 작전 임무를 수행하던 우리 장병 2명이 부상을 입은 사건이 발생했다. 이 사건으로 남과 북은 심각한 수준의 대치 국면에 돌입했지만, 극적 반전이 이뤄지며 오히려 협상 국면이 열렸다. 그 결과 북은 지뢰 폭발에 대해 유감을 표명했고 남은 대응 조치로 시행하던 대북 확성기 방송을 중단했다. 이를 계기로 관계 개선 조치를 추진한 것이다. 그러나 남과 북의 관계 개선은 이뤄지지 않았다. 오히려 박 대통령은 김 위원장을 상대로 훈계에 해당하는 압박 발언을 이어 갔고, 김 위원장은 반발과 위협 수위를 극도로 높이는 방안을 정책으로 채택했다. 이 사건은 남과 북의 적대적 대치 국면의 비극적 단면을 노출했다는 점에서 의미가 적지 않다. 그러나 극단적인 대치 국면에서 느닷없이 극적인 반전이 이뤄지고 반전 이후 급격하게 관계가 악화된 것은 매우 특이한 상황으로, 그 배경에 의문을 제기했다. 상황 반전 이후 남과 북이 협상 과정에서 그리고 협상 타결 이후 보여 준 고집스런 태도는 의문을 증폭한 요인이다.

## 8월 4일 목함 지뢰 사건 개요

사건은 8월 4일 오전 7시 35분에 일어났다. 경기도 파주시 방목리의 군사분계선 근처 육군 제1사단이 관할하는 추진 철책 통문 주변에서 사단 소속 수색대원 8명이 비무장지대(DMZ) 수색 작전을 수행하는 중이었다. 대원 가운데 선두로 김정원 하사가 통문을 열고 2미터 정도 전진해 경계 태세를 취했고, 두 번째로 하재헌 하사가 2열 종대 대형의 오른쪽 위치에서 통문을 넘어서는 순간 지뢰가 터졌다. 7시 35분이었다. 하 하사는 폭발로 무릎 아래 양쪽 다리가 절단되는 부상을 입었다. 폭발이 일어나자 중간에 위치했던 팀장 정교성 중사가 선두 위치로 이동해 부상자 응급 조치를 취하고, 김 하사가 수행하던 경계 임무를 대신하면서 대원들에게 하 하사 후송을 지시했다. 이에 따라 대원들이 하 하사를 들고 통문 문턱을 넘어 되돌아 나오는 상황에서 두 번째 지뢰가 터졌다. 7시 40분이었다. 이 폭발로 김정원 하사는 두 발목을 잃었다. 이후 주변 전방 감시 초소(GP, Guard Post)에서 근무하던 병력이 지원을 나와 후송 임무를 비교적 조기에 수행했다. 부상자 2명이 폭발 현장에서 경기도 성남시 분당구의 국군수도병원에 도착하는 데 걸린 시간은 1시간 28분이었다.

사건 발생 직후 국방부 '전비태세검열단'과 '유엔군 사령부 군사정전위원회 특별조사팀'이 합동으로 현장 조사를 실시했다. 합동 조사단은 사건 당시 수색대원들의 작전 태세와 지뢰 폭발 이후 대응, 소속 부대의 부상자 후송 조치, 폭발물 정체와 폭발물 매설 경위 등을 조사했다. 조사단은 수색대원들이 임무를 수행하면서 전술 교리에 따라 5미터 거리 대형을 유지했기 때문에 지뢰 폭발 상황에서 부상자가 각각 1명으로 최소화되었다고 평가했다. 1차 폭발 이후 대응에서도 팀장이 신속하게 상황을 장악하여 대원들에게 필요한 임무를 부여했다고 평가했다. 부상자 후송도 빠르게 진행되었다고 평가했다. 폭발물은 북한군이 운용하는 목함 지뢰로 규정했다. 목함 지뢰는 길이 20센티미터, 폭 9센티미터, 높이 4.5센티미터 크기의 나무 상자 안에 200그램짜리 폭약과 기폭 장치를 설치해 상자를 열거나 일정한 압력을 가하면 폭발한다. 살상 반경은 2미터다. 나무로 만들지만 플라스틱으로 제작한 것도 있다. 2010년부터 2013년까지 우리 군은 북한이 제조한 목함 지뢰 258발을 수거한 바 있다. 지뢰 매설 경위에 대해서는 북한군이 군사분계선을 몰래 넘어와 통문 근처에 지뢰를 묻고 달아난 것으로 추정했다. 지뢰 폭발 사건 이후 북한군이 군사분계선을 넘어와 우리 관할 구역에 지뢰를 매설하고 달아난 상황은 경계 작전에 실패한 결과라는 점에서 비판적인 견해가 일부 나왔다. 그러나 북한 소행설이 나오고 남북 간 군사적 긴장이 고조되면서 비판적인 분위기는 확산되지 않았다.

조사단이 폭발물을 북한군이 몰래 매설한 목함 지뢰로 지목한 만큼 군 당국이 북한을 규탄하는 성명을 발표하고 대응 조치에 나서는 것은 정해진 수순이었다. 합동참모본부 작전부장인 구홍모 육군 소장은 8월 10일 조사단 발표에 앞서 발표한 성명에서, 이번 사건을 북한군이 '정전협정'과 '남북 간 불가침 합의'를 정면으로 위반한 도발로 규정하고 강력하게 규탄한다고 밝혔다. 이어 북한을 향해 이번 도발에 대해 사과하고 책임자를 처벌할 것을 엄중히 촉구했다. 또한 북한이 자신들의 도발에 응당하는 혹독한 대가를 치를 것이라고 예고했다. 혹독한 대가로 우리 군 당국은 도발이 발생한 지역부터 군사분계선 주변 대북 확성기 방송을 재개했다. 대북 확성기 방송은 2004년 남과 북의 합의에 따라 서로 중단한 일이었다. 대북 확성기 방송은 2010년 천안함 피격 사건 이후에도 재개를 검토했지만 시행하지는 않았다. 북한은 대북 확성기에 대해 항상 민감한 반응을 보였고, 2010년 재개 검토 상황에서 조준 타격으로 위협하기도 했다. 대북 확성기 방송은 파주와 연천 일대를 시작으로 휴전선 전 지역으로 확대하여 모두 11곳에서 진행되었다.

## 북, 지뢰 도발 부인, 확성기 겨냥 포격 감행

목함 지뢰 사건에 대해 8월 10일 합동 조사단 발표로 북한 소행설을 공식화했지만, 북한은 별다른 반응을 보이지 않았다. 대신 8월 12일 조국평화통일위원회 대변인 담화에서 8월 중순 시작 예정인 을지프리덤가디언 한미 연합 군사 훈련을 비난했다. 담화는 미국 백악관이나 남한의 청와대가 타격 수단들의 조준경 안에 있고 무자비한 불소나기를 맞을 것이라면서 훈련 취소를 촉구했다. 다음 날인 8월 13일에는 외무성 대변인 담화가 나왔다. 한미 연합 군사 훈련에 대해 엄중한 군사적 도발이고 대북 적대시 정책의 표현이라면서 미국의 핵 도발을 억제하기 위해 필요한 모든 조치를 다 취할 것이라고 위협했다. 8월 14일에는 북한군 전선연합부대 공개 담화를 내고 남측 민간 단체 대북 전단 살포와 관련해 참을성에도 한계가 있다면서 중단을 촉구했다.

지뢰 문제에 대한 북한의 공식 반응은 8월 14일 국방위원회 정책국 담화 형식으로 나왔다. 담화에서 북한은 반보병지뢰는 자기 측 방어 구역에 설치하는 것이 초보적인 상식이라며 비무장지대에서 폭발한 지뢰는 자기들 소행이 아니라고 주장했다. 한미 합동 조사단 발표는 초보

183

적인 군사 상식을 무시한 것으로 앞뒤가 맞지 않는다고 비난했다. 북한은 이날 별도로 지뢰 매설을 부인하는 내용을 담은 전화통지문을 남측으로 보냈다. 다음 날인 8월 15일에는 북한군 전선사령부 공개 경고장을 통해 대북 심리전 방송 재개는 남북 간 군사 합의를 파기한 것이라고 비난했다. 이어 확성기 방송은 자신들에 대한 선전포고이자 직접적인 전쟁 도발 행위라며 중단을 요구하고, 중단하지 않을 경우 무차별 타격을 하겠다고 협박했다. 8월 15일 국방위원회 대변인 성명을 내고 8월 17일 시작할 예정인 을지프리덤가디언 훈련도 중단하라고 요구했다. 한편 북한도 군사분계선 지역에서 대남 확성기 방송을 시작했다. 북한군 확성기 방송은 대남 비방과 체제 선전 등 정치적 내용으로 구성돼 있지만, 출력이 떨어져서 남쪽에서 알아듣기 어려운 수준이다. 그럼에도 불구하고 확성기 방송을 하는 이유는 남측 확성기 방송을 북한군 장병들이 듣지 못하게 방해하는 효과를 노린 거라는 분석이 우세하다.

8월 20일 북한이 우리 대북 확성기를 향해 포격을 가해 왔다. 20일 오후 3시 53분 고사포로 추정되는 포탄이 경기도 연천군 중면 군부대 옆 야산에 떨어졌다. 이곳에는 대북 확성기가 설치돼 있어 확성기를 겨냥한 것으로 추정되었다. 우리 군은 탐지 장비를 통해 북한군 로켓포 발사를 확인했다. 4시 12분 2차 사격이 시작되었다. 군사분계선 남쪽 700미터 지점을 겨냥해 포탄 수 발이 날아왔다. 아군 피해는 발생하지 않았다. 우리 군은 북한의 포격을 최종 확인한 뒤 보복 응징 차원에서 오후 5시 4분 155밀리미터 자주포 수십 발을 군사분계선 북쪽 500미터 지점을 겨냥해 발사했다.

## "48시간 내 철거하지 않으면 행동 개시"

북한은 포격 도발을 감행한 직후 서해 군 통신선을 통해 통지문을 보내
왔다. 통지문은 북한군 총참모부 명의로 국방부 장관에게 보낸 것이다.
대북 확성기 방송을 48시간 이내, 즉 8월 22일 오후 5시까지 중지하고
해당 수단을 철거하지 않을 경우 확전까지 예견한 강력한 군사 행동이
개시된다는 내용의 최후 통첩이었다. 이보다 앞서 오후 4시 50분에는
북한에서 김양건 노동당 비서 명의로 김관진 청와대 안보실장 앞으로
보내는 서한 형식의 별도 통지문이 판문점 연락관 접촉을 통해 도착했
다. 확성기 방송을 중단하지 않을 경우 군사 행동을 개시한다는 위협과
함께 서한 뒷부분에 남북 관계 개선의 출로를 열기 위해 노력할 의사가
있다는 말도 덧붙였다. 이것은 협상 제안으로 볼 수 있는 표현이다. 이
에 대해 정부는 김양건 비서의 서한은 최근 북한의 지뢰 도발로 상황이
악화된 데 대해 문제의 본질을 호도하기 위한 것이라고 지적하면서 강
경 대응 양상을 유지했다. 남북 포격전에 이어 북한의 최후 통첩이 알려
지자 우리 군은 최전방 지역 대부분에서 실전이 발생했을 때 내려지는
최고 대비 태세, 진돗개 하나를 발령했다. 한반도는 2010년 11월 23일
연평도 포격 사건에 이어 다시 전쟁을 우려하는 상황이 전개되었다.

한반도의 군사 긴장이 최고조로 올라간 상황에서 김정은 위원장은
직접 상황을 관리했다. 포격전이 벌어진 당일 조선노동당 중앙군사위
원회 비상확대회의를 긴급 소집했다. 회의에서는 목함 지뢰 사건이나
대북 확성기 포격 모두 조작이라고 주장했다. 그러면서 다음 날인 8월
21일 오후 5시를 기준으로 전선대연합부대에 대해 완전무장한 전시 상
태를, 전선 지대에 준전시 상태를 선포한다는 명령을 하달하고 군사 지

휘관을 급파했다. 그리고 8월 21일 북한 조선인민군 최고 사령부가 긴급 보도를 내놓았다. 다시 한번 북측의 포격 사실을 부인하며 남측의 대응 사격이 도발이라고 주장했다.

북측의 최후 통첩에 남측도 대응 수위를 높였다. 합동참모본부는 8월 21일 북한의 계속된 도발 행위를 강력하게 응징할 것이며, 혹독한 대가를 치를 거라는 내용이 담긴 통지문을 북한군 총참모부 앞으로 보냈다. 같은 날 통일부 장관도 북한 노동당 통일전선부장에게 통지문 발송을 시도했다. 확성기 방송은 북한 도발에 따른 응당한 대응이고, 도발과 위협에 대해서는 단호하게 대처할 것이며, 사태 수습을 위해 진정성 있는 자세를 촉구한다는 내용이었다. 그렇지만 북한은 통일부 장관 직급이 낮다면서 통지문 수령을 거부했다.

숨이 막힐 정도로 팽팽한 긴장 국면은 8월 21일 오후 4시 북한 김양건 당비서 명의의 통지문이 오면서 사태 수습의 실마리가 보이기 시작했다. 북한이 최후 통첩으로 제시한 48시간 중에서 23시간이 지난 시점이었다. 김양건 비서는 김관진 청와대 국가안보실장과의 접촉을 제의했다. 이에 대해 김관진 안보실장은 남북 접촉 제안을 수용하지만 김양건 비서가 아니라 황병서 총정치국장이 나오라는 내용의 수정 통지문을 작성해 오후 6시 북으로 보냈다. 남측 수정 제안에 대해 북측은 8월 22일 오전 9시 35분 통지문을 보내 황병서 총정치국장과 김양건 비서가 함께 나가고, 남측에서는 김관진 실장과 홍용표 통일부 장관이 함께 나오라고 수정 제안했다. 우리 정부는 북측 제안을 받아들이기로 하고 오후 6시에 판문점 남측 구역 '평화의 집'에서 2+2 회담을 진행하자는 제안을 담은 통지문을 오전 11시 25분에 보냈다. 북측은 12시 45분에 동의한다는 입장을 보내왔다. 최후 통첩으로 제시된 오후 5시를 4시간

15분 앞두고 전면전까지 상상해야 하는 군사적 충돌 가능성에 대한 우려와 긴장은 대화 국면으로 급반전했다.

## 남북, 판문점에서 2박 3일 밤샘 협상

팽팽한 긴장 상황이 극적으로 반전되었지만, 이 사실을 8월 22일 오후에 공개했기 때문에 사정을 알지 못하는 보통 사람들은 최고의 긴장 국면에서 8월 22일 오후를 맞았다. 이날 오후 3시 청와대 국가안보실 김규현 차장이 남북 접촉에 대한 일정을 공개하면서 한반도 안보 정세는 180도 다른 방향으로 진행되었다. 긴장감이 채 가시지 않은 상황에서 오후 6시 판문점에서 열리는 남북 고위급 접촉에 집중해야 하는 상황이었다.

남북 고위급 대표단은 예정대로 오후 6시 판문점에서 만나 악수를 나눴다. 양쪽 다 얼굴 표정이 밝아서 하루 전까지 전쟁 가능성을 위협했다는 사실을 믿을 수 없는 지경이었다. 6시 30분 공식 회담이 시작되었다. 사전 합의에 의해 언론인 현장 취재를 불허했다. 회담은 자정을 넘겨서 다음 날인 8월 23일 새벽 4시 15분에 정회하고 당일 오후 3시에 속개하기로 했다. 실제로 회담이 속개된 시각은 오후 3시 30분이었다. 회담은 본격적인 장기전 양상을 보였다. 다음 날인 24일 새벽에도 중단되지 않았다. 아침을 지나 오후에 들어서도 통일부 당국자는 회담 상황을 문의하는 기자들에게 회담이 계속되고 있다고만 말했다. 회담이 끝난 것은 8월 25일 오전 0시 55분이었다. 23일 오후 3시 30분에 회의가 속개되었으니 33시간 25분 동안 연속으로 회담을 진행하는 진기록을 세운 셈이었다. 결과 발표는 오전 2시 회담을 끝낸 김관진 안보실장이 청와대 춘추관으로 이동해 〈남북 고위 당국자 접촉 공동 보도문〉을 발표하는 방식으로 진행되었다. 나중에 '8·25합의'로 알려진 공동 보도문에서 양측은 최근 남북 사이에 고조된 군사적 긴장 상태를 해소하고 남북 관계를 발전시켜 나가기 위한 문제들을 협의하고 합의했다고 밝혔다. 합의 사항은 6가지다. 첫째, 조속한 시일 내에 남북 당국 회담을 개최한다. 둘째, 지뢰 폭발과 관련하여 북측은 남측 군인들의 부상에 대해 유감을 표명한다. 셋째, 남측은 확성기 방송을 25일 정오를 기준으로 중단한다. 넷째, 북측은 준전시 상태를 해제한다. 다섯째, 이산가족 상봉 행사를 개최한다. 여섯째. 민간 교류를 활성화한다. 이로써 8월 4일 목함 지뢰 사건 때문에 전쟁 위기로 치달았던 2015년 8월의 군사적 충돌 위기는 22일 만에 대화와 협상으로 해소되는 국면에 들어섰다. 목함 지뢰 사건으로 촉발된 대치 국면의 반전을 넘어 박근혜 정부 출범, 더 나아가서 2008년 2월 이명박 정부 출범 이후 조성된 남과 북의 대결 구도에도 변화를 가져올 기회라는 전망이 있었다. 그렇지만 남과 북 사이 근본적인 불신의 벽은 여전해서 합의 이후 관계 개선 노력은 거의 진행되지 못했다.

## '김정은 버릇 고치기' vs '박근혜 길들이기'

협상 타결을 발표한 8월 25일 당일 황병서 총정치국장이 북한 TV에 나와 지뢰 도발은 남측이 만든 근거 없는 사건이라고 주장했다. 8·25합의 기반이 매우 빈약하고 합의 사항을 이행하기 어렵다는 것을 단적으로 보여 주는 장면이었다. 그렇지만 한쪽에서는 합의를 바탕으로 남북 관계 개선 상황을 추진하겠다는 의지도 발견되었다. 김양건 비서는 8월 27일 조선중앙통신 기자의 질문에 답하는 형식으로 남과 북은 고위급이 접촉하여 불신과 대결을 해소하고 관계 개선의 길에 들어서야 한다고 강조했다. 8월 28일에는 김정은 위원장이 직접 나섰다. 김 위원장은 노동당 중앙군사위원회 확대회의를 개최하여 남북 고위 당국자 접촉 합의는 남북 관계를 화해와 신뢰의 길로 돌려세운 중대한 계기라고 평가한 뒤 소중히 여기고 풍성한 결실로 가꿔 가야 한다고 말했다.

박근혜 대통령은 다양한 계기에 북한의 태도 변화를 촉구하는 발언을 이어 갔다. 박 대통령은 북한의 불량국가 행태를 비판하면서 김정은 위원장이 잘못된 버릇을 고치지 않는다면 자신은 단호한 대북 정책을 유지한다는 메시지를 매우 일관성 있게 발신했다. 특히 북한의 반발성 협박에 대해서는 섣부른 도전이나 불쾌한 압박으로 간주하고 절대 물러서는 모습을 보이지 않겠다는 의지를 강렬하게 드러냈다.

8·25합의 이후 북한이 가장 먼저 문제 삼은 것은 한중 정상회담에서 나온 박근혜 대통령의 발언이었다. 박 대통령은 9월 2일 베이징에서 열린 시진핑 주석과의 회담에서 북한의 비무장지대 도발 사태는 언제라도 긴장이 고조될 수 있는 한반도 안보 현실을 보여 줬다고 말했다. 한중 양국 간의 전략적 협력과 한반도의 통일이 역대 평화를 달성하는 데 얼마나 중요한지도 잘 보여 줬다고 덧붙였다. 박 대통령은 별도의 기회에 중국과 남과 북의 평화 통일 논의를 시작할 거라고 설명하기도 했다. 이에 대해 북한은 다음 날인 9월 3일 조국평화통일위원회 대변인이 기자 질문에 답하는 형식으로 해외 일정에 나선 남한 집권자가 자신들을 심히 모욕하는 극히 무엄한 궤변을 늘어놓았다고 비난했다. 대변인은

박 대통령이 도발 사태 등의 용어를 사용한 것을 겨냥하여 사태 진상을 왜곡하고 제3국의 건설적 역할을 운운한 것에 대해 강하게 비난했다. 대변인은 남한 집권자가 입으로는 화해와 협력을 말하지만, 진짜 마음은 그 누구에 기대어 동족 대결만 추구한다는 걸 보여 준다고 비난했다.

북한이 다음으로 문제 삼은 박근혜 대통령의 발언은 9월 9일 서울안보대화 기조 연설이다. 박 대통령은 34개 지역 차관급 국방 관료와 안보 전문가들이 모인 서울안보대화 연설에서 한반도 통일은 동북아 평화의 핵심이라면서, 북한 핵 문제와 인권 문제의 근본적인 해결책이 될 거라고 말했다. 박 대통령의 말은 북한을 흡수 통일 하겠다는 인식이 전제된 것으로 북한은 예상대로 날카롭게 반발했다. 《노동신문》은 9월 12일자 논평에서 최근 남한 당국이 통일 외교에 대해 떠들면서 외세와의 공조에 본격적으로 나섰다고 비난했다. 특히 일촉즉발의 위기를 가까스로 털어 버린 현 남북 관계에서 이런 언행은 매우 위험하다며 극도의 불신과 반목을 조성하는 용납 못 할 행위라고 지적했다.

북한이 가장 거칠게 반발한 계기는 9월 28일 제70차 유엔 총회 기조 연설이다. 박근혜 대통령은 서울 시각으로 9월 29일 오전 1시에 진행한 연설에서 북한의 핵 개발 등 도발은 세계와 유엔이 추구하는 인류 평화의 가치를 훼손하는 것이라고 비난했다. 이어 북한은 국제 사회의 우려에 귀를 기울여 북한 내부 인권 개선에도 나서라고 촉구했다.

29일 밤 북한은 박 대통령 발언에 대해 망발, 악담질, 치사한 넋두리 등 거친 표현을 동원한 비난 입장을 발표했다. 북한은 조국평화통일위원회 대변인 담화에서 남조선 집권자가 유엔 무대에서 동족 대결 망발을 늘어놓았다고 비난했다. 평화 통일의 미명 아래 외세를 등에 업고 흡수 통일을 실현하려는 야망을 노골적으로 드러냈다면서 이는 북한에 대한 도발이고 어렵게 마련한 남북 관계 개선 분위기를 망쳐 놓는 대결 망동이라고 규정했다. 이어 지금처럼 대결 악담을 늘어놓는다면 판이 완전히 깨질 수 있다면서 모처럼 추진하는 이산가족 상봉도 살얼음같이 위태로운 상태가 되었다고 경고했다.

남과 북이 상호 비방 공세를 교환하면서 남북 관계는 8·25합의 이전 상황으로 되돌아갔다. 북한은 9월 말 상황에서 남북 관계의 국면 전환이 불가능하다고 판단한 듯 보인다. 북한이 어정쩡한 대남 유화 전략을 버리고 극단적 강경 대치로 돌아선 것은 10월 16일 한미 정상회담이 계기였다. 한미 정상의 공동 성명에는 북한에 핵과 미사일 문제에 대해 경고하는 내용이 포함되었다. 북한은 10월 17일 외무성 성명으로 박근혜 대통령 실명을 거론하면서 최강의 비난 공세를 펼쳤다.

북한은 10월 30일 노동당 중앙위원회 정치국 결정서를 발표하고, 노동당 제7차 대회를 소집한다고 공고했다. 북한이 노동당대회를 개최하는 것은 1980년 이후 36년 만에 처음이다. 김정은 위원장은 남한이나 미국과 대화와 협상을 통한 국면 전환을 시도하고, 국면 전환을 계기로 경제 발전을 추진하려 했지만 실패했다고 판단한 것으로 보인다. 남한이나 미국이 호응하지 않는 상황에서는 국면 전환의 기회도 없고 경제 발전도 불가능하다는 점을 인식했을 것이다. 김정은 위원장은 이후 극단적인 대결 정책을 거침없이 전개한다. 한반도의 극한 투쟁 구도는 더욱 심각한 양상으로 전개되면서 2016년이 시작되었다.

트럼프 등장으로
2012년 체제가
약화되다

2013년 이후 김정은 위원장은 미국과의 핵담판을 원했지만, 미국 오바마 행정부의 대북 정책인 '전략적 인내'라는 장벽에 가로막혀 좌절을 경험해야 했다. 2015년 말 미국이나 남한을 대화 테이블에 끌어내려면 더욱 위협적인 핵무기와 미사일이 필요하다고 판단한 김정은 위원장은 2016년 벽두부터 대형 도발을 감행한다. 1월 6일에 핵실험을 강행했고, 2월 7일에 우주 로켓을 발사했다. 박근혜 대통령은 북한이 극도로 고통을 느끼는 제재와 압박을 해야 한다면서 개성공단 폐쇄와 사드THHAD, 즉 고고도 미사일 방어 체계의 한반도 배치를 결정했다. 그러나 북한은 핵과 미사일 총력전의 속도를 전혀 늦추지 않고, 9월에는 5차 핵실험을 감행했다. 사드 배치가 특히 중국을 격분시키면서 동북아 안보 정세는 대혼란을 겪었다. 이런 와중에 미국에서 진행된 대통령 선거에서 막말과 기행으로 악명이 높은 도널드 트럼프 공화당 후보가 당선됐다. 한국에서는 이른바 최순실 사건의 여파로 박근혜 대통령의 권력 정당성이 심각한 상처를 입었다. 극단적인 갈등과 대결로 점철된 2012년 체제는 종식되는 경로로 들어섰다.

# 제14장

---

# 4차 핵실험,
# 끝장 대결 개막

---

2016년 1월 6일 갑자기 북한이 핵실험을 감행했다. 1월 1일 신년사에
서 김정은 위원장이 대화를 언급했기 때문에 핵실험 같은 고강도 도발
을 예상하지 못한 상황이었다. 당혹감을 보이던 한국과 미국은 최강의
대북 경제 제재를 다짐하면서 유엔 안보리 차원의 대응에 나섰지만, 북
한은 2월 7일 우주 로켓을 발사하면서 대북 압박을 조롱하는 태도를 보
였다. 한동안 유엔 안보리 대북 경제 제재 강화를 주저하던 중국도 북
한의 로켓 발사에는 인내심의 한계를 보였다. 박근혜 대통령은 가장 격
렬한 반응을 보였다. 개성공단 폐쇄를 결정하고 사드(THAAD, Terminal
High Altitude Area Defense), 즉 고고도 미사일 방어 체계 도입 검토를
지시했다. 최강의 압박 수단이 동원되었지만 북한은 모든 것을 예상한
듯 미사일과 핵무기 개발 행보에 전념했다. 2008년 2월 이명박 정부
출범 이후 한반도는 강경과 강경이 충돌하는 대결 구도로 변화하다가
2016년 2월 7일을 기점으로 시작된 끝장 대결 국면이 2017년 12월까
지 만 2년 동안 이어졌다.

## "수소탄의 거대한 폭음을 울려라"

2015년 12월 10일 북한 매체들은 김정은 위원장이 평양 평천 혁명 사적지를 방문한 소식을 전하면서 국제 사회를 매우 자극할 수 있는 발언을 보도했다. "우리 수령님(김일성 주석)께서 이곳에서 울리신 역사의 총성이 있었기에 오늘 우리 조국은 나라의 자주권과 민족의 존엄을 굳건히 지킬 자위의 핵탄, 수소탄(수소폭탄)의 거대한 폭음을 울릴 수 있는 강대한 핵보유국으로 될 수 있었다." 북한의 최고 지도자가 수소폭탄을 언급한 것은 이번이 처음이었다. 김 위원장의 발언이 수소폭탄 실험에 대한 예고는 아니었지만, 언급된 이상 곧 실행할 가능성을 배제할 수 없었다.

김 위원장 발언에 대해 미국에서는 기술적으로 신뢰할 수 없다는 반응이 나왔다. 조시 어니스트 백악관 대변인은 미국 시각으로 12월 10일 정례 브리핑에서 북한 정권의 역내 불안정 야기 행위에 대해서는 우려하고 있지만, 미국이 파악한 정보로는 수소폭탄 개발 주장은 의심스럽다고 일축했다. 우리 정보 당국 관계자도 역시 12월 10일 익명으로 기자들에게 북한이 수소폭탄을 개발했다는 정보는 갖고 있지 않으며, 핵탄두 소형화에 성공하지 못했으니 당연히 수소폭탄 제조 기술력을 갖추지 못한 것으로 판단한다고 말했다. 김정은 위원장이 수소폭탄을 언급한 것은 수사적인 의미라고 평가절하했다. 러시아에서도 허풍이라는 반응이 나왔다. 러시아 외무부 산하 모스크바국립국제관계대학 동양학과 과장 드미트리 스트렐초프는 "김정은 위원장의 발언은 대외 선전용으로 상대를 놀라게 하려는 목적에서 나온 것"이라면서 "북한이 국제 관계에서 위상을 높이고자 하는 것"이라고 분석했다.

김정은 위원장 발언에 대해 진지하게 반응한 것은 중국이었다. 화춘 잉 중국 외교부 대변인은 12월 10일 정례 브리핑에서 김정은 위원장의 발언과 관련해 "한반도 정세가 매우 복잡하고 민감하며 취약한 만큼 관 련 당사국이 정세 완화에 도움이 되는 일을 더 많이 하길 희망한다."라 고 말했다. 이 발언은 북한과 중국의 전통적인 관계 등을 고려할 때 북 한을 우회적으로 비판한 거라는 분석이 많았다. 중국의 반응에 관심이 집중된 것은 북한이 9월과 10월 핵실험 행보를 보이다가 중국의 외교 적 노력으로 핵실험을 추진하지 않은 정황이 있었기 때문이다.

## 시진핑, 특사 파견으로 핵실험 자제 설득

북한이 핵실험 강행을 시사한 것은 2015년 9월 15일이었다. 원자력연 구원장이 기자 질문에 답하는 형식으로 "영변의 모든 핵시설이 재정비 되어 정상 가동을 시작했다."라면서 "미국과 적대 세력들이 무분별한 적 대시 정책에 계속 매달린다면 언제든지 핵뇌성으로 대답할 만단의 준 비가 되어 있다."라고 주장했다. 미국의 '38노스'는 9월 24일 자료에서 9월 18일 촬영된 인공위성 사진을 분석한 결과 북한의 풍계리 핵실험 장 갱도 주변에서 평상시보다 많은 차량이 발견됐다며 4차 핵실험 준비 징후로 볼 수도 있다고 지적했다.

이런 가운데 중국 시진핑 주석은 북한의 노동당 창건 70주년 기념일 인 10월 10일 행사에 중국 권력 서열 5위인 류원산 공산당 정치국 상무 위원을 특사로 파견해 북한과 중국의 관계 회복 분위기를 보였다. 결국 북한은 10월 10일을 전후로 우주 로켓 발사나 핵실험을 하지 않고 지나갔다. 이는 중국이 북한을 설득한 결과라는 분석이 제기되었다. 실제로 북한은 2016년 1월 6일 4차 핵실험을 감행함으로써 10월 10일 전후로 핵실험 감행을 검토했다는 분석이 다수설로 정리되었다.

10월 초순 상황에서 중국의 설득으로 북한이 핵실험을 하지 않았다는 분석은 유력했지만, 이후 북한과 중국의 관계 개선이 가시적으로 진행되지는 않았다. 12월 들어 북한과 중국이 충돌하는 장면이 발생하면서 북중 관계는 물론 한반도 정세가 급속히 냉각하는 사태가 벌어졌다. 12월 12일 북한을 대표하는 여성 악단인 모란봉악단이 중국 베이징 공연을 불과 몇 시간 앞두고 돌연 공연을 취소한 것이다. 공연은 12월 12일 오후로 예정돼 있었지만, 현송월 단장을 비롯한 모란봉악단 단원들이 정오쯤 갑자기 호텔에서 짐을 들고 나와 오후 5시 항공편으로 평양에 돌아갔다. 모란봉악단 철수 사태의 배경에 대해 국가정보원은 12월 15일 국회 정보위원회 비공개 보고에서 공연 내용에 대해 중국 당국과 충돌이 있었기 때문이라고 설명했다. 중국이 김정은 위원장 찬양 내용을 수정해 달라고 요청하자 북한이 이를 거부하고 철수했다는 것이다. 국정원은 김정은 위원장의 수소폭탄 발언도 중국을 자극한 요인으로 판단했다.

## "소형 수소탄 폭발 실험 성공"

2016년 1월 6일 오전 10시 30분 함경북도 길주군 풍계리 핵실험장에서 지진파가 감지되었다. 4차 핵실험이었다. 지진파 특성상 인공 지진으로 확인되었고, 지진 규모는 초기에 4.3으로 평가했다가 나중에 확인 작업을 거쳐 4.8로 정리했다. 폭발 위력은 6킬로톤 정도로 추산되었다. 오후 12시 30분 북한 조선중앙TV는 조선민주주의인민공화국 정부 성명 내용을 보도했다. 성명은 이번 시험을 통해 새롭게 개발된 시험용 수소탄의 기술적 제원이 정확하다는 것을 확증하고, 소형화된 수소탄의 위력을 과학적으로 해명했다고 주장했다. 그러면서 김정은 위원장이 2015년 12월 15일 첫 수소탄 시험을 진행하라는 명령을 하달한 데 이어 2016년 1월 3일 최종 명령서에 수표(서명)했다고 보도했다. 핵무기 정체에 대해서는 북한 발표에 단서가 포함되었다. 북한은 그냥 수소탄이 아니라 시험용 수소탄 또는 소형화된 수소탄이라고 표현했다. 수소탄 성공이라는 말은 일반적인 수소폭탄이 아니라 규모가 작은 수소탄이라는 의미를 강조한 것이다. 즉 폭발 위력이 적지만 실패를 의미하는 게 아니라는 설명이다.

2013년 2월 12일 3차 핵실험의 지진 규모는 4.9, 폭발 위력은 6~7킬로톤으로 평가되었다. 국방부나 정보 당국은 수소탄으로 보기에는 폭발 위력이 턱없이 적다면서 수소탄이 아니고, 원자탄이라 해도 실패로 볼 수 있다는 분석을 내놓았다. 군 관계자는 기자들에게 수소폭탄은 미국과 옛 소련 정도만 실시했고 폭발 위력도 20~50메가톤 규모였다면서 이번의 6킬로톤 정도는 너무 적다고 말했다.

북한이 핵실험을 감행한 사실이 확인된 이후 한국 정부는 당혹한 표정을 감추지 못했다. 북한이 핵실험을 준비한다는 징후를 발견하지 못했고, 그런 연유로 핵실험을 예측하지 못했기 때문이다. 군과 정보 기관이 핵실험을 사전에 예측하지 못했다는 것은 안보 분야에서 민감한 불안 요소다. 북한 동향 파악에서 가장 중요한 소재인데도 관련 동향을 제대로 파악하지 못한다면, 실전에서 대응 능력이나 다른 사안에 대한 정보 수집, 정보 판단에서 현저하게 문제가 있을 수 있다는 점을 보여 주기 때문이다.

군 관계자는 핵실험 전 여러 계측 장비를 설치하거나 갱도를 메우는 등 기존 핵실험 과정에서 나타난 징후가 식별되지 않아 이번에는 사전에 핵실험 임박 징후를 포착하지 못했다고 말했다. 북한이 철저히 은밀하게 핵실험을 하려는 계획이 있었던 것으로 보인다면서, 장기간 작정하고 준비할 경우 기습적인 핵실험이 충분히 가능할 수 있다고 설명했다. 국가정보원은 국회 정보위 보고에서 북한이 핵실험 이전에 미국이나 중국에 사전 통보를 하지 않았다고 말했다. 참고로 2006년 10월 9일 1차 핵실험 당시에는 6일 전에 외무성 성명이 나왔고, 2009년 5월 25일 2차 핵실험 당시에는 26일 전에 외무성 대변인 예고 성명이 있었다. 2013년 2월 12일 3차 핵실험 당시에는 19일 전에 국방위원회 성명이 있었다. 국가정보원은 5월로 예정된 제7차 당대회를 앞두고 주민 선동 차원에서 핵실험을 감행한 것으로 보인다는 분석을 내놓았다.

## 대북 확성기 방송과 유엔 안보리 대북 제재

북한의 핵실험 강행에 대해 정부는 보복 조치에 착수했다. 정부는 1월 7일 열린 국가안전보장회의 상임위원회에서 북한 핵실험을 8·25합의에 대한 중대한 위반으로 규정하고, 다음 날인 3월 8일 정오부터 대북 확성기 방송을 전면 재개한다고 발표했다. 2015년 8월 북한이 확성기 방송 재개를 이유로 비무장지대에서 포격을 감행한 만큼 북한의 추가 도발에 대한 우려감이 증폭되었다. 미국에서는 1월 10일 B-52 폭격기를 한반도 상공에 출동시켜 북한을 위협하는 행보를 보였다. 그렇지만 미국의 북한 위협 비행은 중국을 자극하면서 상황을 복잡하게 만들었다. 중국은 1월 11일 미국 폭격기의 한반도 상공 비행은 상황을 악화시킨다면서 자제를 촉구했다. 중국의 불만 표명은 유엔 안보리 대북 제재 결의 채택과 관련해 중국의 거부 반응을 예고한다는 점에서 중요한 요건이었다.

북한은 1월 6일 이후 13일까지 외부 반응에 대해 아무런 대응을 하지 않았다. 1월 13일 북한 매체들은 김정은 위원장이 핵실험 관계자들과 기념사진을 찍은 데 이어 과학자들에게 표창을 수여했다고 전했다. 핵실험에 참여한 과학자 등을 '핵전투원'으로 부르며 영웅 중의 영웅이자 애국자 중의 애국자로 치켜세웠다. 그러면서 미국과 추종 세력들이 자신들을 제재하며 한반도 정세를 극도로 긴장시키고 핵전쟁을 몰아 온다고 주장했다. 적들이 도발할 경우 핵으로 공격할 수 있게 핵무장력을 강화해 나가야 한다고 위협하기도 했다.

정부는 미국과 더불어 유엔 안보리 대북 제재 결의 채택을 추진하기로 했다. 이에 따라 한국 시각 1월 7일 오전 1시, 미국 시각 1월 6일 오전 11시에 유엔 안전보장이사회 긴급회의가 열렸다. 이사회를 마친 뒤 안보리는 의장 성명을 내고 북한 핵실험을 강력히 규탄했다. 이어 북한이 핵실험을 하면 추가로 중대한 조치를 취하겠다는 2013년 3월 안보리 결의 2094호에 따라 새로운 안보리 결의안에 담길 조치들에 대해 즉각 협의를 시작할 것이라고 말했다. 이와 관련해 윤병세 외교부 장관은 1월 10일 언론 인터뷰에서 대북 제재와 관련해 인적 교류와 수출, 금융 부문에서 제재가 한층 강화될 거라고 예고했다. 또한 북한이 아플 수밖에 없는 조치를 취해야 한다는 것이 우리 정부와 국제 사회의 입장이라면서 중국이 대외적으로 약속한 북핵 불용 입장을 보여 줘야 한다고 강조했다.

1월 13일에는 박근혜 대통령이 신년사에서 강력한 대북 제재를 예고했다. 박근혜 대통령은 정부가 유엔 안보리 차원뿐 아니라 양자 및 다자적 차원에서 북한이 뼈아프게 느낄 수 있는 실효적인 제재 조치를 취해 나가기 위해 미국 등 우방국들과 긴밀히 협력하는 중이라고 밝혔다. 특히 그동안 북핵 문제와 관련해 우리와 긴밀히 소통해 온 만큼 중국 정부도 한반도의 긴장 상황을 더욱 악화시키지는 않을 것이라 생각한다고 지적했다. 어렵고 힘들 때 손을 잡아 주는 것이 최상의 파트너라면서 중국을 압박했다. 박근혜 대통령은 2015년 9월 3일 '천안문 망루 외교'라 부르는 중국 전승절 기념 행사에 참석한 상황을 강조했다. 당시 시진핑 주석은 전승절 기념 행사를 성대하게 치르기 위해 박 대통령의 참석을 요청했고, 박 대통령은 고심 과정을 거쳐 참석했다. 고심한 이유는 미국이 전승절 행사 자체를 불쾌하게 여기고, 특히 사회주의권 지도자가 주로 참석하는 행사라는 점에서 박 대통령의 참석은 어울리지 않았기 때문이다. 그럼에도 불구하고 참석을 결정한 것은 남북 통일을 추진하는 과정에서 중국의 지지와 협력을 얻어야 하기 때문이라고 미국에 설명했으며, 실제로 시 주석을 만나 남북 통일에 대한 협조를 요청했다. 박근혜 대통령이 전승절 카드까지 사용했지만, 중국은 유엔 안보리 대북 제재 결의 채택을 차일피일 늦추는 행보를 보였다. 핵실험이 1월 6일이었는데 유엔 안보리는 2월에 들어서도록 결의 채택 전망을 보여 주지 못했다. 2006년 10월 1차 핵실험 당시에는 5일 만에, 2009년 5월 2차 핵실험 때는 18일 만에, 2013년 2월 3차 핵실험 이후에는 23일 만에 제재 결의를 채택했다.

# 2월 7일, 이번에는 우주 로켓 발사

유엔 안보리 대북 제재 논의가 지지부진한 가운데 북한이 우주 로켓을 발사하면서 한 달 만에 두 번째 대형 도발을 저질렀다. 로켓 발사 예고는 1월 28일 새벽 일본 교도통신 보도로 나왔다. 일본 정부 기관 소식통을 인용해 최근 며칠 동안의 위성 사진을 분석한 결과 서해 로켓 발사장에서 북한이 장거리 미사일 발사를 준비 중이고, 이르면 일주일 이내에 발사할 거라는 내용이었다. 2월 2일 밤에는 북한이 위성을 발사할 계획이라고 국제해사기구 등 국제 기구에 통보하면서 로켓 발사를 공식화했다. 교도통신에 따르면 북한의 김광철 체신상은 국제전기통신연합(ITU, International Telecommunication Union)에 위성 발사 계획을 통보했다. 국제해사기구는 북한이 2월 8일에서 25일 사이 위성 '광명성'을 발사할 것임을 통보했다고 밝혔다. 북한이 예고한 날을 분석하면 중간쯤인 2월 16일 발사가 유력하다는 분석이 나왔다. 이날은 김정일 국방위원장 생일이며, 발사체 탑재물 이름을 '광명성'으로 정한 것도 관련이 있다는 분석이 제기되었다.

북한이 위성 발사를 예고한 것에 대해 정부는 발사 계획을 즉각 철회할 것을 요구했다. 정부는 2월 3일 오전 국가안전보장회의 상임위원회를 열고 대응 방안을 논의한 뒤 조태용 청와대 국가안보실 1차장을 통해 정부 입장을 발표했다. 정부는 북한이 위성이라고 주장하는 장거리 미사일 발사는 유엔 안보리 결의 위반이고 국제 사회에 대한 정면 도전이라면서 발사 계획을 즉각 철회할 것을 요구했다. 이어 북한이 발사를 강행할 경우 국제 사회로부터 혹독한 대가를 치를 거라고 경고했다. 2월 4일에는 박근혜 대통령이 직접 북한을 비난하고 로켓 발사 철회를 촉구했다. 박 대통령은 청와대 김성우 홍보수석을 통해 밝힌 입장에서 북한의 장거리 미사일 발사 움직임과 관련해 북한의 오판을 막을 수 있는 유일한 길은 강력한 유엔 제재를 통해 핵을 포기하지 않으면 생존할 수 없다는 것을 깨닫게 만드는 것이라고 강조했다. 중국도 로켓 발사를 막기 위한 외교적 노력을 벌였다. 우다웨이 중국 외교부 한반도 사무 특별대표가 2월 2일 전격적으로 북한을 방문해 4일까지 체류했지만 로켓 발사를 막지 못했다.

북한은 전혀 흔들리지 않고 로켓 발사 준비를 진행했다. 2월 6일 저녁에는 갑자기 로켓 발사 예정 기간을 2월 7일에서 14일 사이로 수정하여 국제 기구에 통보했다고 교도통신이 보도했다. 국제해사기구는 북한이 수정 통보를 해 왔다고 확인했다. 북한이 날짜를 변경한 것은 날씨 상황을 고려한 것으로 추정되었다. 예상대로 북한은 2월 7일 오전 9시 30분 로켓을 발사했다. 9시 31분 2초에 공군 피스 아이 경보기가 로켓을 포착했고, 5초 뒤인 9시 31분 7초에 이지스 구축함인 세종대왕함도 포착했다. 9시 32분에 1단 추진체가 분리되었다. 추진체는 폭발에 이어 270여 개로 분산해서 떨어졌다. 9시 33분 인천시 경보통제소, 옹진군 백령면과 대청면에 실제 공습경보를 발령했다. 9시 36분에는 제주 남쪽 레이더망을 벗어났다. 로켓의 첫 번째 낙하물은 9시 37분 북한 서쪽 150킬로미터 공해에 떨어졌다. 두 번째 낙하물은 9시 39분 한반도 남서쪽 250킬로미터 수역 동중국해 해상, 세 번째 낙하물은 오전 9시 45분 일본 남쪽 2,000킬로미터 수역 태평양에 떨어졌다. 북한이 위성이라고 주장하는 탑재물은 지구 궤도에 진입한 것으로 파악되었다.

북한 조선중앙TV는 오후 12시 30분 긴급 발표에서 북한 국가우주개발국이 지구 관측 위성 광명성 4호를 성과적으로 발사했으며, 궤도에 진입시키는 데 완전히 성공했다고 밝혔다. 발사체는 '광명성'이라고 밝혔지만 은하 3호와 유사하다는 분석이 나왔다. 조선중앙TV는 김정은 위원장의 친필 명령에 따라 오전 9시 서해 위성 발사장에서 발사했으며, 9분 46초 만에 궤도에 진입시켰다고 밝혔다. 이어 광명성 4호가 고도 500킬로미터 극궤도를 돌고 있으며 지구 관측에 필요한 측정 기재와 통신 기재가 설치돼 있다고 설명했다. 이어 이번 성공은 자주적인 평화적 우주 이용 권리를 행사해 나라의 과학기술과 경제, 국방력을 발전시켜 나가는 데 획기적인 사변이라고 자평했다. 또한 국가우주개발국은 과학기술 정책을 높이 받들어 앞으로도 위성을 더 많이 쏘아 올릴 거라고 강조했다. 한편 우리 정부는 위성 발사가 아니라 미사일 발사라는 입장을 거듭 강조했다.

이날 저녁 국가정보원 이병호 원장은 위성 무게를 200킬로그램 정도로 추정한다며 너무 가볍기 때문에 위성으로서의 가치가 없으므로 탄도 미사일로 보는 것이 적절하다고 말했다. 이어 광명성 3호 발사에 비해서는 위성 중량이 증가하는 등 성능이 진보했지만, 대기권 재진입 실험이 없는 만큼 관련 기술을 보유하지 못한 것으로 판단한다고 설명했다. 로켓 발사에 대해 박근혜 대통령이 직접 국가안전보장회의 상임위원회를 주재했다. 박 대통령은 북한의 미사일 발사는 국제 사회에 대한 도발이라면서 더욱 강한 제재를 해야 한다고 강조했다. 이외에 정부는 금융 시장 상황 점검 회의도 열었다. 외교부는 유엔 안보리에 긴급 이사회 개최를 요구했다. 유엔 안보리는 한국 시각 2월 8일 오전 1시, 뉴욕 시각 7일 오전 11시에 긴급 이사회를 열어 1시간 30분 정도 회의를 진행한 뒤 의장 성명을 발표하고 북한의 로켓 발사를 규탄했다. 그리고 중대한 추가 조치 차원에서 제재 논의에 착수한다고 밝혔다. 하지만 대북 제재 결의 2270호가 채택된 것은 한국 시각 3월 3일 오전 1시, 뉴욕 시각 3월 2일 오전 11시였다. 북한이 1월 6일 4차 핵실험을 감행한 지 57일 만에, 2월 7일 우주 로켓을 발사한 지 25일 만에 채택된 것으로 전례에 비하면 매우 지연되었다. 결의 채택이 늦어진 것은 대북 제재를 획기적으로 강화할 것을 주장하는 한국과 미국의 입장에 대해 중국과 러시아가 반대했기 때문이다.

## 여섯 번째 대북 제재 결의 2270호

북핵 문제와 관련한 유엔 안보리의 대북 제재는 미국 시각으로 2006년 7월 4일 북한의 장거리 미사일 대포동 2호 발사를 계기로 7월 15일 탄도 미사일 프로그램과 관련된 모든 활동을 금지하는 내용의 제재 결의 1695호가 나온 것이 시작점이었다. 이에 대해 북한은 강하게 반발하면서 10월 9일 1차 핵실험을 감행했고, 유엔 안보리는 뉴욕 시각으로 10월 14일 대북 제재 이행과 제재위원회 구성을 결정한 결의 1718호를 채택했다. 북한은 2009년 5월 25일 2차 핵실험을 강행했고, 유엔 안보리는 뉴욕 시각으로 6월 12일 모든 무기와 관련 물자 거래를 금지하는 내용의 제재 결의 1874호를 채택했다. 북한이 2012년 12월 12일 우주 로켓 은하 3호를 발사하자 안보리는 기관과 개인 등 대북 제재 대상을 확대한 결의 2087호를 뉴욕 시각으로 2013년 1월 22일 채택했다. 이에 대해 북한이 반발하면서 2013년 2월 12일 3차 핵실험을 강행했고, 안보리는 뉴욕 시각으로 3월 7일 핵과 탄도 미사일 개발과 관련된 것으로 의심되는 북한의 금융 거래를 금지하는 내용의 제재 결의 2094호를 채택했다. 결의 2270호는 북핵 문제와 관련한 여섯 번째 유엔 안보리 대북 제재 결의였다.

북한이 혹독한 대가를 치르게 해야 한다는 박근혜 대통령의 명령으로 예전에 상상하기 어려웠던 초강력 조치를 도입하면서 박근혜 대통령과 김정은 위원장의 끝장 투쟁은 확전 일로를 걸었다. 박 대통령은 유엔 안보리 차원의 초강력 제재 추진 외에 사드 도입과 개성공단 폐쇄를 결정했다. 이로써 남북 관계와 한중 관계는 돌이킬 수 없는 최악의 국면으로 들어섰다. 이에 앞서 한국과 일본 관계는 2015년 12월 28일 위안부 문제 합의와 관련한 국내 여론의 반발로 극단적 대결 구도를 보였다. 이렇듯 한국 정부의 외교 환경은 사방이 적대 세력에 둘러싸인 형국으로 빨려 들어갔다.

제 15 장

# 사드는 도입하고
# 개성공단은 폐쇄하고

2016년 벽두부터 진행된 북한의 연속 대형 도발은 박근혜 대통령과 김정은 위원장의 기싸움을 극단적으로 증폭시켰다. 두 정상의 끝장 투쟁은 들판에 불이 번지듯 다른 분야로 빠르게 확전되었다. 특히 사드 도입 문제가 진지하게 검토되면서 한국과 중국, 미국과 중국 간에 첨예한 긴장 구도가 조성되었다. 또한 남북 간의 안전판이라고 불렸던 개성공단을 전격적으로 폐쇄하면서 남과 북의 대결 양상은 돌이킬 수 없는 수준으로 악화되었다. 김정은 위원장 역시 끝장 투쟁에서 물러서지 않고 혼신의 힘을 다해 핵무기 개발과 미사일 기술 향상에 주력했다.

## "이제 사드 도입도 검토한다"

고고도 미사일 방어 체계인 사드는 패트리어트 요격 미사일 시스템과 비슷한 탄도 미사일 요격 시스템이다. 사드는 탄도 미사일을 요격하는 기능이 있다는 점에서 획기적인 무기 체계지만, 한반도 지형에서 효용성이 떨어진다는 평가에 따라 도입을 반대하는 목소리가 적지 않았다. 그런데 2014년 3월 26일 오전 2시 35분과 42분에 각각 발사된 노동 미사일이 논의의 흐름을 바꿔 놓았다. 이 미사일은 사거리 1,000킬로미터의 중거리 노동 미사일인데, 이날은 평양 북부 지역 숙천에서 발사되었고, 동쪽으로 비행해서 평면 이동 거리 650킬로미터를 기록했다. 그런데 나중에 이 미사일 궤적을 연구한 결과 고각 발사, 즉 완만한 포물선이 아니라 수직에 가까운 각도로 올라갔다가 수직에 가까운 각도를 보이면서 내려오는 궤적이 나타난 것이다. 노동 미사일은 사거리로 볼 때 일본을 공격하는 수단으로 분류되었는데, 만약 고각 발사를 한다면 상황이 달라진다. 남한 공격 수단도 되는 것이고, 그렇다면 한국군이나 주한 미군의 경우도 노동 미사일을 요격하는 시스템이 필요하다는 논의로 이어졌다.

2014년 6월 3일 당시 주한 미군 사령관이던 커티스 스캐퍼로티 대장이 국방연구원 주최 국방 포럼에서 주한 미군 보호를 위해 자신이 국방부 당국에 한반도에 사드를 전개해 달라고 요청했다며 초기 검토 과정에 있다고 밝혔다. 이에 대해 국방부는 한국 정부는 한국형 미사일 방어망을 구축할 거라면서 사드 도입을 검토한 적이 없고 미국과 협의한 적도 없다고 대응했다. 사드 도입에 한국군이 부정적인 입장을 보이는 것은 사드가 미군의 미사일 방어망 체계에서 주요 수단이고, 특히 레이더

성능이 뛰어나기 때문에 중국이 극도로 경계하는 대상이라는 점도 고려한 것이다. 2015년 2월 4일에는 창완취안 중국 국방부장이 한중 국방장관 회담에서 사드 배치를 우려한다고 언급했다. 이후 한국 정부 당국은 중국 측과 협의가 있을 때마다 여러 차례에 걸쳐 사드 배치를 검토하지 않는다고 확인했다. 2월 25일에는 한민구 국방장관이 국회 대정부 질문 과정에서 사드 구매 계획이나 도입 움직임이 없다고 확인했다. 3월 11일에는 청와대에서 사드 문제와 관련해 미국의 요청도 없었고, 한미 간 협의도 없었고, 아무 결정도 내려진 것이 없다는 3노 정책(no request, no consultation, no agreement)을 거듭 확인했다. 3월 12일 주한미군에서 사드 배치를 염두에 두고 비공식적으로 부지 조사가 진행 중이라는 보도가 나왔지만, 4월 10일 애슈턴 카터 미 국방장관이 한미 국방장관 회담에서 사드는 생산 단계에 있다며 배치 논의가 부적절하다고 말했다.

그런데 2014년 10월 30일 미국 워싱턴 외신기자클럽에서 사드 제작사인 미국의 록히드마틴사 고위 간부가 기자들과 이례적인 공개 간담회를 하며 "한국과 미국이 사드 문제를 비공식적으로 논의하는 중"이라고 말해 평지풍파가 일었다. 다음 날 이 간부는 워싱턴 주재 한국 특파원들에게 보낸 입장에서 "양국 정부 간 논의를 알지 못한다."라고 하루 만에 입장을 번복했다. 이에 따라 한국과 미국이 물밑에서 사드 도입을 협의 중이라는 의구심이 강하게 제기되었다. 그런 상황에서 1월 6일 4차 북한 핵실험이 일어났기 때문에 일각에서는 사드 배치가 거론될 수 있다는 분석이 나오기는 했다. 그러나 중국의 반발이나 한국 전장에서의 효용성 문제 등을 고려하면 그런 무리수를 선택하지 않을 거라는 분석이 우세했다. 2016년 1월 13일 박근혜 대통령은 신년 대국민 담화에서 사드 배치는 "북한의 핵, 미사일 위협, 이런 것을 감안해 가면서 우리의 안보와 국익에 따라 검토해 나갈 것입니다. 오로지 기준은 그것입니다."라며 사드 도입을 긍정적으로 검토할 것임을 강하게 시사했다.


## "사드 배치, 한중 관계를 순식간에 파괴할 것"

한반도 사드 배치에 대한 박근혜 대통령의 긍정적인 검토 발언 이후 사드 배치를 기정사실화하는 분위기 전환 노력이 속도감 있게 진행되었다. 1월 22일에는 미국의 전략국제문제연구소가 사드 배치를 공개적으로 권고했다. 1월 25일에는 한민구 국방장관이 군사적 관점에서 사드 배치 검토가 필요하다고 주장했다. 그리고 2월 7일 북한이 우주 로켓을 발사하자 국방부는 미국과 사드 배치 관련 공식 협의를 시작했다고 발표했다. 양국은 사드 배치를 위한 공동 실무단 구성을 위해 사전 협의를 진행했다.

예상대로 중국과 러시아의 반발이 적지 않았다. 2월 9일 러시아는 박노벽 주러 한국 대사를 초치하여 사드 배치 협의에 대해 우려를 표명했다. 2월 11일에는 왕이 중국 외교부장이 윤병세 외교부 장관을 만나 안보 관련 조치는 주변국의 이해와 우려를 감안해서 신중하게 대처해야 한다고 강조했다. 2월 16일 서울에서 열린 제7차 한중 외교 차관 전략 회의에 참석한 중국 외교부 장예쑤이 상무부부장이 기자들과 만나 사드 배치를 반대한다는 입장을 명백히 밝혔다. 2년 8개월 만에 열린 전략회의가 끝나고 정오쯤 기자들을 만난 장 부부장은 "우리는 사드 문제에 대해 의견을 교환했고, 중국 측은 반대 입장을 표명했습니다. 관련 당사자들은 사드 문제에 대해 신중하게 행동하기 바랍니다."라고 말했다. 외교적으로 우호 관계에 있는 나라 사이에는 상상할 수 없는 수준의 도발적이고 자극적인 언어였다. 중국의 단호한 의사를 전달하려는 노력으로 보였지만, 한국 언론은 도발과 자극에 초점을 맞춰서 보도했다. 2월 17일에는 중국 외교부 정례 브리핑에서 사드 배치를 반대했다. 홍레이 대변인은 한반도 사드 배치는 지금의 긴장 국면을 완화하는 데 도움이 되지 않고 지역의 평화 안정에도 도움이 되지 않는다면서 사드 배치 계획을 철회할 것을 요구했다. 홍레이 대변인은 중국이 사드 배치에 대해 결연히 반대한다면서, 이는 중국의 국가 안보 이익을 훼손하기 때문이라고 주장했다.

중국의 거친 반발에 직면해 우리 정부는 사드 배치 움직임을 일시적으로 지연하는 모습을 보였다. 2월 23일 당초 한미 공동 실무단을 구성할 예정이었지만 일정을 돌연 연기했다. 이날 추궈홍 주한 중국 대사는 김종인 더불어민주당 비상대책위원회 대표를 만나 "사드 배치가 한중 관계를 순식간에 파괴할 수 있다."라고 경고했다. 한 차례 연기된 공동 실무단 구성은 3월 4일 진행되었다. 한미 양국은 사드 배치 문제를 논의할 공동 실무단 구성과 운영 등에 관한 약정을 체결하고 사드 배치를 본격적으로 추진하기 시작했다. 3월 31일에는 한중 정상이 제4차 핵안보 정상회의 참석을 계기로 만나 "앞으로 사드 문제와 관련해 계속 소통할 것"을 약속했다. 그러나 6월 24일 한민구 국방장관은 국방부 출입 기자 간담회에서 북한의 무수단 중거리 탄도 미사일을 사드로 요격할 수 있다고 말했다. 한민구 장관의 발언은 곧 사드 배치 결정을 발표할 거라는 전망으로 이어졌다.

이 시기 6월 26일부터 30일까지 4박5일 일정으로 중국을 방문한 황교안 국무총리도 6월 29일 시진핑 중국 주석과 만난 자리에서 중국의 직접적이고 강력한 우려 사항을 청취했다. 시진핑 주석은 한국이 중국의 타당한 안보 우려를 신경 써 줄 것과 미국의 한반도 사드 배치 계획을 신중하고 적절하게 다뤄 줄 것을 촉구했다. 이에 앞서 시 주석은 블라디미르 푸틴 러시아 대통령과 정상회담을 가진 뒤 미국의 사드 배치는 중국과 러시아의 전략적 안전 이익을 심각하게 훼손하는 행위라는 입장을 담은 공동 성명을 발표했다.

중국의 격렬한 반대에도 불구하고 한국과 미국은 7월 8일 한반도 사드 배치와 관련한 공동 발표문을 공개했다. 7월 13일에는 한미 공동 실무단이 사드 배치 지역으로 경북 성주군 성산리 일대 공군 미사일 기지를 지목했으나 성주군의 반발이 극심하자 9월 30일 대체 부지로 성주 골프장을 확정했다. 11월 4일에는 빈센트 브룩스 한미 연합사령관이 육군협회 주최 조찬 강연에서 사드 포대를 8개월에서 10개월 이내에 전개할 수 있다면서 조기 배치 가능성을 언급했다. 2017년 3월 6일 밤 오산공군기지에 미군의 수송기인 C-17 한 대가 도착했다. 수송기가 활주로 이동을 마치고 사드 발사대 2대를 토해 냈다. 4월 26일 주한 미군은 성주 골프장에 사드 발사대 2대 설치를 강행했다.

2017년 5월 10일 문재인 대통령 취임 이후 사드 배치는 재고될 것이라는 전망도 있었다. 그렇지만 북한이 7월 28일 장거리 미사일 화성-14형을 발사하자, 문재인 대통령은 다음 날인 7월 29일 발사대 4기를 임시로 배치할 것을 명령했다. 이에 따라 9월 7일 발사대 4기 임시 배치가 완료되었다. 사드 배치는 당초 2016년 1월 13일 박근혜 대통령이 한반도 배치 문제 검토를 시작하면서 박 대통령이 책임질 사안이었지만, 2017년 7월 29일 발사대 배치 지시로 이제 사드 문제는 문재인 대통령 귀책 사안이 되었다.


## 이제는 개성공단 폐쇄도 검토?

북한이 핵실험을 감행한 것에 대해 가장 놀란 사람들 중에 개성공단에 입주한 남측 기업인과 근로자도 포함돼 있다. 개성공단에 출입하는 남측 인원은 평상시 1,300명 정도이며 800명 정도는 상주, 500명 정도는 출퇴근하는 방식이다. 개성공단 관계자들의 우려가 특히 큰 이유는 2013년 2월 12일 북한이 3차 핵실험을 감행한 뒤 남북 간 갈등으로 개성공단 폐쇄 문턱까지 간 경험이 있기 때문이다. 4월 8일 남측은 공장 가동 중단을, 북측은 북측 근로자 철수를 선언했고, 실제로 다음 날인 4월 9일 북측 근로자들은 출근하지 않았다. 이후 개성공단이 다시 문을 여는 데 걸린 시간은 134일이었다. 입주 기업 손실액은 1조 원 이상으로 추산되었다.

정부에서는 북한 핵실험 다음 날인 1월 7일 개성공단 출입 제한 조치를 실시했다. 생산 활동과 직결되는 사유가 아니면 개성공단 방문을 승인하지 않는다는 것이었다. 이것은 북측을 불필요하게 자극하고 개성공단 입주 기업인들의 우려감을 증폭한다는 점에서 현명한 대응책이 아니었다. 그러나 북한에 대해 강경 대응을 촉구하는 세력을 달래는 차원에서 장점이 있었다. 통일부는 개성공단 출입 제한 조치와 함께 민간 교류 사업과 대북 지원 사업을 전면 중단하는 조치를 내렸다. 1월 11일에는 개성공단 출입을 더욱 제한하는 조치를 내렸다. 특별한 사유를 제외하고 개성에서 숙박하는 일을 금지한 것이다. 박근혜 대통령은 1월

22일 외교, 안보 분야 업무 보고 발언에서 개성공단에 출입하는 우리 국민의 안전과 보호에 유념해야 한다고 강조했다. 정부가 2월 4일 북한에 대한 혹독한 대가를 언급하면서 개성공단 폐쇄 가능성이 본격적으로 거론되기 시작했다. 2월 7일 북한이 우주 로켓 발사까지 감행하자 개성공단 폐쇄는 돌이킬 수 없는 추세라는 우려가 나왔다.

## 개성공단 유입 현금으로 핵무기 개발?

북한의 우주 로켓 발사가 확인된 이후 청와대는 김관진 국가안보실장 주재로 국가안전보장회의 상임위원회를 열어 대응 방안을 논의했다. 이 자리에서 혹독한 대가에 해당하는 조치로 개성공단 전면 중단이 논의되었고, 이후 보고를 받은 박근혜 대통령이 최종 결정을 내린 것으로 알려졌다. 박 대통령은 1월 6일 4차 핵실험이 나온 이후 북한의 도발을 용납할 수 없다는 강한 의지를 피력했기 때문에 국가안전보장회의 상임위원회 회의는 박 대통령의 의지를 관철하기 위한 형식적 절차였던 것으로 해석할 수도 있다. 박근혜 대통령은 미국, 일본 정상과 전화 통화를 하고 유엔 안보리 제재와는 별도로 양자와 다자 차원에서 다양한 대북 제재를 추진하기로 의견을 모았다.

　이에 따라 개성공단 폐쇄는 국제 사회의 강도 높은 대북 제재를 유도하기 위해 한국이 먼저 희생하는 모양새를 보이는 조치라는 분석이 나왔다. 개성공단 폐쇄 결정은 홍용표 통일부 장관이 발표했다. 홍용표 장관은 2월 10일 오후 5시 특별 발표를 통해 개성공단에 모두 6,160억 원의 현금이 유입되었고, 2015년에도 1,320억 원이 유입되었다고 지적했다. 이어 개성공단에 유입된 현금이 핵무기와 장거리 미사일을 고도화하는 데 쓰인 것으로 보인다면서 개성공단 자금이 북한의 핵과 미사일 개발에 이용되는 것을 막고 우리 기업이 희생되지 않도록 개성공단 전면 중단을 결정했다고 설명했다. 개성공단 체류 인원은 280여 명인데, 다음 날부터 철수를 시작한다고 밝혔다.

박근혜 대통령은 북한이 도발했으니 혹독한 대가를 치러야 한다면서 개성공단 폐쇄를 지시했지만, 실제로 혹독한 대가를 치른 것은 개성공단 입주 기업이었다. 개성공단기업협회는 2월 10일 밤 입장 자료를 내고, 전시 상황도 아닌 상태에서 군사 작전 하듯 설 연휴에 전면 중단 결정을 일방적으로 통보한 것은 부당하며 전혀 납득할 수 없는 조치라고 반발했다. 전면 중단에 앞서 기업의 피해를 최소화하기 위한 시간적 말미를 주지 않은 채 전격적으로 중단 조치를 취해 기업을 벼랑으로 내몰고 있다면서, 앞으로 비상대책위원회를 구성해 부당한 조치에 강력히 대응하겠다고 밝혔다.

개성공단 입주 기업이나 경제계에서 우려를 표명한 것과 달리 미국에서는 즉각적으로 환영 논평이 나왔다. 미국 국무부 대니얼 러셀 동아시아태평양 차관보는 워싱턴 시내 외신기자클럽 브리핑에서 한국 정부가 개성공단 폐쇄를 결정한 것은 북한의 도발을 얼마나 심각하게 받아들이는가를 보여 준다며 국제 사회의 입장과 일치한다고 환영했다. 러셀 차관보는 국제 사회는 북한이 핵무기 프로그램을 지속할 경우 국제 사회의 경제적 지원은 물론 국제 교역이나 금융 거래를 할 수 없다는 것을 알려 줄 만한 조치를 원한다고 설명했다.

# 북, 개성공단 남측 인원 모두 추방

북한의 반응은 2월 11일 오후 5시에 나왔다. 북한은 조국평화통일위원회 성명을 통해 개성공업지구에 있는 남측 인원을 전원 추방하고 남측 기업과 관계 기관의 모든 자산을 전면 동결한다고 선언했다. 추방되는 인원은 개인 물품 외에 다른 물건을 일체 갖고 나갈 수 없으며, 동결된 재산은 개성시 인민위원회가 관리할 거라고 설명했다. 이어 서울 시각 오후 10시 30분부터 개성공업지구와 인접한 군사분계선을 전면 봉쇄하고 남북관리구역 서해선 육로를 차단하며 개성공업지구를 폐쇄해 군사통제구역으로 선포한다고 밝혔다.

남측의 개성공단 철수 결정과 북측의 개성공업지구 남측 인원 추방 조치로 개성공단에 체류하던 남측 국민 280명은 2월 11일 오후 10시 30분까지 군사분계선을 넘어 모두 철수했다. 정부는 개성공단 남측 인원이 한 명도 남지 않자 전력 공급을 중단했다. 경기도 문산변전소에서 개성공단 평화변전소로 흘러가던 전기는 11일 오후 11시 53분 끊어졌다. 이에 따라 정수 시설 가동이 중단되면서 공단 내 용수 공급도 불가능해졌다. 남북 교류의 상징이던 개성공단은 허망하게 폐쇄되었다. 2월 12일 정부는 개성공단 폐쇄에 따른 입주 기업 피해 보전을 위한 종합 대책을 발표했다. 정부 대책을 보면 긴급 자금을 지원하기 위해 남북협력기금 대출이나 정책 금융 기관 대출 등 모든 원리금 상환을 유예하기로 했다. 또한 남북경협보험에 가입한 기업은 남북협력기금에서 보험금을 받을 수 있는데 즉시 지급 절차에 들어가기로 했다. 국세와 지방세도 나중에 낼 수 있도록 하고 전기 요금 등 공과금 납부도 미루기로 했다. 관계 부처 합동으로 현장기업지원반을 가동하고 산하에 기업전담지원

팀을 두기로 했다.

정부의 종합 대책에 대해 개성공단 입주 기업 대표들은 실망감을 피력하면서 비상대책위원회를 구성하고 구제 활동을 시작했다. 입주 기업 대표들은 남과 북이 2013년 합의에서 "어떤 경우에도 정세에 영향받지 않고 공단의 정상적 운영을 보장하기로 한" 약속을 지켜야 한다고 강조했다. 정부가 발표한 종합 지원 대책은 3년 전에 만든 것과 달라진 내용이 하나도 없다면서 부정적인 반응을 보였다. 개성공단 폐쇄에 따른 우리 기업의 손실은 설비 투자 1조 원을 포함해 연간 3조 원이라는 계산이 나왔다. 북한도 근로자 5만 명의 임금을 받지 못하기 때문에 연간 1,000억 원 이상의 손실을 감수할 것으로 추산되었다.


## 교류와 협력의 상징에서 충돌과 자해의 상징으로

개성공단 기원은 2000년 6·15공동선언으로 올라간다. 김대중 대통령과 김정일 국방위원장이 6·15선언에 경제 협력을 통해 민족 경제를 균형적으로 발전시킨다는 대목을 포함하면서 남북 교류 협력 사업이 다양하게 기획되었다. 그 가운데 2000년 8월 9일 남측의 현대아산과 북측의 아태, 즉 아시아태평양평화위원회와 민경련, 즉 민족경제협력연합회가 '개성공업지구 건설과 운영에 관한 합의서'를 체결하면서 개성공단이 탄생한 것이다. 이어 북측이 2002년 11월 27일 '개성공업지구법'을 공포했고, 2003년 6월 30일 개성공단 착공식이 이뤄졌다. 2004년 10월 '개성공업지구관리위원회 사무소'를 개소했고, 2004년 12월 15일 드디어 시범 단지에 입주한 리빙아트에서 제조한 냄비 세트가 처음으로 시장에 출하되었다.

개성공단은 2003년 6월 착공식이 진행된 이후 운영상 차질이 빚어진 적이 몇 차례 있었지만, 남북 간 긴장이 고조되고 금강산 관광이나 이산가족 상봉이 중단됐을 때도 남북 교류의 최후 보루 역할을 해 왔다. 개성공단 운영에서 처음으로 문제가 발생한 것은 2008년 12월 1일 '12·1조치'였다. 북한은 남측이 통신, 통관, 통행의 3통 합의를 지키지 않았다면서 개성공단 상주 체류 인원을 880명으로 제한하고 통행 가능 시간도 축소하는 조치를 내렸다. 2009년 3월 30일에는 개성공단에 근무하는 현대아산 직원 유성진 씨가 북한 당국에 체포되는 사건이 발생했다. 북한은 유씨가 북한 체제를 비판하고 북한 근로자에게 탈북을 권유했다고 주장했다. 유씨는 개성공단에 구금된 지 137일 만인 8월 13일 오후 5시 10분쯤 풀려났다.

2010년 5월 24일 천안함 폭침 사건에 대응하여 정부가 대북 경제 제재 조치를 취하면서 개성공단 통행을 금지하고 신규 투자도 금지했다. 최대 위기는 2013년 4월 국면이었다. 4월 3일 북한은 남측 인원의 개성공단 출입을 통제하는 조치를 실시했다. 이에 따라 개성에 체류하던 남측 주민 861명이 명분상 억류되었고, 개성공단을 방문하려던 관계자 484명이 북한 입경을 하지 못했다. 4월 8일에는 김양건 노동당 대남 담당 비서의 담화를 통해 개성공단에서 일하는 북한 근로자를 모두 철수한다고 통보했다. 이어 개성공단 사업을 잠정 중단하고 사업의 존폐 여부도 검토한다고 밝혔다. 김양건 비서는 남한 당국과 군부가 자신들의 존엄을 모독하면서 개성공업지구를 동족 대결과 전쟁 도발의 열점으로 만들려 한다고 주장했다. 이후 개성공단은 5개월 넘게 가동을 중단했고, 일곱 차례의 회담을 거쳐 가동 중단 166일 만인 9월 16일 다시 문을 열었다. 그로부터 3년 뒤인 2016년 2월 10일 개성공단은 문을 닫고, 남과 북은 이제 교류와 협력 대신 최대 압박과 최대 도발의 대충돌 국면으로 접어들었다. 개성공단은 교류와 협력의 상징이 아니라 대결과 충돌을 넘어 자해와 자폭의 상징으로 변해 버렸다.

개성공단의 자금이 핵과 미사일 고도화에 사용된다는 것은 막연한 추정으로 근거가 없었다. 그렇지만 북한에 대한 격앙된 분위기를 감안할 때 박근혜 대통령은 반드시 해야 하는 조치라고 인식한 듯 보인다. 개성공난 폐쇄는 우리 기업에 막대한 손실을 안겼고, 북한에 대한 우리의 정책 강제력 요소가 사라졌으며, 북한의 핵과 미사일 개발을 오히려 격화시키는 계기가 되었다는 점에서 심각한 정책 실패 사례로 판단할 수 있다.

제16장
___

# 새 시대를 열기 위한
# 미사일 총력전

___

2016년 5월 초 노동당 제7차 대회 개최를 예고한 가운데 북한은 연초부터 핵실험과 미사일 발사에 집중했다. 36년 만에 개최하는 노동당대회가 성공리에 열리려면 미국이나 한국과 원만한 관계를 유지하는 게 좋을 거라는 관측이 있었지만, 북한은 오히려 도발 수위를 높여 가는 행태를 보였다. 김정은 위원장의 지도력에 중대 분수령이 되는 제7차 당대회와 2016년 초 핵과 미사일 도발은 어떤 연관성을 갖는가? 이에 대한 해답은 당대회 개최를 결정한 2015년 10월 30일 북한 노동당 중앙위원회 정치국 결정서에서 찾아볼 수 있다. 결정서는 김정은 위원장의 영도에 따라 노동당을 김일성과 김정일의 당으로 발전시키고 주체 혁명 위업의 최후 승리를 앞당기기 위한 대회라고 지적했다. 또 북한식 사회주의 강성 국가를 건설하는 과정에서 당의 세기적인 변혁이 일어나고 있다는 주장을 펼쳤다. 《노동신문》은 이번 당대회가 강성 국가 건설의 분수령이 될 거라며, 농축수산과 과학기술, 기초 공업과 예체능 분야에서 성과를 내어 사회주의 문명국을 건설하자고 강조했다.

## '핵담판' 성사를 위해 미사일이 필요하다

김정은 위원장이 노동당 제7차 대회를 열기로 한 배경에 대해 서울에서는 김정은 위원장이 주도하는 새로운 시대가 시작되었음을 선언하는 의미에 주목했다. 그렇지만 김 위원장이 2016년 들어 핵과 미사일 도발에 광적으로 집착하는 모습을 보이는 것은 새로운 시대 선언에 도움이 되지 않았다. 모순의 배경에는 제7차 당대회를 결정한 2015년 10월 이전 상황과 이에 대한 김정은 위원장의 판단이 깔려 있다.

김정은 위원장이 북한 경제의 발전을 원한다는 것은 집권 이후 일관성 있게 표출되었다. 그렇지만 대북 경제 제재와 압박으로 북한의 경제 발전 기회는 봉쇄되었고, 김정은 위원장은 경제 발전을 인민들에게 보여 줄 수 없었다. 이 문제를 해결하려면 비핵화와 경제 제재 해제를 교환하는 중대 담판이 필요하고, 담판을 성사시키려면 국면 전환이 필요했다. 이를 위해 김정은 위원장은 2013년 이후 나름대로 진지하게 국면 전환을 위해 노력했다. 첫 번째 시도는 2013년 6월 16일 국방위원회 대변인 중대 담화 형식으로 핵 개발 중단 가능성을 제기하면서 미국에 대화를 제안한 것이다. 두 번째는 2014년 1월 16일 국방위원회 중대 제안 형식으로 핵재난을 막기 위한 현실적 조치를 강구할 것을 한국에 제안한 것이다. 세 번째는 2015년 1월 9일 미국에 한미 연합 군사 훈련 중단을 조건으로 핵실험 중단을 제안했다. 네 번째는 2015년 6월 15일 공화국 정부 성명을 통해 자주통일과 대결 종식, 한미 군사 훈련 중단, 상호 비방 중지, 6·15공동선언 이행 등을 제의하면서, 남북 사이에 신뢰와 화해 분위기가 조성된다면 당국 간 대화와 협상을 개최하지 못할 이유가 없다고 주장했다. 이렇듯 김정은 위원장이 2015년 말까지 네 번에 걸쳐 국면 전환을 위한 대화와 협상을 추진했지만 모두 실패했다.

김정은 위원장의 노력이 실패한 이유는 두 가지로 정리할 수 있다. 하나는 북한의 핵과 미사일 성능이 위협 수준에 이르지 못했기 때문이다. 다른 하나는 전략적 차원에서 북한이 약자의 위치에 있는데도 강압적인 방식으로 남한과 미국을 통제하려고 했기 때문이다. 김정은 위원장은 강자 입장에서 물러나 약자 위치에서 미국과의 협상을 성사시켜야 한다는 판단을 2016년 상반기에는 전혀 하지 못한 것으로 보인다. 다만 북한의 군사적 위협이 치명적이지 않다는 점에 대해서는 절실하게 인식한 것으로 보인다. 경제 발전을 위해 대북 제재를 풀고, 제재 해제를 위해 비핵화 관련 중대 담판을 하고, 미국을 협상장에 나오게 만들려면 미사일 개발 총력전을 전개해야 한다는 결론을 내린 것으로 평가된다.

## 대북 제재 결의, 북한 경제 전반을 타격

유엔 안보리는 3월 2일 이사회를 열고 북한의 1월 6일 4차 핵실험, 2월 7일 로켓 발사와 관련해 새로운 대북 제재 결의 2270호를 채택했다. 안보리 결의 2270호는 북핵 문제와 관련한 대북 제재 결의로 여섯 번째지만, 이전 다섯 차례 채택된 결의와는 질적으로 다르다.* 2270호 이전에 채택된 결의는 핵무기, 미사일 개발 프로그램과 직접 관련이 있는 부분

---

* 유엔 안보리 대북 제재 결의는 1695호(2006.7.15.), 1718호(2006.10.14.), 1874호(2009.6.18.), 2087호(2013.1.22.), 2094호(2013.3.7.), 2270호(2016.3.2.), 2321호(2016.11.30.), 2356호(2017.6.2.), 2371호(2017.5.5.), 2375호(2017.9.11.), 2397호(2017.12.22.) 11건이다. 단, 1695호의 경우 북한에 대해 미사일과 미사일 기술을 포함한 모든 로켓 발사를 금지하는 제재를 했지만, 경제 제재 조치가 없다는 이유로 대북 경제 제재로 계산하지 않는 경우도 있다.

에 대한 제재로 이른바 스마트 제재 방식이었다. 북한을 불필요하게 자극하는 것은 역효과만 낸다는 중국과 러시아의 주장이 반영된 결과로 대량 살상 무기와 관련이 없는 민생 분야는 건드리지 않는다는 원칙을 강조한 것이다. 그러나 2270호부터는 민생 분야를 포함해 북한 경제 전반에 타격을 주는 제재 방안이 포함되었고, 이후 새로운 결의가 나올 때마다 제재 조치 강도도 높아졌다. 2270호는 북한산 금과 바나듐, 티타늄, 희토류 수입을 금지했고, 무연탄과 철광석도 민생용을 제외하고 금지했다. 항공유를 북한에 공급하는 것도 금지했다.

2321호에서는 북한의 무연탄 수출 쿼터를 제한했고 은과 동, 아연, 니켈 수출을 금지하는 조치를 추가했다. 2356호는 제재 조치를 추가하지는 않았지만, 북한 전략 로켓 부대와 고려은행 등 기관 4곳과 북한 정찰총국 조일우 5국장 등 개인 14명을 제재 대상으로 명시했다. 2371호에서는 추가로 북한산 무연탄, 철, 철광석, 납, 납광석, 수산물을 회원국들이 수입하는 것을 금지했다. 북한의 해외 파견 노동자도 동결하고, 대북 합작 사업을 신규로 계약하거나 확대하는 것도 금지했다. 2375호에서는 추가로 북한산 직물, 의료 수입을 금지하고 해외 파견 노동자의 비자 갱신이나 신규 발급을 금지했다. 대북 합작 사업 설립과 유지, 운영을 금지했으며, 기존 합작사는 120일 내에 폐쇄하도록 했다. 북한에 공급하는 정제유를 연간 200만 배럴로 제한하고, 원유도 연간 400만 배럴로 동결했다. LNG와 콘덴세이트 공급도 금지했다.

2397호에서는 추가로 북한산 식료품과 농산품, 기계류, 전기기기, 마그네사이트 및 마그네사이트를 포함한 토석류, 목재류와 선박을 수입할 수 없도록 했다. 해외 파견 노동자는 12개월 이내에 철수하고 어획권 구입도 금지시켰다. 원유의 경우 민생용에 국한해서 400만 배럴만 북한에 공급하도록 했고, 정제유의 경우 민생용에 국한해서 50만 배럴만 공급하도록 제한했다. 산업용 기계류와 운송 수단, 철강 및 여타 금속류를 북한에 공급하는 것도 금지했다.

## 군사적 대비를 선제 공격 방식으로 전환

유엔에서 새로운 제재 결의안을 채택했다는 보도가 나온 직후 북한은 기다렸다는 듯이 미사일을 발사했다. 3월 3일 오전 10시 단거리 탄도 미사일로 보이는 발사체 6발이 동해 방향 100~150킬로미터 거리로 발사되었다. 발사체의 궤적과 속도 등을 고려할 때 새로 개발한 300밀리미터 방사포로 추정되었다. 유엔 안보리 대북 제재 결의가 통과된 직후에 미사일이 발사되었기 때문에 북한이 불만을 표명하기 위한 무력 시위라는 분석이 나왔다. 김정은 위원장은 "실전 배비한 핵탄두들을 임의의 순간에 쏴 버릴 수 있게 항시적으로 준비"하라고 강조했다.

유엔 안보리의 새로운 대북 제재 결의에 대한 북한의 공식 대응은 3월 4일 공화국 정부 대변인 성명으로 나왔다. 미국을 비롯한 대국들과 추종 세력들이 자주권과 생존권을 노골적으로 짓밟는 이상 무자비한 물리적 대응을 포함하여 단호한 대응이 뒤따를 것이라고 위협했다. '대국들'이라는 표현을 사용한 것은 제재에 동의한 중국과 러시아도 비판 대상이라는 점을 명확히 하는 의도로 분석되었다. 외무성 대변인도 담화문을 내고, 미국이 이중 잣대로 자신들의 핵과 위성 발사만 문제 삼고 있다면서 제재 결의는 날조된 조작품이라고 주장했다. 특히 북한 사치품 공급 금지 제재를 언급하면서 무기 개발과 전혀 관련이 없는 스키장

시설과 체육 물품까지 제재 대상에 올렸다고 비난했다.

3월 7일 한국과 미국의 연례 연합 군사 훈련인 키리졸브와 독수리 훈련이 시작되었다. 이에 따라 북한은 3월 6일 외무성 대변인 담화에 이어 7일에는 국방위원회 성명으로 훈련을 비난했다. 외무성 담화는 군사적 대응 방식을 선제 공격적 방식으로 모두 전환할 것이라고 위협했다. 국방위원회 성명도 역시 강력한 핵타격 수단들이 항시적인 발사 대기 상태에 놓여 있다고 위협했다. 조국평화통일위원회는 3월 7일 성명을 냈다. 성명은 한미 연합 군사 훈련을 맹비난하면서 "만단의 전시 타격 태세에 진입한 상태"라고 긴장감을 유발하는 표현을 사용했다.

한국 정부는 예정대로 군사 훈련을 실시하면서 3월 8일에는 북한의 1월 핵실험과 2월 미사일 발사를 응징하는 차원에서 독자적인 대북 제재 방안도 발표했다. 정부는 개인과 단체에 대한 금융 제재를 지적하고, 외국 선박이 북한에 기항하면 이후 180일 이내에 국내 입항을 금지하는 규정도 만들었다.

북한은 험악한 분위기를 더욱 고조시키는 데 집중했다. 3월 9일《노동신문》등 북한 매체들은 북한이 보유했다는 핵탄두와 미사일 KN-08을 공개했다. 북한 매체들은 김정은 위원장의 핵무기 소식을 전하면서 김정은 위원장과 관계자들이 핵폭탄으로 추정되는 물체를 둘러싸고 서서 살펴보는 사진을 공개했다. 매체들은 최대 사거리 1만 2,000킬로미터로 추정되는 대륙간 탄도 미사일(ICBM, Intercontinental Ballistic Missile) KN-08의 조립 전 모습도 공개했다. 김정은 위원장은 "앞으로 필요한 핵물질을 꽝꽝 생산"할 것과 "이미 실전 배비한 핵 타격 수단들도 부단히 갱신"할 것 등을 주문했다. 북한이 그동안 핵탄두 소형화에 성공했다고 주장한 것과 관련해 근거를 제시하는 선전용으로 분석되었다. 한국과 미국의 군 당국이 북한의 핵무기 소형화 기술이 상당한 수준에 올랐지만 미사일에 탑재할 정도는 아니라고 평가한 데 대한 반론인 셈이었다. 다음 날인 3월 10일에는 동해상으로 단거리 탄도 미사일 2발을 발사했다. 김정은 위원장은 "전략군의 모든 핵 타격 수단을 항시적인 발사 대기 상태로 준비"할 것을 지시했다.

## "대기권 재돌입 환경 모의 시험도 성공"

2016년 3월 15일 북한 조선중앙통신은 김정은 위원장의 지도 아래 탄도 로켓의 대기권 재돌입 환경 모의 시험을 실시한 결과 성공을 거뒀다고 보도했다. 김정은 위원장은 대기권 재진입 기술은 군사 대국을 자처하는 몇 개국만 보유했다면서 그런 기술을 순수 국내 연구진과 자재를 통해 확보했다고 주장했다. 재진입 기술이란 대기권 바깥으로 나갔던 탄도 미사일이 다시 대기권 안쪽으로 낙하할 때 속도는 음속의 20배 이상, 온도는 섭씨 6,000도 이상으로 치솟는 환경에서 탄두가 마찰에 의해 녹아 버리거나 폭발되지 않게 하는 기술로, 핵탄두 소형화와 더불어 ICBM 기술의 핵심이다. 북한 매체는 모의 실험을 실제 환경보다 5배 정도 더 높은 온도에서 진행했는데도 핵탄두 보호 덮개가 안정적이었다고 주장했다. 김정은 위원장은 또 이른 시일 안에 핵탄두 폭발 실험과 핵탄두를 탑재할 수 있는 탄도 미사일 시험 발사를 단행할 것이라고 말했다.

북한의 주장과 관련해 '38노스'는 3월 23일 올린 분석 보고서에서 북한이 공개한 사진을 분석한 결과 재진입 모의 실험은 평양 근처 남포시

잠진리에 위치한 잠진 미사일 공장 외부에서 진행되었다고 지목했다. 잠진 미사일 공장은 핵심적인 탄도 미사일 생산 시설로 알려져 있고, 태성 기계 공장이라고 불린다. 이 공장에서는 은하 3호 로켓과 대포동 2호 미사일, 스커드 미사일 등을 생산하는 것으로 알려졌다.

북한의 주장에 대해 한국 국방부는 즉각 일축하는 설명을 내놓았다. 국방부 대변인은 재진입 기술이란 고온을 견디는 소재를 만들 수 있는지, 마지막 타격 단계에 얼마나 정확하게 목표 지점에 도달하는지 등을 의미한다면서 이런 점은 시험 발사를 통해서만 확보될 수 있다고 설명했다. 북한은 지금까지 위성이라고 주장하는 물체를 우주 궤도에 올리는 방식으로만 미사일을 발사한 만큼 재진입 시도를 해 본 적이 없다는 것이다.

3월 18일 북한은 동해로 중거리 탄도 미사일 2기를 발사했는데, 노동 미사일로 추정되었다. 2기 가운데 1기는 공중에서 폭발했다. 3월 20일에는 조선중앙통신 보도로 김정은 위원장이 상륙 및 반상륙 방어 연습을 진행했다는 것이 알려졌다. 3월 21일에는 김정은 위원장이 참관하는 가운데 동해로 단거리 미사일 5기를 발사했다. 신형 대구경 방사포 실전 배치를 앞두고 최종 시험 사격을 한 것이라고 설명했다.


## 신형 대출력 엔진 지상 분출 시험 진행

3월 24일 조선중앙통신은 대출력 고체 로켓 엔진 지상 분출 및 계단 분리 시험을 실시했다고 보도했다. 김정은 위원장은 "적대 세력들을 무자비하게 조겨 댈 수 있는 탄도 로케트들의 위력을 더욱 높일 수 있게 되었다."라고 주장했다. 북한이 개발했다고 주장하는 고체 로켓은 액체가 아닌 고체 연료를 사용하는 미사일이다. 미사일 안에 연료를 오랫동안 넣어 둘 수 있어서 불시에 발사해야 하는 군사용에 적합하다. 액체 연료의 경우 독성 때문에 오래 넣어 두면 안 되고, 주입하는 데 시간이 걸려서 기습 발사가 어렵다. 북한이 지금까지 시험 발사해 온 우주 로켓은 모두 액체 연료 방식이다. 고체 연료 미사일 개발에 대해서는 국방부도 북한 주장을 인정하고 상황을 엄중하게 받아들인다는 입장을 보였다.

3월 25일 조선중앙통신은 전선대연합부대 장거리 포병대 집중 화력 타격 연습 내용을 보도했다. 김정은 위원장은 "악의 소굴인 서울시 안의 반동 통치 기관들을 무자비하게 짓뭉개 버리며 조국 통일의 역사적 위업을 이룩"해야 한다고 지시했다. 3월 27일에는 조선중앙TV가 청와대 등 서울의 주요 시설을 타격하는 훈련을 담은 동영상을 공개했다. 3월 31일에는 북한이 남한 일부에 대해 위성항법장치(GPS, Global Position-ing System) 교란 전파를 한 달 전부터 발사해 온 것으로 파악되었다. 정부 소식통은 북한이 한 달 전부터 수도권 일대로 GPS 교란 전파를 발사했고, 31일 출력이 최대에 달한 것으로 파악되었다고 말했다. 정보 당국은 북한이 최대 출력의 교란 전파를 발사한 것은 시험 단계를 넘어 실제 GPS 교란 공격을 감행한 것으로 판단했다. 이에 따라 수도권과 강원 지역에서 전파 '혼신'주의가 발령되었다.

4월 9일 조선중앙통신은 신형 ICBM의 대출력 엔진 지상 분출 시험에 성공했다고 주장했다. 북한 매체가 공개한 실험 장소는 서해 동창리 미사일 발사장 근처 엔진 시험장으로 추정되었다. 김정은 위원장은 이 자리에서 국방과학 기술자들이 짧은 기간에 신형 ICBM 엔진을 연구, 제작하고 시험에 성공해 놀라운 기적을 창조했다고 치하했다. 이어서 미국 본토를 비롯한 지구상 어디든 타격권에 두고 공격할 수 있게 되었다고 위협했다. 북한의 미사일 성능 개선과 관련한 과시 보도는 ICBM 보유가 가능하다는 주장에 신뢰성을 높이기 위한 조치로 분석되었다.

미국 시각으로 4월 12일 미국 CNN 방송은 북한이 이동식 탄도 미사일 발사를 준비하고 있다고 보도했다. 방송은 사거리 3,000~4,000킬로미터인 무수단 중거리 미사일 가능성이 크지만, 장거리 미사일로 알려진 KN-08이나 KN-14일 가능성도 배제할 수 없다고 전했다. 이 보도가 중요한 이유는 우주 발사체가 아닌 중장거리 미사일로는 2006년 7월 5일 대포동2호 미사일 발사 이후 최초 사례이기 때문이다. 이전까지 북한은 중거리 이상 발사체를 발사하면서 미사일이 아니라 인공위성을 우주 궤도에 올리기 위한 평화 목적의 우주 발사체라고 주장했다. 북한이 우주 발사체를 쏠 때마다 한국과 미국은 미사일 개발을 위한 거짓 명분이라면서 미사일이라고 불렀다. 그런데 이번에 포착된 것이 진짜 미사일이기 때문에 그 이전과는 다른 상황이 시작된 것이다. 무수단 미사일은 시험 발사 없이 실전 배치된 종류이며 보유 수량은 50기 정도로 추산되고 있다. 사거리는 3,000킬로미터 이상이어서 미국의 주요 군사기지가 위치한 서태평양 미국령 괌을 타격할 수 있다.

## 무수단과 핵실험 준비 그리고 SLBM

북한은 예상대로 4월 15일 오전 5시 33분 강원도 원산 근처에서 무수단 미사일 발사 실험을 강행했다. 그러나 미사일이 이동식 차량 발사대에서 발사된 직후 공중 폭발해서 실험은 실패했다는 평가를 받았다. 미국의 보수 매체인 《워싱턴 프리비컨》이 4월 20일 보도한 내용을 보면, 무수단 미사일 발사 시험 실패로 당시 현장에 있던 기술 인력이 숨지거나 다치고 발사 차량도 파손되었을 것으로 추정했다. 발사 준비 상황을 보면 2기가 대기 중이었고, 발사 5초에서 6초 만에 폭발한 것으로 파악되었다. 북한으로서는 매우 불쾌한 상황이었다. 발사일을 4월 15일로 고른 이유는 북한이 최대 명절로 규정하는 태양절, 즉 김일성 주석의 생일이었기 때문이다. 태양절 경축 이벤트로 기획했지만 망신을 당한 셈이었다. 또 5월 초로 예정된 제7차 당대회를 앞둔 시점을 보더라도 큰 치욕을 당한 것이었다.

북한의 무수단 미사일 발사와 관련한 움직임이 벌어지는 와중에 함경북도 길주군 풍계리 핵실험장에서는 또다시 핵실험을 준비하는 정황이 포착되었다. 우리 군이 풍계리 핵실험장에 관심을 집중하는 동안 북한은 4월 23일 저녁 SLBM을 발사했다. 북한은 23일 오후 6시쯤 함경남도 신포항 부근 동해상에서 SLBM을 발사했다. 2,000톤급 잠수함에서 발사된 미사일은 30킬로미터를 비행한 뒤 군 레이더에서 사라졌다. 북한은 지난 1월 수중에서 발사된 미사일이 바다 위 30~40미터 상공에서 점화하는 영상을 공개하며 '콜드런치' 기술 보유를 과시한 데 이어 초기 비행 단계로 진입하고 있음을 보여 주었다. 고체 연료를 사용한 것이 특이한 점으로 포착되었다. 그렇지만 비행 거리가 30킬로미터에 불과하고, 특히 단 분리도 하지 못한 상태에서 폭발한 것으로 파악되어 결국 실패했다는 평가가 나왔다. 다만 군 당국은 미사일 개발 속도로 보면 3년에서 4년 이내에 SLBM을 탑재한 잠수함을 실전 배치할 수 있다고 판단했다. 북한은 다음 날인 4월 24일 SLBM 발사에 성공했다고 주장했다. 조선중앙통신은 김정은 위원장의 현지 지도를 받으면서 시험 발사의 모든 기술 지표가 수중 공격 작전 실현을 위한 요구 조건을 충분히 만족시켰다고 주장했다. 시험 발사에는 리만건 군수공업부장과 리병철 노동당 중앙위 제1부부장 등이 동행했다.

북한의 SLBM 발사로 혼란이 가중된 상황에서 뉴욕을 방문 중인 리수용 외무상이 AP통신과 인터뷰를 갖고 한미 연합 군사 훈련을 중단하면 핵실험을 중단할 준비가 되어 있다고 말했다. 리수용 외무상은 한미 연합 군사 훈련의 긴장이 최고 수준에 달했다면서 상대가 극단으로 치닫는 상황에서 SLBM 발사는 나쁘지 않다고 본다는 주장을 했다.

북한은 4월 28일 두 번째로 무수단 미사일 시험 발사에 나섰지만 또 실패했다. 북한은 28일 오전 6시 40분쯤 강원도 원산 일대에서 이동식 발사대를 이용해 무사단 미사일 1기를 발사했지만 발사 직후 수 초 만에 추락했다. 비행 거리가 너무 짧아서 우리 위성에는 잡히지 않고 미군 탐지 자산에 포착되었다. 북한은 2차 발사 실패 이후 12시간 40분 만인 오후 7시 26분 같은 장소에서 세 번째로 무수단 미사일을 발사했다. 그러나 결과는 거의 비슷해서 발사 이후 공중에서 폭발했다. 태양절이나 제7차 당대회 일정에 맞춰서 축포 성격으로 진행한 무수단 미사일 시험 발사는 참담하게 실패했다.

김정은 위원장은 핵실험과 탄도 미사일 발사와 관련해 울컥해서 미사일을 발사한 것이라는 발언이 4월 26일 보도로 알려졌다. 일본《마이니치신문》은 4월 12일부터 23일까지 북한을 방문하고 돌아온 김정일 국방위원장의 일본인 전속 요리사였던 후지모토 겐지가 4월 12일 밤 평양 시내 연회 시설에서 김정은 위원장과 나눈 대화를 소개했다. 김정은 위원장은 후지모토에게 "전쟁할 생각은 없고, 외교 쪽 인간들이 미국에 접근하려고 무리한 난제들을 들이대는 바람에 울컥해서 미사일을 발사한다."라고 말했다. 면담은 식사를 겸해 3시간 동안 이뤄졌고, 김여정 제1부부장과 최룡해 당 조직지도부장도 자리를 함께 했다. 김정은 위원장이 울컥해서 미사일을 발사한다는 말을 액면 그대로 믿을 필요는 없지만, 미국과의 관계 전환 문제에 대해 답답해한다는 점은 충분히 미뤄 짐작할 수 있다.

## 제17장

# 36년 만에
# 노동당대회가 열리다

2016년 5월 6일부터 9일까지 나흘 동안 평양에서 노동당 제7차 대회가 열렸다. 1980년 이후 36년 만에 열린다는 점에서 세계적인 관심 속에 진행되었다. 김정은 위원장의 통치 방식과 정책 특성을 이해하는 데 가장 중요한 행사라는 점에서 각별하게 주목해야 하는 행사다. 제7차 당대회는 2011년 12월 17일 집권 이후 김정은 위원장이 국가 통치와 관련해 발전시켜 온 각종 개념과 구상이 반영된 행사다. 그리고 제7차 당대회 결과는 김정은 위원장의 향후 국정 운영 지침이라는 의미를 갖는다. 그러므로 제7차 당대회의 특징을 이해하는 것은 김정은 위원장의 통치 방식과 정책 방향을 이해하는 차원에서 가장 중요한 자료다.

## "사회주의 위업 완성을 위한 투쟁에서 새로운 이정표"

대회는 5월 6일 금요일 오전 9시, 서울 시각으로 9시 30분 4·25문화회관에서 개막했다. 김정은 위원장을 비롯해 북한 노동당 지도부와 전국 각지 각급 대표회에서 선출된 대리권 대표자, 즉 투표권을 행사할 수 있는 대표자 3,467명과 발언권 대표자, 즉 투표권이 없는 대표자 200명이 참석하고, 방청객 1,387명이 자리를 함께 했다. 특별히 외신 기자 120여 명이 취재 목적으로 평양을 방문했다. 그렇지만 외신 기자들은 이날 오전 행사장 건물로 들어가지 못하고 건물 밖 200미터 거리에서 건물 외관을 관찰하고 촬영하는 수준의 취재만 허용되었다. 외신 기자들은 폐막일인 5월 9일 김정은 위원장이 퇴장하기 10분 전에 회의장으로 들어가도 된다는 허락을 받았다. 북한 매체들은 5월 6일 낮에 당대회 진행 상황을 보도하지 않았다. 행사 상황이 확인된 것은 서울 시각 오후 10시 30분 조선중앙TV가 김정은 위원장 개회사 육성을 중심으로 행사 영상물을 공개한 시점이었다.

김정은 위원장은 개회사에서 제6차 대회 이후 36년 동안 혁명 정세가 매우 엄혹하고 복잡했다면서, 이 기간을 준엄한 투쟁과 영광스러운 승리의 기간으로 규정했다. 엄혹한 정세에 대해 세계 사회주의 체계가 붕괴되면서 제국주의 연합 세력의 반사회주의적 공세가 북한에 집중되었다고 설명했다. 전대미문의 시련과 고난의 시기에 직면한 상황인 만큼 당과 인민은 제국주의 연합 세력과 단독으로 맞서 싸워야만 했다고 강조했다. 제국주의자들이 수십 년 동안 정세를 항시적으로 긴장시키고 온갖 봉쇄와 압력, 제재로 경제 발전과 생존의 길마저 깡그리 가로막아 놓았다고 비난했다. 이처럼 가혹한 시련과 난관이 놓여 있고 전쟁보다 더한 고난과 고통이 닥쳐왔지만, 당과 인민은 현명한 영도와 일심단결의 위력으로 힘찬 투쟁을 벌여서 제국주의 연합 세력의 반공화국 압살 책동을 걸음마다 짓부시고 자랑찬 승리의 년년을 아로새겨 올 수 있었다고 주장했다.

김정은 위원장은 시련과 고난의 시기인 36년 동안 당이 오히려 강화, 발전했다고 선언했다. 특히 반만년 민족사에 특기할 대사변이 되는 첫 수소탄 시험과 지구 관측 위성 광명성 4호 발사의 대성공을 이룩하여 주체 조선의 존엄과 국력을 최상의 경지에서 빛냈다고 설명했다. 이에 대해 "제7차 대회를 승리자의 대회, 영광의 대회로 빛내이기 위한 혁명적 대진군을 힘차게 벌임으로써 적대 세력의 악랄한 제재 압살 책동을 짓부시고, 부강 조국을 보란 듯이 일떠 세워 나가는 우리 군대와 인민의 억척같은 신념과 의지를 힘 있게 과시하고, 영웅 조선의 백절불굴의 기개와 담대한 배짱, 무궁무진한 힘을 세계 앞에 똑똑히 보여 주었다." 라고 최대의 만족감을 표명했다. 또 충정의 70일 전투를 벌여 사회주의 건설의 전역에서 빛나는 위훈을 창조하고 전례 없는 노력적 성과를 이룩했다고 강조했다. 제7차 당대회는 영광스러운 김일성-김정일주의 당의 강화 발전과 사회주의 위업의 완성을 위한 투쟁에서 새로운 이정표를 마련하는 역사적인 계기라고 규정했다.

개회사 이후에는 대회 집행부 선출과 주석단 성원 추천, 세계 각지에서 전해 온 축하 편지와 선물 소개, 서기부 선출, 재외 동포 축하문 낭독, 재외 동포 축기 증정, 70일 전투 공로자에 대한 당대회 명의 축하 전문 발송 소개에 이어 대외 의정, 즉 의제를 결정했다. 의정은 5가지였다. 첫째, 당 중앙위 사업 총화, 둘째, 당 중앙검사위원회 사업 총화, 셋째, 당

규약 개정, 넷째, 김정은 위원장 지위 격상, 다섯째, 당 중앙지도기관 선거였다. 의정 결정에 이어 사업 총화가 진행되었다.

## 국가 경제 발전 5개년 전략 제시

2016년 5월 7일 토요일 제7차 당대회 이틀째 일정이 진행되었다. 김정은 위원장의 당 중앙위원회 사업 총화 보고가 이어졌다. 김정은 위원장은 총화 보고와 이후 결산 연설에서 굵직한 국가 운영 기조를 제시했다. 첫째는 국가 발전 5개년 전략을 제시한 것이다. 둘째는 핵보유국 선언과 더불어 핵과 경제 병진 노선 관철을 재확인했다. 셋째는 세계 비핵화를 위해 노력한다면서 비핵화 협상 가능성을 열어 놓았다. 넷째, 획기적인 남북 관계 개선을 주장했다.

김정은 위원장이 국가 경제 발전 5개년 전략을 제시한 것은 집권 이후 추진해 온 경제 발전 문제에서 성과를 내기 위한 종합적인 정책 구상이면서 의지의 표현이었다. 김정은 위원장은 북한이 정치 군사 강국의 지위에 당당히 올라섰지만, 경제 부문은 응당한 높이에 오르지 못했다면서 실망감을 감추지 않았다.

5개년 전략의 목표는 인민 경제 전반을 활성화하고 경제 부문 사이 균형을 보장해 나라의 경제를 지속적으로 발전시킬 수 있는 토대를 마련하는 것이라고 밝혔다. 5개년 전략을 제시한 것은 경제 발전을 중심으로 국가를 운영한다는 예고라는 점에서 자연스런 장면으로 볼 수 있다. 그러나 일정한 시한 내에 가시적인 정책 성과를 내야 한다는 제약을 스스로 안게 되는 문제도 나온다. 김정은 위원장이 이런 부담에 대해 고민했는지 확인하기 어렵지만, 2021년 5월 이전에 경제 발전과 관련하여 성과를 내야 하는 과제를 짊어지게 되었다.

핵, 경제 병진 노선을 관철한다는 입장도 거듭 확인했다. 제국주의 위협이 있는 한 핵, 경제 병진 노선을 항구적 전략적 노선으로 삼고 핵 무력을 더욱 강화해 나가겠다고 천명했다. 기존 병진 노선을 재확인하면서 항구적 전략 노선이라는 표현을 추가한 것이다. 그러면서 지하 핵실험과 수소탄 실험에 성공해 세계적 핵 강국의 반열에 올라섰다고 자평했다. 특이한 점은 김정은 위원장이 세계 비핵화에 노력하겠다는 입장을 천명한 것이다. 책임 있는 핵보유국으로서 핵무기 확산 방지와 세계 비핵화를 위해 노력하겠다고 밝혔다. 맥락은 다르지만 비핵화라는 용어를 사용한 것은 북핵 문제가 협상을 통해 해결될 가능성도 있다는 점을 또다시 제시한 것이다.

김정은 위원장이 획기적인 남북 관계 개선 필요성을 강조한 것은 지난 3월 남측의 독자적 대북 제재 발표 이후 남북 사이 채택된 경제 협력, 교류 사업과 관련한 모든 합의를 무효라고 선포한 것과 비교하면 태도가 돌변한 것이다. 다만 남한 당국이 미국을 추종해 한반도 평화와 안전을 위태롭게 하는 무분별한 정치적 군사적 도발과 전쟁 연습을 중단해야 한다면서, 현재 경색 국면의 책임이 남측에 있다는 인식도 보여 주었다. 또 국가보안법 등을 겨냥해 남북 화해에 방해가 되는 각종 법률적 제도적 장치를 없애야 한다고 주장했다. 대미 메시지로는 종전 입장대로 북미 평화 협정 체결과 주한 미군 철수를 거듭 요구했다.

## 노동당 위원장 직제 신설

김정은 위원장 보고가 끝난 뒤 토론이 진행되었다. 김기남, 리명수, 조연준, 박봉주를 비롯해 당 대표자들은 김정은 위원장의 사업 총화 보고를 적극적으로 지지, 찬동한다는 입장을 발표했다. 토론자들은 김정은 위원장의 보고가 총결 기간 김일성-김정일주의 기치 밑에 혁명과 건설에서 이룩한 자랑찬 승리에 대한 긍지 높은 총화이며, 조선로동당의 강화 발전과 사회주의 강국 건설, 조국 통일과 세계 자주화 위업 수행에서 나서는 모든 문제에 완벽한 해답을 준 백과전서적 정치 대강이라고 찬양했다. 그러면서 수령의 사상과 위업에 무한히 충직한 주체형의 혁명적 당으로, 유일 사상 체계와 유일적 령도 체계가 확고히 선 불패의 통일체로, 인민대중제일주의 기치 높이 인민의 운명을 전적으로 책임지고 보살펴 주는 참다운 어머니 당으로 더욱 빛을 뿌리고 있다고 토로했다. 특히 적대 세력들의 악랄한 고립 압살 책동 속에서도 특대 사변들이 일어나는 것은 혁명 사상과 자강력제일주의 정신을 철저히 구현해 온 결실이라고 주장했다. 이어 당과 수령에 대한 충실성을 절대불변의 신념으로 간직하고 제7차 대회에서 제시된 과업을 철저히 관철해 나가겠다는 결의를 표명했다. 사업 총화 토론은 이틀째 일정이 끝날 때까지 하루 종일 진행되었다.

　5월 8일 일요일 사흘째 일정이 시작되었다. 김정은 위원장이 사업 총화에 대한 결론을 발표했다. 이어 전체 인민군 장병과 인민들이 제7차 당대회에 드리는 축하문이 낭독되었다. 이어 두 번째 의정인 당 중앙검사위원회 사업 총화에 대한 보고가 진행되었다. 검사위 사업 총화는 당 재정 활동이 원칙에 맞게 정확히 진행되었음을 확인하고, 주체 혁명의 새 시대 요구에 맞게 당 재정 관리 사업을 끊임없이 개선, 강화하는 것을 강조하는 절차로 진행되었다. 다음 순서는 조선소년단 축하단이 들어와 김정은 위원장에게 흠모와 충정의 마음을 담은 꽃바구니를 증정했다. 당 중앙위 사업 총화 보고에 대한 학습이 진행되고 사업 총화 결정서가 채택되었다. 김일성사회주의청년동맹 축하단이 대회장에 입장해 김정은 위원장에게 꽃바구니를 증정하고 당대회에 올리는 축하문을 낭독했다.

대회는 5월 9일 월요일 나흘째 회의를 진행하고 모든 일정을 마무리했다. 나흘째 회의는 세 번째 의정인 노동당 규약 개정을 다뤘다. 규약 개정에서 당의 최고 직책을 조선로동당 위원장으로 하며 조선로동당 위원장은 당을 대표하고 전당을 령도하는 당의 최고 령도자로 규정했다. 또 당 중앙위원회 비서직제를 부위원장으로 바꿨다. 이에 맞춰 도·시·군 당 위원회와 기층 당 조직의 책임비서·비서·부비서 직제를 위원장·부위원장으로 변경했다. 당 중앙위원회 비서국 명칭을 정무국으로, 도·시·군 당 위원회 비서처의 명칭을 정무처로 바꿨다. 네 번째 의정, 즉 '김정은 동지를 우리 당의 최고 수위에 높이 추대할 데 대하여'로 김영남 최고인민회의 상임위원장이 김정은 위원장을 노동당 위원장으로 추대하는 연설을 낭독했다. 다섯 번째 의정은 중앙지도기관 선출이었다. 중앙위원 129명, 중앙위 후보위원 106명을 선출했다. 당 중앙검사위원회와 정치국 상무위원회 위원, 정치국 위원, 후보위원 선거, 중앙위원회 부위원장 선거가 있었다. 정무국 조직 내용과 당 중앙위원회 부장들과 《노동신문》 책임주필 임명이 통보되었다. 이어 당 중앙검사위원회 제7기 제1차 전원회의 결정 내용이 통보되었다. 전체 인민군 장병과 청년, 인민들에게 보내는 조선로동당 제7차 대회 호소문이 발표되었고, 김정은 노동당 위원장이 제7차 대회 폐회사를 했다. 행사가 마무리되고 이틀 뒤인 5월 11일 노동당 제7차 대회를 축하하는 대규모 합동 공연《영원히 우리 당 따라》가 모란봉악단, 청봉악단, 공훈국가합창단이 참가하고 당대회 참가자들이 관람하는 가운데 열렸다.

## "김정은 위원장의 제안에 진정성이 없다"

김정은 위원장이 남북 대화와 세계 비핵화 등을 언급한 것에 대해 한국 정부 당국은 일제히 진정성이 없다면서 평가절하했다. 통일부는 5월 8일 대변인 논평을 통해 진정성이 없다고 일축했다. 대변인은 북한이 민족의 생존을 위협하는 핵 개발과 남측을 겨냥한 도발 위협을 지속하면서 남북 관계 개선을 위한 대화와 협상을 거론한 것은 전혀 진정성이 없는 선전 공세에 지나지 않는다고 비판했다. 그러면서 북한이 진정으로 한반도 평화와 통일, 남북 관계 개선을 원한다면 대남 위협과 도발을 중단하고 진정성 있는 비핵화의 길로 나와야 한다고 강조했다. 또 북한은 핵 개발의 미몽에서 벗어나 진정성 있는 비핵화 의지를 행동으로 보여야 한다고 덧붙였다. 외교부 당국자는 김정은 위원장의 핵 관련 언급에 대해 핵 개발 의지에 전혀 변함이 없다는 사실을 다시 한번 확인한 것이라고 비판했다.

국방부는 5월 9일 대변인 정례 브리핑에서 부정적인 반응을 확인했다. 문상균 대변인은 북한을 핵보유국으로 인정하지 않는다는 것이 남한과 국제 사회의 일관된 입장이라면서 정부는 강력한 제재와 압박을 통해 북한이 핵을 포기하도록 계속 노력할 것이라고 말했다. 책임 있는 핵보유국으로서 세계의 비핵화를 실현하기 위해 노력하겠다는 북한의 주장은 핵보유국 지위를 기정사실화하여 핵을 포기하지 않겠다는 의지를 재확인한 것으로 본다고 설명했다. 김정은 위원장이 남북 군사 회담을 제안한 것에 대해서는 북한이 스스로 핵과 미사일 도발을 자행하는 상황에서 긴장 완화 등을 위한 군사 회담이 필요하다고 한 것은 전혀 진정성이 없다며 일축했다. 이어 정부는 대화의 문을 열어 놓고 있지만, 대화가 이뤄지려면 북한이 도발을 중단하는 것은 물론 진정성 있는 비핵화 의지를 행동으로 먼저 보여야 한다고 강조했다.

미국 정부도 한국 정부와 비슷하게 부정적인 반응을 나타냈지만, 관망 자세가 좀 더 강조된 신중한 태도를 보였다. 김정은 위원장의 핵 문제 발언에 대해 미 국무부 오리 아브라모비츠 동아태국 대변인은 언론 논평에서 국제적 약속과 의무 이행에 초점을 맞출 것을 북한에 지속적으로 촉구한다고 말했다. 이어 유엔 안보리 대북 결의는 북한에 핵과 미사일 프로그램과 관련한 일체의 행위를 중단하는 동시에 완전하고 검증 가능하며 되돌릴 수 없는 방식으로 폐기할 것을 요구한다고 강조했다. 국무부 반응은 형식과 내용 면에서 원칙론을 되풀이한 것으로 북한을 자극할 의사가 없다는 점이 두드러진다. 하루 전인 5월 7일 조시 어니스트 백악관 대변인은 북한은 황무지에서 나오고 재충전하는 길, 즉 핵무기 개발을 중단하는 길이 있다고 지적했다.

미국 오바마 행정부의 원칙적 대응은 대북 정책의 변화 가능성이 희박하다는 것을 시사했다고 풀이된다. 김정은 위원장의 발언에 대해 비핵화 의지 표명에 크게 미달한 만큼 북한과의 대화 추진이 어려워졌다고 판단한 것으로 보인다. 오바마 행정부는 특히 6개월 뒤인 11월 초 차기 대통령 선출을 의식하여 북한 문제를 말썽이 나지 않게 관리하는 데 초점을 맞춘 것으로 보인다.

일본에서도 예상대로 회의적인 반응이 나왔다. 스가 요시히데 일본 관방장관은 5월 9일 기자들과 만나 김정은 위원장이 핵보유국을 선언한 것에 대해 결코 받아들일 수 없고, 북한은 유엔 안보리 결의 등을 준수하는 것이 최우선이라고 말했다. 향후 북한의 핵실험 가능성에 대해서는 항상 북한의 동향을 경계하고 감시한다는 답변을 했다.

중국에서는 긍정적인 평가가 일부 나왔다. 중국 신화통신은 5월 9일 보도에서 김정은 위원장이 '핵 선제 불사용' '세계 비핵화'를 거론한 것에 대해 정책 변화라고 해석했다. 통신은 김정은 위원장의 발언을 핵으로 핵을 제압한다는 '이핵제핵'으로 풀이하면서, 북한이 핵을 제외한 다른 재래식 무기를 사용해 자국을 공격하는 것에 대해서는 핵을 사용하지 않겠다는 의미라고 분석했다. 이는 북한이 그동안 한국과 미국의 재래식 무기 공격에 대해서도 핵무기로 반격할 가능성을 배제해 오지 않았다는 점에서 이전의 '핵 선제 불사용' 정책과 약간의 차이가 있다고 지적했다. 다만 병진 노선을 강조하며 실용 위성을 발사하겠다고 밝힌 점에 대해서는 이전과 다름없는 태도라고 비판했다.

## 국방위원회 제위원장에서 국무위원장으로

노동당 제7차 대회가 끝나고 6월 29일 북한 최고인민회의는 만수대 의사당에서 전체회의를 열어 국가 기구 개편 방안을 통과시켰다. 국가 최고 권력 기관으로 국무위원회를 신설하고 국무위원장에 김정은 위원장을 추대한 것이다. 김정은 위원장도 참석했다. 이전까지 김정은 위원장은 국가 최고 지도자 직위로 국방위원회 제1위원장 직함을 갖고 있었다. 국무위원회는 국방위원회 기능에 경제와 대외 업무까지 확대하면서 정상적인 국가 운영 기관으로 변모했다. 국무위원회 부위원장은 황병서와 최룡해, 박봉주가 담당하고 김영철과 리수용 등이 국무위원으로 자리 잡았다. 국무위원회 신설과 더불어 노동당 외곽 단체였던 조국평화통일위원회가 정식으로 국무위원회 소속 국가 기관이 되었다.

국무위원회 신설을 결정한 최고인민회의는 노동당 제7차 대회의 후속 조치 차원으로 이해할 수 있다. 이로써 노동당 차원에서 노동당 위원장이라는 직위를 새로 만들고, 거기에 상응해서 국가직도 국방위원회에서 국무위원회를 만들어 김정은 위원장 중심의 조직과 제도를 재편하는 절차, 즉 김정은 시대 권력 구조 정리 작업이 마무리되었다.

북한의 노동당 제7차 대회는 대대적 국면 전환을 위한 대범한, 어쩌면 비현실적인 구상 발표 행사였다. 행사 자체도 애초에 기대한 것과 달리 부분적으로 축소되거나 변형되었고, 목표 달성을 위한 실행 과정에서 많은 시련과 난관을 경험해야 했다. 다만 2017년 말 문재인 대통령의 대북 화해 협력 정책이 추진되면서, 김정은 위원장의 정책 구상은 긍정적인 전망이 가능한 상태로 이동했다. 2년 뒤인 2018년 6월 도널드 트럼프 미국 대통령과의 정상회담을 이끌어 내는 등 호응을 얻어 내면서 성공 가능성을 가시적으로 보여 주었다. 김정은 위원장의 전략 차원에서 본다면 2016년 5월 제시한 전략이 시행착오를 거쳐 2018년 4월 남북 정상회담과 6월 북미 정상회담으로 현실화하는 경로를 만들어 낸 것이다.

애초에 김정은 위원장이 제7차 당대회를 계기로 준비한 것은 2018년 1월 신년사에서 제기한 것과 본질적으로 같은 전략이었다고 분석된다.

국가 핵 무력 완성과 핵과 경제 병진 노선 승리를 선언하면서 동시에 경제 발전 집중 노선을 새롭게 채택하는 것이다. 그러면서 비핵화와 상응 조치를 크게 교환하는 미국과의 핵담판을 추진해서 한반도 정세를 완전히 새로운 구도로 변모시키는 것이 김정은 위원장의 구상이었을 것이다. 이를 위해 김정은 위원장은 무수단 미사일 실험 성공을 증명하려고 무진 애를 썼으며 핵실험도 강행하는 무리수를 두었다. 그런데 무수단 미사일 실험은 하루에 2기를 쏘는 조급함을 보였는데도 모두 실패하는 참담한 상황이 빚어졌다. 핵실험도 전에 비해 위력은 다소 높아졌지만, 한국이나 미국이 수소탄으로 인정할 수 없는 폭발 위력이 나오면서 국가 핵 무력 완성을 선언할 수가 없었다. 핵 무력 완성을 선언할 수 없다면, 핵과 경제 병진 노선이 승리했다고 선언할 수 없고, 경제 발전 집중 노선을 채택할 수도 없다.

이에 따라 김정은 위원장은 5월 6일 아침 시간까지도 국가 핵 무력 완성, 병진 노선 승리, 경제 발전 집중 노선, 핵담판 제안 등을 제기할 수 있는 물리적 조건을 만들지 못한 채 제7차 당대회를 치른 것이다. 결국 김정은 위원장은 일방적인 핵보유국 지위 선언, 세계 비핵화 발언, 병진 노선 재확인, 남북 회담 제안, 국가 경제 발전 5개년 전략 등을 제시했지만, 가장 중요한 비핵화를 매개로 한 핵담판 제안을 내놓지 못하고 서로 연결되지 않는 여러 가지 개념을 어정쩡하게 묶어서 제시한 것으로 분석된다.

김정은 위원장은 이후 부족한 점을 보완하기 위해 꾸준히 노력했으며, 초기 구상을 관철하기 위해 지치지 않고 기회를 노린 것으로 평가된다. 2016년 말부터 시작한 새로운 미사일 엔진 개발이 2017년 초에 성공하자 미사일 분야에서 획기적인 전환점이 생긴다. 무수단 미사일 개발 노력은 2017년 초 자연스럽게 포기한 것으로 평가된다. 또한 핵실험도 2017년 9월 100킬로톤 이상의 폭발 위력을 증명함으로써 수소탄 개발 사실을 한국과 미국이 부인할 수 없도록 만들었다. 이에 따라 김정은 위원장은 제7차 당대회 기간에 하려던 구상, 즉 국가 핵 무력 완성 선언을 2017년 11월 29일에 하고, 핵과 경제 병진 노선 성공 선언과 경제 발전 집중 노선 전환 선언은 2018년 4월 20일에 하게 된다. 미국과의 핵담판도 결국 2018년 6월에 진행하는 성과를 거뒀다. 김정은 위원장 입장에서 본다면 국가 발전 5개년 전략 출범과 동시에 계획한 병진 노선 승리 선언이 2년 뒤에 이뤄졌다는 점에서 상당한 차질이 빚어진 것이다. 그렇지만 태영호 전 공사의 발언에 따르면 미국과의 핵담판은 2016년 5월이 아니라 2017년 말이나 2018년 초를 목표로 한 만큼 애초 구상과 비교해서 터무니없이 늦어진 것은 아니라고 평가할 수 있다.

제18장

——

# 무수단은 실패,
# 수소탄은 일부 진전

——

2016년 5월 노동당 제7차 대회가 끝나자 김정은 위원장은 준비 부족 등으로 당대회 기간에 하지 못한 숙제 또는 국면 전환을 위한 새로운 외교 행보를 과감히 전개했다. 당대회 직후 집중적으로 다룬 주제는 남북 관계 개선을 위한 대화 제안이었다. 박근혜 대통령 정부 특성상 북한과 대화에 나설 가능성은 사실상 없었지만, 남한에서 박근혜 대통령에 대한 여론이 악화되는 상황을 활용해 내부 분열을 부추기는 차원에서 대화 제안을 계속한 것으로 분석된다. 당대회 직전까지 무리하게 진행하던 무수단 중거리 탄도 미사일 발사는 잠시 숨 고르기 기간을 거쳐 다시 시작되었다. 그렇지만 무수단 미사일 개발 노력은 실패의 연속이었다. SLBM 개발은 부분적으로 성과가 있었지만 더딘 흐름이 달라지지는 않았다. 수소탄 개발도 김정은 위원장의 중대 관심사였다. 북한은 2016년 1월에 핵실험을 강행했지만 곧바로 또 다른 핵실험 준비에 나섰다는 점을 숨기려 하지 않았다.

　김정은 위원장의 계산법은 남한과 미국을 실질적으로 협박할 수 있는 핵과 미사일을 개발한 다음 핵담판을 성사시킨다는 것으로 요약할 수 있다. 누군가를 협박해서 관계를 개선하겠다는 구상은 합리적이지 않다. 그러나 핵과 미사일 먼저 포기할 것을 요구하면서 제재와 압박으로 북한을 굴복시키겠다는 남한과 미국의 입장을 수용하는 것도 김정은 위원장 입장에서는 합리적일 수 없다. 김정은 위원장의 입장에서 보면 핵과 미사일 개발을 최대한 신속하게 마치고 핵담판을 성사시키기 위해 노력하는 것 외에 다른 대안은 의미가 없었을 것이다.

## 한편으로 대화 공세, 한편으로 무수단 발사

당대회 일정이 끝나고 일주일이 지난 5월 16일부터 북측의 다양한 기관에서 남측을 향한 대화 제안이 쏟아졌다. 16일 북한 정부와 정당, 단체 공동 성명이 나왔다. 남한 당국이 민족 대단결의 방도를 내놓는다면 함께 추진해 나갈 용의가 있다고 제안한 것이다. 5월 20일에는 국방위원회 공개 서한 방식으로 대화를 요구했다. 5월 21일에는 동시다발적으로 다양한 기관에서 입장을 발표했다. 김기남 노동당 부위원장이 담화를 발표하고, 반제민족민주전선 중앙위원회도 성명을 냈다. 국방위원회 산하 인민무력성은 국방부 앞으로 통지문을 보내 남북 군사 당국 회담 개최를 위한 실무 접촉을 5월 말이나 6월 초에 할 것을 제안했다. 다음 날인 5월 22일에는 조국평화통일위원회 원동연 서기국장이 담화를 발표해 대화와 협상을 통한 남북 관계 개선을 강조하며 남북 군사 당국 간 대화와 협상을 시급히 개최해야 한다고 주장했다. 5월 24일에는 북한 조국통일민주주의전선 중앙위원회 의장이 담화를 냈다.

협박과 다를 바 없이 파상적으로 전개되는 북한의 대화 공세에 남측 정부도 강경 일변도 맞대응 행보를 보였다. 대화가 성사될 가능성은 애초에 없었다. 이런 가운데 무수단 미사일 발사 징후가 포착되었다. 5월 30일 일본 언론에서 먼저 일본 정부 관계자를 인용해 북한이 미사일 발사 징후가 있고, 일본 정부가 자위대에 탄도 미사일 요격 명령을 내렸다는 내용을 보도했다. 보도가 나온 이후 우리 군은 미사일 발사 징후를 추적 중이라는 입장을 내놓았다. 일부 언론에 보도된 내용을 보면 우리 군은 북한이 무수단 미사일을 이동식 발사대에 장착한 동향을 파악한 것으로 알려졌다.

5월 31일, 서울 시각으로 오전 5시 20분 예상한 대로 원산에서 탄도 미사일 1기를 발사했다. 기종은 무수단으로 추정되고, 발사 직후 공중 폭발한 것으로 파악되었다. 4월 15일과 28일 모두 세 차례의 무수단 발사 실패가 재연되었다. 무수단 시험 발사는 실패했지만 북한은 미사일 개발을 계속한다는 메시지를 대내외에 알리는 노력을 멈추지 않았다. 6월 1일 북한 조선중앙TV는 4월 23일 SLBM 발사 당시의 동영상을 공개했다. 동영상에는 미사일이 바다에서 공중으로 솟구쳐 오르는 모습과 김정은 위원장이 해변에서 참관하는 장면이 담겨 있었다. 김정은 위원장이 신형 미사일 옆에서 간부들과 이야기하는 모습과 핵탄두 모형으로 추정되는 은색 원형 물체를 만지는 장면도 공개되었다. 또 다른 핵실험을 예고하는 동시에 북한이 다양한 핵 타격 수단을 갖추고 있음을 홍보한 것이다.

## 무수단 연속 발사에 중국과 러시아도 격분

북한의 무수단 시험 발사에 대해 한국과 미국, 일본이 강력한 규탄 입장을 내놓은 것은 당연하다. 그러나 유엔 안보리의 입장을 예측하는 것은 어려운 일이었다. 중국과 러시아의 입장이 다르기 때문이다. 무수단 미사일의 성능에 대해 논란이 있고, 더구나 실패했다는 점도 고려한다면, 안보리 차원의 징계 여부나 수준은 논란의 대상이었다. 핵실험이나 우주 로켓 발사에 대해서는 유엔 안보리 대북 제재 결의가 당연시되지만, 탄도 미사일 발사 실험에 대해서는 규탄 성명 채택으로 정리하거나 성명 채택조차 생략하는 경우도 있었다. 1월 6일 북한 핵실험 직후 안보리는 이를 규탄하는 언론 성명에 이어 제재 결의안을 채택하는 과정에서 논란이 있었고, 2월 우주 로켓 발사를 한 후에 결의안이 채택되었다. 3월과 4월 중순 미사일 시험 발사에는 규탄 성명을 채택했다. 안보리는 4월 말에도 무수단 미사일 발사와 관련해 언론 성명을 채택하려고 했지만 러시아 반대로 무산되었다.

중국과 러시아는 그러나 5월 31일의 무수단 미사일 발사에 대해서는 과거와 다른 대응 자세를 보였다. 성명 채택에 적극 동의했고, 중국의 경우 제재 결의를 적극 이행하는 모양새를 연출한 것이다. 중국은 6월 14일 안보리 결의에 따른 대북 수출 금지 품목을 추가 지정했다. 중국 상무부는 공고문을 통해 고강도 알루미늄 합금과 고리형 자석 물질 등 군용과 미사일, 대량 살상 무기 제조에 전용될 소지가 큰 품목 40여 종에 대해 대북 수출을 금지했다. 중국 조치는 4월 5일 석탄과 항공유 등 북한과의 수출입을 금지하는 품목 25종을 발표한 데 이어서 금지 품목을 추가한 것이다. 중국의 조치는 리수용 북한 노동당 중앙위원회 국제담당 부위원장이 5월 31일부터 6월 2일까지 베이징을 방문하고 돌아간 이후라는 점에서 주목할 만한 조치다. 리수용 부위원장은 민감한 시기에 대규모 방문단을 이끌고 중국을 방문하여 시진핑 주석도 예방했다. 그리고 나서 중국이 대북 제재 품목 확대 조치를 발표한 것은 북한의 핵과 미사일 개발 정책에 반대한다는 입장을 강하게 보여 주는 행보로 평가할 수 있다. 이와 관련해 한국 정부는 6월 21일 대북 제재 조치로 '북한 맞춤형 감시 대상 품목'을 외교부 대변인 정례 브리핑을 이용해 발표했다. 감시 대상 품목은 핵 관련 89개, 미사일 관련 41개 등 모두 130개였다.

## 무수단 5차 발사는 실패, 6차는 성공

북한은 6월 22일 오전 5시 58분 원산 일대에서 다섯 번째 무수단 중거리 탄도 미사일을 발사했다. 무수단 발사 징후를 하루 전에 확인하여 우리 군 당국이 미사일 발사 상황을 실시간으로 파악하고 있음을 보여 주었다. 미사일은 발사 후 150킬로미터 정도 비행한 뒤 폭발한 것으로 파악되었다. 비행 거리도 짧지만 비행 궤적도 정상적인 미사일 특징을 보이지 못해 실패로 평가되었다. 과거 네 차례 시험 발사에서 발사 직후 폭발한 것과 비교하면 나아진 상황이지만, 결국 중거리 탄도 미사일로 인정받을 수 없는 엉터리 물건이라는 점도 다시 한번 확인되었다.

그런데 상황이 거기서 종료된 게 아니었다. 5차 무수단 미사일 발사 이후 2시간 뒤인 8시 5분 원산 일대에서 여섯 번째 무수단 미사일 발사를 감행한 것이다. 게다가 6차 발사는 무수단 미사일 시험 발사에서 처음으로 성공한 사례가 되었다. 미사일 평면 이동 거리는 400킬로미터였지만 고각 발사, 즉 수직에 가까운 각도로 미사일을 쏘아 올리는 방식을 채택하는 궤적이 나타났다. 정상 각도로 발사할 경우 무수단 미사일은 알려진 것처럼 북한에서 3,300킬로미터 떨어진 미국령 괌을 타격할 수 있는 최소한의 능력은 갖춘 것으로 파악되었다.

북한도 무수단 미사일 발사 성공을 자랑했다. 북한 매체들은 6월 23일, 서울 시각으로 오전 6시 30분 중장거리 전략 탄도 로켓 '화성-10호' 시험 발사에 성공했다고 보도했다. '화성 10호'는 북한이 스스로 부여한 미사일 이름이고, '무수단'은 북한이 해당 미사일의 존재 자체를 공개하지 않는 상황에서 미국 군사 당국이 부여한 이름으로 같은 물건을 지칭하는 말이다. 북한은 탄도 로켓의 최대 사거리를 고려해 고각 발사 체제로 시험 발사를 진행했다고 밝혔다. 로켓은 최대 정점 고도 1,400킬로미터까지 상승해 400킬로미터 거리의 목표 수역에 떨어졌다고 주장했다. 아울러 재돌입 구간에서 전투부 열 견딤 특성과 비행 안정성을 검증했다며 중장거리 탄도 미사일의 핵심인 대기권 재진입 기술도 시험했다는 점을 시사했다. 김정은 위원장이 만족스러운 표정으로 시험 발사 장면을 지켜보는 사진도 공개했다. 보도에 의하면 김정은 위원장은 전 세계가 이번 발사의 비행 궤적만으로도 중장거리 전략 탄도 로켓의 능력을 바로 평가할 수 있을 거라고 장담했다. 또한 태평양 작전 지대 안에 있는 미국을 현실적으로 전면 공격할 수 있는 능력을 확실하게 갖췄다고 말했다.

북한의 무수단 미사일 성공 주장에 대해 한국 정부는 모호한 태도를 취했다. 군 당국자는 정상적인 비행 궤적을 보이지 않았고 재진입 기술 확보가 명확하지 않은 만큼 성공했다고 단언할 수 없다는 논평을 내놓았다. 또 다섯 차례에 걸쳐 실패한 사례가 있는 만큼 무수단 미사일의 능력을 과대평가하는 것은 적절하지 않다고 말했다. 다만 엔진 성능 분야에서 일정 부분 안정성을 확보한 것으로 보이고, 비행에서도 미사일 하단에 격자형 날개를 달아서 안정성을 보였다고 평가했다.

중국에서도 회의적인 반응이 나왔다. 6월 23일 중국 언론 보도에 따르면 중국 미사일 전문가인 양청쥔은 무수단 미사일 동력 장치와 제어 시스템이 불안정하며, 전날 발사된 미사일 2기 모두 사거리가 부족한 데다 목표물을 맞히지 못했다면서 실패한 것으로 간주해야 한다고 주장했다. 또한 무수단 미사일은 실패 확률이 높고 종합적으로 질이 떨어지며 정밀도가 낮다고 지적했다.

무수단 미사일에 대해 냉혹한 평가도 있지만, 북한이 개발한 탄도 미사일 가운데 3,000킬로미터 이상 사거리 능력을 과시한 것은 이번이 처음이었다. 북한으로서는 상당한 진전을 이룬 게 사실이고, 김정은 위원장이 무척 고무된 반응을 보이는 것도 자연스러운 일이었다. 북한 한성렬 외무성 미국 담당 국장은 6월 25일 미국 AP통신 평양 지국장과 인터뷰를 갖고, 미국과 추종 세력들의 가중되는 침략 위협에 대처해 핵실험과 미사일 발사 등 자위적인 핵 억제력 강화 조치를 계속 취해 나간다는 게 북한의 원칙적 입장이라고 강조했다. 한 국장은 미국이 최근 한반도 정세를 극도로 긴장시키고 있다면서 미국 등 적대 세력들의 항시적인 위협으로부터 조국과 인민의 안전을 담보하려면 북한도 강력한 공격 수단을 가져야 한다고 말했다. 북미 관계 개선에 대해서는 김정은 노동당 위원장이 노동당 제7차 대회에서 미국의 대북 적대시 정책 철회와 주한 미군 철수를 강조했다고 전했다.

같은 날 조선중앙통신은 유엔 주재 북한 상임대표부가 미 국무부에 앞으로도 핵 억제력 강화 조치를 연속적으로 취해 나가겠다는 내용의 통보문을 보냈다고 보도했다. 이에 앞서 미 국무부는 6월 23일 북한의 미사일 발사가 유엔 안보리 결의 위반이며 한반도 긴장을 고조하는 행위라는 입장을 통보해 왔다고 밝혔다.

한편 북한 최고인민회의 상임위원회는 정령으로 7월 3일을 미사일 부대를 총괄하는 전략군의 날로 지정했다고 조선중앙TV가 6월 25일 보도했다. 방송은 전략군이 미국의 핵전쟁 도발을 분쇄하고 조국과 민족의 미래를 담보하는 당의 믿음직한 핵무장력이라면서, 김정일 국방위원장이 전략군을 조직한 1999년 7월 3일을 뜻 깊게 기념하기 위해 이같이 결정했다고 설명했다.

## "SLBM 시험 발사, 성공 중의 성공"

8월 24일, 서울 시각으로 오전 5시 30분 북한이 함경남도 신포 앞바다에서 SLBM을 발사했다. 북한은 4월 23일과 7월 9일에도 SLBM 시험 발사를 했지만 제한적 성공 또는 실패였다. 4월 발사의 경우 미사일이 수중 10미터 깊이 잠수함에서 발사돼 30킬로미터를 날아간 것으로 파악되었다. 7월에 발사한 SLBM은 수 킬로미터만 날아가고 공중에서 폭발했다. 8월 24일 발사는 동쪽으로 500킬로미터 정도 비행한 뒤 일본이 설정한 방공식별구역 안 수역에 떨어진 것으로 파악되었다. 통상적으로 SLBM 개발 초기 단계에서 분수령이 되는 300킬로미터 사거리를 넘어섰기 때문에 성공했다는 평가를 받았다. 발사 각도는 예상대로 고각 발사였다. 정상 각도였다면 1,000킬로미터 사거리를 낼 수 있는 것으로 평가되었다. 연료는 액체가 아니라 고체 연료를 사용한 것으로 평가되었다. 미사일 불꽃 모양이 촛불과 유사하면 액체 연료, 치마처럼 흩어지는 모양이면 고체 연료로 파악한다. 추진체 1단과 2단 분리도 성공했다.

북한도 스스로 성공이라고 주장했다. 조선중앙통신은 8월 25일, 서울 시각 오전 6시 30분 보도에서 전날 실시한 SLBM 수중 시험 발사가 김정은 위원장의 지도 아래 성공리에 진행되었다고 보도했다. 통신은 이번 시험 발사를 통해 '콜드런치' 안정성과 단 분리, 명중 정확도 등 탄도탄 핵심 기술 지표들이 작전적 요구에 완전히 도달했다는 것을 확인했다고 설명했다. 발사 장면을 지켜본 김정은 위원장은 이번 발사가 성공 중의 성공이라면서, 이제 자신들은 핵 공격 능력을 완벽하게 보유한 군사 대국 전열에 들어섰다고 주장했다. 그러면서 미국 본토와 태평양 작전 지역을 자신들의 손아귀에 넣게 되었다고 협박했다. 김정은 위원장은 예고 없이 맞닥뜨릴 수 있는 미국과의 전면전과 핵전쟁에 대비해 핵무기 개발에 더욱 박차를 가하고 운반 수단 개발에도 총력을 집중하라고 주문했다. 이어서 적들이 존엄과 생존권을 조금이라도 위협하려 들면 군사 대국으로서 보여 줄 수 있는 모든 역사적 행동 조치를 다단계로 계속 보여 주라고 지시했다.

북한의 SLBM 발사는 시기적으로 한미 연합 군사 훈련인 을지프리덤가디언에 반발하는 무력 시위나 사드 배치를 견제하는 의도로 풀이되었다. 사드와 관련해서는 SLBM은 최적의 공격 수단이 될 수 있다는 점에서 개연성이 충분한 분석이다. 그렇지만 기본적으로는 핵담판 협상에 나오도록 미국을 압박하는 노력으로 볼 수 있다. 김정은 위원장의 현지지도 발언을 보면 미국을 의식한 핵 무력 완성을 가장 중요한 목표로 설정했다는 것을 알 수 있다. 이와 관련해 일본《도쿄신문》은 8월 26일자 보도에서 김정은 위원장이 북한 정권 수립 70주년인 2018년 9월 9일까지 SLBM 발사관을 2~3개 갖춘 신형 잠수함 제작을 지시했다고 보도했다. 신문은 김정은 위원장이 6월 22일 무수단 미사일 발사 직후 열린 과학자 등 관계자 격려 연회에서 노동당 군수공업 담당 간부에게 이런 지시를 했다는 이야기를 북한 소식통이 전했다고 보도했다.

북한의 SLBM 발사 성공에 대해 박근혜 대통령은 8월 29일 대통령 수석보좌관 회의 발언에서 북한 정권의 자멸을 거론하며 더욱 강경한 대북 정책을 지시했다. 박근혜 대통령은 북한이 어떤 형태로 도발하든 그 시도 자체가 북한 정권의 자멸로 이어질 수 있도록 확고한 응징 태세를 유지해 달라고 지시했다. 이어 북한 인권에 대해 더는 미룰 수 없는 인도적 현안이며, 한반도 평화 통일 시대를 여는 주춧돌이라고 말했다. 박근혜 대통령의 대응은 북한의 도발에 분노하는 감정을 표명한 수준일 뿐 합리적이거나 효과적인 대응과는 거리가 있었다. 이런 대응의 배경은 북한을 보는 시각이 과도하게 편향적으로 왜곡된 점을 들 수 있다. 북한을 보고 싶은 대로만 볼 뿐 있는 그대로 보지 못하는 일부 전문가의 오도된 조언을 바탕으로 강경 일변도의 대북 정책을 실시한 결과였다. 북한의 전략적 셈법을 바꾸기는커녕 오히려 북한이 아무런 견제 없이 핵과 미사일 개발에 전념하도록 조장한 셈이 된 것이다.

## 5차 핵실험, 폭발 위력 대폭 증대

북한이 한편으로는 남한을 상대로 집요하게 대화를 제안하고, 한편으로는 중거리 미사일과 잠수함 발사 미사일 개발에 총력을 집중하는 와중에 북한이 핵실험을 준비 중이라는 관찰 결과가 전해졌다. 미국의 '38노스'는 8월 11일 위성 사진 분석 보고서에서 함경북도 길주군 풍계리 핵실험장 현장에 사람과 차량의 움직임이 빈번하고 갱도 입구 근처에 대형 차양이 설치되었다고 전했다. 8월 17일 일본 교도통신은 북한 원자력연구원과의 서면 인터뷰를 바탕으로 북한이 핵무기 원료인 플루토늄을 생산했다고 보도했다. 북한이 플루토늄을 생산했다고 인정한 것은 2013년 원자로 재가동 방침을 밝힌 후 처음이었다. 연구원은 농축우라늄도 계획대로 생산하고 있다면서 미국이 핵무기로 북한을 위협하는 조건 아래에서 핵실험을 중단하지 않겠다고 밝혔다. 또한 경수로 원전으로 전력 부족을 해소하기 위해 출력 10만 킬로와트의 실험용 경수로 건설을 추진 중이라고 덧붙였다.

2016년 9월 9일, 서울 시각으로 오전 9시 30분 북한은 5차 핵실험을 감행했다. 인공 지진 규모는 5.04이며 폭발 위력은 10킬로톤으로 측정되었다. 10킬로톤은 4차 실험 당시 6킬로톤에 비해 두 배 가까이 늘어난 것이다. 북한의 핵실험 징후가 몇 차례 포착되었지만, 2016년 1월에 이미 핵실험을 한 차례 진행한 만큼 8개월 만에 핵실험을 감행할 것이라는 전망이 높지는 않았다. 정부는 매우 당혹스런 태도를 보였다. 박근혜 대통령은 동아시아 정상회의 참석을 위해 라오스를 방문 중이었는데, 북한 핵실험 강행 보고를 받자 현지 일정을 중단하고 급거 귀국했다. 라오스를 떠나기 전에 박근혜 대통령은 황교안 국무총리에게 NSC 회의를 소집해 대응에 나서라고 지시했다. 박근혜 대통령은 귀국하자마자 오후 8시 30분에 안보 상황 점검 회의를 소집했다. 박 대통령은 국제 사회와 더불어 북한에 핵과 미사일 개발 중단을 촉구했는데도 북한이 핵실험을 감행했다고 분개했다. 북한 정권의 무모함과 핵에 대한 집착을 드러낸 것이라면서 김정은 위원장의 정신 상태를 통제 불능으로 봐야 한다고 지적했다. 북한이 도발할 수 있다고 경고하면서 국가 비상 사태에 준하는 자세로 북한 상황을 예의 주시하겠다고 말했다.

박근혜 대통령의 발언은 북한 문제에 대한 이해나 대응에 심각한 오류가 있다는 것을 다시 한번 보여 주었다. 무엇보다 자신이 수년 동안 김정은 위원장을 상대로 핵무기 포기를 목표에 두고 제재와 압박 정책을 전개한 것이 오류라는 결론이 나온다. 정신이상자는 합리적 사고를 할 수 없기 때문이다. 앞으로 어떤 정책을 전개해야 하는지에 대해서도 답이 나오지 않는다. 북한이 벼랑끝 협상 전술을 앞세운 외교를 하는 것은 사실이지만, 국내 정치와 사회가 일사불란하게 움직이는 상황에서 북한 최고 지도자를 정신이상자로 규정하는 것은 현실과 동떨어진 인식이다.

　북한은 핵실험 감행 4시간 만인 서울 시각 오후 1시 30분에 조선중앙 TV를 통해 실험 사실을 공개했다. 핵무기연구소 성명을 통해 새로 제작한 핵탄두 폭발 실험이 성공리에 진행되었다고 주장했다. 핵무기연구소는 6개월 전 김정은 위원장이 찾아가 소형화한 핵탄두라면서 실물을 공개한 곳이다. 한국과 미국, 일본은 북한을 규탄하는 성명과 조치를 연속으로 내놓았다. 9월 13일과 9월 21일 미국의 전략폭격기가 한반도 상공을 비행하면서 북한 겁주기에 나섰다. 9월 30일에는 국방부가 사드 배치와 관련해 부지를 확정해서 발표했다. 10월 10일에는 한국과 미국이 연합 해상 훈련 '불굴의 정신'을 15일까지 진행했다.

　그러나 북한은 국제적 차원의 제재와 압박 조치를 조롱하면서 핵과 미사일 개발에 전념하는 모습을 보였다. 10월 15일 평안북도 구성시 방현비행장 인근에서 무수단 미사일을 일곱 번째로 발사했고, 10월 20일에도 같은 장소에서 무수단 미사일 8차 시험 발사를 진행했다. 두 번의 미사일 발사는 모두 실패해서 무수단 미사일은 여덟 번 발사에 일곱 번 실패라는 치욕적인 결과를 안게 되었다. 그러나 미국을 타격할 수 있는 장거리 미사일을 개발하겠다는 의지는 지속된 만큼 실패를 통해 미사일 제작 기술을 획기적으로 배양한 것으로 관측된다. 북한은 무수단 미사일 개발을 사실상 포기하고 새로운 미사일 엔진 개발에 나섰으며, 다음 해인 2017년 대대적인 성과를 거둔다.

# 제19장

## 트럼프 등장에 북극성 2형 발사

2016년 11월 8일 미국 정치사에서 유례를 찾기 어려운 초대형 이변이 발생했다. 미국의 45대 대통령에 막말과 기행으로 악명이 높은 도널드 트럼프 공화당 후보가 당선된 것이다. 트럼프 당선이 이변으로 받아들여진 것은 미국의 유명한 선거 예측 기관이나 주요 언론들이 트럼프가 아닌 힐러리 클린턴 민주당 대통령 후보의 당선을 예측했기 때문이다. 과학적인 여론 조사 결과가 아니라고 해도 트럼프는 다양한 형태의 막말을 쏟아 내고 저급한 행동을 서슴지 않으며 편협한 대중영합주의 정책을 선거 공약으로 제시하는 등 세계 유일 초강대국 대통령 후보로서 갖춰야 하는 덕성을 갖추지 못했다는 평가가 많았기 때문에 당선을 거론하는 사람을 찾기도 어려웠다. 그렇지만 트럼프는 신자유주의 관련 정책에 대한 미국 내 일부 불만 계층의 여론을 예리하고 집요하게 공략하며 이른바 쇠락한 지역 유권자들의 지지를 유도하는 비범한 능력을 보여서 대통령에 당선되었다.

## "한국은 부자 나라인데도 안보는 무임 승차"

트럼프 대통령은 2015년 6월 16일 뉴욕 트럼프타워에서 대통령 선거 출마를 공식 선언했다. 트럼프 대통령 출마 선언의 주제어는 '미국을 다시 위대하게!(Make America Great Again!)'였는데, 그것보다는 문제 발언이 세간의 관심을 끌었다. "멕시코에서 오는 이민자들은 마약과 범죄자, 강간범과 함께 미국에 들어온다."라고 주장한 것이다. 출마 선언 연설 직후 12시간 만에 페이스북 기준으로 340만 명이 댓글을 올리면서 엄청난 반향을 일으켰다. 엄청난 반향 중에는 반발도 많았지만 인지도와 지지도를 높이거나 지지자를 결집하는 부수 효과도 가져왔다. 출마 선언 시점에서는 군소 후보에 불과했지만 불과 하루도 지나지 않아 공화당 주요 대선 경선 후보 반열에 올라섰다.

트럼프는 대선 운동 초기부터 워싱턴 기득권 세력을 맹렬히 비난하는 한편 미국 내 소수파 국민을 차별하고 혐오하는 발언을 일삼으며 유권자를 지지와 반대, 둘로 갈라치는 선거 전략을 전개했다. 한국과 일본, 독일 등 주요 동맹 국가도 주요 공격 대상이었다. 2015년 7월 21일 사우스캐롤라이나 블러프턴 유세에서 "사우디아라비아는 하루에 수십억 달러를 버는데도 문제가 생기면 언제나 미국 군대가 해결해 줘야 하고 미국은 얻는 것이 없다."라고 비판했다. 이어 한국도 그렇다면서 "미군이 한국을 돕는 것은 미친 짓"이라고 말했다. 트럼프는 과거에도 유사한 발언을 한 적이 있었다. 2011년 4월 28일 라스베이거스의 한 호텔에서 열린 지지자 모임에서 자신이 대통령이 되면 한국을 보호해 주겠지만 대가를 지불해야 한다고 말하겠다면서, 한국은 2분 안에 받아들일 거라고 주장했다.

안보 무임 승차론은 선거 운동 기간 내내 지속되었다. 8월 21일 앨라배마주의 라디오 방송 인터뷰에서는 최근 한반도에 긴장이 고조돼 미국이 전투함을 보낸다면서 안보 무임 승차 사례로 언급했다. 9월 28일 세금 관련 공약을 발표하는 과정에서도 자신이 대통령이 되면 일부 군사 비용을 재협상하겠다면서 미국이 한국과 독일, 사우디아라비아 같은 부자 나라들을 모두 보호하기 때문이라고 말했다. 10월 12일에는 한국이 내는 방위비 분담금은 푼돈이라고 지적했다. 뉴햄프셔주 맨체스터의 한 행사에서 한국계 미국인 대학생 조셉 최가 한국은 연간 9,800억 원을 미군 주둔 비용으로 부담한다고 지적하자, 트럼프는 미국이 부담하는 비용에 비해 적다는 이야기라면서 한국은 부자 나라이며 한국의 비용 부담은 푼돈이라고 강변했다. 10월 15일에는 폭스뉴스 프로그램에 출연해 미국이 한국을 사실상 공짜로 방어해 준다고 말했다. 11월 3일 선거용으로 출간한《불구가 된 미국》에서는 한국과 독일, 일본 모두 부유한 국가인데도 미국이 이들을 보호하면서 얻는 것이 없다고 주장했다.

2016년 1월 6일 폭스뉴스 인터뷰에서 남북한 경계선에 미군 2만 8,000명이 주둔하고 있지만 미국은 얻는 게 아무것도 없다며 자신은 한국이 미군 주둔의 대가를 치르도록 할 거라고 강조했다. 3월 21일에는 《워싱턴포스트》관계자 면담에서 아시아 지역에 대규모의 군사적 투자를 할 가치가 있는지 의문이라고 말했다. 그러면서 한국은 매우 부유하고 위대한 산업 국가인데도 미국이 하는 만큼 공평하게 돌려받지 못한다고 주장했다.

3월 26일 트럼프는《뉴욕타임스》인터뷰에서 자신의 외교 정책 방향을 설명하며 한국과 일본의 독자적인 핵무장 용인에 열린 태도를 갖고 있다고 밝혔다. 미국이 지금처럼 약한 모습을 보인다면 한국과 일본은 핵무장을 하려 들 거라고 주장했다. 3월 29일에도 CNN 주최 타운홀 미팅에서 한국과 일본의 핵무장 용인 입장을 언급했다. 다만 3월 30일 MSNBC 방송 주최 타운홀 미팅에서는 자신이 말한 것은 현 상태를 유지하겠다는 것이라며 입장을 번복했다.

4월 2일 위스콘신주 로스차일드 유세에서는 핵으로 무장한 북한과 일본 사이에 분쟁이 일어난다면 끔찍한 일이겠지만, 그건 그들이 하는 일이라고 잘라 말했다. 4월 28일 인디애나주 인디애나폴리스에서 열린 타운홀 미팅에서는 한국은 경제로 말하면 최고의 TV와 가장 큰 선박을 만드는 괴물 같은 나라인데도 방위비는 아주 조금만 낸다고 주장했다. 5월 1일에는 폭스뉴스에 출연해 자신이 대통령이 되면 외국 지도자들에게 더 많은 존경을 받을 것이라고 장담했다. 외국 지도자들은 자신이 거칠기 때문에 매우 걱정하는데, 이것은 좋은 일이니 그들을 약간 걱정하게 만들자고 말했다.

5월 4일에는 CNN 방송에 출연했다. 사회자가 한국의 경우 주한 미군 비용의 50퍼센트를 부담하는 것에 대한 의견을 묻자 100퍼센트 부담은 왜 안 되느냐고 반문했다. 6월 2일 캘리포니아주 새크라멘토 유세에서 안보 무임 승차론과 미군 주둔 비용 인상을 거듭 주장했다. 한편 자신이 일본의 핵무장을 용인한다고 힐러리 클린턴 후보가 말하는데, 그것은 거짓말이라고 일축했다. 7월 21일에는 《뉴욕타임스》와 인터뷰를 갖고 세계 각국에 주둔한 미군을 철수시킨다는 입장을 반복했다. 한국에 미군이 주둔하면서 평화가 유지된다는 지적에는 한국에서 평화가 유지될 거라는 보장이 없다면서 북한이 점점 더 미쳐 가고 핵무장화가 심화되고 있다는 답변을 했다. 9월 26일 1차 대선 후보 TV 토론회가 열렸다.

트럼프는 이 자리에서도 미국이 한국과 일본, 독일, 사우디아라비아를 보호해 주고 있지만, 그들은 미국에 내야 할 돈을 내지 않는다고 강조했다. 10월 19일 3차 토론회에서도 방위비 분담금 재협상을 강조했다.

한미 자유무역협정(FTA, Free Trade Agreement)도 트럼프 후보의 공격 소재였다. 8월 2일 오하이오주 콜럼버스 유세에서 미국이 그동안 체결한 자유무역협정으로 지역 경제가 망가지고 일자리도 없어졌다면서 힐러리가 국무장관 시절 처리한 한미 FTA가 일자리 킬러였다고 주장했다. 8월 8일에는 미시건주 디트로이트에서 가진 경제 정책 연설에서 오바마 행정부가 한미 FTA로 미국 수출이 100억 달러 늘어날 거라고 예측했지만 모든 약속은 거짓으로 드러났다고 주장했다. 오히려 일자리 10만 개가 사라졌고, 한국의 대미 수출은 150억 달러 급증했다는 것이다. 8월 23일 오하이오주 애크런 유세에서는 한미 FTA는 일자리를 죽이는 협정이며 북미자유무역협정(NAFTA, North American Free Trade Agreement)은 사상 최악이라고 묘사했다. 9월 1일 오하이오주 윌밍턴 유세에서도 같은 메시지를 전달했다.


## "김정은은 미쳤거나 천재, 둘 중의 하나"


2015년 8월 11일 미국의 정치 평론가인 마크 핼퍼린이 MSNBC 방송에 출연해 트럼프가 여론의 비난을 받고 있지만, 북한 정부는 트위터를 통해 트럼프 지지를 표명했다고 소개했다. 그러나 이 트위터는 유명 블로거들이 운영하는 패러디 계정에서 나온 것으로 가짜 트윗이었다. 이 사건은 김정은 위원장이 트럼프 대통령과 실제로 대화를 나누는 상황을 예시했다는 점에서 흥미롭다.

8월 21일 앨라배마주 라디오 방송 인터뷰에서 트럼프는 김정은 위원장에 대해 미쳤거나 천재, 둘 중의 하나라고 말했다. 9월 9일 워싱턴 미 연방의회 앞 광장에서 열린 집회에 참석한 뒤 행사장을 빠져나가면서, 북한과의 핵 협상에 대해 근본적으로 반대할 거라는 입장을 밝혔다. 9월 16일 캘리포니아주 로스앤젤레스 근처 로널드레이건기념도서관에서 열린 2차 TV 토론회에서 김정은 위원장을 향해 "미치광이"가 핵으로 위협한다고 비판했다.

2016년 1월 4일 트럼프는 CBS 방송에 출연해 핵무기 사용에 대한 질문을 받고, 자신은 방아쇠를 빨리 당기는 사람이 아니라면서 핵무기 사용에 신중한 편이라고 주장했다. 그러나 북한 같은 나라는 핵무기를 사용하는 데 주저하지 않을 거라고 우려를 표명했다. 1월 6일 폭스뉴스 인터뷰에서는 북한의 수소탄 실험 발표와 관련해 북한의 핵 프로그램을 즉각 폐쇄해야 한다고 주장했다. 김정은 위원장은 운반 수단만 확보하면 언제든 핵무기를 사용할 수 있는 충분히 병적인 인물이라고 평가했다. 미치광이가 핵무기를 사용할 수 있는데도 그동안 누구 하나 미치광이와 이야기하지 않았다고 비판했다. 특히 중국은 북한에 대해 완전한 통제권을 갖고 있는 만큼 중국이 북핵 문제를 풀지 않으면 미국과의 무역을 어렵게 만들어야 한다고 강조했다. 1월 8일 트럼프는 폭스뉴스 인터뷰에서 김정은이 정신 나간 상태에 있기 때문에 북핵은 정말로 심각한 문제라면서 미치광이가 핵을 갖고 장난을 치지 못하게 해야 한다고 지적했다. 다만 김정은 위원장이 아버지 사망 후 정권을 넘겨받아 수소탄 실험까지 한 점은 놀랐다면서 젊은 친구가 정권에 대한 통제권을 유지하는 것이 대단하며 자신을 추종하게 만드는 뭔가를 갖고 있다고 칭찬했다. 1월 10일 트럼프는 북한의 4차 핵실험에 대해 망신거리라고 지칭하면서 중국이 북한 문제를 풀 수 있는 힘을 가졌다고 꼬집었다. 미국의 경제력을 이용해 중국이 북핵 문제 해결에 나서도록 압력을 가해야 한다고 주장했다.


## "햄버거를 놓고 김정은과 대화할 수 있다"

2016년 4월 17일 전직 대사 출신의 북한 국제문제연구소 부소장 리종렬이 CNN과 인터뷰를 했다. 리종렬은 미국 공화당 대선 경선 후보 도널드 트럼프의 '한국, 일본 핵무장 용인' 발언에 대해 완전히 터무니없고 불합리하다고 말했다. 리종렬은 미국이 북한에 핵무기를 포기하라고 말하면서 동맹국을 향해 핵무기를 가지라고 하는 것은 이중잣대라며 비난했다.

4월 26일 트럼프는 김정은 위원장에 대해 "더 이상 나가도록 내버려 둬서는 안 된다."라고 경고했다. 트럼프는 뉴욕 트럼프타워 연설에서 북한의 핵무기는 가장 큰 위협이며 북핵에 대해 바짝 경계하고 있다고 강조했다. 4월 27일 트럼프는 워싱턴DC의 한 호텔에서 외교 정책 구상 설명회를 갖고, 북한 문제와 관련해 북한이 지속적으로 도발 수위를 높이는데도 버락 오바마 대통령은 무기력하게 쳐다만 보고 있다고 비판했다. 이어 북한이 통제 불능이 되었다면서, 중국이 경제력을 이용해 영향력을 행사하도록 미국이 압박을 가해야 한다고 주장했다. 4월 28일 인디애나폴리스 유세에서도 중국의 영향력 확대를 촉구했다.

5월 17일 트럼프는 로이터통신 인터뷰에서 김정은 위원장과의 대화

가능성을 처음으로 언급했다. 트럼프는 김정은과 대화할 것이며, 대화하는 데 아무런 문제가 없다고 말했다. 이 발언 직후인 5월 19일 북한에서도 트럼프와의 대화에 긍정적인 반응이 나왔다. 북한 최고인민회의 상임위원회 양형섭 부위원장은 APTN 인터뷰에서 북한을 억압하지 않는다면 미국의 차기 대통령이 누가 되든 상관하지 않는다며, 트럼프와의 대화가 나쁠 것이 없다고 말했다.

5월 20일 트럼프는 MSNBC 방송 프로그램《모닝 조》인터뷰에서 김정은 위원장과의 대화 가능성을 열어 두면서도 북한을 방문하지는 않겠다고 말했다. 힐러리 클린턴 전 장관이 북한의 독재자를 칭찬하는 트럼프는 대통령 자격이 없다고 비판한 것을 의식한 발언이다. 5월 24일 북한에서 다소 유보적인 반응이 나왔다. 영국 주재 북한 대사 현학봉은 김정은 위원장과 대화할 용의가 있다는 트럼프의 발언은 선거 전략에서 나온 것이기 때문에 관심이 없다며 인기 있는 배우의 연기 같은 행동으로 본다고 말했다.

6월 4일 트럼프는 북한과의 협상 의지를 강하게 피력했다. 캘리포니아주 레딩 유세에서 자신은 북한에 가지 않겠지만 협상은 할 것이라며 북한과 절대 대화하지 않을 거라고 말하는 학자들은 어리석다고 지적했다. 6월 15일에 유명한 햄버거 대화가 나왔다. 조지아주 애틀랜타 유세에서 김정은과 북핵 문제를 놓고 대화할 수 있다는 말이 핵보유국으로 인정하는 꼴이 되었다는 비판에 대해 해명했다. 트럼프는 북한을 찾아가서 이야기하겠다는 것이 아니고 김정은이 오면 이야기할 수 있다는 말인데, 그럴 가능성은 10~20퍼센트로 본다고 설명했다. 그러면서 앞으로 중국을 비롯한 다른 모든 나라와 같이 김정은에 대해서도 비용이 과도하게 비싼 국빈 만찬은 없고 대신 햄버거를 놓고 대화하겠다고 말했다.

9월 7일 트럼프는 북한이 중국의 베이비라면서, 중국은 북한 문제를 풀어야 한다고 주장했다. 트럼프는 버지니아비치 대담에서 북한의 핵 개발과 미사일 발사를 언급하며 이같이 말하고, 김정은이 점점 더 호전적으로 되어 간다고 우려했다. 트럼프는 9월 26일 대선 후보 1차 TV 토론회에서도 중국의 역할론을 반복했다.


## 트럼프 당선, 예방 타격론 급속 확산

트럼프는 공화당 대선 후보 선출을 위한 경선에서 단독 질주를 이어 갔으며, 2016년 7월 19일 오하이오주 클리블랜드 전당대회에서 공화당 대통령 후보로 공식 지명되었다. 이후에는 공화당 대선 후보 자격으로 민주당의 힐러리 클린턴 대선 후보와 뜨거운 경합을 벌였는데, 선거 기간 내내 열세를 보이는 것으로 나타났다. 선거일인 11월 8일 오전에도 미국 주류 언론은 힐러리 당선 가능성을 95퍼센트 이상으로 보도했다. 실제로 힐러리 후보는 트럼프 후보에 비해 유권자 득표는 2퍼센트, 약 300만 표를 더 많이 받았다. 그러나 트럼프는 당락을 결정하는 선거인단을 304명(실제 투표에서 2명 이탈) 확보해서 232명(실제 투표에서 5명 이탈)에 그친 힐러리를 크게 따돌리고 45대 미국 대통령이 되었다.

막말과 기행을 일삼은 트럼프가 대통령으로 당선되자 전 세계가 놀랐고, 트럼프 자신도 놀란 표정을 감추지 못했다. 북한에서는 비공식적으로 트럼프 진영의 특성을 파악하기 위해 노력하는 모습이 일부 포착되었다. 11월 18일 북한 입장을 대변하는《조선신보》가 트럼프 대통령 당선자의 대선 공약을 호의적으로 평가했다. 트럼프가 막말로 비난받았지만 공약이 중요한데, 남의 나라 일에 간섭 말고 대화를 우선해야 한다는 점이 아주 상식적이고 타당한 주장이라고 평가했다.

12월 9일 CNN은 핵과 미사일 위협에 관해 김정은과 트럼프가 직접 대화할 가능성이 있다고 전망했다. 트럼프가 대선 기간에 김정은과 대화할 것이며 김정은과 말하는 데 거리낄 게 없다고 밝힌 점을 재론했다. CNN이 트럼프, 김정은 회담을 거론한 것은 현실과 맞아떨어졌다.

2017년 1월 1일 김정은 위원장이 신년사에서 ICBM 개발이 마감 단계에 와 있다고 언급했다. 미국을 겨냥한 위협 발언이라는 평가가 나왔고, 트럼프가 이를 일축하면서 김정은과 트럼프가 제1합을 겨룬 셈이 되었다. 트럼프 당선자는 워싱턴 시각으로 1월 2일 트위터에 "북한이 미국 일부에 도달하는 핵무기 개발의 최종 단계에 이르렀다고 하는데, 그럴 일은 없을 것"이라고 말했다. 1월 3일에는 트럼프 측근 참모인 켈리언 콘웨이 백악관 고문 내정자가 "북한이 시애틀을 타격할 수 있는 미사일을 1년 내에 완성할 수 있다고 하는데 트럼프 대통령이 가만히 있지 않을 것"이라는 발언을 했다.

2017년 2월 1일 공화당 소속 미 상원 외교위원장인 밥 코커 의원이 북핵 문제와 관련한 청문회를 주재하면서 "이제는 미국이 발사대에 놓인 북한 미사일을 선제 공격할 준비를 해야 하는 것입니까?"라고 질문했다. 이 질문은 새로 출범한 트럼프 행정부가 북한을 공격할 수 있다는 전망으로 이어졌고, 2017년 내내 미국이 북한을 침공할 것이라는 내용의 예방 타격론이 퍼지는 신호탄으로 작용했다.

# 트럼프 행정부 출범에 맞춰 북극성 2형 발사

2월 7일 미국 공화당 소속 조 윌슨 하원의원이 북한의 핵과 미사일 개발을 규탄하고 사드의 조속한 한반도 배치를 촉구하는 결의안을 발의했다. 결의안에 공화당 소속 에드 로이스 하원 외교위원장과 엘리엇 엥겔 하원 민주당 간사가 서명했다. 같은 날 숀 스파이서 백악관 대변인은 북한의 핵과 미사일을 가장 현저한 위협이라고 규정했다. 역시 같은 날 워싱턴 전략국제문제연구소의 빅터 차 한국 석좌는 하원 외교위원회 북한 관련 청문회 서면 증언에서 북한이 트럼프 행정부 임기 초반에 핵 실험이나 ICBM 시험 발사 등 도발을 감행할 가능성이 크다고 내다보았다. 이 내용은 북한이 공개적으로 위협한 사항이며 언제나 하는 발언이었지만, 미국 언론은 북한 문제 최고 전문가의 판단이라는 의미를 부여해서 비중 있게 다뤘다.

다음 날인 2월 8일에도 북한 미사일은 워싱턴에서 뜨거운 토론 주제였다. 《워싱턴 프리비컨》에 따르면 트렌트 프랭크스 하원의원이 공동의장을 맡은 '미사일 방어 코커스' 소속 의원들이 지난주 백악관에 서한을 보내, 북한의 핵과 미사일 위협 등에 대비한 미사일 방어 시스템을 신속하게 강화해야 한다고 촉구했다. 같은 날 미 상원에서는 새로운 국무장관으로 지명된 렉스 틸러슨 장관 후보의 인준 청문회가 열렸다. 틸러슨 후보자는 서면 답변 자료에서 북한은 역내와 국제 안보에서 최우선 위협 가운데 하나라고 지적하며, 이런 위협을 실질적으로 해결할 새로운 접근법을 개발하기 위해 다른 기관 동료들과 긴밀히 협력하겠다고 말했다. 새로운 전략을 준비하는 과정에서 미국은 북한에 대한 군사적 위협부터 외교적 문호 개방까지 모든 옵션을 열어 두겠다고 강조했다. 역시 같은 날인 2월 8일 오후 11시 30분쯤 미국은 캘리포니아주 반덴버 그기지에서 트럼프 정부 출범 이후 처음으로 ICBM인 미니트맨 3를 시험 발사했다. 이번 발사는 북한이 도발적 조치에 나설 경우에 대비한 경고라는 분석이 나왔다.

그러나 2017년 2월 12일 북한은 미사일 발사를 강행했다. 오전 7시 55분 평안북도 구성시 방현비행장 일대에서 탄도 미사일 1기가 동해상으로 날아갔다. 2016년 10월 15일과 20일 두 차례에 걸쳐 북한이 무수단 미사일을 시험 발사한 곳이다. 비행 거리는 500킬로미터, 최고 고도는 550킬로미터였다. 발사 각도가 고각이어서 정상 발사를 했을 경우 추정 사거리는 2,000킬로미터였다. 미사일 종류는 초기에는 노동 미사일이나 무수단 개량형으로 추측했지만, 다음 날 북한 매체 보도에 따르면 고체 연료를 사용한 북극성 2형 미사일이었다. 발사대 차량이 무한 궤도 방식이어서 특이했다. 이번에 사용한 냉각 발사 방식은 지상 발사 미사일 가운데 최초 사례가 되었다. 냉각 발사 방식은 좁은 공간에서 발사가 가능하고, 발사 실패 상황에서 발사대 파괴 가능성을 낮춘다는 점에서 유리하다. 고체 연료라는 점도 중요한 요소다. 액체 연료의 경우 발사 준비에 30분에서 2시간 정도 소요되는데, 고체 연료 미사일은 5분 만에 발사 준비가 가능한 것으로 알려져 있다. 발사 날짜는 2월 12일로 3차 핵실험을 단행한 지 4주년이 되는 날이다. 2월 16일 김정일 국방위원장 생일 75돌을 나흘 앞둔 축포 성격으로도 볼 수 있다. 무엇보다도 트럼프 행정부가 출범한 지 불과 20여 일 만에 새로운 종류의 중거리 미사일을 성공리에 발사한 것은 핵과 미사일 개발에 대한 강력한 의지를 과시하면서 트럼프 행정부의 대응 방식과 수위를 점검하겠다는 계산이 깔린 것으로 판단할 수 있다.

북한이 북극성 2형 미사일을 발사한 다음 날인 2월 13일 트럼프 대통령은 쥐스탱 트뤼도 캐나다 총리와의 정상회담 이후 열린 공동 기자회견에서 북한 미사일 발사에 대한 반응을 내놓았다. 트럼프 대통령은 "북한은 명백히 아주아주 큰 문제입니다. 우리는 북한을 매우 강하게 다룰 것입니다."라고 말했다. 사흘 전인 2월 10일 아베 신조 일본 총리와의 기자회견에서 "북한의 핵과 미사일 위협에 대응하는 것을 매우 높은 우선순위에 두고 있다."라고 말한 것과 비교하면, 구체적이면서 강경 대응에 대한 의지가 상당히 반영된 표현으로 볼 수 있다. 트럼프 대통령의 지침에 따라 미 국무부와 국방부 등 관계 당국은 북한을 강하게 다루는 방식으로 구체적인 정책을 세우기 위한 준비에 착수했다.

# 2017

남·북·미·중4국 정상 조합 재편.

화염과 분노,
불도가니의
대충돌이 시작되다

김정은 위원장은 2017년 들어서도 미국을 위협할 수 있는 중장거리 미사일이나 한반도 전쟁 상황에서 전략적 지위를 높여 줄 수 있는 잠수함 발사 탄도 미사일 개발에 집중했다. 미국에서는 트럼프 대통령이 새로운 대북 정책인 '최대 압박과 관여'를 시작하면서 한반도 전쟁 발생 우려감이 획기적으로 커졌다. 4월 전쟁설에 이어 8월 전쟁설이 광범위하게 확산됐다. 5월에 한국에서 문재인 대통령이 5년 임기 새로운 대통령으로 취임한 것은 중대한 변화 요인이었다. 남북 간의 끝장 대결을 선호했던 2012년 체제와 달리 문재인 대통령은 북한에 대한 관여 정책을 선호한다는 입장을 갖고 있었기 때문이다. 그렇지만 문재인 대통령은 2017년에는 한반도 안보 상황을 가시적으로 개선하는 성과를 거두지는 못했다. 2012년 체제의 여파가 2017년 말까지 이어졌기 때문이다. 김정은 위원장은 미국에 도달하는 미사일 개발에 성공했고, 수소폭탄의 위력을 과시한 핵실험도 성공했다. 트럼프 대통령은 화염과 분노를 경고했고, 북한을 완전히 파괴할 수 있다는 발언도 공공연하게 제기했다. 미국의 항공모함 3척이 나란히 동해를 항해하면서 북한을 위협하는 장면은 전례가 없는 것으로 한반도 전쟁 분위기를 고조시키는 상징적인 장면이 됐다. 대화와 협상을 통해 한반도 평화 체제를 구축하겠다는 문재인 대통령조차 스스로 "힘이 없다."라고 말한 것은 2017년을 상징하는 핵심적인 표현이 됐다.

제20장

# 최대 압박과
# 관여

2017년 2월 12일 북한의 북극성 2형 미사일 발사는 도널드 트럼프 미국 대통령에게 매우 도발적인 사건이었다. 대통령으로 취임한 지 3주가 막 지난 시점으로 적절한 대응 방안이 없는 상황에서 발생했기 때문이다. 트럼프 대통령은 구체적인 언급을 자제하고, 국무부와 국방부 등 관계 부처 장관들에게 매우 강한 대응 방안을 마련할 것을 지시했다.

정책 방향은 어느 정도 공감대가 형성되어 있었다. 제재와 압박도 더 세게 하고, 북한에 대한 유인책도 더 많이 제시하면 결국 북한이 굴복해서 대화의 장으로 나올 수밖에 없다는 것이었다. 전임 행정부인 버락 오바마 행정부는 제재와 압박도 희미하게 하고, 대화나 협상 노력도 하지 않고, 무기력하게 시간만 보냈다는 트럼프 대통령 인식에 기초한 방향이었다. 그런 상황에서 북한이 북극성 2형 미사일을 발사했기 때문에 단호한 정책에 대한 선호는 더욱 강해졌다. 트럼프 대통령이 당선된 직후인 2016년 12월경부터 워싱턴 주변 한인 공동체에서 트럼프 대통령이 취임하면 북한을 침공하는 시나리오가 준비되어 있다는 소문이 돌기 시작한 것도 트럼프 대통령의 취향이 어느 정도 반영된 거라고 분석된다.

트럼프 대통령의 지시에 따라 새로운 정책 마련을 위한 기초 준비를 하는 사이에 북한과 관련한 중대 뉴스가 말레이시아 수도 쿠알라룸푸르에서 터졌다. 김정은 위원장 이복형인 김정남이 암살되었다는 소식이었다. 말레이시아 당국의 수사가 진전되면서 김정은 위원장의 지시에 따른 조직적인 암살이라는 결론이 내려졌다.

# 김정남 VX 암살 사건

2017년 2월 13일 말레이시아 쿠알라룸푸르국제공항 2청사에서 현지 시각으로 오전 9시쯤 동남아 출신으로 보이는 여성 2명이 한국인으로 보이는 남성에게 갑자기 달려들어 각자 손에 바른 액체를 남성의 얼굴에 바르고 도망치는 해괴한 일이 발생했다. 이 남성은 얼굴에 묻은 액체 때문에 매우 불편한 느낌을 받으며 공항 직원 안내를 받아 간이 의무실까지 걸어갔다. 그러나 병원 후송을 기다리는 도중에 1인용 소파에 앉은 자세로 실신했고, 오전 10시쯤 근처 병원에 후송되었으나 오전 11시쯤 사망 선고를 받았다.

문제의 남성은 북한 외교관 여권을 소지하고 있었지만, 말레이 경찰 당국은 처음에 남한 외교관으로 오해하고 한국 대사관에 상황을 알렸다. 한국 대사관에서 검토한 결과 북한 최고 지도자 김정은의 이복형 김정남이라는 사실을 확인하고 말레이 당국에 관련 사항을 설명했다. 이 사건은 비공개로 진행되다가 다음 날인 2월 14일 저녁 한국 언론 매체가 보도한 것을 계기로 국제 사회의 비상한 관심 속에 전개되었다. 경찰은 2월 15일 베트남 여권 소지자인 스물아홉 살 도안 티흐엉과 인도네시아 국적 스물다섯 살 시티 아이샤를 용의자로 체포했다. 당시 공항에 있었던 남성 용의자를 4명으로 지목하고 추적했지만, 사건 직후 출국한 것이 뒤늦게 밝혀졌다. 2월 17일 쿠알라룸푸르 시내 아파트에서 북한 국적의 마흔여섯 살 리정철이 체포되었다. 2월 19일 말레이 경찰이 기자회견을 갖고 남성 용의자 5명은 모두 북한 국적이라고 발표했다. 2월 20일 말레이 주재 북한 대사 강철이 기자회견을 자청해 경찰 발표를 믿을 수 없고 북한 배후설도 부인한다면서 북한과 말레이 공동 수사를 요구했다. 2월 22일 말레이 경찰은 이미 지목한 용의자 5명 외에 북한 대사관 2등 서기관과 고려항공 직원 2명의 신원을 공개했다. 2월 24일 경찰은 김정남의 시신에서 신경작용제 VX가 검출되었다고 발표했다.

3월 2일 경찰은 용의자 리정철을 증거 불충분으로 석방하고 다음 날 추방했다. 이로써 김정남 암살 사건은 북한 소행이라는 심증이 있지만 공식으로는 미제 사건으로 정리되는 절차를 밟아 갔다. 3월 4일 말레이는 북한 대사를 추방하는 조치를 취했고, 북한도 3월 6일 맞대응으로 말레이 대사를 추방했다. 두 나라는 3월 7일 자국에 체류 중인 상대국 국민을 상대로 출국 금지 조치를 내렸다. 북한 체류 말레이 사람은 11명, 말레이 체류 북한 사람은 1,000여 명으로 추산되었다. 3월 30일 북한과 말레이는 김정남 시신 처리에 대한 협상을 마무리했다. 합의에 따라 3월 31일 평양에 억류된 말레이 사람 9명이 귀국했고, 김정남의 시신은 항공편으로 북한에 이송되었다.

북한은 2월 23일 조선법률가위원회 대변인 담화를 내고, 이번 사건은 남한의 각본에 따라 이뤄진 음모라고 주장했다. 대변인 담화는 말레이 당국이 처음에는 심장 쇼크에 의한 사망임을 분명히 하면서 시신을 북한 대사관에 넘기기로 했다가 남한이 개입하자 문제가 복잡해졌다고 주장했다.

이 사건과 관련해 국가정보원이 2월 15일 국회에 제공한 비공개 보고에 따르면, 이 사건은 김정은 위원장의 지시에 따라 북한 요원들이 5년 동안 준비한 결과였다. 김정남은 말레이에서 일주일간 체류하다가 마카오에 있는 가족을 만나기 위해 이동하는 중이었다. 2012년 4월 김정남은 암살 위협을 두려워한 나머지 김정은에게 살려 달라는 편지를 보낸 적도 있었다. 국정원은 2월 27일 비공개 보고를 통해 북한 요원들이 국가보위성 소속이라고 설명했다.

## "대북 정책, 전략적 인내는 끝났다"

트럼프 대통령은 취임 직후 북한이 미사일을 발사하고 김정남 암살 사건이 발생한 것에 대해 상당히 불쾌한 반응을 보였다. 2월 23일 로이터통신 인터뷰에서 북한의 미사일 발사에 대해 "매우 화가 났다."라며 미사일 방어 체계를 강화하겠다고 말했다. 김정은과의 만남 가능성에 대해서는 너무 늦었다고 대답했다. 2월 24일 북한과 미국이 물밑에서 준비하던 접촉 일정이 무산되었다. 《월 스트리트 저널》에 따르면 북미 양측은 3월 1일과 2일 뉴욕에서 열리는 반관반민회의를 계기로 대화할 예정이었지만, 미 국무부가 북한 대표인 최선희 외무성 미국 국장의 비자 발급을 거부해 북미 접촉이 무산되었다. 당시 미 국무부 당국자는 은퇴 이후 필자와의 대화에서, 김정남 암살 사건 때문에 비자를 발급할 수 없었다고 설명했다.

《월 스트리트 저널》은 3월 1일 보도에서 백악관 국가안보회의 2인자 캐슬린 맥팔랜드 부보좌관이 2주 전에 정부 관련 분야 관리들을 소집하여 주류에서 벗어난 의견까지 포함해 다양한 대북 정책 방안을 제출하도록 지시했고, 2월 28일 해당 관리들이 정책 방안을 제출했다고 전했다. 제출 가능한 방안은 북한을 핵보유국으로 인정하는 방안부터 군사 행동 방안까지 모든 옵션이었다고 신문은 부연했다.

이런 가운데 《뉴욕타임스》는 3월 4일자 신문에서 버락 오바마 전 대통령이 2013년 2월 북한의 3차 핵실험 이후 대북 사이버 공격 작전을 추진했다고 보도했다. 북한이 탄도 미사일을 발사하기 직전에 사이버 공격으로 미사일을 무력화한다는 것으로 작전 이름은 'Left of Launch(발사 직전 교란 작전)'였다. 신문은 무수단 미사일 시험 발사가 여덟 번 가운데 일곱 번 실패한 것은 이 작전 때문이라고 설명했다. 그렇지만 북한이 미사일 성능을 향상하고 핵실험도 5차례나 하면서 이 작전은 타격을 입었다고 전했다. 오바마 전 대통령은 임기 만료 몇 개월을 앞두고 북한에 대한 군사 공격도 검토했지만, 북한이 산악 지형 요새를 의지해 보복 공격에 나설 경우 한국이 중대한 피해를 본다는 점이 문제가 되어 실행하지 못했다고 덧붙였다. 이와 관련해 오바마 전 대통령은 2015년 1월 23일 유튜브 인터뷰 프로그램에서 "미국은 북한을 완전히 파괴할 수 있지만, 북한 옆에 위치한 동맹 국가 한국이 전쟁이 나면 심각한 피해를 입기 때문에 군사적 해결책은 답이 아니다."라고 말했다. 오바마 전 대통령이 북한에 대한 군사적 공격을 검토했고, 사이버 공격 작전은 실행한 적이 있다는 《뉴욕타임스》 보도는 트럼프 대통령에게 북한에 대해 더욱 강력한 대응 수단을 찾아야 한다는 강박을 안겨 준 것으로 평가된다.

북한에서 또다시 미사일 발사 소식이 들어왔다. 3월 6일 오전 7시 36분 평안북도 철산군 동창리에서 탄도 미사일 4기가 연속으로 발사되었다. 미사일은 동쪽으로 1,000킬로미터를 날아가서 동해에 떨어졌다. 미사일 종류는 스커드-ER로 추정되었다. 3월 1일부터 시작된 한미 연합 군사 훈련에 대한 반발 성격으로 풀이되었다. 북한은 다음 날 보도에서 김정은 위원장의 지도로 발사가 이뤄졌고, 주일 미군 타격을 담당하는 부대가 발사를 진행했다고 주장했다.

3월 17일 렉스 틸러슨 미 국무장관이 한국을 방문했다. 틸러슨 장관은 대북 정책과 관련해 전략적 인내는 끝났다는 점을 강조하면서 모든 조치를 검토 중이라고 말했다.

## 3·18혁명, 미사일 개발 퀀텀 점프

렉스 틸러슨 미 국무장관이 판문점 공동경비구역을 포함한 한국 방문 일정을 마친 다음 날, 북한은 신형 고출력 로켓 엔진 지상 분출 시험에 성공했다고 북한 매체들이 보도했다. 《노동신문》에 따르면 북한 당국은 김정은 위원장이 참관한 가운데 3월 18일 동창리 엔진 시험장에서 국방과학원이 자체적으로 새로 개발한 발동기 시험을 진행했다. 신문은 국방과학자와 기술자들이 지난 시기 발동기들보다 비추진력(비교추진력)이 높은 대출력 발동기를 완전히 독자적으로 새롭게 연구, 제작하고 첫 시험에서 단번에 성공함으로써 국방공업 건설사에 특기할 또 하나의 사변적인 기적을 창조했다고 강조했다. 김정은 위원장은 시험 결과에 만족감을 드러내면서 국방과학자와 기술자들을 얼싸안거나 등에 업는 장면을 연출했다.

　김정은 위원장은 "이번 성공은 로켓공업 부문에 남아 있던 교조주의, 보수주의, 형식주의와 다른 나라의 기술을 답습하던 의존성을 완전히 뿌리 뽑고, 명실공히 개발창조형 공업으로 확고히 전변된 주체적인 로켓공업의 새로운 탄생을 선포한 역사적 의의를 가지는 대사변"이라고 말했다. 김정은 위원장은 "오늘 이룩한 거대한 승리가 어떤 사변적 의의를 가지는가를 온 세계가 곧 보게 될 것"이라면서 "로켓공업 발전에서 대비약(大飛躍)을 이룩한 오늘은 영원히 잊을 수 없는 날, '3·18혁명'이라고도 칭할 수 있는 역사적인 날"이라며 기쁨을 감추지 못했다.

북한이 진행한 미사일 엔진 시험은 2016년 9월 20일 실시한 정지 위성 운반 로켓용 고출력 엔진과 유사한 방식으로 진행되었다. 이번에 공개된 엔진 화염은 전에 비해 진해졌고, 중심 불기둥 주변에 작은 불기둥도 3개가 더 있었다. 북한은 이후 장거리 미사일이나 중장거리 미사일에 해당하는 화성 12형과 화성 14형, 화성 15형 미사일을 잇따라 발사했고, 결과적으로 성공했다는 평가를 받았다. 특히 사거리의 경우 화성 15형은 미국 본토 전역을 타격할 수 있는 것으로 평가되었다. 북한의 표현대로 3·18혁명이라고 부를 만했다.

## 칼빈슨함 재출동, 한반도 4월 전쟁설

2017년 3월 1일 한국과 미국이 연례적으로 실시하는 연합 군사 훈련인 독수리훈련이 2개월 일정으로 시작되었다. 3월 13일부터 24일까지는 독수리훈련과 별도로 지휘소 연습인 키리졸브 연합 군사 훈련이 진행되었다. 2017년 독수리훈련에 참가하는 전략 자산이나 첨단 무기 체계 목록을 보면 가공할 만한 수준이다. 핵 추진 항공모함 칼빈슨함이 3월 15일 부산해군기지에 도착했다. 칼빈슨함을 중심으로 구성된 제1항모강습단장 제임스 킬비는 입항 기자회견에서 북한의 위협을 억제하기 위해 한국에 왔다고 강조했다. 항모강습단은 20일 다시 출항해 한반도 주변 해역에서 우리 해군과 연합 훈련을 벌였다. 3월 22일에는 '죽음의 백조'라 불리는 전략폭격기 B-1B 랜서가 한반도 상공으로 전개해, 한국 공군 전투기와 편대 비행을 하면서 가상의 폭탄 투하 훈련을 실시했다. 스텔스 폭격기 B-2, 세계 최강의 스텔스 전투기 F-22 랩터, 최신 스텔스 전투기 F-35 등이 한미 연합 군사 훈련을 위해 한반도를 찾았다.

칼빈슨함은 3월 25일 훈련을 마치고 다음 방문지 호주를 향해 이동했다. 그런데 4월 8일 미군 당국은 칼빈슨함이 싱가포르 주변 해역에서 방향을 뒤로 돌려 한국을 향해 이동 중이라고 발표했다. 칼빈슨함의 특이한 행로는 이른바 '한반도 4월 위기설'이 대대적으로 유포되는 계기가 되었다. 여의도 증권가에서는 '4월 27일 북폭설'까지 퍼졌다. 4월 27일 밤이 초승달이 뜨는 가장 어두운 밤이기 때문이라는 설명인데, 미 공군 스텔스 전투기나 전폭기의 경우 주간이나 야간 작전의 차이가 별로 없다는 점을 고려하면 앞뒤가 잘 맞지 않는다. 더구나 일본에 체류 중인 또 다른 항공모함 로널드레이건함이 수리 중이고, 칼빈슨함의 한반도 재출동 사실을 미군이 공식으로 확인했다는 점에서 북폭설은 신빙성이 크게 떨어지는 주장이었다.

그런데 4월 18일 《뉴욕타임스》 보도를 보면 칼빈슨함이 4월 15일에도 인도네시아 주변 해역을 항해 중이라는 것이 사실로 확인되었다. 칼빈슨함의 한반도 해역 재출동 발표를 계기로 한반도와 주변에서 4월 전쟁설이 퍼진 것을 감안하면 허망한 일이고, 4월 전쟁설의 허구성을 보여 주는 사례이기도 하다. 그러나 4월 전쟁설에 이은 한반도 전쟁 위기설은 2017년 말까지 사라지지 않았고, 한반도는 군사적 긴장 지역에서 벗어나지 못했다.

## 최대 압박과 관여

트럼프 행정부가 2월 중순 이후 준비해 온 새로운 대북 정책은 4월 말에 완성되었다. 트럼프 대통령은 4월 26일 오후 3시 국무장관과 국방장관, 국가정보국장 등 고위 정책 담당자를 대동하고, 상원의원 100명을 백악관으로 초청해 새로운 대북 정책을 설명했다. 상원의원 100명이 수학여행단처럼 버스로 이동하면서 진풍경을 연출했다. 정책 설명 회의에서 트럼프 대통령은 틸러슨 장관과 매티스 장관, 코츠 국가정보국장이 서명한 공동 성명을 소개했다. 북한에 대한 경제 제재와 외교적 압박을 강화해 북한이 핵과 미사일 프로그램을 포기하도록 만든다는 내용이었다. 그런데 동시에 협상의 문도 열어 놓는다고 강조했다. 정책 이름을 '최대 압박과 관여(maximum pressure and engagement)'라고 소개했다. 검토 중인 강경 조치 중에 북한을 테러지원국으로 다시 지정하는 방안이 포함되었다. 상원의원 보고가 끝난 다음에는 하원을 찾아가 하원의원을 상대로 한 대북 정책 브리핑도 진행했다.

최대 압박과 관여 정책은 오바마 행정부의 대북 정책인 '전략적 인내'가 실패했다는 인식을 전제로 한다. 오바마 행정부의 대북 정책이 무기력했다고 규정하여 압박과 관여 양쪽에서 모두 강력하고 적극적인 조치를 추진하기로 한 것이다. 군사 분야의 경우 북한을 겁박하기 위해 전략 자산을 한반도에 많이 자주 투입하고 한미 연합 군사 훈련 규모를 크게 증강한다. 비공식적으로 트럼프 대통령이 북한을 전격적으로 침공할 수 있다는 소문을 확산하는 방법도 압박 정책에 포함된 것으로 평가된다. 외교 분야에서는 북한을 국제 사회와 단절시키는 외교 노력을 전개한다. 북한을 압박하면서 중국의 협력을 확보하는 것도 중요한 요소다. 경제 조치는 북한에 대한 경제 제재 수준을 계속 높이는 한편으로 북한을 국제 금융이나 교역 시스템에서 완전히 고립시키는 것이 포함되었다.

트럼프 행정부는 관여 차원에서도 소극적인 자세를 벗어나 강력한 조치를 과감하게 채택했다. 트럼프 대통령은 4월 27일 로이터통신 인터뷰에서 북한과 매우 큰 충돌이 일어날 가능성이 있지만, 외교적으로 문제를 풀고 싶다고 말했다. 4월 27일 틸러슨 장관은 미국 공영 라디오 방송(NPR, National Public Radio) 인터뷰에서 트럼프 행정부는 북한 김정은 위원장과의 대화를 고려할 것이라고 전했다. 같은 날 폭스뉴스 인터뷰에서 미국은 북한의 정권 교체나 체제 붕괴를 원하지 않고, 통일을 가속화할 구실도 찾지 않는다고 말했다. 이 발언은 북한 입장에서 보면 매우 전향적인 것으로, 트럼프 행정부와 대화를 검토할 수 있는 유인 요건에 해당한다. 4월 30일 트럼프 대통령은 CBS 인터뷰에서 김정은 위원장이 어려운 상황에서 권력을 장악했다며 '꽤 영리한 녀석(pretty smart cookie)'이라고 표현했다. 5월 1일 트럼프 대통령은《블룸버그》인터뷰에서 적절한 여건이 된다면 김정은 위원장과 만날 용의가 있고, 영광스러운 일이 될 거라고 장담했다.

5월 3일 틸러슨 장관은 국무부 직원들을 상대로 한 연설에서 트럼프 행정부의 대북 정책은 "정권 교체도 아니고, 정권 붕괴도 아니고, 한반도 통일 가속화도 아니고, 38선 이북 진출 명분 찾기도 아니"라면서 이른바 '4불 정책'을 공식으로 언급했다. 트럼프 대통령이 언급한 정상회담 가능성이나 틸러슨 장관이 말한 4불 정책은 과거 미국 정부에서 언급한 사례를 찾기 어려울 만큼 과감하고 획기적인 유화책으로 평가할 수 있다.

## 한미는 사드 배치 비용 문제로 충돌

북한의 핵과 미사일 개발 폭주로 안보 상황이 혼돈에 빠지고, 박근혜 대통령 탄핵으로 대통령 궐위 상태가 지속되는 와중에 도널드 트럼프 미국 대통령은 한미 관계를 뒤흔드는 태풍급 문제 발언을 내놓았다. 4월 27일 트럼프 대통령이 로이터통신 인터뷰에서 "사드 비용을 한국이 낸다면 적절할 것이라고 한국에 통보했다. 사드는 10억 달러를 들여 미사일을 하늘에서 바로 격추하는 매우 경이로운 시스템이다."라고 말한 것이다. 4월 28일 《워싱턴타임스》 인터뷰에서도 똑같은 말을 했다. 사드 비용을 한국이 대는 편이 적절하다고 예의를 갖춰서 말했다는 것이다. 서울은 발칵 뒤집혔다. 그러나 황교안 국무총리가 대통령을 대행하는 상황에서 미국 대통령의 한미 동맹 경시 발언에 대응하는 것은 거의 불가능했다.

4월 30일 김관진 청와대 국가안보실장이 허버트 맥매스터 백악관 국가안보보좌관과 급하게 통화했다. 맥매스터 보좌관은 트럼프 대통령 발언에 대해 "동맹국들의 비용 분담에 대한 자국민들의 여망을 염두에 두고 일반적인 맥락에서 나온 것"이라고 설명했다. 그런데 이 발언이 《월스트리트 저널》에 보도되었고, 이에 대해 트럼프 대통령이 격노하는 상황이 벌어졌다. 5월 9일 《블룸버그》 보도에 따르면 트럼프 대통령은 한국이 사드 배치 비용을 부담하도록 노력하는데, 맥매스터 보좌관이 자신의 노력을 깎아내렸다고 질책했다. 맥매스터 보좌관에게 환멸을 느꼈고 그를 기용한 건 잘못된 선택이라며 후회했다는 것이다. 사드 배치 비용을 한국이 부담하는 것은 전혀 근거가 없어서 관철되지 않았다. 그러나 트럼프는 맥매스터에 대한 불만을 해소하지 못했고, 결국 2018년 봄 경질했다.

이런 가운데 김정은 위원장은 5월 4일 서해 연평도와 가까운 북한 지역 장재도, 무도 등 서해 섬을 방문해 북한군 진지를 시찰했다고 북한 매체들이 보도했다. 장재도는 연평도에서 6.5킬로미터 떨어졌고 무도는 11킬로미터 거리였다. 무도에는 2010년 11월 연평도를 향해 포격을 감행한 해안포 부대가 주둔하고 있다. 이번 시찰은 한때 좌천설이 돌았던 오진우 전 인민무력부장의 아들 오일정 전 노동당 군사부장이 수행했다. 김정은 위원장의 서해 최전방 지역 현지 시찰이 남측을 협박하는 의미가 있었지만, 이번 시찰 행보는 맥이 빠지고 반향도 미약했다.

3월 6일 스커드 미사일 4기 발사는 성공했지만, 기존의 미사일을 발사만 한 것이 취약점이었다. 3월 22일 강원도 원산비행장 일대에서 미사일 1기가 발사되었지만 실패했다. 4월 5일 함경남도 신포 일대에서 동해상으로 탄도 미사일이 발사되었다. 4월 16일 신포 일대에서 종류를 알 수 없는 미사일이 발사되었지만 실패했다. 4월 29일에도 평안북도 북창 일대에서 북동쪽 방향으로 미사일 1기를 발사했지만 실패했다. 그렇지만 북한 매체를 통해 전해진 김정은 위원장의 표정에는 자신감이 나타났다. 김정은 위원장의 자신감은 5월 14일 중장거리 미사일 화성 12형 발사에 성공하면서 충분한 근거가 있는 것으로 확인되었다.

# 제 21 장

# '2017년 체제'
# 출범

2017년 상반기 내내 대한민국은 혼돈의 한가운데에서 허우적대는 신세였다. 국내적으로 보면 박근혜 대통령 탄핵에 따른 대통령 궐위 상황이 2016년 말부터 시작돼 2017년 상반기 내내 이어졌다. 이 사이에 대통령 보궐 선거를 치르면서 정치권은 전례 없는 혼란을 경험했다. 외교 분야에서는 이른바 코리아 패싱으로 알려진 대한민국 소외 현상이 드러났다. 미국에서 도널드 트럼프 대통령이 1월 20일 취임했지만, 당시 대통령 권한 대행인 황교안 국무총리는 박근혜 대통령 탄핵과 관련해 정치적 책임을 일정 부분 공유하고 있다는 인식이 확산된 만큼 한미 정상 간 의미 있는 소통은 불가능한 상황이었다.

트럼프 대통령은 가장 민감한 현안인 북핵 문제를 다루면서 한국 대통령이 아니라 중국이나 일본 정상과 상의하는 황당한 상황이 벌어졌다. 이런 미묘한 상황에서 한국과 중국은 사드 배치 문제로 외교적 충돌 국면이었고, 일본과도 2015년 12월 위안부 합의 문제로 충돌 상황이었다는 것은 뼈아픈 점이다. 남과 북은 핵과 미사일 도발, 제재 강화라는 악순환의 고리에 빠져 있었다. 그야말로 대한민국 외교가 '사면초가' 구도에 빠져 버린 상태에서 문제를 해결할 주체가 없는 상황이 6개월 이상 계속된 것이다. 2017년 5월 9일 대통령 선거에서 더불어민주당 문재인 후보가 당선된 것은 국내 정치 차원에서도 중대한 의미를 담고 있지만, 외교 분야에서 보면 사면초가 함정에서 빠져나오는 단초가 만들어지는 계기였다.

## 한반도와 주변 4국의 정상 조합 변경

문재인 대통령이 등장하며 국내적으로는 한국 외교가 사면초가에서 탈출하는 계기가 마련되었고, 국제적으로는 북핵 문제와 관련해 남과 북, 미국과 중국의 정상 조합을 변경하면서 새로운 체제를 불러오는 요인이 되었다. 북핵 문제는 2012년 12월 박근혜 대통령 당선 이후 박근혜 대통령과 김정은 북한 국무위원장, 버락 오바마 미국 대통령, 시진핑 중국 주석이 구성하는 4자 협의 체제로 움직여 왔다. 2012년 체제에서 가장 큰 변수는 박근혜 대통령과 김정은 위원장의 극한 대결 구도였다. 오바마 대통령은 박 대통령의 대북 강경 정책을 '전략적 인내'라는 이름으로 후원하는 상황이었다. 시진핑 주석은 대북 강경 정책에 반대하면서도 김정은 위원장에 대해 불쾌감을 감추지 않았다. 2012년 체제의 특징은 극한 대립과 갈등이라고 할 수 있다.

2012년 체제의 특징을 결정지은 시발점은 2012년 4월 13일 북한의 우주 로켓 '은하 3호' 발사였다. 오바마 미국 대통령은 2009년 1월 취임 상황에서 북한과 대화해 나갈 의지가 있었지만 적절한 계기를 찾지 못했다. 2011년 중반 오바마 대통령은 한국 정부의 부정적인 반응에도 불구하고 북미 협상 개시를 지시했으며, 2012년 2월 29일 마침내 비핵화 합의를 채택하는 데 성공했다. 그러나 합의가 채택된 지 단 6주 만인 2012년 4월 13일 북한이 로켓을 발사하면서 합의가 폐기된 것이다. 윤달합의가 허망하게 파기된 이후 오바마 대통령이 북한과의 대화를 추진하기에는 외교 환경이 너무 좋지 않았다. 결국 '전략적 인내'라는 대북 강경 정책, 실제로는 북한 문제를 '방치'하는 것 외에 별다른 대안을 찾기가 어려웠다.

2012년 체제는 2016년 11월 미국의 45대 대통령으로 도널드 트럼프 공화당 후보가 당선되면서 소멸하는 과정을 시작한다. 박근혜 대통령이 2016년 말부터 사실상 궐위 상태가 된 것도 2012년 체제 종식의 핵심 요인이었다. 박근혜 대통령이 강경 일변도 대북 정책의 출발점이었고, 북한과의 대립각 구축에서 중심축이었기 때문이다. 한편 김정은 위원장은 2017년이 시작하는 시점에서 북한 최고 지도자 지위가 유지됐지만, 5년 동안 좌충우돌하며 청년 수령이 겪을 수 있는 다양한 시행착오를 거친 뒤여서 상대적으로 성숙한 모습을 보였다. 시진핑 주석의 경우 2017년 말 공산당 총서기로서 5년 임기 1기를 마치고 2기 임기를 시작했다. 시진핑 주석은 1기 임기 5년 동안 국내 정치 차원에서 부정부패 구조를 척결하는 문제로 고민을 거듭했고, 이에 대한 대응으로 집단적 지도 체제를 단일 지도 체제로 변경하는 모험과 함께 2기를 맞았다. 이처럼 문재인과 김정은, 트럼프, 시진핑 4인이 구성하는 2017년 체제는 2012년 체제와 비교할 때 두 사람만 바뀌었지만 한반도와 주변 국가 간의 관계 설정이나 정책 분야에서 보면 근본적으로 다른 국면을 만들어 냈다.

## 평화 외교 촉진자, 문재인 대통령 등장

박근혜 대통령의 퇴장으로 2012년 체제가 종식됐다면, 문재인 대통령 등장은 2017년 체제의 시작을 의미한다고 볼 수 있다. 2017년 체제는 북핵 문제를 대결이 아니라 대화와 협상을 통해 풀어 가자는 인식이 전제돼 있고, 실제로 대화와 협상이 중요한 특징으로 나타난다.

문재인 대통령이 2017년 5월에 등장한 것은 2016년 10월쯤 최순실 국정농단이라는 전대미문의 희한한 상황이 발생한 것과 직접적으로 관련이 있다. 10월 24일 JTBC 보도로 최순실의 국정 농단이 노골적으로 제기된 이후 한국 사회는 총체적 실망감과 배신감을 보이면서 박근혜 대통령이 책임 져야 한다는 여론이 형성되었다. 그러나 박근혜 대통령은 불리한 여론을 돌리기 위해 노력하지 않고 오히려 상황을 방치하는 태도를 보였다. 결국 12월 9일 국회에서 대통령 탄핵 소추안이 가결됐고, 탄핵안은 헌법재판소로 넘어갔다.

박근혜 대통령은 헌법재판소가 정치적 판단이 아니라 법률적 판단을 할 것이고, 그렇다면 탄핵안이 기각될 거라는 믿음에 의존하면서 여전히 상황을 방치했다. 오히려 재판 절차에 비협조적 태도를 보이는 등 재판관들의 감정을 자극하는 어처구니없는 행보를 보이기도 했다. 결국 2017년 3월 10일 헌법재판소 재판관 재적 8명 전원이 탄핵 소추를 인용하면서 사상 초유의 대통령 파면이 확정되었다. 이에 따라 원래 12월에 치를 예정이었던 대통령 선거 일정이 7개월 앞당겨진 5월 9일로 결정되고, 현직 대통령 탄핵의 여파로 야당 후보인 문재인 대통령이 압도적인 표 차이로 당선된 것이다.

문재인 대통령은 5월 9일 당선에 이어 다음 날인 5월 10일 곧바로 대통령에 취임했다. 문재인 대통령은 대선 기간에 박근혜 대통령을 탄핵한 민심을 받들겠다고 약속하면서 통일, 외교, 안보 문제에서도 대북 강경 일변도 정책이 아니라 대화와 협상을 통한 문제 해결을 추진하는 관여 정책을 전개할 것을 공약했다. 특히 선거 운동이 진행되던 2017년 3월과 4월에는 '4월 북폭설'이 퍼지면서 전쟁에 대한 불안감이나 전쟁 발발을 걱정해야 하는 상황에 대한 불쾌감도 폭발적으로 증가했다. 이에 따라 새로 취임하는 대통령의 외교, 안보 분야 화두는 이미 '전쟁 방지, 평화 촉진'으로 결정이 난 상태였다.

문재인 대통령은 7월 6일 독일 베를린을 방문한 계기에 쾨르버재단 초청 강연에 참석해 대북 정책 5대 원칙을 발표했다. 첫째, 항구적 평화 체제 구축 노력, 둘째, 북한 도발 중단과 비핵화, 셋째, 평화협정 체결, 넷째, 한반도 신경제 지도 구상, 다섯째, 비정치적 민간 교류 추진이다. 문재인 대통령의 베를린 연설은 중요하게 준비한 행사였지만, 북한이 도발을 지속하고 미국은 북한 침공 가능성을 반복해서 제기하며 국면 전환의 계기를 마련하지 못했다.


## 대통령 취임 5일째, 화성 12형 미사일 발사

이처럼 문재인 대통령은 대통령 취임 이후 7월 초까지 미국과 유럽을 돌며 한반도에서 전쟁 발발을 막고 항구적인 평화 체제를 구축해야 한다고 호소했지만, 귀담아듣는 사람도 나타나지 않고 한반도 위기 상황도 호전되지 않았다. 북한은 오히려 더욱 위협적인 미사일 발사를 이어 갔고, 트럼프 미국 대통령의 북한 침공 시사 발언은 날이 갈수록 거칠어졌다. 사드 문제와 관련한 중국의 날 선 공세는 박근혜 대통령 시절보다도 더 격렬해졌다. 아베 일본 총리의 미국 밀착 외교가 강해질수록 한반도 문제에 대한 트럼프 대통령의 시각이 일본 방식에 편중되는 것도 피할 수 없었다. 대한민국 외교 사면초가 현상은 개선되지 않고 부분적으로 악화되는 양상을 보였다.

문재인 대통령이 취임 이후 처음으로 맞은 위기 상황은 취임 5일째인

5월 14일이었다. 이날 오전 5시 27분 북한은 평안북도 구성시 일대에서 탄도 미사일 1기를 발사했다. 발사 각도는 83도, 고각 발사였다. 최고 고도는 2,000킬로미터, 평면 이동 거리는 700킬로미터였다. 북한은 다음 날인 15일 매체를 통해 전날 발사한 미사일이 화성 12형이라는 신형 중장거리 미사일이라면서 타격 정확성과 탄두 재진입 실험에 성공했다고 주장했다. 표준화된 핵탄두만이 아니라 파괴력을 높인 대형 핵탄두도 장착할 수 있다고 주장했다. 북한이 밝힌 최고 고도는 2,111킬로미터, 평면 이동 거리는 787킬로미터였다. 우리 군 당국의 평가와 북한 주장을 참고한다면 정상 각도로 발사할 경우 표준 사거리는 4,500킬로미터 이상이 될 것으로 추정되었다. 김정은 위원장은 미국이 군사적 도발을 선택한다면 기꺼이 상대해 줄 준비가 되었다며 미국은 본토와 태평양 작전 지대가 자신들의 타격권 안에 들어 있다는 현실을 깨달아야 한다고 강조했다.

5월 21일에는 평안남도 북창군에서 북극성 2형 미사일이 동쪽으로 발사되어 동해에 떨어졌다. 최고 고도 560킬로미터에 평면 이동 거리는 500킬로미터로 파악되었다. 북극성 2형 미사일은 북극성 1형 수중 발사 미사일을 육지에서 발사하도록 개조한 것인데 사거리는 2,000킬로미터로 추정되며 콜드런치, 즉 냉각 발사 방식이 특징이다. 다음 날인 5월 22일 북한 매체 보도에 따르면 김정은 위원장은 시험 발사가 성공적이라며 북극성 2형 실전 배치를 승인했다. 5월 27일에는 번개 5형이라는 지대공 유도 미사일이 발사되었다. 위협적인 탄도 미사일은 아니지만 일시적으로 남측 군 당국을 긴장시켰다. 5월 29일에는 스커드 미사일을 개량한 지대함 탄도 미사일이 발사되었다. 문재인 정부 출범 후 탄도 미사일 발사로는 세 번째였다. 6월 8일에는 지대함 순항 미사일이 발사되었다. 이동 거리는 200킬로미터, 고도는 2킬로미터였다. 이것은 미사일 발사지만 탄도 미사일이 아니기 때문에 유엔 안보리 결의 위반은 아니었다.

문재인 정부는 물론 트럼프 미국 행정부에도 상당한 충격을 안겨 준 미사일 발사는 7월 4일 진행되었다. 이날 오전 9시 40분 평안북도 구성시 방현비행장 일대에서 미사일이 발사되었고, 이동 거리는 930킬로미터로 파악했지만 최대 고도는 알아내지 못했다. 다만 비행 시간이 37분이었기 때문에 고도는 2,800킬로미터 이상이고, 정상 각도로 발사했을 경우 사거리는 6,700킬로미터 이상이라는 계산이 나왔다. 북한은 이날 오후 3시 30분 중대 보도를 통해 스스로 미사일 제원을 밝혔다. 북한 매체에 따르면 화성 14형이라는 새로운 종류의 미사일이며 평면 이동 거리 930킬로미터, 최고 고도 2,800킬로미터로 장거리 미사일이라고 주장했다. 북한 매체에 따르면 김정은 위원장은 전날 친필 명령서를 내린데 이어 발사 현장을 직접 참관하고 성공을 선언했다. 또 대륙 간 탄도 미사일 시험 발사가 국가 핵 무력 완성을 위한 최종 관문이라면서 이번 성공은 역사에 특기할 대경사라고 치켜세웠다. 그러면서 세계 어디든 타격할 수 있는 ICBM을 보유한 당당한 핵 강국으로서 한반도 지역 평화와 안전을 수호하겠다고 주장했다.

## 모범생 대통령의 한탄 "우리에겐 힘이 없다"

문재인 대통령은 북한이 화성 14형 미사일을 발사한 다음 날인 7월 5일 독일 방문을 위해 출국했다. 문재인 대통령은 유럽 방문 일정을 마치고

7월 10일 새벽에 귀국했다. 다음 날인 7월 11일 진행한 국무회의 모두 발언에서 비장한 표정으로 다음과 같이 말했다. "베를린 방문에서 우리 정부의 한반도 평화 구상을 밝힌 것은 큰 의미가 있었다. 북한의 호응을 기대해 본다. 그러나 북핵 문제 해결의 길이 열리지 않았다는 사실과 북한의 탄도 미사일 도발에 대한 제재 방안을 둘러싼 국제 사회의 합의가 쉽지 않다는 사실을 우리는 엄중하게 받아들여야 한다. 우리가 뼈저리게 느껴야 하는 것은 우리에게 가장 절박한 한반도의 문제인데도 현실적으로 우리에게 해결할 힘이 있지 않고, 우리에게 합의를 이끌어 낼 힘도 없다는 사실이다." 진실한 마음으로 진지하게 문제에 접근하고 성심을 다해 문제 해결에 나서는 문재인 대통령 입장에서 크게 실망하고 좌절한 상황을 보여 주는 발언이다. 모범생 스타일 대통령으로서 발언 효과나 부작용을 의식하지 않고, 국제 사회의 현 상황에 대해 자신이 인식하는 바를 솔직하게 공유한 것으로 볼 수 있다. 그러나 무한 책임을 져야 하는 국가 원수가 국가 역량의 한계를 스스로 인정하는 것은 자신의 역할과 책임에 대한 무능을 인정하는 의미도 있고, 나아가서 참모나 국민의 사기를 불필요하게 꺾어 버리는 부작용도 있다는 점에서 적절한 발언은 아니었다.

이후에도 북한의 미사일 발사 도발과 핵실험 도발은 중단되지 않았고, 미국의 대북 협박 발언 수위도 정비례해서 올라갔기 때문에 문재인 대통령의 좌절감은 더욱 커져 갔다고 볼 수 있다. 그렇지만 모든 문제에 진실하고 진지하게 대하는 문재인 대통령의 접근법은 도널드 트럼프 미국 대통령의 마음도 움직이면서 예상하지 못한 반전을 이끌어 내는 원동력이 된다. 트럼프 대통령이 문재인 대통령을 신뢰할 수 있는 파트너로 인정하면서 2017년 체제는 2012년 체제와 전혀 다른 특징을 갖는 의미 있는 조합으로 다시 탄생한다. 반전의 계기는 11월 8일 오전 8시쯤 일어났다.


## 문재인과 트럼프의 DMZ '브로맨스'

2017년 11월 7일 정오쯤 도널드 트럼프 미국 대통령이 한국 방문을 위하여 오산공군기지를 통해 전용기 편으로 도착했다. 사전 합의에 따라 첫 방한 일정으로 평택미군기지를 둘러보는 일정을 진행했다. 이 일정에 문재인 대통령이 깜짝 합류했다. 두 정상은 헬기를 타고 거대한 미군기지를 둘러봤다. 문재인 대통령은 평택기지 건설 비용 가운데 90퍼센트가 넘는 10조 원을 한국 정부가 제공했다는 점을 설명했다. 트럼프 대통령이 주한 미군 방위비 분담금을 대폭 증액하라고 요구할 가능성을 염두에 두고 협상력을 높이기 위한 조치였다.

　트럼프 대통령은 헬기에 올라 용산으로 이동했다가 청와대로 가기 위해 승용차에 탑승했다. 문재인 대통령은 먼저 청와대로 돌아와서 트럼프 대통령을 기다렸다. 트럼프 대통령은 3시 15분쯤 아름다운 청와대 경내에서 열린 성대한 환영식에 흡족한 표정을 지었다. 문재인 대통령은 트럼프 대통령을 환대하는 차원에서 트럼프 대통령 이동 경로인 한강대로와 세종대로에 대해 모처럼 만에 완전 교통 통제를 실시했다. 두 정상은 단독 정상회담과 확대 정상회담 일정에 이어 공동 기자회견 일정까지 마치고 잠시 헤어졌다. 트럼프 대통령은 숙소로 돌아갔다가 청와대 영빈관에서 열린 국빈 만찬 행사에 참석했다. 만찬은 예정보다 1시간 정도 늦은 저녁 8시쯤 공식으로 시작되었다. 끝난 시간은 9시

30분쯤이었다.

극적 반전은 다음 날 11월 8일 오전 7시 30분에 감지되었다. 서울 하얏트 호텔에 투숙했던 트럼프 대통령이 7시 30분 숙소에서 나와 7시 40분쯤 용산기지 내부로 들어간 것이다. 7시 45분 미군 헬기가 이륙했다. 나중에 청와대 대변인 설명에 따르면 트럼프 대통령은 판문점을 방문하기 위해 헬기에 탑승한 것이었다. 트럼프 대통령의 판문점 방문 일정은 전날 오후 4시쯤 전격적으로 합의되었다. 단독 정상회담이 끝나갈 무렵 문재인 대통령이 트럼프 대통령에게 판문점 방문을 권고했고, 트럼프 대통령이 전격적으로 수용한 것이다.

두 정상의 약속에 따라 문재인 대통령은 11월 8일 오전 7시 1분 정각에 청와대 경내 헬기장을 이륙해 판문점을 향해 비행했는데, 파주 인근에서 안개가 심해지는 바람에 근처 육군 항공 부대로 이동해 착륙했다. 7시 15분쯤이었다. 현장에서 30분 정도 대기했고, 의전과 경호 차량이 도착한 7시 45분 육로로 이동하기 시작했다. 트럼프 대통령의 헬기가 이륙한 것은 이 시각이었다. 문제는 트럼프 대통령을 태운 미군 헬기가 일산 상공을 지나던 7시 55분쯤 헬기 조종사가 짙은 안개로 더 이상 북상하는 것은 위험하다면서 회항 결정을 내린 것이다. 문재인 대통령과 참모들은 임진각을 지나던 상황에서 이 소식을 듣고 잠시 정차해 구수 회의를 한 끝에 판문점 이동 일정을 계획대로 진행하자고 결정했다. 이에 따라 문재인 대통령은 8시 16분 JSA 관측소에 도착해 장병들을 격려하면서 트럼프 대통령이 판문점 방문을 다시 추진하는 상황에 대비했다. 트럼프 대통령 일행은 이 시간에 용산에 도착하여 기상 상황이 호전되기를 기다렸다. 그러나 기상은 좋아지지 않았다. 트럼프 대통령은 9시 5분 판문점 방문을 포기하고 호텔로 돌아갔다. 최종 연락이 온 뒤에 문재인 대통령도 청와대로 돌아왔다.

문재인 대통령을 수행한 참모는 당시 상황에 대해 "긴박한 상황 전개와 안개를 뚫고 가야 하는 긴장감, 제시간에 차량을 도착시켜야 한다는 강박감 그리고 트럼프 대통령의 강한 의지에 대한 감사와 도착이 어렵다는 말을 들었을 때의 허탈감"이 있었다면서 "팽팽했던 고무줄이 딱 끊어진 느낌이었다."라고 회상했다. 그런데 트럼프 대통령 역시 유사한 느낌을 받았던 것으로 파악되었다. 트럼프 대통령은 용산 헬기장에서 참모들이 기상 상황이 좋아질 기미가 없다며 호텔로 돌아갈 것을 건의했지만, "10분만 더"를 서너 번 외치면서 판문점 방문에 강한 의지를 보였다. 결국 흥미로운 일정이 무산된 것에 대단한 아쉬움을 보였고, 자신을 위해 판문점에서 대기한 문재인 대통령에게 미안하고 고맙다는 생각을 한 것으로 파악되었다.

이를 계기로 트럼프 대통령이 문재인 대통령을 신뢰하고 존경하는 동반자로 인식하며 대우하는 태도가 두드러졌다는 평가가 나왔다. 문재인 대통령의 통일, 외교, 안보 특보인 문정인 연세대 교수는 트럼프 대통령이 이 순간 이후 문재인 대통령을 우호적으로 대하는 태도를 보였다고 말했다. 2018년 내내 진행된, 그리고 2019년으로 이어진 한미 정상 간 특별한 협력과 그로 인한 북미 관계 개선이 가능했던 배경에 2017년 11월 8일 오전 8시 전후의 긴박했던 상황이 있었다고 해석할 만한 요소다. 문재인 대통령과 트럼프 대통령의 DMZ 브로맨스 상황은 역사에 대해 인간이 언제나 겸허해야 하고, 지성이면 감천이라는 말이 과장이 아니라는 점도 거듭 확인하는 사례라고 볼 수 있다.

2017년 11월 8일 트럼프 대통령이 문재인 대통령의 동반자로 거듭나면서 2017년 체제, 즉 문재인, 김정은, 트럼프, 시진핑으로 구성되는 최고 지도자 4인 조합은 대화와 타협을 중심 수단으로 한반도의 항구적 평화 체제 구축을 향한 새로운 여정에 나서게 됐다. 그렇지만 여행이 본격적으로 시작되기 직전까지는 여행이 시작될 거라 믿을 수도 없고, 비슷한 생각을 할 수도 없을 만큼 한반도의 안보 상황은 좋지 않았다. 김정은 위원장은 쉬지 않고 미사일을 발사했으며, 트럼프 대통령은 김정은 위원장에 대해 화염과 분노, 완전한 파괴를 들어 위협했다. 여명이 오기 직전의 새벽 시간이 가장 어두운 것처럼, 2017년 여름과 가을 한반도는 전쟁의 공포를 자극하는 온갖 위협이 쏟아지는 난장판이었다.

# 제22장

## 화염과 분노 속에서 핵 무력 완성

김정은 위원장이 한국이나 미국을 상대로 군사적 협박을 가하고 의미 있는 반응, 즉 협상 테이블에 나올 수밖에 없는 상황을 만드는 작전에 돌입한 것은 2016년 1월이었다. 그렇지만 한국이나 미국은 전혀 반응하지 않고, 오히려 제재와 압박 수위만 올리고 있었다. 이런 상황은 2017년 초까지 지속되었다. 그러나 2017년 5월 14일 북한이 발사한 화성 12형 미사일의 경우는 달랐다. 이어서 7월 4일 사거리가 8,000킬로미터 이상으로 미국 본토 서북 지역을 타격할 수 있는 화성 14형 미사일까지 발사되자 미국의 반응이 질적으로 달라졌다. 그 전까지 미국은 필요한 경우, 예를 들어 미 의회에 국방 예산 배정이 필요하다고 설명하는 과정에서 근거 자료가 필요할 때만 북한의 위협을 진지하게 언급했을 뿐이다. 북한의 군사 위협은 기관총을 든 상대 앞에서 칼 자랑을 하는 것과 다르지 않았기 때문에 미국은 진지하게 상대하기보다 일정한 거리를 유지하면서 단지 상황 관리에만 집중했던 것이다.

김정은 위원장은 7월 28일 화성 14형 2차 발사에 나섰다. 시간은 오후 11시 41분, 장소는 자강도 전천군 무평리였다. 북한의 다음 날 보도에 따르면 최고 고도 3,724.9킬로미터, 비행 시간 47분 12초, 998킬로미터를 날아가 일본 홋카이도 주변 해상에 떨어졌다. 북한은 역시 대성공이라고 주장했지만, 미국 전문가 입장은 여전히 회의적이었다. 미국 항공우주 연구 분야 전문가인 존 실링 연구원은 '38노스' 분석 기사에서 화성 14형 미사일 발사도 실패라고 규정했다. 사거리 1만 킬로미터 능력은 보여 주었지만, 1차에서 사용한 탄두부 무게 500킬로그램을 2차에서는 300킬로그램으로 줄여서 가능했으며 그 대신 부작용이 발생했다는 것이다. 탄두부 형태는 그대로 두고 중량만 감소하다 보니 내구성이 약해지면서 대기권 재진입 과정에서 혹독한 고열과 충격을 견디지 못했다는 설명이었다. 고체 연료를 써서 재진입에 문제가 없는 미사일을 만들려면 8년 정도 더 필요하다고 지적했다.

특히 7월 28일 화성 14형 발사는 일본 홋카이도 육지에 설치된 CCTV가 우연히 문제의 미사일 낙하 상황을 촬영하면서 동영상 분석 결과도 추가되었다. 영국의 외교, 안보 분야 싱크탱크인 국제전략문제연구소(IISS, International Institute for Strategic Studies) 소속 마이클 엘레먼 선임연구위원도 '38노스' 기고문에서 동영상을 분석한 결과 탄두가 최종 단계에서 2개 이상의 조각으로 분해되었다며 대기권 재진입 차원에서 실패라고 규정했다.

## "화염과 분노에 직면할 것이다"

두 번에 걸친 화성 14형 미사일 발사에 대해 미국에서는 기술적으로 문제가 있다는 진단이 나왔다. 그러나 미사일 사거리가 미국 본토에 도달하는 수준이라는 사실 자체는 예상을 뛰어넘은 것이다. 7월 4일 발사에 대해서도 미국은 7월 11일 사드 미사일 요격 시험을 진행했다. 하와이 북부에서 태평양 상공으로 중장거리 미사일을 발사했는데, 알래스카주 코디액에 배치된 사드 미사일이 해당 미사일을 격추하는 시험이었다. 발사 시간을 미리 알리지 않았다는 것이 과거와 다른 점이라고 미국 당국은 밝혔다.

7월 21일에는 미국이 자국민에 대해 북한 여행 금지 조치를 내렸다. 개인의 자유와 책임을 중시하는 미국에서 극히 이례적인 조치였다. 이 조치를 추동한 요인으로 화성 14형 발사와 더불어 오토 웜비어(Otto Warmbier) 사건이 있었다. 웜비어는 2015년 12월 말 중국 여행사를 통해 5일짜리 북한 여행 프로그램에 참가했고, 2016년 1월 2일 양각도호텔에서 정치 선전물을 훔치려 한 혐의로 당국에 체포되었다. 이후 국가전복 음모 혐의에 대해 유죄가 확정되었으며, 노동교화형 15년을 선고받고 복역 중이었다. 그런데 웜비어는 복역 개시 직후 명확하지 않은 이유로 혼수상태에 빠졌다. 2017년 초 북한과 미국이 비밀 대화 창구를 통해 석방 교섭이 이뤄졌다. 2017년 한국 시각으로 6월 13일 석방이 이뤄졌고, 미국 시각으로 같은 날인 13일 고향 오하이오주 신시내티의 신시내티대학 의료센터에 도착했지만, 5일 뒤인 6월 19일 사망했다. 미국 사회에서 북한에 대한 분노가 획기적으로 커졌다. 이런 조건에서 화성 14형 미사일이 발사되자 미국인 여행 금지 조치가 나온 것이다.

7월 25일에는 미 하원이 북한 제재 법안을 가결 처리했다. 이 법안은 원래 5월 초에 가결되었지만, 러시아와 이란 제재 법안과 통합되며 재처리 과정을 거쳤다. 이 법안에는 대북 원유 공급 중단과 북한 노동자 고용 금지, 사이버 오락 금지 등의 제재안이 포함되었다.

7월 28일 북한이 두 번째 화성 14형 발사를 감행하자 유엔 안보리가 8월 5일 새로운 대북 제재 결의 2371호를 가결했다. 북한은 곧바로 반발했다. 북한은 8월 7일 오후 공화국 정부 성명을 발표하고, 이번 결의는 북한의 자주권에 대한 난폭한 침해로 단죄 규탄하며 전면 배격한다고 강조했다. 미국 범죄에 대해 천백배로 결산할 것이며 미국이 경거망동한다면 어떤 최후 수단도 서슴지 않겠다고 위협했다. 이어 북한이 새로운 제재 앞에서 흔들리며 태도를 바꿀 거라고 생각하는 것은 터무니없는 망상에 불과하다고 주장했다.

8월 8일 트럼프 대통령의 '화염과 분노' 발언이 나왔다. 트럼프 대통령은 휴가 기간에 뉴저지주 베드민스터에 있는 자신의 골프장 트럼프 내셔널 골프 클럽에 갔다가 정책과 관련한 참모회의를 주재하는 상황이었다. 기자들이 북한의 핵탄두 소형화 주장에 대한 반응을 묻자 "북한이 더 이상 미국을 위협하지 않는 것이 최선"이라면서 "북한이 미국을 계속 위협하면 전 세계가 한 번도 보지 못한 화염과 분노, 진짜 힘에 직면할 것"이라고 경고했다. 트럼프 대통령의 발언은 단순히 북한을 겁주기 위한 허장성세라는 해석도 나왔지만, 가공할 군사력을 실제로 사용할 수 있다는 취지라는 해석도 나왔다.

## "화성 12형 미사일로 괌 주변 포위 사격 준비"

초강대국의 대통령이 화염과 분노를 운운하면서 위협했지만 북한은 오히려 강력하게 반발했다. 트럼프 발언이 한국에 보도된 것이 8월 9일 오전 4시쯤인데, 북한은 그날 오전 7시 탄도 미사일을 운용하는 북한군 전략군 사령부 대변인 반박 성명을 발표한 것이다. 전략군 대변인은 중장거리 탄도 미사일 화성 12형으로 미국 괌 주변을 포위 사격하기 위해 작전 방안을 검토하고 있다고 위협했다. 괌을 작전 대상으로 지목한 이유는 그즈음에 괌 앤더슨공군기지에서 출격한 장거리 폭격기들이 한반도에서 실전 연습을 하기 때문이라고 밝혔다. 그러면서 이 방안은 김정은 위원장의 결단만 있으면 임의의 시각에 동시다발적으로 실행이 가능하다고 위협했다.

전략군 대변인 성명과 더불어 북한군 총참모부도 성명을 내고, 미국의 예방 전쟁에 대해 정의의 전면전으로 대응하겠다고 협박했다. 이는 8월 5일 맥매스터 백악관 국가안보 보좌관이 언론 인터뷰에서 밝힌 '예방 전쟁', 즉 상대국의 침략 기도를 무산시키는 방법으로 먼저 공격하는 전쟁을 한다는 발언을 문제 삼은 것이다. 북한 총참모부 대변인은 예방 전쟁과 관련해 선택권은 미국에만 있는 것이 아니라고 주장했다. 미국의 선공 기도가 드러나는 즉시 서울을 포함해 수도권과 중부 지역을 방어하는 육군 제1군과 제3군 지역의 모든 대상을 불바다로 만들겠다고 위협했다. 이와 함께 한국과 미국 태평양 작전 지구 발전 기지를 동시에 제압하는 전면적인 타격을 가할 것이라고 주장했다.

다음 날인 8월 10일에는 김락겸 전략군 사령관 발표 형식으로 괌 포위 사격을 화성 12형 미사일 4기로 진행하는 방안을 "심중하게" 검토한다고 밝혔다. 김락겸은 화성 12형이 일본 시마네현, 히로시마현, 고치현 상공을 통과하고 3,356.7킬로미터를 18분 동안 비행한 뒤 괌 주변 30~40킬로미터 해상 수역에 탄착할 것이라고 예고했다. 구체적인 작전 계획을 8월 중순까지 완성하여 김정은 위원장의 명령을 기다릴 거라고 위협했다. 화염과 분노 발언에 이어서 괌 포위 사격 협박은 4월 이후 8월 전쟁설을 부추기며 한반도를 전쟁의 불안감 속으로 몰아넣는 요인이 되었다.

8월 12일 트럼프 대통령과 시진핑 중국 주석이 전화 통화를 하고 한반도와 주변 정세에 대한 인식을 교환했다. 시진핑 주석은 한반도의 긴장감을 높이는 언행을 피해야 한다고 강조했다. 두 정상의 통화 이후 미국에서 긴장 완화를 목표로 한 움직임이 전개되었다. 맥매스터 백악관 국가안보 보좌관은 8월 13일 ABC 방송에 출연하여 전쟁이 임박했는가를 묻는 질문에 그렇지 않다고 대답했다. 같은 날인 13일 틸러슨 국무장관과 매티스 국방장관은 《월 스트리트 저널》에 보낸 기고문에서 한반도 비핵화를 위한 평화적 압박을 계속하겠지만, 북한과 대화 의지가 있다는 점을 표명했다. 두 장관은 틸러슨 장관의 '4불 정책'을 재확인했다. 이어 미국의 대북 정책 기조는 북한의 위협을 촉진한 '전략적 인내'에서 '전략적 책임'으로 선회했다고 설명했다. 트럼프, 시진핑 두 정상의 통화는 상황을 다소 진정시키는 효과를 거뒀지만, 8월 전쟁설을 중심으로 한 한반도의 군사적 긴장 고조 상태는 그대로 이어졌다.

## 6차 핵실험, "폭발 위력은 120킬로톤"

2017년 8월 21일 한미 양국이 참가하는 연합 군사 훈련 을지프리덤가디언이 시작되었다. 이 훈련은 한미 연합사 맞춤형 억제 전략을 토대로 8월 31일까지 실시되었다. 훈련에는 한국군 5만 명, 미군 1만 7,500명이 참가했다. 한미 군사 훈련에 대해 북한도 전례대로 강력한 반발을 보였다. 훈련 엿새째가 되는 8월 26일 북한이 동해상으로 단거리 미사일 3기를 발사했다. 미사일은 오전 6시 49분 강원도 깃대령 일대에서 동북 방향으로 발사되었고, 비행 거리는 250킬로미터로 파악되었다. 발사체는 300밀리미터 방사포로 추정되었다.

8월 28일 국회 정보위원회에서 북한 동향과 관련한 국가정보원의 보고가 있었다. 국정원은 보고에서 북한이 함경북도 길주군 풍계리 핵실험장 2번 갱도와 3번 갱도에서 핵실험 준비를 마쳤다고 보고했다. 8월 전쟁설이 여전한 가운데 국정원 보고는 핵실험 감행이 임박한 것으로 해석되었다.

8월 29일 북한이 중장거리 미사일 화성 12형을 발사했다. 북한은 새벽 5시 57분쯤 평양시 순안 일대에서 동해 방향으로 미사일을 발사했다. 평상시 북한은 미사일을 동해에 떨어뜨렸지만, 이번에 발사된 미사일은 일본 상공을 통과해서 북태평양에 떨어졌다. 이에 따라 일본에서는 홋카이도 등 12개 지역에서 대피 방송을 한 것으로 집계되었다. 미사일 비행 거리는 2,700킬로미터, 최고 고도는 550킬로미터로 파악되었다. 국방부는 31일 북한이 화성 12형을 발사하면서 의도적으로 사거리를 절반으로 줄였다며, 정상 사거리가 4,500~5,000킬로미터라는 평가에는 변함이 없다고 말했다.

9월 3일 오후 12시 30분 북한이 드디어 6차 핵실험을 감행했다. 기상청은 인공 지진 규모를 5.7로 지목했고, 국방부는 폭발 위력이 50킬로톤이라고 말했다. 북한은 오후 3시 30분 중대 발표를 통해 ICBM 장착용 수소탄 시험에 성공했다고 주장했다. 그런데 지진 규모에 대해 미국 지질조사국은 6.3으로 측정했고, 이 기준에 따르면 폭발 위력은 120킬로톤 이상이라는 계산이 나왔다. 이런 수치에 대해 일부에서는 폭발 위력이 획기적으로 커졌지만 수소탄은 아니라는 평가가 나왔고, 일부에서는 소형화된 수소탄으로 볼 수 있다는 의견도 나왔다.

트럼프 대통령은 북한의 6차 핵실험에 대해 미국 시각으로 9월 3일 북한을 규탄하면서도 남한의 대북 유화 정책이 옳지 않다는 자신의 주장을 이제 남한이 알게 됐다고 비아냥거렸다. 트럼프 대통령이 사용한 유화 정책(appeasement policy)은 국제 정치 분야에서 비굴한 태도로 적대국과 대화와 협상을 통해 문제를 푸는 결단을 내렸지만, 결국 문제를 해결하지 못하면서 재앙과 손실도 피하지 못하는 정책이라는 의미로 사용되기 때문에 매우 모욕적인 표현이었다. 한미 동맹의 특성에 비춰 보면 미국 대통령이 한국 대통령의 정책에 대해 유화 정책이라는 비방 중상 표현을 사용한 것은 극도로 부적절한 일이다. 동시에 북한의 핵실험에 대해 한국과 미국 정부가 얼마나 당황했는가를 여실하게 보여주는 사례다.

9월 4일 한미 두 정상은 다시 전화 통화를 하여 대북 정책 공조 입장을 재확인했다. 이날 합의 사항 중에는 한국의 미사일 기술 제한이 완전히 풀린다는 내용도 들어 있다. 그동안 한국은 사거리 800킬로미터 이하에 탄두 중량 500킬로그램으로 제한되어 있었다. 군에서는 4일과 5일 군사 훈련을 실시했다. 4일에는 현무-2A 미사일 발사 훈련과

F-15K 폭격 훈련을 진행했고, 5일에는 함포 실사격 훈련을 실시했다.

## "늙다리 미치광이는 불로 다스린다"

9월 11일 유엔 안보리가 이사회를 열어 북한의 6차 핵실험을 응징하는 의미로 새로운 대북 제재 결의안을 채택했다. 새로운 대북 제재 결의 2375호는 대북 원유 수출 상한선을 설정했다. 중국과 러시아가 북한에 해마다 원유 400만 배럴을 수출했는데, 그 이상을 하지 못하게 금지했다. 휘발유나 경유 등 석유 정제품 공급 규모도 연간 450만 배럴에서 200만 배럴로 축소했다. 북한의 주요 수출 품목인 섬유 제품 수출을 전면 금지했다. 미국이 당초 요구한 원유 수출 금지는 기존 공급량 유지로 완화된 것이다. 김정은 위원장과 김여정 노동당 제1부부장에 대한 제재도 중국과 러시아 반대로 관철하지 못했다. 해외 노동자의 경우 미국이 고용 금지를 추진했지만, 결국 신규 고용은 허가를 받는 방식으로 약화되었다.

9월 15일 오전 6시 57분쯤 북한이 평양 순안 일대에서 동해 쪽으로 미사일 1기를 발사했다. 미사일은 일본 상공을 지나 3,700킬로미터를 비행했는데 최대 고도는 770킬로미터였다. 북한의 미사일 발사는 유엔 안보리 대북 제재 결의안 채택에 대한 반발로 해석되었다. 북한은 다음날인 9월 16일 미사일 발사에 대해 구체적인 정보를 공개했다. 미사일 기종은 화성 12형이라고 밝혔다. 김정은 위원장이 발사 상황을 현장에서 지켜보았다. 북한은 미사일을 차량에 탑재한 채로 발사했다.

북한이 미사일을 발사한 직후 오전 7시 3분 우리 군은 동해안에서 현무-2A 탄도 미사일을 발사하며 맞대응 조치를 했다. 비행 거리는 평양을 타격하는 시나리오에 따라 250킬로미터로 지정했다. 다만 현무-2A 미사일 2기를 쐈는데, 한 기는 정상적으로 비행했지만, 다른 한 기는 발사 직후 몇 초 만에 동해로 떨어졌다.

9월 19일 트럼프 미국 대통령이 유엔 총회 기조 연설에서 북한에 대한 군사적 대응 가능성을 공개적으로 언급했다. "미국과 동맹을 방어해야만 한다면 우리는 북한을 완전히 파괴하는 것 외에 다른 선택이 없을 것입니다." "만약 어떤 나라가 북한 정권과 무역을 한다면 단순한 불법 행위가 아닙니다. 전 세계를 위험에 빠뜨리는 나라에 무기를 공급하고 재정적 지원을 하는 것입니다." 트럼프 발언에 대해 미국 언론은 과도한 대응이라면서 매우 비판적인 입장을 보였다. 《워싱턴포스트》는 김정은 위원장과 더불어 북한 주민 2,500만 명의 생명을 날려 보낼 수 있다는 의미가 포함되었다고 지적했다. CNN 방송도 화염과 분노 발언처럼 도가 지나친 발언이라고 비판했다.

북한도 즉각 극단적인 표현으로 트럼프를 비난했다. 다음 날인 9월 20일 뉴욕에 도착한 리용호 북한 외무상은 뉴욕의 한 호텔에서 기자들의 질문을 받고 "영화 대사 중에 개는 짖어도 행렬은 간다는 말이 있다."라면서 "개 짖는 소리로 북한을 놀라게 하려 생각했다면 그야말로 개꿈"이라고 일축했다. 9월 22일 오전에는 김정은 위원장 명의로 성명을 발표하고 "늙다리 미치광이를 불로 다스리겠다."라고 기염을 토했다. 김정은 위원장은 국무위원회 위원장 명의 성명에서 트럼프 대통령이 자신과 국가의 존재를 부정하고 모욕하며 북한을 없애겠다는 역대 가장 포악한 선전포고를 했다고 주장했다. 그러면서 북한도 상응하는 사상 최고의 초강경 대응 조치 단행을 심중히 고려할 것이라고 위협했다. 이어 겁먹은 개가 더 요란스레 짖어 대는 법이라며 세상을 향해 말할 때는 어휘를 신중히 선택하고 상대를 봐 가며 하라고 권고했다. 트럼프 대통령에 대해 불장난을 즐기는 불망나니, 깡패, 늙다리 미치광이라고 표현하면서 사상 최고의 초강경 대응을 하겠다고 위협했다.

## 화성 15형 발사, "국가 핵 무력 완성"

'늙다리 미치광이' 발언 이후 북한은 의외로 관망하는 태도를 보였다. 반면 미국은 북한에 대해 최대의 압박 노력을 지속했다. 미국이 계획한 사상 최대 규모의 무력 시위는 항공모함 3척을 동시에 투입하는 한미 해군 연합 군사 훈련이었다. 9월 13일 미 해군이 보유한 함공모함 11척 가운데 3척이 동해에서 나란히 대열을 만들어 훈련에 참여한 것이다. 훈련에 참여한 항공모함은 니미츠함, 로널드레이건함, 시어도어루스벨트함이다. 항모 한 척에 항공기 80여 대가 탑재되기 때문에 곧바로 전쟁에 투입할 수 있는 군용기 240대가 집결한 셈이다. 또한 항모전단은 핵무기를 탑재한 핵 추진 잠수함 1척 또는 2척과 함께 움직이기 때문에 동해에 핵 추진 잠수함 최소 3척이 동시에 투입된 것이다. 이것은 사상 유례를 찾아볼 수 없는 것이다. 1968년 1월 푸에블로함 나포 사건 당시에 항모 3척이 한반도 주변에 집결한 적이 있지만, 나란히 항해하면서 훈련한 것은 아니었다.

미국이 항모 3척을 동원한 사상 최대의 무력 시위를 벌였지만, 11월 중순을 넘기면서 한반도 안보 정세는 갑자기 소강 국면, 즉 긴장 완화 흐름도 동시에 나타났다. 북한은 9월 15일 미사일 발사 이후 60일 이상 도발하지 않았다. 미국에서도 대화 가능성에 대한 발언이 이어졌다. 11월 10일 트럼프 대통령을 수행하여 아시아를 순방한 틸러슨 장관은 베트남 다낭으로 향하는 비행기 안에서 미국은 북한과 두어 개의 대화 채널을 가동하고 있으며, 서로가 '첫 대화를 할 때가 됐다.'라고 할 날이 올 거라고 말했다. 그러면서 북미 대화를 위해서는 김정은 위원장이 만남을 원한다는 표시를 해야 한다고 강조했다. 다음 날인 11월 11일 트럼프 대통령은 김정은 위원장과 친구가 되고 싶다는 뜻을 밝혔다. 한중일에 이어 아시아태평양경제협력체(APEC, Asia-Pacific Economic Cooperation) 정상회의 참석을 위해 베트남을 방문한 트럼프 대통령은 북한과 관련한 트윗을 여러 개 올렸다. "나는 김정은에 대해 절대로 키 작고 뚱뚱하다고 하지 않았는데, 김정은은 왜 나를 '늙었다'고 모욕하는 것일까?" "어쩌겠느냐, 나는 그의 친구가 되기 위해 이렇게 애쓰는데…." "어쩌면 언젠간 그런 일이 일어날지도 모르지."

긴장 완화 흐름은 일시적이었고, 11월 20일 미국이 다시 북한을 테러지원국으로 지정하면서 균열이 생겼다. 트럼프 대통령은 백악관 각료회의에서 테러지원국 재지정 결정을 발표하고 북한을 살인 정권이라 부르며 더 혹독한 제재가 가해질 거라고 말했다. 미국 정부는 트럼프 대통령의 지시에 따라 11월 21일 북한을 테러지원국으로 지정했다. 북한이 테러지원국이 된 건 1988년 대한항공 폭파 사건이 계기였고, 2008년 북한과 미국의 핵 검증 합의로 해제되었다가 9년 만에 복원된 것이다.

북한의 맞대응은 11월 29일에 나왔다. 오전 3시 17분 평안남도 평성 지역에서 동해 쪽으로 장거리 미사일 화성 15형을 발사했다. 최고 고도는 4,500킬로미터, 평면 이동 거리는 960킬로미터였다. 정상 각도 발사일 경우 사거리는 1만 3,000킬로미터로 추정되었다. 미사일 발사 도발은 9월 15일 이후 75일 만이었다. 이번에도 한국 정부는 맞대응 사격 훈련을 즉시 진행했다. 북한이 미사일을 발사한 지 6분 뒤인 3시 23분 동해상에서 미사일 합동 정밀 타격 훈련을 실시했다. 육지에서 지대지 미사일, 공중에서 공대지 미사일, 해상에서 함대지 미사일을 동시에 발사하여 원점을 타격하는 훈련이다. 북한은 서울 시각으로 이날 오후 12시 30분 중대 보도를 통해 화성 15형 미사일 발사를 확인했다. 미사일 발사를 참관한 김정은 위원장은 "오늘 비로소 국가 핵 무력 완성의 력사적 대업, 로케트 강국 위업이 실현되었다."라고 주장했다.

화성 15형 미사일은 7월 4일과 28일 발사된 화성 14형에 비해 사거리는 훨씬 긴 것으로 평가되었지만, 여전히 재진입 기술이나 낙하 마지막 단계 통제 기술은 입증되지 않았다. 그런데도 김정은 위원장이 서둘러서 국가 핵 무력 완성을 선언한 것은 앞뒤가 맞지 않는 모습이었다. 화성 15형 발사에 앞서 북한이 75일 동안 미사일을 발사하지 않은 것도 석연치 않은 요소가 있다. 미국도 11월 중순 일정한 시기에 북한에 대한 유화 공세가 있었던 것 역시 주목 대상이다. 이런 점들을 고려하면 북한과 미국 간에 10월에서 11월 사이 북핵 문제 해결과 관련해 물밑 접촉이 있었지만, 11월 말 어느 시점, 특히 테러지원국 재지정을 단행한 11월 20일 직전에 협상이 결렬된 것으로 추정할 수 있다. 그렇지만 북한과 미국의 물밑 접촉은 이후 2018년 2월 한국 평창에서 열린 동계올림픽을 계기로 다시 가동했고, 이후 북미 정상회담을 성사시키는 밑거름이 되었다.

# 2018_2019

**한반도 안보 정세 대격변 시작.**

싱가포르에서
사상 최초
북미 정상회담이 열리다

김정은 위원장은 2018년 1월 1일 신년사에서 평창동계올림픽 참가 의사를 밝혔다. 평창올림픽 행사 참석을 명분으로 김정은 위원장의 여동생인 김여정 노동당 제1부부장이 서울을 방문해 문재인 대통령을 예방하고 김 위원장 친서를 전달했다. 일촉즉발의 전쟁 위기를 겪고 난 이후 한반도에서는 바야흐로 평화의 기운이 압도하는 시기가 도래했다. 4월 27일 판문점에서 남북 정상회담이 열리며 한반도 평화 분위기는 한껏 고조됐다. 평화의 기운으로 워싱턴으로 퍼지면서 트럼프 대통령이 김정은 위원장과의 회담을 수락하는 상황까지 진행됐다. 우여곡절을 겪고 6월 12일 싱가포르에서 사상 최초 북미 정상회담이 열렸다. 두 정상은 두 나라의 관계 개선을 위해 노력하기로 하고 합의문도 채택했다. 싱가포르 정상회담으로 비핵화와 한반도 평화 체제 구축이 눈앞에 다가선 것으로 보였다. 그러나 북한과 미국은 후속 협상을 이어 가지 못했다. 가을에 열릴 것으로 기대됐던 제2차 북미 정상회담이 열리지 못했다. 교착 국면은 2019년 2월 하노이 정상회담을 계기로 반전될 것으로 기대됐다. 그러나 하노이 정상회담에서 합의문을 채택하지 못하고 결렬이라는 결과가 나왔다. 한반도 평화 체제 구축이라는 과업은 멀고도 험난한 길이라는 점이 거듭 확인됐다.

제 2 3 장

———

# 평창에서
# 기적이 시작되었다

———

2018년 1월 1일 오전 9시 북한 조선중앙TV가 김정은 북한 국무위원장의 신년사를 방송했다. 김정은 위원장은 국가 핵 무력 완성을 재확인하며 미국은 절대로 북한을 침공하지 못한다고 확언했다. 그러면서 남북 관계 개선 노력 차원에서 평창동계올림픽 참가 의사를 밝혔다. 미국은 김정은 위원장이 핵단추를 언급한 점에 주목하면서 미국을 상대로 협박한 거라는 분석이 많았다. 그러나 한국 정부는 올림픽 참가를 시사한 것에 의미를 부여하면서 즉각적인 반응에 나섰다. 다음 날인 1월 2일 오후 2시 조명균 통일부 장관이 긴급 기자회견을 열고 남북 고위급 회담을 1월 9일 판문점에서 열자고 제안했다. 북한은 즉각 수락했다. 다음 날인 1월 3일 오후 1시 30분 리선권 조국평화통일위원회 위원장이 TV 방송에 나와 남측 제안에 긍정적인 입장을 보이며 남북 연락 채널 복원에 동의했다.

## 한미, 연합 군사 훈련 연기 합의 발표

남과 북의 급속한 관계 개선 움직임에 대해 도널드 트럼프 미국 대통령은 긍정적인 반응을 보였다. 1월 2일 트윗에서 북한의 대화 참여 움직임이 좋은 뉴스일 수 있다고 언급했다. 3일 트윗에서는 자신의 핵단추가 김정은의 핵단추보다 크다면서 북한을 협박했지만, 4일 문재인 대통령과 통화한 뒤에 올린 트윗에서는 남북 대화를 100퍼센트 지지한다고 적었다. 한국과 미국은 1월 4일 한미 연합 군사 훈련 일정을 3월이 아닌 올림픽이 끝난 이후에 하기로 합의했다.

1월 5일 오전 10시 30분쯤 북한은 고위급 회담을 수락한다는 입장을 보내왔고, 1월 9일 판문점에서 남북 고위급 회담이 10년 만에 처음으로 협력적 분위기에서 열렸다. 남쪽에서 조명균 통일부 장관이 수석대표로 나갔고, 북쪽에서는 리선권 위원장이 대표단장으로 나왔다. 10시간 동안 협력적인 분위기에서 회담을 진행했고, 3개 항으로 이뤄진 공동 보도문을 채택했다. 1항은 북한이 평창동계올림픽에 선수단과 응원단, 예술단, 태권도 시범단과 기자단 등 500여 명의 방문단을 보내기로 한다는 것이다. 2항은 군사 당국 간 회담 개최 합의, 3항은 한반도 문제 당사자 해결 원칙 재확인이다.

1월 11일 트럼프 대통령이 《월 스트리트 저널》 인터뷰에서 남북 대화를 지지한다는 입장을 거듭 밝혔다. 한미 연합 군사 훈련 중단 가능성도 거듭 확인했다. 실제로 2018년 한미 연합 군사 훈련은 올림픽이 끝난 이후 예년에 비해 축소된 규모로, 그리고 언론 공개를 최소화한 상태에서 진행됐다. 그런데 한국과 미국이 군사 훈련 중단을 검토한 것은 약 20일 전으로 거슬러 올라가야 한다. 2017년 12월 19일 문재인 대통령이 서울에서 강릉으로 향하는 고속열차에서 미국 NBC 방송과 인터뷰한 장면이다. 문 대통령은 "한미 양국이 군사 훈련을 연기하는 방안을 고려할 수 있다."면서 "이런 제안을 미국에 했고, 미국도 이를 검토 중"이라고 밝혔다. 한국 대통령이 한미 연합 군사 훈련 연기 가능성을 공개적으로 거론하는 것은 매우 이례적인 일이며, 미국과 사전 협의는 물론 동의 과정도 거쳤음을 의미한다. 이후 트럼프 대통령은 6월 12일 북미 정상회담이 끝나고 기자회견에서 연합 군사 훈련 중단을 전격적으로 발표했는데, 이것이 충동적인 결정이 아니라 1월, 어쩌면 2017년 12월에 이미 검토한 결과였다고 볼 수 있다. 이는 2018년 한반도 안보 정세 대격변의 출발점이 1월 1일 김정은 위원장 신년사보다도 12일 정도 앞서서 이뤄진 문재인 대통령의 한미 연합 군사 훈련 중단 용의 표명을 꼽는 것이 더 정확할 수 있음을 의미하는 것이다.

1월 10일 문재인 대통령은 신년 기자회견에서 남북 관계 개선과 관련해 트럼프 대통령이 주도한 대북 압박 정책의 결과라면서 트럼프 대통령을 치켜세우는 발언을 했다. 이에 대해 북한은 14일 관영 매체 논평 등을 통해 문 대통령의 발언이 화해 국면에 찬물을 끼얹는 망언이라고 비난했다. 북한 매체 논조는 이 시점까지는 남북 관계 개선에 주력하는 전략을 갖고 있었지만, 북미 관계 개선에 대해서는 별다른 생각이 없었음을 보여 준다.


## 총살설 현송월, 서울과 강릉을 활보하다

1월 15일 남과 북이 북한 예술단 방문과 관련한 실무회담을 판문점에서 진행하고 5가지 사안에 합의했다. 북한 예술단 140여 명 중 오케스트라는 80명, 강릉과 서울에서 공연, 조속한 시일 내 사전 점검단 파견, 경의선 육로로 이동, 곡목 선정은 민요나 세계 명곡으로 합의가 이뤄졌다. 1월 17일 판문점에서 열린 남북 차관급 실무회담에서 예술단과 관련이 없는 다른 사안에 대한 협의가 이뤄졌고 11개 항의 공동 보도문을 채택했다. 주요 내용은 동계올림픽 개회식에 한반도기를 앞세워 공동 입장, 여자 아이스하키 종목에서 남북단일팀 구성, 230여 명 규모 응원단 파견, 태권도 시범단 규모는 30여 명, 장애인 올림픽인 패럴림픽에는 대표단과 선수단 등 150여 명 파견, 북한 마식령에서 스키 공동 훈련 등이다. 이로써 평창동계올림픽을 계기로 대전환 외교의 시동이 걸렸다.

1월 19일 오후 12시 30분쯤 북한에서 전문이 내려왔다. 북한 예술단 사전 점검단이 다음 날인 20일부터 2박3일 일정으로 방문한다는 것이었다. 단장 이름은 현송월. 현송월은 2013년 8월 국내 한 언론에서 성추문에 연루돼 총살되었다고 보도한 장본인이다. 문제는 그날 오후 10시쯤 전문이 다시 내려왔는데, 토요일 방문을 중지한다는 것이었다. 북한의 변덕에 대해 황당한 분위기가 형성된 가운데 조명균 통일부 장관이 다음 날인 20일 낮에 기자실을 찾아왔다. 남북 관계 진전 상황에 대해 긍정적인 측면도 언론이 평가해 달라는 취지의 요청이 있었다. 이날 오후 6시 40분쯤 북한이 다시 전통문을 보내와서 점검단 파견 취소를 번복하여 21일 일요일에 점검단을 보내겠다는 입장을 전했다.

1월 21일 현송월 삼지연관현악단 단장을 대표로 하는 북한 예술단 사전 방문단이 판문점을 통해 남쪽으로 내려왔다. 이외에도 다른 분야 사전 점검단과 선수단 등 방문단은 몇 차례에 걸쳐 나눠서 내려왔다. 2월 6일에는 북한 예술단 단원 140여 명이 만경봉호를 이용해 강원도 묵호항으로 들어왔다. 예술단은 8일 오후 강릉아트센터에서 1차 공연을 하고 서울로 이동했다. 11일 오후 7시 서울 장충동 국립극장 해오름극장에서 2차 공연을 하고 북으로 귀환했다. 2월 7일에는 응원단 229명, 태권도 시범단 26명, 기자단 21명, 북한 올림픽위원회 관계자 4명 등 280명이 경의선 육로 편으로 방남했다.

북한 방문단 가운데 지원 인력으로 내려온 맹경일 노동당 통일전선부 부부장이 있었다. 맹경일 부부장은 2월 7일부터 2월 25일까지 19일 동안 인제에 머물면서 남쪽 정보 기관 인사들은 물론 미국 CIA 요원들, 특히 2017년 5월 새로 출범한 코리아미션센터 관계자들과 면담하면서 남북 관계 개선이나 북미 관계 개선에 대해 밀도 있는 협의를 진행한 것으로 알려졌다. 맹경일 부부장과 면담한 사람 중에는 앤드루 김 코리아미션센터 소장도 포함된 것으로 알려졌다.


## 김여정의 서울 방문, 마술의 시작

2월 9일 금요일 평창동계올림픽이 시작되었다. 이날 오후 1시 45분쯤 북한 고위 대표단 일행 23명이 북한 정부 전용기로 인천공항을 통해 방남했다. 대표단은 4명으로 단장은 김영남 최고인민회의 상임위원장이고, 대표 3명 가운데 김여정 노동당 제1부부장이 있었다. 한국전쟁 이후 김일성 가문의 일원이 남쪽 땅을 밟은 것은 이번이 처음이었다.

공항 대기실에 들어선 김 제1부부장은 긴장한 표정도 보였지만, 새로운 환경을 궁금해하는 표정이 더 강하게 나타났다. 공항 대기실에서 김영남 상임위원장이 김여정 제1부부장에게 공손한 태도로 상석을 양보하는 장면이 노출되었다. 김 제1부부장은 KTX를 이용해 평창으로 이동했고, 오후 8시에 열린 올림픽 개막식을 귀빈석에서 지켜보았다. 귀빈석에는 문재인 대통령 부부와 마이크 펜스 미국 부통령 부부도 있었다. 펜스 부통령은 김여정 제1부부장이나 김영남 상임위원장과 악수를 나눌 수 있는 거리에 있었지만, 악수를 하지 않고 경직된 표정으로 행사 관람에만 집중했다.

펜스 부통령은 그날 하루 내내 북한에 대한 적대감을 표명하는 일정에 주력했다. 오전에는 평택 2함대 사령부를 방문하면서 서해수호관 관람과 더불어 탈북자들을 초청해 면담하는 일정을 진행했다. 오후 6시 문재인 대통령이 주재하는 리셉션 일정에서 펜스 부통령은 김영남 상임위원장이 헤드테이블에 동석한다는 사실을 알고 테이블에 앉는 걸 거부했다. 펜스 부통령의 행동은 불의에 타협하지 않고 고결한 원칙을 지키는 순수한 사람이라는 호평을 유발하기도 했지만, 남북 관계 개선과 북핵 문제 해결을 위한 돌파구를 마련하는 차원에서 최선을 다하는 것도 필요하다는 또 다른 요구를 외면한, 극단적으로 편협한 인물이라는 비난도 받았다.

김여정 제1부부장은 9일 밤 KTX 편으로 서울에 돌아와 워커힐 호텔에서 숙박했다. 10일에는 청와대 오찬에 참석해 김정은 위원장의 친서를 문재인 대통령에게 전달했다. 친서 전달과 별도로 김정은 위원장이 문재인 대통령에게 평양 방문을 요청했다는 말도 전했다. 이에 대해 문재인 대통령은 긍정적으로 생각하겠지만 북미 간 대화와 비핵화 진전 등 대화 여건이 이뤄져야 한다면서 유보적인 태도를 보였다. 오후에는 강릉 지역을 찾아 북한 선수들이 참가한 경기를 참관한 뒤 밤늦게 서울로 돌아왔다. 다음 날인 11일 저녁 서울 국립극장에서 열린 북한 예술단 공연을 문재인 대통령 부부와 함께 관람했다.

2월 25일 평창동계올림픽이 폐막했다. 북한은 폐막식에도 고위 대표단을 보냈는데, 김영철 노동당 부위원장 겸 통일전선부장이 단장으로 내려왔다. 미국 정부에서는 폐막식 대표단으로 트럼프 대통령의 장녀인 이방카 트럼프가 와 있었다. 이방카와 김영철이 만날 가능성이 있는지도 관심사였지만, 실제로 만나지는 않은 것으로 파악되었다. 김영철은 3박4일 동안 워커힐 호텔에서 두문불출하며 남측 관리들은 물론 이 시기에 서울에 체류 중이던 앤드루 김 코리아미션센터 소장과도 면담한 것으로 알려졌다. 이때 남과 북 그리고 북한과 미국 정보 분야 고위 관리들이 나눈 대화는 평창 일대의 한반도 정세 격변 상황에서 중대한 역할을 한 것으로 평가된다. 3월 초 김정은 국무위원장이 북미 정상회담 제안을 결정하고, 트럼프 미국 대통령이 이 제안을 수용한 배경에는 정보 당국 요원들의 접촉이 변수가 된 것으로 추정된다.

반면 이 시기에 미국 국무부 대북 정책 특별대표 조셉 윤은 2월 27일 은퇴를 예고하고 3월 2일 은퇴했다. 렉스 틸러슨 국무장관도 3월 13일 트럼프 대통령 트윗으로 경질 사실이 공표되었다. 후임은 북한과 물밑 접촉을 진행한 마이크 폼페이오 CIA 국장이 지명되었다.

## 김정은 위원장, 베이징 전격 방문

문재인 특사단의 활약으로 3월 8일 북미 정상회담 성사가 발표된 이후 한반도는 갑자기 세계 외교의 중심지로 떠올랐다. 남북 정상회담과 북미 정상회담이 예정된 가운데 예상을 깨고 북중 정상회담도 진행된 것이다. 3월 26일 저녁 김정은 위원장이 베이징을 방문 중이라는 외신 보도가 잇따라 나왔다. 과거 김정일 국방위원장이 이용한 특별 열차가 베이징역에서 목격되었고, 국가원수급에만 제공하는 모터케이드 의전 행렬이 촬영되었다는 것이다. 김정은 방중설이 공식적으로 확인되지 않았고 오보 가능성이 높다는 평가가 많았다. 그러나 이틀 뒤 사실로 밝혀졌다.

북한과 중국의 매체들이 3월 28일 오전 8시 30분에 보도한 내용에 따르면 김정은 위원장은 3월 25일 밤부터 28일 아침까지 3박4일 동안 시진핑 주석의 초청을 받아 비공식으로 중국을 방문했다. 김 위원장은 3월 26일 오후 인민대회장에서 시 주석과 만나 "김일성 주석과 김정일 국방위원장의 유훈에 따라 한반도 비핵화 실현은 시종일관 변하지 않는 입장"이라고 밝혔다. 시 주석은 "북중 전통 우의는 양국, 양당의 오랜 선배 지도자들이 직접 만들고 이룩해 온 것이며 양국의 소중한 재산"이라고 말했다.

김정은 위원장의 중국 방문은 일반적인 예상을 뛰어넘은 일이었다. 결과적으로 김정은 위원장은 남북 관계 개선을 추진하면서 북미 관계 개선의 계기를 만들어 냈고, 북미 정상회담 일정이 잡힌 것을 활용해 유리한 환경에서 시진핑 주석과의 정상회담을 이끌어 냈다. 자신이 집권한 이후 교착 국면이던 북중 관계를 우호 협력 관계로 바꾸는 데 성공했다는 평가다. 북한과 중국의 관계가 개선되면서 김정은 위원장은 남한이나 미국에 대해서도 어느 정도 협상력을 증강하는 효과를 거뒀다.

# 폼페이오 미 CIA 국장, 극비 방북

4월 12일 미 상원 외교위원회 인사청문회장에 마이크 폼페이오 국무장관 지명자가 출석했다. 폼페이오 지명자는 북한 문제에 대한 질문에 답변하면서 북미 정상회담이 열리면 비핵화 조건을 합의할 수 있을 거라고 과도하게 낙관적인 전망을 내놓았다. 4월 18일《워싱턴포스트》와 트럼프 대통령 트윗에 이와 관련된 내용이 나왔다. 폼페이오 지명자가 부활절 휴일, 즉 3월 31일에서 4월 1일까지 북한을 방문했다는 사실을 공개한 것이다.

3월 말 상황은 남북, 북미, 북중 관계가 급격하게 변화하는 흐름이 평양을 중심으로 진행되었다고 평가할 수 있겠다. 한반도 안보 정세 격변은 평창에서 시작해 서울과 워싱턴, 베이징, 평양으로 옮겨 가며 규모가 커지는 흐름을 보였다. 이런 흐름을 타고 트럼프 대통령은 4월 9일에 북미 정상회담이 "5월 또는 6월 초"에 열릴 것이라며 구체적인 일정 범위를 제시했다. 한편 폼페이오 국무장관 인준안은 4월 26일 미 상원 본회의에서 표결한 결과 찬성 57표, 반대 42표로 가결되었다.

그런데 4월 18일 플로리다 마라라고에서 트럼프 대통령이 갑자기 북미 정상회담 무산 가능성을 언급했다. 트럼프 대통령은 아베 신조 일본 총리와의 정상회담을 끝내고 기자회견에서 김정은 위원장과 회담하겠지만, 성과가 없다면 회담장을 떠날 것이라고 공언했다. 북미 정상회담은 최대의 대북 압박 정책 결과라고 주장했다. 트럼프 대통령은 5월 말에 실제로 북미 정상회담 취소를 선언하여 세상을 놀라게 했는데, 4월 18일 발언은 트럼프 대통령이 취소 소동을 염두에 두었음을 시사한 것으로 볼 수 있다.

## 병진 노선 승리와 경제 집중 노선

4월 20일 북한에서 노동당 제7기 제3차 전원회의가 열렸다. 북한 매체들이 다음 날 오전 6시 30분에 보도한 내용을 보면 핵과 경제 병진 노선이 위대한 승리로 마무리되었다며, 경제 건설 집중 노선이 새로운 국가 전략 노선이라고 선언했다. 이어서 핵실험 중지와 ICBM 발사 중지 그리고 핵실험 중지를 투명성 있게 담보하기 위한 핵실험장 폐쇄 등을 결정했다. 김정은 위원장은 "핵 개발의 전 공정이 과학적 순차적으로 다 진행되었고, 운반 타격 수단의 개발 사업 역시 과학적으로 진행되어 핵무기 병기화 완결이 검증된 조건에서 이제는 핵실험과 중장거리 미사일, ICBM 시험 발사도 필요없어졌고, 북부 핵실험장도 자기의 사명을 끝마쳤다."라고 말했다. 다만 기존에 개발한 핵무기는 폐기 대상이 아니라는 점을 분명히 했다.

김정은 위원장의 전략적 결단이 공표된 시점이 4월 20일이라는 것은 분명하지만, 전략적 결단이 언제 이뤄졌는지는 명확하지 않다. 이와 관련해 일본 《니혼게이자이신문》은 2018년 4월 16일 보도에서 노동당 간부 출신 인사와의 인터뷰를 근거로 2017년 10월이라는 주장을 제기했다. 보도에 따르면 김 위원장은 2017년 10월 7일 노동당 제7기 제2차 전원회의에서 대화 국면에 들어가지 않으면 안 된다는 말을 했다고 보도했다. 신문은 김정은이 미국과 중국이 북한의 체제 전환을 위해 협공하는 시나리오에 대한 두려움이 있었던 것으로 보인다고 설명했다. 북한 문제에 대한 일본 언론의 보도는 언제나 '북한 악마 만들기' 프레임에 충실한 만큼 일본 언론의 보도는 극도로 신중하게 참고해야 한다. 다만 10월 전원회의를 중시해야 한다는 차원에서는 중요한 시사점이 있는 보도라고 평가할 수 있다.


## 사상 세 번째 판문점 남북 정상회담

2018년 4월 27일 오전 9시 28분 김정은 위원장이 판문각 계단을 내려 오면서 역사적인 판문점 남북 정상회담이 시작되었다. 김 위원장은 이 날 새벽 회담을 위해 평양을 출발했다고 북한 언론 매체들이 보도했다. 두 정상은 판문점 군사분계선에서 처음으로 악수를 나눴는데, 문재인 대통령이 자신은 북쪽에 언제 가 보냐고 농담 삼아 이야기를 건넸다. 그 러자 김 위원장이 지금 넘어오라면서 둘이 분계선을 잠시 넘어갔다가 다시 남쪽으로 내려오는 장면을 연출했다. 이 장면은 판문점 정상회담 의 상징으로 유명해졌다. 9시 32분 공식 환영식이 펼쳐졌다. 9시 37분 사열이 끝나고 공식 수행원 소개와 인사, 예정에 없는 단체 사진 촬영이 진행되었다. 두 정상은 9시 41분 회담장인 평화의 집으로 이동했다. 김 정은 위원장이 방명록에 서명하고 1층 접견실에서 잠시 환담하다가 회 담장인 3층으로 이동했고, 10시 15분에 회담이 시작되었다. 북측 수행 원들은 북측 구역으로 돌아갔다. 회담 시간은 100분이었다.

11시 56분 김정은 위원장이 건물 현관으로 나와 대기하던 벤츠 승용 차를 이용해 북측 구역으로 돌아갔다. 오찬은 각자 진행했다. 오후 일정 은 4시 30분 기념 식수 행사로 시작했다. 5분 만에 식수를 마치고 두 정 상은 도보다리 산책을 시작했다. 두 정상이 산책과 환담을 마치고 기념 식수 자리로 돌아온 것은 5시 15분. 이후 평화의 집으로 이동했다. 5시 40분에 판문점 선언 서명식이 있었고, 6시에 기념 촬영을 했으며, 직후에 정상회담 결과를 발표했다. 판문점 선언은 전문에 이어 본문이 3개 조, 13개 항으로 이뤄졌으며 결문에 이어 서명으로 되어 있다. 전문에서는 전쟁 걱정이 없는 새로운 평화의 시대를 열기로 합의했다고 강조했다. 본문 1조는 남북 관계 개선 합의, 2조는 군사적 긴장 완화, 3조는 평화 체제 구축이다. 그리고 결문에 문재인 대통령의 가을 평양 방문이 들어갔다.

6시 15분 김정은 부인 리설주 여사가 합류했다. 두 영부인은 잠시 환담하고 만찬 일정에 참가했다. 6시 39분 3층 연회장에서 공식 만찬이 열렸다. 북한은 김정은 부부와 김영남, 김여정, 김영철, 현송월 등 26명이 참석했다. 오전 환영식에 참석한 리용호, 박영식, 리명수는 만찬에 불참했다. 만찬 공연을 위해 북에서 예술인 11명이 추가로 내려왔다. 우리 측은 대통령 부부를 포함해 34명이었다. 추미애, 우원식, 박지원, 도종환, 김현미, 정세현, 김현철, 문정인, 조용필, 윤도현 등이다. 이날 만찬에 야당인 자유한국당 홍준표 대표가 포함되지 않은 것은 유감스러운 일이다. 남북 관계는 여야 할 것 없어 초당적으로 진행되는 모습을 보이도록 노력해야 하고, 정상회담 계기 특별 만찬은 초당적 협력의 모양새를 갖춰야 하는데 좋은 기회를 살리지 못했다. 만찬은 8시 30분에 끝나고 건물 밖에서 환송 행사가 열렸다. 건물 외벽을 대형 스크린으로 활용해 구성한 영상 쇼 공연이었다. 9시 25분 문재인 대통령 부부가 김 위원장 부부가 탑승한 차량을 전송하면서 모든 일정이 종료되었다. 문재인 대통령은 다음 날인 28일 오후 9시 15분 트럼프 대통령에게 전화를 걸어 남북 정상회담 결과를 설명했다. 통화는 10시 30분까지 75분간 이어졌다. 시진핑 주석은 5월 2일 왕이 외교부장을 평양으로 파견해 정상회담 상황을 파악했다. 김정은 위원장은 왕이 부장을 만나 비핵화 의지를 거듭 천명했다. 5월 4일에는 문재인 대통령이 시진핑 주석에게 전화를 걸어 남북 정상회담 결과를 설명했다.

남북 정상회담 이후 김정은 위원장은 5월 7일과 8일 이틀 일정으로 다롄을 방문했고, 시진핑 주석과 두 번째 정상회담을 진행했다. 중국 매체 보도에 따르면 시진핑 주석은 "중국은 북한의 한반도 비핵화 견지와 북미 간 대화를 통한 한반도 문제 해결을 지지한다."라고 밝혔다. 김정은 위원장은 "북미 대화를 통해 상호 신뢰를 구축하고 유관 각국이 단계별로 동시에 책임 있는 조치를 해서 한반도 비핵화와 영구적인 평화를 실현하기 바란다."라고 밝혔다.

이와 거의 같은 시기에 미국에서도 북한과의 대화와 관련해 진전 사항을 발표했다. 폼페이오 장관이 5월 9일 오전 평양에 도착해서 김영철 통전부장과 오찬을 함께 하고 김정은 위원장도 만났다. 김정은 위원장은 폼페이오 장관 방북을 계기로 그동안 북한에 억류돼 있던 미국 시민 3명을 전격적으로 석방했다. 석방된 미국인은 한국계 미국인인 김동철, 김상덕, 김학송 씨다. 트럼프 대통령은 미국 시각으로 5월 10일 오전 2시 이들이 도착하는 앤드루스공군기지에 나와서 환영 행사에 참석했다.

트럼프 대통령은 이날 트윗을 통해 김정은 위원장과의 정상회담을 6월 12일 싱가포르에서 개최한다고 밝혔다.

제 2 4 장

# 싱가포르
# 6월 12일 대회전

판문점에서 열린 남북 정상회담은 기대를 뛰어넘는 대성공이었다. 행사 자체가 화려하게 진행되었고, 합의문에 '완전한 비핵화' 용어가 들어갔기 때문에 내용에서도 성공적이었다. 그렇지만 남북 정상회담에서 거둔 과실을 맛보기도 전에 세상은 곧바로 북미 정상회담으로 관심이 넘어갔다. 김정은 위원장이 정상회담을 제안하고 트럼프 대통령이 이를 수락한 것이 확인됐지만, 사람들의 인식에서 북한과 미국 정상이 회담을 한다는 것은 여전히 비현실적인 범주였다. 실제로 북미 정상회담이 성사되기까지는 심각한 우여곡절이 있었다.

## "분노와 적개심 속에서 회담할 수 없다"

평창동계올림픽을 계기로 남북 관계 개선과 북미 관계 개선이 초고속으로 진행되던 한반도 안보 정세 변화의 조짐은 5월 16일에 이르러 거칠게 제동이 걸린다. 이날 새벽 북한이 당일 열릴 예정이었던 남북 고위급 회담을 무기 연기한다는 통보를 남측에 보내왔다. 한미 공군의 연례적 연합 공중 훈련인 '맥스선더'와 일부 탈북자들의 대북 비난 행보를 불만 사유로 제시했다. 북한은 5월 21일 풍계리 핵실험장 취재진 명단도 수령하지 않았다. 이로써 5월 23일부터 25일 사이로 예정된 핵실험장 폐기 현장 취재에 먹구름이 몰려왔다.

같은 날인 5월 21일 오전 11시쯤 이번에는 미국을 맹렬하게 비난하는 논평이 나왔다. 김계관 외무성 제1부상이 자기 명의 성명에서 미국이 일방적으로 핵 포기만 강요하려 든다면 그런 대화에 더는 흥미를 갖지 않을 것이라면서 북미 정상회담을 재고할 수밖에 없다고 경고했다. 특히 존 볼턴 백악관 국가안보 보좌관을 지목해 선 핵 포기 후 보상 주장 등은 대화를 통해 문제를 해결하려는 게 아니라 붕괴된 리비아나 이라크의 운명을 자신들에게 강요하는 불순한 기도라고 비난했다. 볼턴 보좌관은 5월 13일 미국 ABC 방송에 출연해 대북 정책 관련해 선 핵 폐기 후 보상 원칙을 지키는 리비아 방식이 돼야 한다고 주장했다. 그런데 트럼프 대통령은 놀랍게도 매우 유연하게 대응했다. 5월 17일 트럼프 대통령은 백악관에서 기자들을 만나 리비아는 북한과 매우 다르다면서 리비아 모델을 고려하지 않는다고 말했다. 볼턴의 굴욕이라고 할 만한 장면이었다.

5월 21일 오후 문재인 대통령이 1박4일 일정으로 미국 방문을 시작했다. 미국으로 향하는 전용기에서 청와대 고위 당국자는 북미 정상회담이 무산될 가능성에 대한 기자 질문을 받았는데, 99.99퍼센트 회담이 열린다고 확신했다. 5월 22일 오전 10시 문재인 대통령은 영빈관에서 폼페이오 장관과 볼턴 보좌관을 면담하고 정오에 백악관을 방문해 정상회담을 진행했다. 20분 정도 단독회담에 이어 오찬을 겸한 확대 정상회담이 1시간 15분 정도 진행되었다. 그런데 정상회담에서 트럼프 대통령이 "여건이 충족되지 않는다면 북미 정상회담은 연기 또는 무산될 수 있다."라고 말해서 문재인 대통령을 경악하게 만들었다. 트럼프 대통령은 또 "비핵화는 한꺼번에 해치우는 방식이 좋다."라고 말해 볼턴 보좌관의 의견에 경도되었음을 보여 주었다. 그러나 기술 문제 때문에 단계적으로 해야 한다면 가능한 한 빨리 해야 한다고 말해 단계적 접근법을 수용할 의사도 있음을 밝혔다.

이에 앞서 5월 21일 마이크 펜스 미국 부통령이 폭스뉴스 라디오에 나와 김정은 위원장이 트럼프 대통령을 속일 수 있다고 생각하면 실수라면서 리비아 모델을 관철하겠다는 의지를 다시 내놓았다. 이번에는 최선희 외무성 부상이 나섰다. 최선희 부상은 5월 24일 오전 9시쯤 북한 조선중앙통신을 통해 개인 성명을 발표했다. 펜스 부통령 논평을 겨냥해 무지몽매한 주장이라고 비난하면서 미국이 계속 무도하게 나오면 북미 정상회담 재고려 문제를 지도부에 제기하겠다고 위협했다.

트럼프 대통령은 최선희 부상의 비난에 대해 단호하게 대응했다. 한국 시각으로 24일 오후 10시 50분쯤 정상회담 취소 결정을 발표한 것이다. 트럼프 대통령은 한국 시각으로 25일 오전 1시 18분 트윗을 통해 김정은 위원장에게 보냈다는 서한을 공개했다. 트럼프는 서한에서 "북한에서 나오는 극도의 분노와 공개적 적대감에 따라 애석하게도 지금 시점에서 회담을 하는 것은 부적절하다."라고 취소를 통보했다. 그러나 마음이 바뀌면 전화나 편지를 보내 달라면서 북한의 태도 변화가 있을 경우 회담 진행이 가능하다는 점도 시사했다.

## 깜짝 판문점 회담, 북미 정상회담을 살리다

한국 시각으로 5월 25일 오전 6시 북한 조선중앙통신은 김계관 외무성 제1부상의 개인 담화를 보도하고, 북미 정상회담 취소 발표에 유감을 표명하며 예정대로 대화를 진행해서 마주 앉고 싶다는 메시지를 발표했다. 김계관은 미국에 시간과 기회를 줄 것이라고 말했다. 이에 대해 미국에서는 트럼프 대통령의 압박에 김정은 위원장이 굴복한 것이라는 해석이 나왔다. 트럼프 대통령은 한국 시각으로 25일 오후 9시 14분에 올린 트윗에서 김계관의 성명은 따뜻하고 생산적인 담화라며 북한에서 아주 좋은 뉴스를 받았다고 평가했다. 북미 정상회담이 취소 하루 만에 재추진 국면으로 접어든 것이다.

5월 26일 토요일 문재인 대통령과 김정은 위원장이 판문점 북쪽 통일각에서 전격적으로 2차 남북 정상회담을 개최했다. 회담은 오후 3시부터 5시까지 2시간 동안 열렸다. 청와대는 26일 오후 8시쯤 정상회담 개최 사실만 언론에 공개하고 구체적인 내용은 다음 날 오전 10시 문재인 대통령이 직접 설명한다고 예고했다. 북한은 27일 오전 6시 정상회담 결과를 발표했다. 문 대통령은 27일 오전 10시 특별 기자회견을 통해 김정은 위원장이 25일 오후에 회담을 제의하고 자신이 호응해서 26일 회담이 이뤄졌다면서 평범한 일상처럼 정상회담이 열린 것에 의미를 부여한다고 말했다. 회담 결과를 즉시 알리지 못한 것은 김정은 위원장의 요청 때문이라고 설명했다. 북한은 관련 보도를 즉각 할 수 있는 상황이 아니라서 다음 날 아침에 해야 한다며 보도 시점을 늦춰 줄 것을 요청했고, 문 대통령이 이를 수용했다는 것이다. 회담 내용은 4·27판문점선언 이행 등에 대한 두 정상의 의지와 구상을 교환하고 재확인한 것이었다. 남북의 긴장은 해소 추세로 이동했고 북미 정상회담을 재추진하는 분위기도 커졌다.

남북 정상회담이 전격적으로 재개되는 순간 북한과 미국의 대화도 재개되었다. 북한과 미국은 문재인 대통령의 특별 기자회견이 열리기 시작한 5월 27일 오전 10시 판문점 북측 구역인 통일각에서 북미 정상회담 준비를 위한 실무회담을 비밀리에 시작했다. 회담 대표로 미국에서는 성 김 필리핀 주재 대사가 차출되었고 북한에서는 최선희 외무성부상이 나왔다. 회담 결과는 알려지지 않았다. 이에 앞서 미국 시각으로 5월 26일 백악관은 북미 정상회담이 열릴 가능성에 대비해 회담 준비 실무 인력을 싱가포르로 파견했다. 북미 정상회담이 6월 12일 싱가포르에서 열리는 것은 기정사실이 되었다. 북미 양측은 12일 회담 개최 직전까지 판문점과 싱가포르에서 실무회담을 지속했다.


## 풍계리 핵실험장 '주동적으로' 폐기

5월 12일 북한이 풍계리 핵실험장 폐기 계획을 공식 발표했다. 함경북도 길주군 풍계리 핵실험장을 5월 23일부터 25일 이내에 폐기할 예정이며, 한미중러영 5개국 언론인을 초청한다고 밝혔다. 전문가는 포함되지 않았다. 한국 언론인을 제외한 나머지 국가 취재진 22명은 5월 22일 오전에 베이징에서 출발한 고려항공 전세기를 타고 원산 갈마공항으로 향했다. 남쪽 언론인 명단은 5월 23일 오전 9시 판문점 연락관 접촉 계기에 접수했다. 정부는 한국 언론인 수송을 위해 군용기를 동원했다.

다음 날 24일 오전 6시 풍계리 현장에서 가장 가까운 기차역인 길주 재덕역에 도착했다. 7시 17분 풍계리로 올라가는 버스가 출발했다. 풍계리 만탑산 갱도 입구까지 거리는 21킬로미터, 버스는 8시 19분 2번 갱도 입구에 도착했다. 폭파는 오전 11시부터 진행되어 모두 다섯 차례에 걸쳐 이뤄졌다. 11시에 2번 갱도와 관측소를 폭파했다. 오후 2시 17분 4번 갱도와 금속을 제련하는 단야장이 폭파되었다. 세 번째 폭발은 2시 45분이었다. 핵실험 관련 직원들이 생활하는 건물을 비롯해 건물 5개를 폭파했다. 네 번째로 오후 4시쯤 3번 갱도와 관측소가 폭파되었다. 다섯 번째는 오후 4시 17분 군 건물인 막사 2개 동이었다. 폭파 일정이 모두 종료되자 취재진은 곧바로 만탑산을 내려와서 원산으로 돌아오는 열차에 올라탔다. 이들은 25일 오전 7시쯤 원산역에 도착하는 일정을 진행했다. 취재진은 25일 하루 종일 원산에 있었다. 원래는 오후에 산책 일정이 있었는데 이유가 알려지지 않은 채 일정이 미뤄지다 결국 취소되었다. 나중에 추정한 바로는 김정은 위원장의 움직임과 겹치자 경호 차원에서 움직이지 못한 것 같다. 취재진은 다음 날 5월 26일 오전 11시 베이징으로 향하는 항공기를 타고 북한을 떠났다.

# 김영철 통일전선부장, 백악관 입성

2018년 5월 29일 오전 9시 45분 베이징 서우두공항에 김영철 통전부장이 나타났다. 고려항공 편으로 베이징에 도착한 김영철 부장은 29일 오후 1시 25분 워싱턴행 비행기 탑승으로 예약돼 있었는데, 베이징 도착 이후 예약 일정을 30일 오후 1시 뉴욕행으로 변경했다. 김영철 부장은 뉴욕 시각으로 30일 오후 1시 47분 케네디공항에 도착했다. 뉴욕 숙소는 밀레니엄 힐튼 유엔 플라자였다. 김영철 부장의 뉴욕 방문은 2000년 북한 조명록 총정치국장 방미 이후 처음으로 북한이 파견한 최고위급 간부라는 의미가 있다. 이날 오후 7시 유엔 주재 미국 차석대사 관저에서 폼페이오 장관이 주재하는 실무 만찬이 있었다. 회담은 같은 장소에서 다음 날인 31일 오전 9시에 속개되어 2시간 30분 동안 이어졌다. 폼페이오 장관은 오후에 열린 기자회견에서 김영철 부장이 다음 날인 6월 1일 김정은 위원장의 친서를 들고 워싱턴 백악관을 방문할 예정이라고 밝혔다. 이에 앞서 트럼프 대통령은 백악관 출입 기자들에게 즐거운 표정으로 김영철의 워싱턴 방문을 먼저 확인해 주었다.

김영철 부장은 6월 1일 금요일 오전 6시 50분 호텔을 나섰다. 미국 측에서 마련해 준 SUV를 타고 워싱턴으로 향하여 오후 1시 12분쯤 백악관에 도착했다. 존 켈리 비서실장이 나와 영접했고, 앤드루 김 코리아 미션센터 소장과 마크 램버트 국무부 한국과장이 동행했다. 트럼프 대통령 예방 목적은 친서 전달이고 짧은 면담으로 기획되었지만, 실제로는 대화가 길어져서 80분이 걸렸다. 폼페이오 장관과 존 켈리 비서실장이 배석했다. 볼턴 보좌관과 마이크 펜스 부통령이 배석자 명단에서 빠진 건 북한 측을 고려한 것이라는 해석이 나왔다. 대화가 끝나자 트럼프 대통령은 떠나는 김영철 부장을 배웅하기 위해 백악관 현관까지 나왔다.

트럼프 대통령은 이후 백악관에서 기자들을 만나 6월 12일 싱가포르에서 북미 정상회담이 열릴 것이라고 발표했다. 5월 24일 취소된 북미 정상회담이 회생했다는 것을 공식 확인하는 의미가 있다. 정상회담에서 한국전 종전 선언도 논의될 수 있을 것이라고 말했다. 트럼프 대통령이 종전 선언과 관련해 구체적으로 언급한 첫 번째 사례다. 김정은 위원장이 비핵화에 전념한다고 믿으며, 북한에 최대 압박이라는 용어를 더 이상 사용하고 싶지 않다고 말했다. 대북 경제 지원은 한국과 일본, 중국이 나설 것이라고 덧붙였다. 김정은 위원장의 친서에 대해서는 매우 좋고 흥미롭다고 전했다. 그러나 나중에 확인된 바에 따르면 트럼프 대통령은 친서를 읽어 보지 않은 상태에서 말한 것이다. 김영철 부장은 오후에 뉴욕으로 돌아갔다. 하룻밤을 더 머물고 다음 날인 6월 2일 오후 3시 30분 호텔을 나와 케네디공항으로 향했다. 오후 4시 50분쯤 베이징으로 향하는 에어차이나에 탑승했다. 에어차이나는 6월 3일 오후 8시쯤 베이징 서우두공항에 도착했다. 김영철 부장은 다음 날인 6월 4일 오후 고려항공을 이용해 평양으로 돌아갔다.


## 회담 장소는 센토사섬 카펠라 호텔

6월 4일 오후 새라 허커비 샌더스 백악관 대변인은 정상회담 일정이 12일 오전 9시에 시작된다고 발표했다. 그러면서 판문점에서 진행된 사전 실무 접촉이 다섯 차례 진행되었고, 매우 긍정적이었고, 중대한 진전을 이뤘다고 설명했다. 북미 정상회담의 초점은 비핵화라고 강조했다. 6월 5일 싱가포르 현지 언론들은 싱가포르 남쪽 센토사섬이 북미 정상회담을 위한 특별 행사 구역으로 지정되었다고 보도했다. 하루 전인 6월 4일에는 싱가포르 시내 중심가 샹그릴라 호텔 주변 탕린 권역을 특별 행사 구역으로 지정했다.

미국 시각 6월 5일, 한국 시각 6일 새벽 샌더스 백악관 대변인이 트위터를 통해 북미 정상회담은 센토사섬 카펠라 호텔이라고 밝혔다. 이 시점에도 트럼프 대통령 숙소와 김정은 위원장 숙소는 확인되지 않았다. 비슷한 시각 폼페이오 장관은 싱가포르 정부를 향해 북미 정상회담 장소를 제공해 줘서 감사하다고 발표했다.

6월 7일 싱가포르에서 북미 정상회담을 기념해 미국 성조기와 북한 인공기를 장식한 트럼프-김정은 햄버거 메뉴가 등장했다는 것이 재미있는 뉴스로 등장했다. 6월 7일 싱가포르 정부는 북미 정상회담의 성공적인 개최를 위해 북한에 대한 무역 제재를 일시적으로 완화하는 조치를 취했다. 싱가포르 통상산업부는 9일부터 14일까지 북한 대표단이 정상회담 준비와 진행을 차질 없이 할 수 있도록 북한 화물의 수출입이나 환적을 허용한다고 밝혔다. 2017년 11월 국제 사회의 대북 제재에 동참해 북한과의 교역을 전면 중단한 조치를 재조정하는 절차였다. 이에 앞서 유엔 안전보장이사회 산하 대북제재위원회도 북미 정상회담에 참가할 북한 대표단에 대한 제재 면제를 승인해서 이들의 싱가포르 방문을 허용했다. 6월 7일 오후 싱가포르의 발라크리시난 외무장관이 평양을 방문했다.

마이크 폼페이오 장관은 브리핑과 언론사 인터뷰를 통해 북미 정상회담에 대한 기대감을 고조시켰다. 폼페이오 장관은 워싱턴 시각으로

6월 7일 YTN 김희준 워싱턴 특파원과의 인터뷰에서 북미 정상회담은 한 번에 그치지 않을 것이라고 말했다. 이번 회담이 남북 관계와 북미 관계를 비롯해 세계와의 관계를 바꿀 역사적 기회라고 역설했다. 김정은 위원장이 미신고 핵시설을 포함해 '완전하고 검증 가능하며 불가역적인 비핵화(CVID, Complete Verifiable Irreversible Denuclearization)'를 위한 구체적인 조치를 취할 것을 촉구했다. 미국은 상응하는 체제 보장을 반드시 할 것이라고 덧붙였다. 폼페이오 장관은 백악관에서 열린 브리핑에서도 김 위원장이 비핵화 의지가 있다고 확인했다. 그러면서 북미연락사무소 설치를 비롯한 북미 관계 정상화 논의가 빨리 시작될 것으로 본다고 말했다.

## "미국이 수용할 수 있는 결과는 CVID"

6월 10일 일요일 트럼프 대통령과 김정은 위원장이 싱가포르로 이동했다. 예상보다 하루 빨랐다. 김정은 위원장은 10일 오전 8시 반쯤 평양을 출발했다. 김 위원장은 이번 회담 일정을 위해 중국에서 비행기를 빌렸다. 중국에서 고위급 전용 특별기로 활용되던 에어차이나 소속 보잉 747 기종 CA122편 여객기가 오전 6시 22분 평양 순안공항으로 이동하면서 김 위원장의 출발을 예상하는 보도가 나오기 시작했다. 이 항공기는 오전 8시 30분 순안공항을 이륙해 베이징 방향으로 운항하다가 갑자기 편명을 CA61로 바꿨고, 목적지도 베이징에서 싱가포르로 변경했다. 에어차이나는 이날 오후 3시 36분 창이국제공항에 착륙했다. 김 위원장은 자신이 평양에서 타고 다니던 벤츠 승용차를 이용해 싱가포르 시내 세인트 레지스 호텔로 이동했다.

김 위원장은 이날 저녁 6시 25분 리셴룽 싱가포르 총리와의 회동을 위해 호텔을 나섰다. 회동 장소는 이스타나궁이었다. 회동은 오후 8시쯤 끝났고, 김 위원장은 8시 10분쯤 호텔로 돌아왔다. 트럼프 대통령도 당초 11일 방문할 예정이었지만, 실제로 캐나다에서 열리는 G-7 정상회담 일정을 단축해서 싱가포르로 출발했다. 이날 저녁 9시 15분 파야 레바르공군기지에 착륙했고, 9시 40분쯤 숙소인 샹그릴라 호텔에 도착했다.

6월 11일 오전 6시 북한에서는 김정은 위원장이 싱가포르를 방문했다는 보도가 나왔다. 김 위원장이 평양을 비우고 외국을 여행 중이라는 사실을 공공연하게 보도하는 것은 전례를 찾기 어려운 일이다. 북한이 국가 운영과 관련해 대대적인 혁신을 시도하고 있다는 점을 보여 주었다. 싱가포르에 파견된 세계 각국의 보도진 3,000여 명도 김정은 위원장과 트럼프 대통령의 접촉이 예정보다 하루 앞서 진행될 가능성에 촉각을 곤두세웠다. 그러나 두 정상은 대부분의 시간을 호텔에서 대기했고, 회동은 없었다.

트럼프 대통령은 6월 11일 리셴룽 총리와 오찬 회동을 했다. 김정은 위원장은 오후 9시부터 11시까지 2시간 동안 시내 야경 관람에 나섰다. 한편 폼페이오 국무장관은 5시 40분 백악관에서 설치한 싱가포르 현장 기자실에서 기자회견을 했는데, CVID만이 미국이 수용할 수 있는 결과라고 말했다. 북한을 압박하거나 회담 성과에 기대감을 높이는 노력으로 보였다. 그러나 이런 행보는 북한에 먹히지 않았고, 언론의 기대 수준을 과도하게 높여 회담을 실패로 규정하게 만드는 자충수가 되었다.

## 센토사의 악수, 6월 12일 9시 4분

2018년 6월 12일 오전 9시(서울 시각 10시)에 역사적인 첫 북미 정상회담이 시작되었다. 트럼프 대통령은 오전 8시 1분 샹그릴라 호텔을 나서서 8시 15분 카펠라 호텔에 도착했다. 김정은 위원장은 8시 13분에 숙소를 나섰고 28분에 도착했다. 8시 53분 김 위원장이 회담장 대기실로 이동했고, 트럼프 대통령은 9시에 이동했다. 두 사람이 서로 반대 방향에서 나타나 양측의 대형 국기로 배경을 만들어 놓은 장소 한가운데에서 만나 악수하는 장면을 연출했는데, 그 시각이 9시 4분이었다. 이 장면은 세기의 악수라 불렸고 12.6초가 걸렸다. 9시 7분 두 사람은 회담장 옆 접견실에서 잠시 환담했다. 이어 9시 10분에 비공개 단독 회담이 시작되었다. 단독 회담은 35분간 진행됐고, 이후 확대 정상회담이 12시 30분까지 이어졌다. 회담에는 미국에서 폼페이오 장관과 볼턴 보좌관, 존 켈리 비서실장이 배석했다. 북한에서는 김영철 통전부장과 리수용 외무위원장, 리용호 외무상이 배석했다. 이후 업무 오찬이 1시간 정도 진행되었다. 업무 오찬에는 확대회담 배석자와 함께 샌더스 백악관 대변인과 성 김 필리핀 주재 미국 대사, 매튜 포틴저 국가안보회의 아시아 담당 보좌관이 참석했다. 북한은 김 위원장의 여동생인 김여정 제1부부장과 노광철 인민무력상, 최선희 외무성 부상, 한광상 노동당 부장이 추가되었다. 오찬 이후 두 정상은 2~3분 정도 카펠라 호텔 정원을 산책하기도 했다. 산책길 마지막 부분에서 두 정상은 트럼프 대통령의 승용차 앞에서 잠시 환담한 뒤 헤어졌다가 다시 모여서 공동 성명 서명식을 진행하고 오후 2시쯤 모든 일정을 마쳤다. 김 위원장은 이후 카펠라 호텔을 떠나 세인트 레지스 호텔로 이동했고, 트럼프 대통령은 카펠라 호텔에 머물러 있다가 오후 4시 30분쯤 기자회견을 진행했다. 회견은 예상보다 35분 더 길어져 65분 정도 걸렸다. 트럼프 대통령은 기자회견에서 한미 연합 군사 훈련은 북한에 대해 도발적이고 비용도 많이 든다면서 중단하겠다고 돌발 발언을 내놓았다. 또한 김정은 위원장을 워싱턴으로 초청했고 자신도 평양을 방문할 것이라고 말했다. 정상회담 합의 사항을 이행할 후속 협상이 진행될 거라면서 협상 대표로 미국에서는 폼페이오 장관을 지목했고 북한에서는 고위 관리라고 표기했다.

공동 성명은 전문과 본문 4개 항, 결문이 들어간 형식이다. 본문 1조는 적대 관계를 청산하고 새로운 관계를 맺기로 합의했다는 것이고, 2조는 양 정상이 한반도 평화 체제 구축을 추진하기로 합의한다는 것이다. 3조는 북한의 완전한 비핵화 의지를 재확인한 것이다. 4조는 신뢰 구축을 위한 미군 유해 송환에 대한 것이다. 이런 내용은 비핵화 문제와 관련해 CVID 포함을 예상했던 언론 기대에 미치지 못한 것이었다. 트럼프 대통령은 기자회견을 마치고 현지 시간으로 6시 30분쯤 싱가포르를 떠났다.

김정은 위원장은 이날 오후 10시 20분쯤 호텔을 나와 공항으로 이동했고, 11시 23분 창이공항을 이륙했다. 북한은 다음 날 오전 6시 북미 정상회담 결과를 그대로 보도했다. 특히 공동 성명 전문을 《노동신문》에 실어서 김정은 위원장이 완전한 비핵화를 약속했다는 사실도 보도했다. 이것은 김 위원장의 비핵화 의지를 알리는 중대한 조치로 볼 수 있다는 점에서 놀라운 사태 발전으로 평가할 만하다.

한편 6월 24일 싱가포르 정부는 북미 정상회담 개최를 위해 사용한 비용이 모두 1,630만 싱가포르달러, 한국 돈으로 133억 5,000만 원이라고 밝혔다. 싱가포르 정부는 실제 부담한 비용이라면서 보안이 가장 큰 요소였다고 설명했다. 한 소식통은 북한 대표단의 투숙 비용도 싱가포르에서 부담했다고 전했다. 김 위원장은 세인트 레지스 호텔 프레지덴셜 스위트에 묵었는데, 하루 숙박료가 1만 2,000싱가포르달러, 한국 돈으로 982만 원이라고 알려졌다.

# 제25장

## 백두산 정상에서
## 새 역사를 바라보다

김정은 위원장은 싱가포르에서 돌아온 직후인 6월 19일 중국을 다시 방문해 시진핑 위원장과 깊은 대화를 나눴다. 오후 5시 인민대회당에서 정상회담이 열렸다. 시진핑 주석은 중국이 북한의 든든한 후원자라고 강조했고, 김정은 위원장은 북미가 정상회담에서 달성한 공동 인식을 착실히 이행하면 한반도 비핵화는 중대 국면을 열어나갈 수 있다고 강조했다. 6월 20일 오전, 김정은 위원장은 베이징 농업과학원과 베이징 시내 경제 관련 시설을 시찰했다. 낮 12시 시진핑 주석이 댜오위타이로 다시 와서 환송 오찬을 열었다. 오후에는 북한 대사관을 방문해 직원들을 격려한 뒤 오후 5시 전용기를 타고 평양으로 떠났다.

싱가포르 북미 정상회담에 이어 1주일 만에 베이징을 방문함으로써 김정은 위원장은 한반도 안보 정세 대격변의 선두 주자가 자신임을 전 세계에 과시했다. 그러나 싱가포르 정상회담 이후 북미 관계 개선과 한반도 평화체제 구축, 비핵화와 대북 제재 완화는 매우 느린 속도로 진행됐고, 7월 들어서는 교착 국면으로 빠져 들게 된다.

## 트럼프, "비핵화 문제는 칠면조 요리"

트럼프 대통령은 현지 시각으로 6월 27일 노스다코타주 유세에서 북한의 비핵화 문제를 칠면조 요리에 빗대어 설명했다. 비핵화 문제는 시간이 많이 걸린다며 오븐에서 성급하게 칠면조를 꺼내면 안 된다고 말한 것이다. "지금 요리가 되고 있으며 아주 만족할 만한 것이지만, 서두를수록 나쁘고 오래 할수록 더 좋아질 것"이라고 강조했다.

그보다 앞선 25일 폼페이오 국무장관도 CNN 전화 인터뷰에서 2개월이든 6개월이든 북한과의 협상에서 시간표를 설정하지 않겠다고 말했다. 폼페이오 장관은 7월 25일 상원 청문회에 나와 북한과의 협상에서 질질 끌려다니지는 않겠지만, 인내하는 외교를 하겠다고 말해 장기전을 예상한다는 점을 재확인했다. 7월 3일에는 CVID 대신 FFVD(Final and Fully Verified Denuclearization), 최종적이고 충분히 검증된 비핵화라는 말을 사용하기 시작했다. 폼페이오 장관이 이 용어를 사용한 것은 CVID에서 불가역적 비핵화라는 요소가 가시적으로 증명하기 어려운 사정을 감안하여 기대치를 낮추려는 노력으로 풀이할 수 있다.

트럼프 대통령과 폼페이오 장관이 비핵화 문제에 장기적으로 접근하는 것은 두 가지로 해석할 수 있다. 첫째, 비핵화 문제가 북미 수교와 평화 협정 체결, 제재 해제 등과 맞물린 복잡한 문제라는 점을 반영한 것이다. 그렇다면 김정은 위원장에 대한 신뢰 수준이 높은 것으로 가정할 수 있다. 둘째, 싱가포르 정상회담이 국제 사회의 주목을 받으면서 화려하게 진행되고, 북한에 억류된 미국인 3명도 구출하고, 미군 유해도 송환되는 등 국내 정치 차원에서 이득을 취한 만큼 다음에 필요할 때 속도를 내는 것이 좋다는 태도로 볼 수 있다.

미국 주류 언론 반응은 매우 회의적이었다. 북한이 또다시 속임수를 쓰고, 트럼프 대통령은 속았다는 취지의 보도가 이어졌다. 미국 NBC 방송은 6월 29일 북한이 최근 몇 달 동안 복수의 비밀 장소에서 핵무기 연료 생산을 늘려 온 것으로 드러났다고 익명의 미 정보 당국 관계자 말을 인용해 보도했다. 관계자들은 김정은 위원장이 트럼프 행정부와 핵 회담에서 더 많은 양보를 끌어내기 위해 핵 시설을 숨겼을 것으로 분석했다고 보도했다. 그러면서 이런 분석은 트럼프 대통령이 6·12정상회담 이후 트위터에 "북한의 핵 위협은 더 이상 존재하지 않는다."라고 말한 내용과 배치된다고 지적했다. 《워싱턴포스트》와 《월 스트리트 저널》, CNN 등 주요 언론도 거의 같은 내용을 잇따라 보도했다.

사실 이 시기까지 김정은 위원장이 기존의 핵 역량 개발 노력을 중단하겠다고 약속한 적이 없고, 한반도 평화 체제 구축과 상응하는 조건으로 비핵화 의지를 밝힌 것이다. 그럼에도 불구하고 북한이 핵과 미사일 개발 노력을 멈추지 않았다고 비난하는 것은 정치적 의도가 강렬하게 작동한 결과로 해석된다.


## 김정은 위원장, 북순강화(北巡講話)


김정은 위원장은 이후 신의주와 삼지연, 청진, 원산 등지를 순회하면서 경제 발전에 강한 열의를 보였다. 1992년 초 중국 지도자 덩샤오핑의 남순강화를 떠올리는 행보다. 북한 매체 보도를 기준으로 보면 6월 30일 신도군 지역 시찰 보도가 첫 일정이었다. 7월 1일 신의주 화장품 공장 방문 보도가 있었고, 7월 2일에는 신의주 방직 공장과 신의주 화학섬유 공장 현지 지도 보도가 있었다. 이때 김정은 위원장이 매우 심하게 질책했다는 내용이 포함되었다.

7월 10일에는 백두산 근처 삼지연 일대를 방문했다는 보도가 나왔다. 7월 17일에는 함경북도 어랑천발전소 건설 현장과 북한군 제810군부대 산하 락산바다연어양어사업소, 염분진호텔 건설 현장, 온포휴양소를 방문했다고 보도했다. 김 위원장이 말이 나오지 않는다고 격노한 내용도 포함되었다. 당 중앙위 경제부와 조직지도부도 일을 잘못했다고 지적했다. 17일 보도에는 청진조선소와 나남탄광기계연합기업소, 함경북도 경성군 중평리, 청진가방공장 방문 소식도 포함되었다.

7월 24일 보도에 강원도 122호 종묘장을 방문한 사실, 7월 26일 보도에서 부인 리설주 여사와 함께 강원도 송도원종합식료공장과 원산영예군인가방공장을 현지 지도한 일정이 알려졌다. 김 위원장은 식료공장에 대해서는 모든 생산 공정의 현대화를 자체 기술 역량으로 진행해야 한다고 강조했고, 가방공장 시찰에서는 중앙에서 자재들을 책임지고 보장하여 생산을 정상화해야 한다고 덧붙였다.

김정은 위원장은 북순강화를 절박한 심정으로 진행한 것으로 보인다. 7월 초 평양에서 열린 주요 일정을 모두 외면하면서 순회 일정을 강행했기 때문이다. 평양에서 남북 통일 농구 경기와 폼페이오 국무장관 방문, 김일성 주석 사망 24주기 추모 행사가 열리는 시기에 김정은 위원장은 백두산 근처에서 순방을 이어 갔다.

## "폼페이오, 강도적인 비핵화 요구만 했다"

폼페이오 장관은 2018년 7월 6일 정오쯤 평양 순안공항에 도착했다. 도착 직후 김영철 통전부장이 오찬을 주재했고, 이후 김영철과 회담했다. 회담 장소는 평양 백화원 영빈관이었다. 오후 회담 시간은 2시간 45분이었다. 리용호 외무상으로 상대가 변경될 거라는 관측도 있었는데 김영철이 계속 나왔다. 폼페이오 장관은 성 김 대사와 알렉스 웡 부차관보, 앤드루 김 센터장, 나워트 대변인 등 한반도 문제 관련 실무 당국자를 모두 데려갔다. 평양 방문에 앞서 성 김 대사는 7월 1일 판문점에서 북측과 실무 협상을 벌인 것으로 알려졌다. 7월 7일 오전 9시에 회담이 재개되었다. 회담은 4시간 동안 진행되었고, 실무 오찬으로 이어져 협상을 계속해 나갔다. 이들은 오후 4시쯤 일본으로 향하는 전용기에 올라탔다. 김정은 위원장 면담은 없었다.

회담이 끝나고 폼페이오 장관은 회담에서 비핵화 시간표와 관련해 진전이 있었다고 말했다. 동창리 미사일 엔진 실험장 폐쇄를 위한 실무회담이 곧 열릴 것이고, 미군 유해 송환과 관련한 북미 군사회담이 12일쯤 있을 것이라고 밝혔다. 북한과 비핵화 검증 문제 등을 논의할 워킹그룹을 구성하기로 했다고 말했다. 그러나 북한 측은 실망감을 표명했다. 7월 7일 북한 외무성 논평을 보면 미국 대표단이 건설적인 방안을 가져오리라 기대했는데, 실제로는 일방적이고 강도적인 비핵화 요구만 했다면서 비난했다. 한편 북한 매체들은 김정은 위원장이 트럼프 대통령에게 보내는 친서를 폼페이오 장관에게 전달했다고 밝혔다. 트럼프 대통령은 7월 12일 김정은 친서를 전격적으로 공개했다. 김 위원장은 7월 6일자로 되어 있는 친서에서 최상의 존칭어를 사용하며 트럼프 대통령에 대한 신뢰와 합의 이행에 대한 기대감을 표출했다. 또한 북미 관계의 획기적인 진전이 다음번 상봉을 앞당겨 주리라 확신한다고 말했다.

폼페이오 장관의 평양 방문 결과에 대해 트럼프 미국 대통령은 현지 시각으로 9일 트위터에 올린 글에서 김정은 위원장이 자신과 함께 서명한 합의를 지킬 것으로 확신한다고 말했다. 반면 중국 무역에 대한 미국의 태도 때문에 북한에 부정적인 압력을 가하는 것인지도 모른다면서 북한 태도에 대한 중국 배후론을 거듭 제기했다. 북미 고위급 협상 분위기가 매우 부정적이었음을 여실히 보여 주는 현상이다. 이 시기 '38노스' 분석 기사를 보면 7월 20일과 22일 위성 사진을 분석한 결과 북한이 서해 위성 발사장 가운데 이동식 조립 공장 구조물을 파괴한 것으로 나타났다. 주변 1킬로미터 거리에 위치한 미사일 엔진 시험장이 파괴되었다. 트럼프 대통령은 7월 23일 미주리주 캔자스시티에서 열린 해외참전용사회 전국대회에 참석해 북한이 핵심 미사일 시험장 해체 절차를 시작했다며 환영한다고 말했다.

그렇지만 이미 북미 간 비핵화 협상은 폼페이오 장관의 평양 고위급 협상 결렬로 급제동이 걸린 이후였다. 협상이 다시 순풍을 만나는 데 5개월 이상 소요되었다. 북미 협상은 교착 국면에 들어갔고, 북미 협상과 연동된 남북 관계 개선이나 북한의 경제 발전 프로그램도 모두 지연되는 사태를 겪었다.

## 미군 유해 송환으로 협상 국면 유지

북미 협상은 급제동이 걸렸는데도 관계 개선에 대한 기대감은 사라지지 않았다. 트럼프 대통령이 김정은 위원장을 신뢰한다고 계속 밝힌 것이 중요한 이유다. 미군 유해 송환이 이뤄진 것이 영향을 미쳤다. 7월 27일 오전 5시 55분 오산미군기지에서 C-17 글로브마스터 군 수송기가 북한 원산으로 향했다. 수송기는 오전 7시쯤 원산 갈마공항에 도착했다. 현지에서 미군 유해 55구를 미리 갖고 간 유해함에 옮기고 수송기에 실은 뒤 10시쯤 이륙했고, 11시쯤 오산공군기지에 착륙했다. 미군 유해 송환에 대해 트럼프 대통령은 트위터를 통해 김정은 위원장에게 감사하다고 전했다. 미군은 8월 1일 오산기지에서 유해 송환 기념 행사를 거행하고, 이날 오후 유해 55구를 금속관에 넣어서 하와이로 보냈다.

이에 앞서 트럼프 대통령은 6월 20일 미국 미네소타주 덜루스 유세 현장에서 지지자들을 향해 북한이 미군 유해 200구를 돌려주었다고 언급했다. 이 발언은 긴급 기사로 처리되었지만, 나중에 밝혀진 바로는 트럼프 대통령이 착각한 결과였다. 트럼프 대통령의 착각은 미국 언론이나 트럼프 대통령을 비판하는 전통 엘리트들이 트럼프를 비난할 수 있는 또 다른 근거를 제시했다는 점에서 안타까운 일이다. 실제로 트럼프 대통령의 기대보다는 느리지만 유해 송환 절차는 예정대로 진행되었다. 6월 23일 주한 미군은 유해 운반을 위한 목제 유해함 100개를 판문점으로 보냈다. 이에 앞서 미군은 오산기지에서 하와이로 이동할 때 사용할 금속관 158개를 용산기지에서 오산기지로 이송했다. 미군 유해 송환 문제를 구체적으로 협의할 북미 장성급 회담은 7월 12일에 열릴 것으로 기대되었다. 그러나 북한 대표단이 나타나지 않아서 무산되는 우여곡절을 겪었다. 3일 뒤인 15일 회담이 성사되어 유해 송환 일정을 결정했다. 북미 장성급 회담이 11년 만에 열린 것이다.

북한은 유해 송환과 관련한 보도를 하지 않았다. 미국이 대북 제재 해제에 대한 구상은 언급하지 않고, 북한이 먼저 비핵화 조치를 해야 한다고 주장하는 것에 대한 불만의 표시로 볼 수 있다. 북한과 미국은 6월 12일 싱가포르 정상회담으로 세상을 놀라게 했지만, 7월 말로 접어드는 시점에서는 냉기류가 가시적으로 나타나는 상황이 전개되었다.

## 삼복철 강행군, 씁쓸한 정권 수립 70주년

2018년 8월 5일《노동신문》이 6월 말부터 이어지는 김정은 위원장의 북순강화 현지 시찰을 위대한 인민 사랑의 삼복철 강행군이라고 설명하는 내용의 사설을 내보냈다. '삼복철 강행군'이라는 표현은 2008년 말에도 등장했다. 2008년 김정일 국방위원장은 7월과 8월 사이에 과도할 정도로 군부대 시찰을 많이 다녔다. 당시 김정일 위원장은 미국과의 담판을 통해 테러지원국 해제 약속을 받고 비핵화 과정을 진행했지만, 미국이 해당 조치를 느리게 진행했다. 기대와 어긋나는 상황이 벌어지면서 김정일 위원장은 조급한 모습을 보였고, 무리한 군부대 연속 방문도 불만과 조바심을 다스리기 위한 행보로 풀이되었다. 그런데 8월 15일자 신문까지 김정일 위원장 군부대 방문 소식을 대대적으로 전하던 매체들이 16일부터는 김 위원장의 동정 보도를 전혀 하지 않는 상황이 발생했다. 정권 수립 60주년 기념일인 9월 9일에도 김정일 위원장의 동정 보도가 없었다. 이날 이후 김정일 위원장이 뇌졸중으로 쓰러졌고,

의식이 없는 상태에서 치료가 진행 중이라는 정보가 정설로 굳어졌다. 9월 15일자 신문에서 김 위원장이 러시아 대통령에게 생일 축전을 보냈다는 소식이 나왔지만 사진이 없었다. 10월 11일자 신문에는 김정일 위원장의 군부대 방문 소식을 전하고 사진도 올렸지만, 8월에 찍은 사진으로 추정되었다. 김정일 위원장의 뇌졸중 발발 이후 사진을 제대로 담아서 보도한 것은 11월 2일자 신문의 축구 경기 관람이 처음이었다. 북한 매체들은 10월부터 김정일 위원장의 7월과 8월 군부대 연속 방문을 삼복철 강행군으로 표현하면서 김 위원장의 애민 사상과 애국, 애족의 마음이 절실하게 반영된 일정이었다고 강조했다.

《노동신문》이 2018년 8월 5일자 사설에서 삼복철 강행군이라는 표현을 다시 사용한 것은 2008년 김정일 국방위원장의 삼복철 강행군을 상기시키면서 김정은 위원장이 경제 발전을 절박하게 원하고, 이를 위해 미국과의 협상에 사활을 걸었다는 점을 명확하게 보여 주기 위한 것으로 풀이되었다. 그러나 8월을 넘어 9월이 지나도 미국과의 협상에는 아무런 진전이 없었다.

비핵화 협상이 교착 국면에서 벗어나지 못하고 9월 중 평양 방문 문제가 대두되면서 문재인 대통령은 9월 5일 평양으로 특사단을 파견했다. 특사단장인 정의용 국가안보실장은 문재인 대통령 친서를 휴대하고, 서훈 국가정보원장과 천해성 통일부 차관, 김상균 국정원 2차장, 윤건영 청와대 국정기획상황실장을 대동하여 9월 5일 오전 7시 성남공항에서 평양으로 향하는 특별기에 탑승했다. 특사단은 평양에 도착해 김정은 위원장을 만나고, 김정은 위원장 주최 만찬 일정까지 마친 뒤 당일 오후 9시 40분 성남공항으로 돌아왔다. 정의용 실장은 다음 날 오전 방북 결과 발표에서 2018년 3차 남북 정상회담을 평양에서 9월 18일부터

20일까지 2박3일간 진행하며, 이를 위한 실무 협의 일정에 합의했다고 말하면서 김정은 위원장이 비핵화 의지를 거듭 밝혔다고 전했다. 이어 김정은 위원장은 "종전 선언을 하면 한미 동맹이 약화된다, 주한 미군을 철수해야 한다는 말이 있지만, 그런 것들은 종전 선언과 전혀 상관없는 것 아니냐."라고 말했다고 덧붙였다. 김정은 위원장의 발언은 종전 선언을 해도 주한 미군 철수를 요구하지 않겠다는 걸 시사한 것으로 해석되었다.

9월 9일 북한 정권 수립 70주년을 기념하는 행사가 다양하고 성대하게 열렸다. 대규모 열병식과 5년 만에 거행하는 대집단 체조《빛나는 조국》이 핵심 행사였다. 행사를 축하하기 위해 시진핑 주석은 중국 권력 서열 3위인 리잔수 전국인민대표회의 상무위원장을 특사로 파견했다. 러시아에서도 발렌티나 마트비옌코 상원의장이 행사에 참석했다. 그러나 행사장을 지배한 것은 씁쓸한 분위기였다. 김정은 위원장이 4월 20일 노동당 전원회의에서 경제 발전 집중 노선을 국가 전략으로 제시하자, 9월이 되면 경제 발전 차원에서 가시적인 성과가 있을 거라는 기대감이 북한에서 퍼져 나간 게 부메랑이 된 것이다. 6월 싱가포르 정상 회담 이후 비핵화 협상이나 대북 제재 해제 문제에 진전이 없었기 때문에 가시적인 경제 발전 성과를 보여 줄 수가 없었던 것이다. 그렇지만 김정은 위원장은 9·9절 행사와 관련해 미국을 자극하는 상황을 최대한 자제하는 모습을 보였다. 특히 대규모 열병식에서 미국이 민감하게 여기는 장거리 미사일 기종은 모두 빠졌다. 열병식을 다음 날 녹화 중계로 방송한 것은 전례를 비춰 볼 때 미국을 자극하지 않겠다는 강한 신호로 해석되었다.

# 남북 정상, 백두산 천지에 함께 서다

2018년 9월 18일 오전 8시 55분 문재인 대통령이 북한을 방문하기 위해 성남 서울공항에서 이륙했다. 공식, 일반, 특별 수행원이 200여 명이었다. 평양 순안공항 도착은 오전 10시였다. 공항에서 김정은 위원장이 주재하는 환영식이 열렸다. 이후 공항에서 숙소인 백화원 영빈관까지 카퍼레이드가 펼쳐졌다. 영빈관 도착은 11시 18분이었다. 김정은 위원장도 영빈관에 도착해서 문재인 대통령과 간단한 환담을 했지만 오찬은 각자 진행했다. 이어 오후 3시 45분부터 노동당 본부 청사에서 정상회담이 열렸다. 남측 배석자는 정의용 실장과 서훈 원장이고, 북측 배석자는 김여정 제1부부장과 김영철 당 부위원장이었다. 회담은 5시 45분에 종료되었다. 이어 평양 중구역 평양대극장에서 삼지연관현악단의 예술 공연이 진행되었고, 김정은 위원장이 주재하는 환영 만찬이 평양 중구역 목란관에서 열렸다. 만찬은 오후 8시 30분에 시작하여 10시 53분에 종료되었다.

다음 날인 9월 19일 백화원 영빈관에서 오전 10시에 정상회담이 재개되어 11시 10분에 종료했다. 11시 22분에 '평양공동선언'과 '판문점 선언 군사 부문 이행 합의서' 서명식이 진행되었다. 11시 40분 남북 정상이 기자회견 형식으로 회담 결과를 발표했다. 오후 12시 30분 옥류관으로 자리를 옮겨 공동 오찬을 진행했다. 2시 30분 백화원에서 기념 식수 행사를 가졌다. 그런데 미리 준비한 식수기념석에 문재인 대통령의 평양 체류 일정이 18일부터 21일까지로 되어 있어서 의구심을 자아냈다. 이후 평양 시내로 이동해 오후 4시 3분 만수대 창작사를 참관하고, 7시 19분 만찬을 위해 평양 대동강식당을 찾았다. 오후 9시 문재인 대통령이 김정은 위원장의 안내를 받아 능라도 5·1종합체육경기장의 15만 평양 시민 앞에서 연설했다. 문재인 대통령을 수행해서 평양을 다녀온 주요 인사 가운데는 문재인 대통령의 방북 일정 2박3일 가운데 가장 인상적인 순간으로 능라도 경기장 연설을 거론하는 사람이 많다. 7분 정도 연설이 끝나고 문재인 대통령의 방북을 위해 개작한 대집단체조《빛나는 조국》공연을 관람했다. 북측은 공연 내용 가운데 70퍼센트를 문재인 대통령이 불편하지 않도록 변경했다고 밝혔다.

방북 사흘째인 9월 20일 오전 6시 39분 문재인 대통령 일행은 순안공항으로 이동하는 차량에 탑승했다. 김정은 위원장이 깜짝 선물로 준비한 백두산 등정 일정에 나선 것이다. 7시 27분 대통령 전용기인 공군 2호기가 평양을 이륙했다. 삼지연공항의 시설이 부족해서 공군 1호기보다 다소 적은 2호기를 이용한 것이다. 2호기는 백두산에 가는 상황을 고려해 일부러 갖고 온 것으로 확인되었다. 8시 20분 삼지연공항에 도착했다. 김정은 위원장은 미리 도착해 있었다. 삼지연공항에서도 조촐하지만 공식 환영식이 열렸다. 8시 30분 문재인 대통령과 수행원을 태운 SUV 행렬이 백두산 정상으로 이동하기 시작했다. 일행은 9시 33분 백두산 정상 장군봉 근처 주차장에 도착했다. 장군봉에서 사진 촬영을 했다. 문재인 대통령과 김정은 위원장이 손을 잡은 채 팔을 높이 들고 찍은 장면은 여기서 촬영한 것이다. 10시 10분 천지로 내려가는 케이블카를 타고 10분 만에 천지에 도착했다. 문재인 대통령 일행은 천지에서 33분 동안 체류했다. 문재인 대통령 부인 김정숙 여사는 미리 준비해 온 한라산 백록담 물을 천지 물과 합치는 장면을 연출했다. 가수 알리는 〈진도아리랑〉을 구성지게 불러서 동행자들에게 큰 박수를 받았다. 10시 53분 장군봉으로 올라가는 케이블카에 탑승했다. 11시 2분 장군봉 정상에 도착했다. 이후 일행은 삼지연초대소로 이동해 오찬을 함께 했고, 오후 3시 30분 공군 2호기가 삼지연공항을 이륙했다.

　문재인 대통령이 북한에 체류한 시간은 54시간이고, 김정은 위원장과 함께 한 시간은 17시간 5분이었고, 공동 일정은 12회였다. 공식 정상회담은 두 차례로 모두 3시간 25분이었다.

# 제26장

## 우여곡절 끝에 협상 국면 부활

김정은 북한 국무위원장은 2018년 9월 19일 평양을 방문한 문재인 대통령과 회담한 뒤 공동 언론 발표문에서 비핵화 의지를 재확인했다. 한반도를 핵무기, 핵 위협 없는 평화의 땅으로 만들기 위해 적극 노력해 나가기로 확약한다고 말했다. 동창리 엔진 시험장과 로켓 발사대도 유관국 전문가 참관 아래 영구 폐기하기로 했다. 미국이 상응 조치를 취한다면 영변 핵 시설 영구 폐기 등 추가 조치를 계속해 나갈 용의가 있다고 밝혔다.

김정은 위원장의 비핵화 의지 표명은 교착 국면에 빠진 북한과 미국의 비핵화 협상을 활성화하는 효과를 거뒀다. 트럼프 대통령은 김정은 위원장의 발언 직후 트위터에 매우 흥미롭다(very exciting)는 반응을 올렸다. 폼페이오 국무장관은 워싱턴 시각으로 9월 19일 성명을 내고, 남북 정상회담의 성공적인 결과를 환영하며 북미 협상을 위한 즉각적인 준비에 들어간다고 밝혔다. 특히 김정은 위원장이 비핵화 합의를 재확인한 것과 영변 핵 시설을 영구 폐기하기로 한 결정을 환영했다. 다음

주에 유엔 총회에 참석할 예정인 리용호 북한 외무상을 별도로 초대했고, 스티븐 비건 대북 정책 특별대표와 북한 대표들이 오스트리아 빈에서 회담할 수 있도록 초청했다고 밝혔다. 문재인 대통령의 평양 방문은 북한과 미국 간 교착 국면을 해소하고, 북핵 문제 해결과 한반도 평화 체제 구축을 향한 평화 외교 열차를 다시 움직이게 만드는 계기였다고 평가할 수 있겠다.

## 강경화, "융통성 있는 접근법이 필요"

9월 24일 트럼프 대통령은 유엔본부에서 기자들을 만나 김정은 위원장이 2차 정상회담을 요청하는 훌륭한 편지를 보냈다면서 회담은 이뤄질 것이라고 말했다. 2차 정상회담 장소와 시기에 관한 작업이 이뤄지는 중이며 곧 발표가 있을 거라고 전했다. 폼페이오 장관은 전날 북한과 특정한 핵 시설 및 무기 체계에 대한 논의를 진행 중이라고 밝혔다. 2차 북미 정상회담에 대한 기대감이 갑자기 커졌다.

리용호 북한 외무상이 9월 24일 뉴욕에서 열리는 유엔 총회 참석을 위해 평양을 떠났다. 리 외무상은 예상대로 뉴욕 시각 9월 26일 폼페이오 장관과 회동했다. 폼페이오 장관은 트위터에서 "매우 긍정적인 만남이었다."라고 자평했다. 이후 국무부는 폼페이오 장관이 다음 달 평양을 방문해 달라는 김정은 위원장의 초청을 수락했다고 밝혔다. 폼페이오 장관은 8월에 북한 방문을 준비했지만, 트럼프 대통령이 비핵화 협상 진전을 기대하기 힘들다면서 방북 취소를 지시한 바 있다. 미국이 오스트리아에서 준비한 실무 협상 대표 접촉은 북한이 호응하지 않아서 이뤄지지 않았다. 폼페이오 장관의 북한 방문은 속전속결로 진행되었다. 미 국무부는 10월 2일 폼페이오 장관의 방북이 10월 7일 이뤄질 것이라고 예고했다.

10월 4일 강경화 외교부 장관이 《워싱턴포스트》 인터뷰에 이어 내외신 기자회견에서 이례적인 발언을 내놓았다. 북한과 미국 간의 구체적인 협의를 기대한다면서, 비핵화를 완전하게 달성하기 위해 과거와 달리 융통성 있는 접근법이 필요하다고 말했다. 강 장관 발언은 핵 시설 신고를 먼저 하고 폐기를 진행하는 방식이 일반적이지만, 폐기를 먼저

하고 신고를 나중에 하는 방식을 제안하는 것으로 해석되었다. 이 제안은 나중에 미국이 부분적으로 수용하면서 비핵화 협상을 촉진하는 동력으로 작용했다. 문재인 대통령의 평양 방문에 이어 강경화 장관의 제안은 북한과 미국이 비핵화와 상응 조치를 놓고 전개하는 협상을 우리 정부가 촉진하는 상황을 보여 준다는 점에서 의미를 부여할 수 있다.

## 폼페이오 장관, 네 번째 평양 방문

폼페이오 장관을 태운 전용기는 10월 7일 오전 8시 일본 도쿄를 이륙해 오전 10시쯤 평양에 도착했다. 평양 체류 시간은 6시간이고, 김정은 위원장 면담 시간은 3시간 30분이었다. 폼페이오 장관은 오후 4시 평양을 출발하여 5시 15분경 오산공군기지에 도착했다. 오산에 도착한 뒤 청와대를 방문해 문재인 대통령을 예방하고 평양 방문 결과를 설명했다. 설명에 따르면 북미 양측은 2차 정상회담을 빨리 열기로 하고, 시기와 장소를 정하는 문제는 추후 협의하기로 했다. 폼페이오 장관은 다음 날인 10월 8일 베이징 방문에 앞서 기자들을 만나 비핵화와 관련해 중대한 진전이 있었다고 말했다. 김정은 위원장은 풍계리 핵실험장 폐기 검증을 위한 국제 사찰단 방북을 허용할 준비가 되어 있다면서 실무 지원 문제가 해결되면 곧 출발할 것이라고 말했다.

'중대한 진전' 주장은 트럼프 대통령의 관련 설명이 이어지면서 힘을 받았다. 다음 날인 10월 9일 트럼프 대통령은 기자들을 만난 자리에서 폼페이오 장관과 김정은 위원장의 면담은 매우 좋았다며 북미 정상회담 후보 장소로 싱가포르를 제외한 3곳 또는 4곳을 검토 중이라고 말했다. 시기는 11월 6일로 예정된 중간선거 이후가 되면 좋겠다고 말했다. 10월 12일 존 볼턴 보좌관은 언론 인터뷰에서 2차 회담이 두어 달 안에 이뤄질 것이라고 전망했다. 10월 19일에는 익명의 고위 관리가 "새해 1월 1일 이후"를 지목했다. 10월 22일에는 볼턴 보좌관이 언론 인터뷰에서 같은 내용을 확인했다.

그러나 폼페이오 장관 방북이 일주일 정도 지난 10월 15일 일본《요미우리신문》에서 북한과 미국이 핵 시설 신고와 관련해 충돌했다는 보도가 나왔다. 폼페이오 장관은 핵 리스트 일부라도 신고해 달라고 요구했지만, 김 위원장은 신뢰 관계가 구축되지 않은 상태에서 리스트를 제출해도 미국이 믿지 않을 것이라며 거절했다는 것이다. 이런 가운데 북한과 미국의 실무 협상이 열리지 못하면서 북미 협상 국면은 교착 또는 난기류 국면으로 다시 돌아가는 징후가 뚜렷해졌다. 다만 워싱턴 시각으로 11월 4일 예상 외 뉴스가 등장하면서 상황이 반전되었다. 폭스뉴스와 CBS 방송에 잇따라 출연한 폼페이오 장관이 중간선거 직후인 11월 8일 김영철 북한 노동당 부위원장이 미국을 방문한다고 확인한 것이다. 이 소식은 북미 협상 정상화를 의미하기 때문에 2차 북미 정상회담 개최 예상이 다시 힘을 받았다. 다만 정상회담 시기는 1월을 넘겨서 2월로 넘어가는 징후가 노출되었다. 트럼프 대통령은 12월 2일 북미 정상회담이 1월이나 2월 열릴 것이라고 말했고, 볼턴 보좌관은 12월 4일, 새해 1월이나 2월 정상회담 추진을 재확인하면서 새해가 되면 회담 개최를 추진할 것이라고 말했다.

# 북, 미국인 억류자 신속하게 석방

10월 중순 북한과 미국 관계가 난기류 속에서 우여곡절을 겪는 와중에 미국인 한 명이 또 북한에 불법 입국하고 체포되는 상황이 벌어졌다. 북한 매체 보도에 따르면 미국 공민 브루스 바이론 로랜스는 10월 16일 북중 국경을 불법적으로 넘어 들어왔다가 억류되었다. 로랜스는 조사 과정에서 자신이 미국 CIA의 조종에 의해 불법 입국했다고 진술했다. 이에 대해 북한 당국은 로랜스를 공화국 경외로 추방하는 형식으로 석방하는 절차를 밟았다. 불법 입국과 억류는 10월 16일에 벌어졌고, 북한 매체 보도는 11월 16일 나왔다. 북한은 관련 보도가 나오는 시점에서 로랜스를 석방했다.

북한은 매체 보도에 앞서 로랜스가 북한을 불법 입국한 직후부터 뉴욕 채널을 통해 미국과 연락을 취했다. 북한은 10월 중순 미국에 로랜스의 불법 입국 상황을 통보하면서, 연락 초기 단계부터 로랜스 석방에 협조할 의사가 있음을 표명했다. 미국인 불법 억류자에 대한 북한의 태도가 예전 사례와 크게 달랐다. 특히 로랜스는 북한 당국 조사 과정에서 CIA의 조종을 받고 입국했다고 시인한 상황이었기 때문에 북한의 태도는 핵담판 성사를 위한 적극적인 노력의 일환으로 해석되었다.

북한의 노력은 충분한 보상을 받은 것으로 평가된다. 우선 마이크 폼페이오 미 국무장관이 11월 16일 성명을 내고 감사를 표명했다. 폼페이오 장관은 미국 시민의 석방이 이뤄지도록 협조한 북한과 북한 주재 스웨덴 대사관에 감사한다고 밝혔다. 이어 도널드 트럼프 행정부는 미국인들의 안전과 안녕을 최우선 정책 과제 가운데 하나로 꼽는다고 말했다. 로랜스의 미국 송환 때문에 북한과 미국의 연락이 한창 진행되던

10월 초 북한과의 대화 재개에 대해 소극적인 태도를 보였던 미국이 대화를 하는 방향으로 구체적인 행동을 보이기 시작했다. 신속한 로랜스 송환은 북미 대화 부활의 결정적인 계기 가운데 하나였다.


## 중간선거 1승 1패, 김영철 방미는 연기

2018년 11월 6일 미 연방 하원의원 전부와 상원의원 일부, 주지사 일부를 선출하는 중간선거가 실시되었다. 선거 결과 민주당은 하원 전체 의석 435석 가운데 기존 의석 194석을 235석으로 늘리면서 압승을 거뒀다. 반면 공화당은 241석에서 199석으로 줄었다. 상원은 공화당이 기존 51석에서 2석을 늘려 53석으로 다수당 지위를 유지했다. 상원 다수당 유지는 민주당의 대통령 탄핵 추진을 차단하는 의미가 있다는 점에서 트럼프 대통령에게 튼튼한 방패를 선물한 결과였다. 그러나 하원 다수당을 야당인 민주당에 넘겨준 점은 트럼프 대통령이 앞으로 2년 동안 권력을 행사하는 데 심각한 제약이 될 것임을 예고했다. 더구나 하원의 장직을 접수하게 되는 민주당 하원 지도자 낸시 펠로시 의원은 1940년생 최고참 정치인으로 다양한 권한과 수단을 통해 트럼프 대통령을 견제하고 압박할 것임을 예고했다.

미 의회의 구도가 변경되면서 트럼프 대통령도 압박감에 불편해하는 행보를 보였고, 외교 분야에 대한 관심도 현저하게 줄어들었다. 대북 정책도 예외가 아니었다. 북한은 11월 6일 중간선거가 진행되는 와중에 11월 8일로 예정된 김영철 당 부위원장의 미국 파견 계획을 연기한다고 통보했다. 중간선거 이후 미국의 국내 정치 구도 재편 상황을 참고한 결정으로 보인다. 이에 대해 미국 정부는 단순한 일정 연기라면서 조속한 시일 내에 다시 약속을 잡을 거라고 강조했지만 말대로 이뤄지지는 않았다.

CNN 방송은 단순한 일정 문제가 아니라 북한이 미국에 불만을 품고 김영철 부위원장의 미국 방문 일정을 무기한 연기했다고 보도했다. 방송은 한 소식통을 인용해 북한은 미국이 제재 완화 조치를 제대로 이행하지 않는 것에 정말 화난 상태라고 전했다. 그러면서 폼페이오 장관이나 비건 특별대표 등을 통한 협상에서 얻어 낼 것이 별로 없다고 판단하여 회담을 취소한 거라고 보도했다.

## 비둘기파 득세, 강경 매파 퇴조

11월 초 김영철 당 부위원장의 미국 방문 무기 연기로 북미 협상이 다시 교착 국면으로 돌아갔지만, 북미 협상 구도 내부에 특이한 변화가 감지되었다. 싱가포르를 방문 중이던 마이크 펜스 미국 부통령이 현지 시각으로 11월 16일 미국 NBC 방송과 인터뷰한 내용이 방송되었다. 북한의 핵 시설 목록 신고가 제2차 북미 정상회담의 전제 조건은 아니라고 말한 것이다. 대북 제재와 관련해서도 비핵화 달성을 위해 시행되는 계획이 있을 때까지 압박을 유지할 것이라는 발언이 나왔다. 비핵화가 완료된 이후에 대북 제재를 해제할 수 있다는 기존 입장에서 비핵화 계획이 수립되는 시점에서도 대북 제재를 완화할 수 있다는 의미로 대북 압박 기조가 후퇴했음을 보여 주는 발언이었다. 11월 21일에는 제임스 매티스 국방장관이 2019년 독수리훈련 규모를 축소할 예정이라면서,

북미 간 진행되는 외교를 저해하지 않는 수준으로 조금 재조정하는 중이라고 말했다. 12월 6일에는 미국 내 강경파 대표자인 존 볼턴 백악관 국가안전 보좌관이 NPR 인터뷰에서 북한은 말이 아니라 행동을 해야 하는 상황이라며 2차 북미 정상회담에서 행동을 보여 준다면 제재 해제 검토가 가능하다고 말했다.

미국의 강경파 주요 인사들이 대북 유화 발언을 잇따라 제기하는 가운데 스티븐 비건 미 국무부 대북 정책 특별대표는 온건파로서 존재감을 부각하는 행보를 보여 대조를 이뤘다. 8월 23일 임명된 비건 대표는 9월 1일 업무를 시작하면서 북핵 문제와 관련한 자료를 학습하고 경험과 지식이 풍부한 전문가, 특히 북한 정치와 외교 정책에 정통한 전문가를 찾아가 조언을 구하는 노력을 집중적으로 보여 주었다. 대표적인 조언자는 1990년대 1차 북핵 위기 국면에서 국무부 북한 정보 담당관을 지낸 로버트 칼린과 2010년 11월 북한을 방문해 우라늄 농축 시설을 직접 참관한 핵과학자 지그프리드 헤커 박사 등으로 알려졌다.

비건 대표는 북한의 요구 사항을 정확하게 이해하고, 북한이 관심을 가질 만한 비핵화 상응 조치를 개발하기 위해 노력했다. 10월 중순 러시아와 프랑스, 벨기에 등 유럽 지역을 잇따라 순방하면서 적절한 대북 인센티브 방안 마련에 골몰했다. 비건 대표의 유럽 방문은 시기적으로 미국의 강경 매파가 유연성을 보이는 시점에 비해 앞서 있다. 트럼프 대통령이 온건파인 비건 대표에게 힘을 실어 주는 결단을 내렸음을 추정할 수 있는 대목이다. 트럼프 대통령은 이후 12월 24일 비건 대표와 앨리슨 후커 백악관 국가안보회의 선임국장으로부터 북한 문제와 관련한 특별 보고를 받는 장면을 담은 사진을 트위터에 올렸다. 비건 대표를 신임한다는 메시지를 북한에 보여 주기 위한 것으로 해석되었다. 비건 대표를 중심으로 하는 비둘기파가 득세하고, 볼턴 보좌관 등 매파는 퇴조하는 국면임을 상징적으로 보여 주는 사진이다.


## 세계가 환영할 만한 결과를 향하여

2019년 1월 1일 북한 조선중앙TV는 예상대로 김정은 위원장의 신년사를 내보냈다. 김 위원장은 미국 대통령과 언제라도 마주 앉을 준비가 되어 있고, 한반도의 완전한 비핵화는 당과 정부의 불변한 입장이며 자신의 확고한 의지이기도 하다고 강조했다. 그러면서 핵무기를 만들지도, 시험하지도 않으며 사용하지도, 전파하지도 않을 것이라는 점을 내외에 선포하고, 이미 여러 가지 실천적 조치를 취해 왔다고 말했다. 또 양측이 서로를 인정하고 존중하는 올바른 협상 자세에 임한다면, 세계가 환영할 만한 좋은 결과를 얻을 것이라며 미국을 향해 직접적인 메시지를 전했다.

그러나 미국이 협조하지 않는다면 다른 경로로 갈 수 있다는 경고도 잊지 않았다. 미국이 약속을 지키지 않고, 인내심을 오판하며, 자신들을 강요하려 하고, 제재로 압박한다면 새로운 길을 모색하지 않을 수 없다고 말했다. 한편 개성공단과 금강산 관광을 아무런 조건이나 대가 없이 재개할 용의가 있다고 언급했다. 한미 군사 훈련 중단도 요구했다. 남과 북이 평화 번영의 길로 나아가자고 확약한 이상 외세와의 합동 군사 훈련이나 외부로부터의 전략 자산 반입을 중지해야 한다고 주장했다. 이와 함께 중국을 거론하면서 현재의 정전 체제를 평화 체제로 전환하기 위한 다자 협상도 병행해야 한다고 말했다. 김정은 위원장의 신년사는 비핵화 의지를 재확인했다는 점에서 긍정적인 평가를 받을 만하다. 그러나 '새로운 길'을 선택할 수 있다는 경고는 외부인들의 시선을 집중하는 효과를 가져왔다. 미국 언론을 비롯한 서방 언론들은 비핵화 의지 표현은 외면하고 새로운 길이 무엇인지에 집중했다.

김정은 위원장이 신년사에서 보여 준 경고는 1월 7일 전격적인 중국 방문이 알려지면서 증폭되었다. 전용 열차를 타고 중국 방문길에 나선 김 위원장은 7일 오후 11시 15분쯤 신의주를 건너 중국 단둥에 도착했다. 김 위원장은 베이징 시각으로 8일 오전 10시 55분쯤 베이징역에 도착해 중국 방문 일정을 시작했다. 북한 매체도 다음 날 아침부터 이례적으로 김 위원장 방중 소식을 보도했다. 김 위원장은 2018년 북미 정상회담을 앞두거나 지난 시점에서 중국을 방문했기 때문에 이번에도 북미 정상회담을 앞두고 중국과의 현안 조율 작업을 위해 방문한 것으로 해석되었다. 김 위원장의 중국 방문은 3박4일로 기록되었는데, 열차 여행의 특성이 반영된 결과여서 실제로는 1박2일 일정이다.

중국 CCTV는 북중 관계 강화와 더불어 한반도 비핵화와 정치적 해결에 대한 공감대에 도달했다고 보도했다. 북한 매체도 두 정상이 한반도 정세 관리와 비핵화 협상 과정을 공동으로 연구, 조종해 나가는 문제와 관련해 심도 있고 솔직한 의견을 나눴다고 전했다. 특히 김 위원장이 북미 관계 개선과 비핵화 협상 과정에 조성된 난관과 우려, 해결 전망에 대해 언급했다고 전했다. 북중 관계와 관련해 김 위원장은 시 주석이 편리한 시기에 북한을 공식 방문할 것을 권했고, 시 주석은 초청을 쾌히 수락하여 그에 대한 계획을 통보했다고 전했다.

# 김영철, 미 국적기 타고 워싱턴 입성

김정은 위원장의 베이징 방문 이후 북미 정상회담 준비는 속도감 있게 진행되었다. 1월 13일 일본《아사히신문》은 트럼프 대통령이 김정은 위원장에게 2월 셋째 주 베트남 회담을 제안했고, 북한은 답을 주지 않은 상태라고 전했다.《요미우리신문》도 트럼프 대통령이 2월 중순 베트남에서 정상회담을 개최하는 방안을 제안했다고 보도했다.

김영철 노동당 부위원장이 1월 17일 오전 베이징에 도착했다. 김영철 부위원장은 베이징 시각으로 그날 오후 6시 25분 워싱턴으로 향하는 유나이티드항공사 여객기에 탑승했다. 김영철 부위원장은 워싱턴 시각으로 17일 오후 6시 50분 덜레스공항에 도착했다. 북한 고위 관리가 미국을 방문하면서 다른 도시를 거치지 않고 워싱턴으로 직접 들어간 것은 이번이 처음이었다. 중국 민항기가 아니라 미국 국적기를 이용한 것도 처음이었다. 수행원은 김성혜 노동당 통일전선부 통일전선책략실장, 최강일 외무성 북미국장 대행, 김혁철 전 스페인 대사, 박철 아시아태평양위원회 부위원장 등이 주요 인물이었다. 김영철 부위원장 일행은 공항에 도착한 직후 미국 정부가 마련한 차량 편으로 워싱턴 시내 듀퐁서클에 위치한 듀퐁서클 호텔로 이동했다. 김영철 부위원장은 다음 날인 18일 오전 10시 50분 호텔에서 폼페이오 국무장관과 회담했다. 회담은 50분 만에 끝났다. 김 부위원장 일행은 곧바로 백악관으로 이동해 12시 20분쯤 트럼프 대통령과 면담을 시작했다. 식사를 하지 않고 90분 동안 대화가 오갔다.

회담을 진행한 뒤 세라 샌더스 백악관 대변인은 2차 북미 정상회담을 2월 말에 하기로 결정했다고 전했다. 장소는 베트남 다낭 또는 하노이가 유력한 것으로 알려졌지만, 구체적으로 발표하지는 않았다. 백악관 회동이 끝난 뒤 김영철 부위원장은 숙소로 돌아왔다. 고위급 회담과 실무 협상이 이어졌다. 고위급 회담에 이어 실무 협상도 열렸는데, 협상 대표로 최선희 외무성 부상에서 김혁철 전 대사가 미국 문제 특별대표로 변경되었다. 김영철 부위원장은 19일 오후 3시 35분 덜레스공항에서 베이징으로 향하는 에어차이나 항공편으로 미국을 떠났다.

1월 24일 북한 매체들은 김정은 위원장이 전날 평양으로 돌아온 김영철 당 부위원장에게 워싱턴 방문 결과를 보고받고 매우 만족해했다고 보도했다. 반면 미국 언론에서는 부정적인 뉴스가 나왔다. CNN은 1월 30일 보도를 통해 김영철 부위원장의 워싱턴 방문에서 비핵화에 대한 진전이 없었다고 전했다. 방송은 김영철 부위원장의 워싱턴 방문을 계기로 이뤄진 북미 회담은 대부분 정상회담 준비에 집중되었고, 백악관이 너무 짧은 기간에 밀어붙여서 비핵화 관련 문제를 진전시키는 데 어려움이 있다고 분석했다. 그러나 2차 북미 정상회담 날짜가 2월 말로 확정된 것은 북한과 미국이 비공개 접촉에서 비핵화 문제 등에 대해 진전을 기대할 수 있다는 계산이 섰기 때문이라고 분석할 수 있다. 김영철 부위원장의 미국 방문 자체가 그동안의 진전을 보여 주는 것이고, 2차 북미 정상회담의 성사를 기정사실화하는 일정으로 보는 것이 적절하다. 실제로 김영철 부위원장의 워싱턴 방문 이후 2차 북미 정상회담을 향한 발걸음이 더욱 바쁘게 진행되었다.

# 제 27 장

# 하노이 결렬,
# 머나먼 평화의 길

우여곡절을 여러 고비 넘어 제2차 북미 정상회담의 날짜와 장소가 발표됐다. 도널드 트럼프 미국 대통령은 미국 시각으로 2019년 2월 5일 오후 언론인들을 만난 자리에서 제2차 북미 정상회담이 베트남에서 27일과 28일 이틀간 열린다고 말했으며, 당일 국정 연설에서 재확인했다. 워싱턴 시각으로 2월 8일 저녁 7시 30분쯤 트위터에서 회담 개최 도시가 하노이라고 밝혔다. 이로써 하노이는 북핵 문제 해결과 한반도 안보 정세 격변을 다룰 제2차 북미 정상회담 개최지로 국제 사회의 비상한 주목을 받았다.

제2차 북미 정상회담은 2018년 6월 12일 싱가포르에서 열린 제1차 북미 정상회담에서 비핵화와 관련해 구체적인 성과가 없었다는 평가가 있었던 만큼 구체적인 비핵화 로드맵을 채택할 가능성이 있다는 기대감이 적지 않았다. 그런 기대감은 미국 정부 대표로는 전례를 찾기 어려울 정도로 북한을 이해하는 입장에서 접근하는 스티브 비건 대북 정책 특별대표의 전향적인 움직임이 근거가 됐다.

# 비건 대표, 최선희 부상과 2박3일 토론회

김영철 부위원장이 워싱턴을 떠난 1월 19일 스티븐 비건 미 국무부 대북 정책 특별대표는 스웨덴 스톡홀름으로 향하는 항공기에 올랐다. 스웨덴 외무부가 스톡홀름 국제평화문제연구소와 공동으로 남한과 북한, 미국 고위 외교관을 초청해 2박3일간 개최하는 국제 회의 참석을 위해서였다. 남한에서는 이도훈 한반도 평화교섭본부장이 참석하고 북한에서는 최선희 외무성 부상이 참석했다. 회의 장소는 스톡홀름 근처 하크홀름순드의 리조트 호텔이었다. 회의 결과에 대해 회의를 주재한 마고 발스트롬 스웨덴 외무장관은 간략한 브리핑에서 한반도 발전을 주제로 건설적인 대화가 진행되었으며 신뢰 구축, 경제 발전, 장기적 관점의 대화 방안 등을 구체적으로 논의했다고 밝혔다. 그러면서 2차 북미 정상회담을 위해 좋은 준비로 작용할 수 있기를 기대한다고 말했다. 이 브리핑 외에 회의 내용에 대해 알려진 것은 없다.

비건 대표는 스톡홀름에 다녀온 뒤인 1월 31일 미국 캘리포니아주 팔로알토의 스탠퍼드대학에서 주최한 특별 강연을 계기로 대북 정책과 관련한 다양한 관심사에 대해 명확한 설명을 제기했다. 우선 싱가포르 정상회담에서 채택한 합의 사항을 동시적 병행적으로 추구한다고 밝혔다. 트럼프 대통령은 한국전쟁을 끝낼 준비가 되어 있다고 강조했다. 그러면서 북한을 침공하지 않고 정권 전복을 추구하지 않는다고 재확인했다. 북한의 핵 신고는 포괄적으로 해야 하지만, 신고 시점은 유연하게 대응할 것임을 확인했다. 특히 2018년 10월 폼페이오 장관이 평양을 방문했을 때 김정은 위원장이 '영변 지역 시설과 더불어 영변 이외 지역에 소재한 우라늄 농축 시설' 전체 파기를 약속했다고 말했다. 북한의 경제 발전 지원 의사도 확인했다. 주한 미군 철수 문제는 논의되지 않았다고 확인했다. 비핵화의 의미는 대량 살상 무기와 운반 수단, 생산 수단 모두를 제거하는 것이라고 설명했다.

스탠퍼드 특강 이틀 전인 1월 29일 미 상원 정보위원회 청문회에 미국 정보 기관 수장들이 참석하여 북한의 비핵화와 관련해 부정적인 전망을 내놓은 것은 강하게 반발했다. 댄 코츠 미 국가정보국장은 북한의 도발 중단에 대해 긍정적으로 평가했다. 그러나 북한 정권은 대량 살상 무기 능력을 유지하려 하며, 핵무기와 생산 능력을 완전히 포기하지 않을 것으로 평가한다고 말했다. 핵무기가 곧 정권 생존을 위한 중요한 수단이기 때문이라고 설명했다. 지나 해스펠 중앙정보국장도 북한이 미국을 직접 타격할 수 있는 장거리 핵 미사일을 개발하고 있다고 말했다. 이어 북한과의 대화를 통해 핵 프로그램 완전 공개와 핵무기 해체를 이뤄야 한다고 촉구했다. 비건 대표는 정책 판단과 의지가 개입되지 않은 부정적이고 편협한 해석이라면서 매우 실망스러운 결과라고 비난했다.


## 비건 대표의 평양 협상과 '스몰딜' 논란

스탠퍼드 특강 이후 비건 대표는 평양 방문을 위해 우선 서울을 찾았다. 설 연휴 기간인 2월 3일 일요일 낮에 인천공항을 통해 방한한 비건 대표는 그날 저녁 이도훈 한반도 평화교섭본부장과 면담하고, 4일 오후 청와대를 방문해 정의용 국가안보실장과 면담했다. 다음 날인 5일은 두문불출했고, 6일 평양을 향해 출발했다. 오전 9시 오산공군기지를 이륙했고, 평양 도착 시간은 오전 10시쯤이었다. 비건 대표가 출발하는 시점에서 귀환 일정이 알려지지 않아 1박2일 일정이 될 것이라는 전망이 많았다. 그러나 실제로는 2박3일 동안 평양에 머물면서 김혁철 미국 문제 특별대표와 협상을 벌였다. 2월 8일 오후 7시 오산공군기지에 착륙했고, 8시 30분쯤 숙소인 서울 광화문 포시즌스 호텔에 도착했다.

다음 날인 2월 9일 오전 9시 반쯤 트럼프 대통령은 트위터에 북미 정상회담 개최 도시가 하노이라고 밝혔다. 이로써 2차 북미 정상회담 일정에 대한 기초 정보가 모두 확인되었다. 이런 결과는 비건 대표의 평양 방문을 통해 북한과 장소에 대한 최종적인 합의가 이뤄진 것을 의미한다. 정상회담이 27일 시작될 예정인 만큼 하노이 발표는 18일 앞둔 시점이었다. 북미 정상회담 같은 매우 특이한 형태의 행사를 준비하기에 너무 부족한 시간이고, 실제로 회담 직전까지 다양한 형태의 혼란이 빚어졌다.

비건 대표는 오전 10시 외교부 청사를 방문해 강경화 장관을 예방했고, 이어 이도훈 본부장 등 우리 정부 당국자들과 면담하면서 평양 방문 결과를 공유했다. 공개된 자리에서 언급한 내용은 협상이 '생산적'이었다는 것이다. 비건 대표는 앞으로 북한과 어려운 과제를 처리해야 하겠지만, 북한과 미국 모두 진전을 이루겠다는 의지가 있음을 확신한다고 말했다. 비건 대표는 이어 이도훈 본부장 그리고 서울을 급히 방문한 일본의 북핵 협상 대표 가나스기 겐지 외무성 아시아대양주국장과 3국 북핵 대표 오찬 회동을 가졌다. 오후에 정의용 안보실장과 면담했고, 늦은 오후에는 한국 여야 정치권 지도자들과도 만났다. 비건 대표와 별도 일정으로 비건 대표를 수행한 알렉스 웡 국무부 동아태 부차관보는 천해성 통일부 차관을 만나 북미 실무 협상 결과를 공유했다. 비건 대표 일행은 2월 10일 오전 9시쯤 인천공항을 통해 출국했다.

비건 대표의 평양 방문 이후 북미 정상회담에 회의적인 반응을 보여온 전문가 집단을 중심으로 '스몰딜(small deal)' 논란이 커졌다. 트럼프 대통령이 이번 정상회담에서 영변 핵 시설은 동결하고 대신 미국에 직접적인 위협이 되는 장거리 미사일 폐기만 받는 조건으로 대북 경제 제재를 해제할 거라는 내용이었다. 스몰딜은 현실성이 상당히 떨어지는 주장이다. 한편으로는 트럼프 대통령의 협상 방식에 대한 우려와 불안을 제기한 것이지만, 다른 한편으로는 비건 대표가 시사해 온 동시적 병행적 합의에 반대한다는 입장을 강조한 것이다. 스몰딜 논란이 나오면서 비핵화와 관련한 모든 요소를 일괄적으로 타결하는 '빅딜(big deal)' 개념이 나왔고, 빅딜이 어려운 만큼 '미디엄딜(medium deal)'이 현실적이라는 전망도 나왔다. 논란이 가열되면서 거래 규모보다는 '굿딜(good deal)'인가, '배드딜(bad deal)'인가가 더 중요하다면서 배드딜을 거부해야 한다는 주장도 제기되었다.

## 하노이 정상회담 준비 기간은 18일

평양 실무 협상 이후 하노이 정상회담을 위한 준비는 황급한 분위기에서 진행되었다. 가장 먼저 베트남의 팜 빈 민 부총리 겸 외교부 장관이 2월 12일 2박3일 일정으로 방북 일정을 시작했다. 김정은 위원장의 의전 문제를 담당하는 김창선 국무위원회 부장은 2월 15일 오후 7시 20분쯤 베이징에 도착했지만, 곧바로 다른 항공편을 이용해 광저우로 이동했다. 김창선 부장 일행은 모두 12명이며 의전과 경호, 통신, 보안, 보도 등을 담당하는 실무 인력으로 추정되었다. 광저우에서 1박을 한 김창선 부장은 다음 날인 16일 낮 하노이 노이바이국제공항에 도착했다. 공항에서 바로 하노이 시내 정부 영빈관으로 이동하여 짐을 풀었다. 미국 쪽 의전 담당자인 대니얼 월시 백악관 부비서실장도 전날인 2월 15일 하노이에 도착했다.

김창선 부장은 도착 당일 저녁에 영빈관 바로 옆에 위치한 소피텔 레전드 메트로폴 호텔을 방문했다. 이곳은 나중에 정상회담 장소로 선택되었다. 김 위원장 숙소는 멜리야 호텔로 정리되었다. 김창선 부장은 다음 날인 2월 16일 오전 7시쯤 숙소를 출발해 하노이 동북쪽 40킬로미터 거리에 위치한 박닌성과 그곳에서 서북쪽에 위치한 타인응우옌성을 둘러보았다. 두 곳 모두 삼성전자 스마트폰 공장이 있어서 김 위원장이 삼성전자를 방문할 수 있다는 관측을 촉발했다. 삼성전자 관계자는 북측 관계자 문의가 없었다고 확인해 주었지만, 일부 언론은 삼성전자 방문을 단정해서 보도하기도 했다. 그러나 김 위원장은 삼성전자는 물론 박닌성 지역을 방문하지도 않았다.

김창선 부장은 17일 베트남 북부 랑선성의 국경 열차역인 동당역을 방문해서 주변을 살폈다. 김정은 위원장이 항공편이 아니라 열차를 이용해 베트남을 방문할 가능성이 제기되었다. 실제로 김 위원장은 열차를 이용해 동당역까지 왔고, 이후 자동차를 타고 170킬로미터 떨어진 하노이로 이동했다. 김창선 부장은 이외에도 멜리야 호텔과 오페라하우스를 방문했다. 그러나 정상회담 장소로 가장 유력하게 지목된 국립컨벤션센터를 방문하지 않아서 의문을 제기했다. 실제로 이곳은 행사장 목록에서 제외되었다. 이외에도 베트남 정부 청사와 외무부 건물, 호치민박물관 등을 찾았다.

북한 국무위 소속 김혁철 특별대표 등 북한 의제협상팀은 베이징을 거쳐 현지 시각으로 2월 20일 오후 6시 30분쯤 노이바이국제공항을 통해 하노이에 들어왔다. 이들도 영빈관에 묵었다. 비건 대표 일행도 비슷한 시각 하노이로 이동했다. 비건 대표는 하노이 시내 뒤파르크 호텔에 여장을 풀었다. 북미 양측 실무 협상 대표들은 2월 21일 오후 3시 30분 뒤파르크 호텔에서 협상을 시작했다. 이후 25일까지 5일 동안 매일 만나 2차 정상회담을 준비했다. 협상 나흘째인 24일에는 오후에만 한 차례 협상했고, 25일에도 오후에만 만났는데 실무 협상은 없었다.


## 열차 편으로, 비행기 편으로 하노이 입성

2월 23일 토요일 오후 5시 김정은 위원장을 태운 전용 열차가 평양을 출발했다고 러시아 타스통신이 보도했다. 다음 날 아침 북한 매체들도 김 위원장의 출국 사실을 보도했다. 수행자 명단도 나왔다. 노동당 부위원장 김영철, 리수용, 김평해, 오수용, 외무상 리용호, 인민무력상 노광철, 당 제1부부장 김여정, 외무성 부상 최선희 등이 거명되었다. 북한 매체는 또 김 위원장이 베트남을 공식 친선 방문한다고 밝혔는데 정확한 기간은 말하지 않았다.

열차는 23일 오후 9시 30분쯤 북중 접경 지역인 단둥역을 통과했다. 열차는 톈진역을 지나 우한과 창사, 난닝을 거쳐 접경 근처인 핑샹에 도착했다. 베트남 쪽 접경 도시인 동당역에는 26일 오전 8시 15분쯤 도착했다. 평양을 출발한 지 65시간, 단둥에서는 58시간 만이다. 동당역에서는 큰 행사 없이 베트남 사회당과 정부 고위 관계자들이 나와 도열한 가운데 악수하면서 환영하는 정도로 넘어갔다. 역사 앞에서 대기하던 전용 차량은 8시 27분쯤 본격적으로 하노이를 향해 달리기 시작했다. 자동차는 170킬로미터를 남쪽으로 달려 오전 11시쯤 숙소인 멜리야 호텔에 도착했다. 김 위원장은 이후 두문불출하다가 오후 5시 호텔 근처에 위치한 북한 대사관을 방문해 1시간 정도 체류하고 다시 호텔로 돌아갔다. 김 위원장은 다음 날 저녁 북미 정상회담 참석을 위해 6시 20분쯤 모습을 드러내기 전까지 호텔에서 나오지 않았다.

트럼프 대통령은 워싱턴 시각으로 25일 오후 12시 34분, 하노이 시각으로 26일 오전 0시 34분 앤드루스공군기지에서 대통령 전용기를 타고 하노이를 향해 출발했다. 대서양을 건너 영국 런던 북동쪽 마일던홀 공군기지에 25일 오후 11시 42분 중간 기착했고, 26일 오전 10시 15분 카타르의 알우데이드공군기지에 한 차례 더 중간 기착했다. 하노이 시각으로 26일 오후 9시 15분 노이바이공항에 도착했다. 트럼프 대통령 일행은 곧바로 숙소인 매리어트 호텔로 이동했다.

## 두 번째 세기의 악수, 오후 6시 30분

트럼프 대통령은 27일 오전 베트남 주석과 총리회담 일정을 진행했다. 오후에는 별다른 일정이 없었다. 김정은 위원장은 멜리야 호텔에 머물렀고, 수행원 가운데 경제 분야 담당자들은 오전 8시 호텔을 나와 버스 편을 이용해 하롱베이와 하이퐁을 시찰했다.

역사적인 2차 북미 정상회담은 오후 6시 30분 메트로폴 호텔에서 시작되었다. 첫 만남이 오후 6시 30분으로 결정된 것은 미국 워싱턴 시각이 오전 6시 30분이라는 점을 고려해 가능한 한 많은 시청자를 확보하려는 차원으로 분석되었다. 싱가포르 회담 때와 마찬가지로 양쪽 국기 12장을 배경으로 김정은 위원장과 트럼프 대통령이 마주 보며 걸어와 악수를 나눴다. 싱가포르 때와 달리 이번에는 상석인 오른쪽을 트럼프 대통령이 차지했다. 6시 40분에는 가벼운 환담에 이어 단독면담이 20분 동안 진행되었다. 환담 내용이 언론에 공개되었다. 김정은 위원장은 이렇게 만나니 결실을 이룰 수 있을 것 같고, 이번에는 성공할 것으로 생각한다고 말했다. 그러나 불신과 오해의 적대적인 낡은 관행이 우리가 가는 길을 막으려고 했지만, 그것들을 다 깨 버리고 극복하고 260일 만에 하노이까지 걸어왔다며 정상회담이 성사되는 과정에서 느낀 불만을 토로했다. 트럼프 대통령은 1차 정상회담이 성공했고, 2차 회담은 동일하거나 더 훌륭한 회담이 될 것으로 생각한다면서 낙관적인 견해를 밝혔다. 특히 북한이 가진 엄청난 경제적 잠재력은 제한이 없다고 생각한다면서 훌륭한 미래가 훌륭한 지도자 안에서 가능하다고 생각하며 돕기를 바란다고 말했다.

백악관 행사 일정표에 '친교 만찬'으로 묘사된 정상 만찬은 오후 7시에 메트로폴 호텔 1층 양식당에서 2시간 동안 진행되었다. 배석자로 북한에서 김영철 부위원장과 리용호 외무상이 나왔고, 미국에서 폼페이오 장관과 믹 멀베이니 백악관 비서실장 대행이 나왔다. 테이블이 사각이 아니라 둥근 형태여서 친근감이 강조되었다. 테이블 크기도 약간 작은 편이어서 참석자들이 가까이 앉은 모습이 연출되었다. 이 자리에 존 볼턴 보좌관이 오지 않은 것은 김정은 위원장의 심기를 고려한 것으로 분석되었다. 식사가 끝나고 트럼프 대통령은 트위터에 대단한 만남과 저녁을 김정은 위원장과 했고 매우 좋은 대화였다고 평가했다.

## 하노이 회담, 시청률 부진 굴욕

다음 날인 28일 오전 9시 두 정상은 회담장인 메트로폴 호텔에서 다시 만났다. 사전에 알려진 미국 측 일정표에 보면 단독회담은 9시, 확대 정상회담은 9시 45분에서 11시 45분, 이어 11시 55분에 업무 오찬, 오후 2시 5분에 공동 합의문 서명, 오후 3시 50분에 트럼프 대통령 기자회견이었다.

단독회담 모두 발언은 공개되었다. 김정은 위원장은 그동안 노력을 많이 했고, 이제 보여 줄 때가 되었다고 말했다. 김 위원장은 특히 기자의 돌발 질문에 답변해서 눈길을 끌었다. 비핵화 의지가 있는가를 묻는 질문에 의지가 없었다면 오지 않았을 거라고 대답했다. 회담 성공을 확신하는지 묻는 질문에는 속단하거나 예단하지는 않겠지만, 직감으로 보면 좋은 결과가 예상된다며 여유 있게 답변했다.

단독회담 장면에서 트럼프 대통령은 어두운 표정을 보였다. 하노이 정상회담과 같은 시기에 워싱턴 미 의회에서 열리는 청문회 때문에 회담에 집중하지 못하는 모습을 보였다. 청문회는 과거 자신의 개인 변호사를 10년 이상 했던 마이클 코언 변호사가 미 상원과 하원의 공개 또는 비공개 청문회에 나와서 트럼프 대통령의 문제점을 폭로하는 자리로 마련된 것이었다. 원래는 2월 7일로 예정되었지만 코언 변호사가 연기를 요청하면서 새로 잡힌 일정이 27일과 28일이었던 것이다. 민주당 진영에서 하노이 정상회담 일정을 고려해 일부러 날짜를 맞췄다는 분석이 미국 언론에서 제기되었다. 트럼프 대통령에게 반감을 가진 워싱턴 주류 언론이 하노이 정상회담보다 코언 청문회에 압도적인 관심을 보이면서 트럼프 대통령을 크게 실망시켰다. 코언 청문회 일정은 북미 정상회담 결과에 일정 부분 영향을 미친 것이 분명하다. 트럼프 대통령이 단독회담 모두에 혼란스런 표정을 보였고, 당일 오후 2시에 열린 기자회견에서 청문회 일정을 겹쳐 잡은 것에 대해 유감을 표명했다. 미국으로 돌아간 뒤에는 공개적으로 청문회 일정이 하노이 회담 결렬에 기여했다고 말했다.

## 하노이 회담 결렬과 후폭풍

하노이 정상회담은 현지 시각으로 정오쯤 이상 징후를 보이기 시작했다. 예정 시간인 11시 55분에 오찬이 시작되지 못했고, 12시 30분이 넘어서도 상황은 달라지지 않았다. 오후 1시쯤 백악관 출입 기자들 사이에서 오후 2시로 예정된 합의문 서명식이 취소 가능성이 있고, 4시로 예정된 대통령 기자회견이 2시로 당겨질 수 있다는 예고 통지가 돌았다. 1시 30분경에는 두 정상이 메트로폴 호텔을 빠져나가는 장면이 포착되었다. 공동 업무 오찬 일정을 진행하지 않고 각자 헤어지는 모습은 회담 결렬을 시사하는 명백한 징후였다. 1시 30분이 넘어 백악관에서 이번 회담이 종료되었고, 아무런 합의도 이뤄지지 않았다는 점을 확인하면서 회담 결렬 보도를 속보로 처리하기 시작했다.

트럼프 대통령은 2시에 열린 기자회견에서 회담 중에 김정은 위원장에게 영변 단지는 물론 그 밖에 다른 핵 관련 시설과 물질을 모두 폐기할 것을 요구했지만 호응하지 않았다고 말했다. 이어 북한은 대북 경제 제재를 모두 풀라고 했지만 그것을 수용하지 않았다고 말했다. 그러면서 합의문이 있었고 서명할 수도 있었지만, 이번에는 서명하지 않는 편이 낫다는 판단을 했다고 말했다. 다만 회담 분위기도 좋았고 자신과 김 위원장의 관계도 여전히 좋다고 강조했다. 협상이 곧 재개되기를 기대한다고 덧붙였다. 트럼프 대통령은 기자회견이 끝나고 미국으로 돌아가는 전용기에 올라탔다.

북한에서는 이날 오후 내내 움직임이 없었다. 그러다가 28일 자정에 심야 기자회견을 돌발적으로 열었다. 리용호 외무상은 북한이 비핵화 협상에서 전면적인 제재 해제를 요구하지 않았고, 2016년 이후 유엔 안보리 대북 제재 결의 내용 가운데 민생과 관련한 부분만 해제할 것을 요구했다고 설명했다. 그리고 북한은 영변 핵시설 전체를 영구히 폐기한다는 제안을 했는데도 미국이 수용하지 않아서 회담이 결렬됐다고 강조했다. 질문은 받지 않고 방으로 들어갔다. 최선희 부상이 조금 더 남아서 기자 질문에 답변했는데, 김정은 위원장의 회담 의지가 약화되었다는 점과 미국식 계산법에 의아해하고 있다고 전했다. 북한에서는 다음 날 매체 보도에서 합의문 채택 여부를 언급하지 않고 성과가 있는 회담이었다고 평가했다.

회담이 갑자기 종료된 이후 미국 언론은 갑작스런 결렬이라고 표현하면서 실패했다는 평가를 보였지만, 배드딜보다는 노딜이 낫다면서 안심하는 반응도 많았다. 야당도 같은 반응이었다. 그런데 미국 언론이 갑자기 북한 동창리와 평양 산음동에서 특이한 움직임이 보인다는 내용의 싱크탱크 연구 분석 결과를 인용하여 북한이 회담 결렬에 대한 반발로 미사일을 쏠 것이라는 예측 보도를 내놓기 시작했다. 북한이 불량국가라는 점을 상기시키면서 북미 정상회담을 반대하는 전문가 분석과 논평이 쏟아졌다.

김정은 위원장은 다음 날인 3월 1일과 2일 베트남 친선 방문 일정을 진행하고 오전 10시 하노이 시내를 떠났다. 12시 30분 동당역에 도착해 대기하던 전용 열차를 타고 다시 중국 대륙을 관통해 북한으로 돌아갔다. 3월 5일 오전 3시 평양역에 도착했다. 동당역을 출발한 지 61시간 만에 10박11일간의 베트남 방문 일정을 마무리했다.

하노이 회담에서도 한반도 평화 체제 구축이 멀고도 험난한 과정이라는 점이 거듭 확인되었다. 다만 하노이 정상회담을 거치면서 북한과 미국이 정상 수준에서 처음으로 진지한 협상을 진행한 경험은 북핵 문제 해결에 중대한 진전으로 작용할 수 있다. 이번 회담에서 1보 전진하는 것을 보류한 대신 다음 기회에 2보 전진을 기약한 것으로 본다면, 하노이 정상회담의 성공과 실패는 다음 3차 북미 정상회담의 결과를 보고 나서 판단하는 게 적절할 것이다.

# Epilogue

2019년 2월 28일 필자는 2차 북미 정상회담이 열린 베트남의 수도 하노이 국제미디어센터에서 2차 북미 정상회담 보도와 해설에 집중하고 있었다. 하노이 회담에서는 2018년 6월 싱가포르 회담에 이어 구체적인 비핵화 로드맵이 나올 것으로 기대했지만, 실제로는 아무런 합의가 도출되지 않은 채 종결되었다. 회담은 합의문 없이 종결되고 한반도 평화 체제 구축을 위한 대한민국의 도전과 노력에 일시적이나마 제동이 걸린 점은 유감스러운 대목이다. 그러나 회담을 취재한 기자의 눈으로 보면 하노이 회담은 매우 흥미로운 토론 주제를 안겨 주었다는 점에서 의미를 부여할 수 있다. 우선 하노이 회담은 '결렬된 정상회담'이라는 특징을 갖는다. 두 번째 특징은 '국내 정치 변수 요인'이 많았다는 것이다. 세 번째는 북한과 미국의 정상회담에 관련된 요소마다 모두 한국 정부가 중요하게 연결돼 있었다는 점에서 '양자 삼각 회담'이라는 특징이 두드러졌다는 것이다.

회담 결렬과 관련해서는 실패한 회담으로 묘사하는 게 자연스럽다고 할 수 있다. 합의문이 도출되지 않은 것은 틀림없는 사실이고, 3차 정상회담이 언제 열릴지 불투명하다는 점에서 실패라는 평가는 가능하다. 정상회담은 실패하지 않는다는 명제가 반드시 맞지는 않는다는 교훈도 안겨 주었다. 다만 실패했다는 평가는 틀렸다는 반론이 있다는 것도 기억해야 한다. 도널드 트럼프 미국 대통령은 회담 종결 이후 기자회견에서 김정은 위원장과 여전히 좋은 관계라며 회담이 곧 재개되기를 기대한다고 말했다. 트럼프 대통령보다 강경한 입장을 가진 다른 참모들도 회담 실패라는 평가에 동의하지 않았다. 오히려 합의가 유예된 것이므로 실패가 아니라 결렬이며 긍정적 요소가 있다는 평가 역시 가능하다.

합의가 도출되지 않은 이유에 대해 북한과 미국에서는 회담 종결 직후 상호 제시한 조건이 맞지 않았기 때문이라는 설명을 내놓았다. 상식과 부합한다. 그러나 트럼프 대통령이 며칠 뒤 하노이 회담과 같은 시기에 워싱턴에서 열린 미 하원 청문회가 회담 결과에 영향을 주었다고 말했다. 회담이 결렬된 건 협상 내용 때문이 아니라 협상 환경, 특히 미국 국내 정치의 영향을 받았다는 것이다. 김정은 국무위원장 역시 미국의 계산법을 의아해했다고 전함으로써 미국 국내 정치의 연관성을 시사했다. 트럼프 대통령의 계산법을 정리하면 하노이 정상회담을 결렬시키면 합의문 채택에 비해 뉴스 가치가 커지는 상황을 기대할 수 있다. 나아가 워싱턴에서 트럼프 대통령을 비난하며 김정은 위원장과 '나쁜 거래'를 할 거라 우려했던 야당과 주류 언론의 예측을 뒤집어 합리적인 협상을 진행했다고 선전할 수 있다. 실제로 트럼프 대통령은 하노이 회담이 결렬되어 국내 정치적으로 입지가 개선되었다는 평가를 받았다. 하노이 정상회담은 국내 정치가 외교 정책을 결정하는 데 영향을 미친다는 명제와 관련해 앞으로 자주 인용되는 사례가 될 것이다.

세 번째 특징, 즉 '양자 삼각 회담'은 잘 보이지 않지만 하노이 회담을 이해하는 중요한 요소다. 사실 싱가포르에서 열린 1차 북미 정상회담은 문재인 대통령 특사단의 권고를 트럼프 대통령이 수용한 결과였다. 하노이 회담도 문재인 대통령이 2018년 9월 평양 방문 기간에 김정은 위원장으로부터 '영변 핵 시설 폐기' 발언을 유도하면서 물꼬가 트인 것이다. 트럼프 대통령이 제안한 비핵화 방안 가운데 상당수는 한국 정부와 긴밀한 공조 속에 마련된 것이고, 김정은 위원장이 제시한 비핵화 방안 가운데 상당한 요소도 문재인 대통령과 협의한 내용이 반영돼 있다. 그러므로 하노이 정상회담에서 합의문이 도출되지 않은 결과를 분석하면서 단지 북한과 미국의 협상 전략에만 집중하고, 한국 영향을 외면하는 것은 치명적인 요소를 빼놓고 진행한 분석이 될 것이다. 하노이 회담이 '양자 삼각 회담' 구도로 진행됐다는 점은 한국 정부도 북미 회담에 대해 매우 밀접하게 연결이 돼 있고, 성공이든 실패든 결과에 대해서도 어떤 식으로든 책임을 져야 하는 점을 의미한다.

이처럼 하노이 정상회담과 관련된 세세한 특징에 대해 회담 직후 명확하게 지적하고 토론하는 것은 자연스럽기도 하고 필요한 일이기도 하다. 상황을 재구성하여 면밀하게 분석하고 평가하면 한국 외교의 향후 과제도 나올 수 있고, 새로운 정책 목표를 설정할 수도 있을 것이다. 예를 들어 미국 국내 정치가 주요 변수라는 점에 의미를 부여한다면, 미국 국내 여론을 전환하기 위해 무엇을 할 것인가, 고민하는 일은 우리 외교에서 가장 시급하고도 중요한 과제로 떠오를 것이다. 하노이 회담이 실패인지, 아닌지 토론하다 보면 타협이 가능한 비핵화 로드맵 초안을 만드는 일도 가능해질 것이다. 무엇보다도 북핵 문제가 북한이나 미국만의 문제가 아니라 오히려 한국에서 가장 절박하게 풀어야 할 우리의 문제라는 것을 인식한다면, 그것만으로도 한국이 외교 대국이 될 수 있는 기반을 추가하는 의미를 지닌다. 외교 대국으로서 기초 역량을 갖추면 궁극적으로 북핵 문제 해결과 한반도 평화 체제 구축이라는 외교 목표를 달성할 가능성은 크게 높아진다.

물론 이런 고민들이 3년 뒤 또는 5년 뒤에도 후대에 전달될지는 미지수다. 아마도 어려울 것이다. 2006년 10월 9일의 1차 북한 핵실험은 미국의 방코 델타 아시아에 대한 금융 제재와 관련한 북한의 반발이라는 것이 공지의 사실이었다. 그러나 3년 후 북한의 핵실험과 관련해 방코 델타 아시아를 말하는 사람은 없고, 단지 김대중 정부와 노무현 정부가 추진한 햇볕정책의 부작용이라는 설명이 득세하는 상황이 전개되었다. 북핵 문제가 복잡하고 난해하게 전개되고 장기간 진행되면서 특정한 사건에 붙어 있는 시시콜콜한 이야기는 생략될 수밖에 없다. 간략한 정리를 추진하는 와중에 핵심 변수 요인도 생략되는 경우가 나올 수 있고, 후대에서 상황을 오판할 가능성도 적지 않다. 그러므로 당대에는 당연한 일이라고 해도 후대 연구가를 위해 중요한 맥락을 빠뜨리지 않고 기록하는 것은 대한민국이 외교 대국이 될 수 있는가, 없는가를 가르는 변수라고 말할 수 있겠다. 그런 차원에서 대한민국이 외교 대국으로 더욱 성장하는 과정에서 이 책이 조금이라도 도움이 되기를 간절하게 기원해 본다.

# 김정은 시대 북핵 연대기 연표 요약

## 2011년

| | |
|---|---|
| 12월 17일 | 김정일 북한 국방위원장 사망. 김정은 위원장 통치 시작 |

## 2012년

| | |
|---|---|
| 2월 29일 | 북미, 핵과 미사일 활동 동결과 대북 식량 지원을 내용으로 하는 합의(윤달합의) 체결 |
| 3월 16일 | 북, 인공위성 광명성 3호 탑재 우주 로켓 발사 예고로 윤달합의 파기 위기 |
| 4월 7일 | 미국 정보 기관 당국자, 괌에서 항공기 이용해 비공개 방북 |
| 4월 11일 | 북한 노동당 제4차 대표자회에서 당 제1비서로 김정은 추대 |
| 4월 13일 | 우주 로켓 은하 3호 발사 강행. 공중 폭발 |
| | 북한 최고인민회의, 국방위원회 제1위원장에 김정은 추대 |
| 7월 6일 | 모란봉악단 공연. 미키마우스 등장 |
| 7월 15일 | 리영호 총참모장 심야 체포. 현영철 대장을 차수로 승진시켜 총참모장 기용 |
| 8월 17일 | 미국 정보원 비공개 방북. 4월과 마찬가지로 괌에서 항공기 이용 |
| 10월 11일 | 현영철 총참모장, 대장으로 강등 |
| 11월 6일 | 오바마 미국 대통령, 재선 성공 |
| 11월 13일 | 한국계 미국인 케네스 배, 북한 여행 중 억류 |
| 11월 15일 | 시진핑, 중국 공산당 제18기 중앙위원회 제1차 전체회의에서 총서기로 선출 |
| 12월 12일 | 김정은, 우주 로켓 은하 3호 다시 발사. 성공 |
| 12월 19일 | 박근혜, 대한민국 제18대 대통령으로 당선 |

## 2013년

| | |
|---|---|
| 1월 7일 | 구글 회장 에릭 슈미츠 북한 방문 |
| 1월 23일 | 유엔 안보리, 북한 우주 로켓 발사 관련 대북 제재 결의 2087호 채택 |
| 2월 12일 | 북, 3차 핵실험 감행 |
| 3월 6일 | 《노동신문》 1면 기사 "워싱턴도 불바다" |
| 3월 7일 | 유엔 안보리, 북한 핵실험 관련 대북 제재 결의 2094호 채택 |
| 3월 26일 | 인민군 최고 사령부, 1호 근무 태세 발령 |

| 3월 31일 | 노동당 전원회의에서 병진 노선, 즉 핵 무력 건설과 경제 발전 병행 추진 노선 채택 |
| 4월 1일 | 최고인민회의 개최. 2003년 개혁, 개방 정책 책임자였던 박봉주 총리 재선임 |
| 6월 16일 | 북 국방위 대변인 중대 담화에서 비핵화 거론 |
| 8월 24일 | 최룡해 북한 총정치국장, "우리는 전쟁을 원하지 않는다." 발언 |
| 12월 7일 | 북, 미국인 억류자 메릴 뉴먼 석방 |
| 12월 9일 | 북, 장성택 공직 해임, 당적 제명 보도 |
| 12월 12일 | 북, 장성택 재판 후 처형. 다음 날 보도 |

## 2014년

| 1월 7일 | 전 미국 농구선수 데니스 로드먼, 북한에서 CNN 출연. 케네스 배 문제 다시 공론화 |
| 1월 16일 | 북 국방위 중대 제안 발표. 한반도 긴장 완화, 비핵화 가능성 거론 |
| 3월 24일 | 경기 파주에서 소형 무인기 발견. 이후 북한이 운용하는 남한 탐지 장비로 판정 |
| 3월 26일 | 북, 노동 미사일 2기 발사. 수직에 가까운 고각 발사. 사드 파문 시발점 |
| 3월 28일 | 박근혜 대통령, 독일 드레스덴 연설 |
| 4월 9일 | 북 제13기 최고인민회의 출범. 김정은 국방위 제1위원장 재추대 |
| 4월 16일 | 세월호 참사 발생. 박근혜 대통령 국정 운영 지도력에 결정적 장애 요인 발생 |
| 6월 3일 | 주한 미군 사령관 커티스 스캐퍼로티, 미 국방부에 사드 배치 요청했다고 발언 |
| 6월 30일 | 북 국방위 특별 제안. 남측에 긴장 완화 제안 |
| 7월 7일 | 북, 공화국 정부 성명. 남북 관계 개선과 대북 정책 전환 촉구 |
| 8월 | 미 정부 정보 당국자 비공개 북한 방문. 괌에서 항공편 이용 |
| 9월 19일 | 북, 인천아시안게임 참가 |
| 10월 4일 | 북, 고위급 대표단 폐회식 참가. 황병서, 최룡해, 김양건 방남 |
| 10월 30일 | 미 록히드마틴, 사드 도입 협의 발언. 중국, 사드 도입 관련 긴장감 고조 |
| 11월 7일 | 제임스 클래퍼 미 국가정보국장 방북 |
| 11월 8일 | 북, 억류 인질 2명 석방. 케네스 배 약 2년 만에 석방. 북미 관계 개선 조짐 |
| 11월 24일 | 소니 해킹 사건 발생 |
| 12월 19일 | 미 FBI, 소니 해킹 사건 배후로 북한 지목 발표. 북미 관계 분위기 악화 |

## 2015년

| 1월 9일 | 북, 미국에 한미 군사 훈련 중단과 핵실험 중단 제안 |
| 1월 23일 | 북, 신포에서 SLBM 관련 실험 |
| 1월 23일 | 오바마, 인기 유튜버 인터뷰에서 "북한 결국 붕괴" 언급 |
| 2월 4일 | 북, 미국과 대화 중단 선언. 케네스 배 석방 이후 진행된 물밑 접촉 중단 |

| | |
|---|---|
| 2월 14일 | 황병서 총정치국장, "미국 불벼락" 발언 |
| 2월 24일 | '38노스' 2020년까지 북한 핵무기 100개 제조 가능성 제기 |
| 3월 5일 | 마크 리퍼트 주한 미국 대사 피습 사건 발생 |
| 4월 30일 | 현영철 북한 인민군 총참모장 총살 |
| 5월 8일 | 북, SLBM 수중 발사 실험 |
| 5월 9일 | 김정은, 러시아 승전 기념 행사 불참 |
| 6월 15일 | 북, 공화국 정부 성명으로 남북 관계 개선 조치 촉구 |
| 6월 16일 | 도널드 트럼프 대선 출마 선언. 이민자 비하 발언으로 공화당 유력 주자 급부상 |
| 8월 4일 | 목함 지뢰 사건 발생 |
| 8월 20일 | 북, 대북 확성기 중단 관련 48시간 최후 통첩 협박 |
| 8월 22일 | 남북, 오후 6시에 고위급 협상 착수 |
| 8월 25일 | 남북, 오전 0시 55분에 목함 지뢰 사건 계기 대치 해소 합의문 채택 |
| 9월 3일 | 박 대통령, 천안문 망루 외교에서 통일 외교 중요성 강조. 북한 반발 |
| 9월 9일 | 박 대통령, 서울 안보 대화 계기에 통일 외교 중요성 강조. 북한 또 반발 |
| 9월 15일 | 북, 핵실험 강행 시사 |
| 9월 28일 | 박 대통령, 유엔 총회 연설에서 남북 분단 종식이 세계 평화에 기여한다고 발언 |
| 10월 10일 | 중, 북한에 권력 서열 5위 류윈산 파견. 핵실험 중단 설득 추정 |
| 10월 30일 | 북 노동당 정치국 결정서, 노동당 제7차 대회 다음 해 5월 개최 예고 |
| 12월 10일 | 북, 김정은 '수소탄 폭음' 발언 보도 |
| 12월 15일 | 북한 모란봉악단, 베이징에서 예약한 공연을 4시간 앞두고 전격 철수 소동 |
| 12월 28일 | 한일, 위안부 문제 합의 발표. 박 대통령 외교 정책 지도력 약화 |

## 2016년

| | |
|---|---|
| 1월 6일 | 북한, 4차 핵실험 감행 |
| 1월 8일 | 남, 휴전선 확성기 방송 재개 |
| 1월 13일 | 박 대통령, 사드 도입 긍정 검토 발언 |
| 2월 7일 | 북, 인공위성 광명성 4호를 탑재한 운반 로켓 광명성호 발사. 성공 |
| 2월 10일 | 홍용표 통일부 장관, 개성공단 전면 중단 발표 |
| 2월 11일 | 북, 개성공단 남측 인원 추방 발표 |
| 3월 2일 | 안보리, 북한 핵실험과 로켓 발사 관련 대북 제재 결의 2270호 채택 |
| 3월 9일 | 북 매체, 핵탄두 추정 물체 사진 공개 |
| 3월 15일 | 북, 미사일 대기권 재돌입 시험 성공 주장 |
| 4월 9일 | 북, 대출력 미사일 엔진 시험 성공 주장 |
| 4월 15일 | 북, 무수단 미사일 시험 발사. 실패 |
| 4월 23일 | 북, SLBM 시험 발사. 성공 주장 |

| | |
|---|---|
| 5월 6일 | 북, 제7차 당대회 개최. 비핵화 가능성 거론 |
| 6월 15일 | 미 공화당 대선 후보 트럼프, 김정은 위원장과 햄버거 먹으면서 대화 가능 발언 |
| 7월 8일 | 한미, 사드 배치 합의문 발표. 중국, 강력 반발 |
| 7월 19일 | 미 공화당, 전당대회 열고 11월 대선 후보로 트럼프 선출 |
| 8월 24일 | 북, SLBM 시험 발사. 성공 주장 |
| 9월 9일 | 북, 5차 핵실험 강행 |
| 10월 24일 | JTBC 최순실 사건 보도. 박 대통령 국정 지도력 급격하게 약화 |
| 11월 8일 | 미국 대선에서 트럼프 승리 |
| 12월 9일 | 국회, 박 대통령 탄핵 소추안 가결. 대통령 궐위 상태 개시 |

## 2017년

| | |
|---|---|
| 1월 20일 | 도널드 트럼프, 미국 45대 대통령으로 취임 |
| 2월 12일 | 북, 북극성 2형 미사일 발사 |
| 2월 13일 | 말레이시아에서 김정남 암살 사건 발생 |
| 3월 10일 | 헌법재판소, 박 대통령 탄핵 확정 |
| 3월 17일 | 렉스 틸러슨 미국 국무장관 방한. 오바마 행정부 대북 정책 '전략적 인내' 종식 발언 |
| 3월 18일 | 북, 새 미사일 엔진 개발 시험 성공. '3·18혁명' |
| 4월 8일 | 미군, 항공모함 칼빈슨함 재출동 발표. '4월 전쟁설' '4·27 북폭설' 유포 |
| 4월 26일 | 미 행정부, 새로운 대북 정책 기조로 '최대 압박과 관여' 발표 |
| 4월 27일 | 트럼프, 사드 비용 한국 부담 희망 발언 |
| 5월 3일 | 틸러슨, 북한 불침공, 불전복 등 4불 정책 발표 |
| 5월 4일 | 김정은, 서해 최전선 도서 방문으로 군사적 긴장 분위기 고조 |
| 5월 9일 | 한국 대선에서 문재인 후보 당선 |
| 5월 10일 | 문재인 대통령 업무 개시 |
| 5월 14일 | 북, 화성 12형 미사일 시험 발사 |
| 6월 2일 | 유엔 안보리, 대북 제재 결의 2356호 채택 |
| 6월 13일 | 북, 미국인 억류자 오토 웜비어 석방. 6일 뒤인 19일 사망 |
| 7월 4일 | 북, 화성 14형 미사일 시험 발사 |
| 7월 11일 | 문 대통령, "힘이 없다" 발언 |
| 7월 21일 | 미, 자국민에 북한 여행 금지 발령 |
| 7월 25일 | 미 하원, 북한 제재 법안 가결 처리 |
| 7월 28일 | 북, 화성 14형 미사일 시험 발사 |
| 8월 5일 | 유엔 안보리, 대북 제재 결의 2371호 채택 |
| 8월 8일 | 트럼프, 북한 미사일 발사에 대해 "화염과 분노" 발언 |
| 8월 9일 | 북, "화염과 분노" 발언에 대해 괌 주변 포위 사격 준비 위협 |

| | |
|---|---|
| 8월 29일 | 북, 화성 12형 미사일 시험 발사 |
| 9월 3일 | 북, 6차 핵실험 감행 |
| 9월 3일 | 트럼프, 문 대통령 유화 정책 비난 |
| 9월 4일 | 한미 정상 통화. 한국에 대한 미사일 기술 제한 해제 |
| 9월 11일 | 유엔 안보리, 대북 제재 결의 2375호 채택 |
| 9월 13일 | 미군, 항공모함 3척 동해에서 연합 군사 훈련 실시 |
| 9월 15일 | 북, 화성 12형 미사일 시험 발사 |
| 9월 19일 | 트럼프, 유엔 총회에서 북한 미사일 발사 관련해 "완전한 파괴" 발언 |
| 9월 22일 | 김정은 국무위원장 개인 성명. "늙다리 미치광이" 트럼프를 불로 다스리겠다고 협박 |
| 10월 25일 | 시진핑, 중국 공산당 총서기 재선출. 2기 임기 시작 |
| 11월 8일 | 트럼프, 한국 방문 이틀째 일정에서 비무장지대 방문 추진 도중에 중단 |
| 11월 11일 | 트럼프, 트위터에서 "김정은 친구" 발언 |
| 11월 21일 | 미, 북한을 테러지원국으로 재지정 |
| 11월 29일 | 북, 화성 15형 미사일 발사 |
| 12월 19일 | 문 대통령, 미국 NBC 인터뷰에서 한미 연합 군사 훈련 연기 검토 발언 |

## 2018년

| | |
|---|---|
| 1월 1일 | 김정은, 신년사에서 평창동계올림픽 참가 발표 |
| 1월 4일 | 한미 정상 통화. 한미 연합 군사 훈련 연기 합의 |
| 1월 21일 | 현송월, 북한 예술단 사전 점검단 단장으로 방남 |
| 2월 9일 | 김여정과 김영남, 평창동계올림픽 개회식 참석 차 방남. 마이크 펜스 부통령은 악수 외면 |
| 2월 10일 | 문 대통령, 김여정 일행과 청와대 오찬. 김여정, 김정은 위원장 친서 전달 |
| 2월 25일 | 김영철 노동당 부위원장 겸 통일전선부장, 올림픽 폐회식 참석 차 방남 |
| 3월 5일 | 문 대통령 특사단 평양 방문 |
| 3월 8일 | 트럼프, 평양 다녀온 문 대통령 특사단 접견. 김정은과 정상회담 권고를 즉석 수락 |
| 3월 25일 | 김정은, 중국 방문 일정 개시 |
| 3월 26일 | 김정은, 시 주석과 정상회담 |
| 3월 31일 | 폼페이오 CIA 국장, 비공개 평양 방문 |
| 4월 9일 | 트럼프, 5월 또는 6월 초 북미 정상회담 언급 |
| 4월 18일 | 트럼프, 북미 정상회담 취소 가능성 언급 |
| 4월 20일 | 북, 노동당 전원회의 열어 병진 노선 승리 선언하고 경제 발전 총력 노선 채택 |
| 4월 27일 | 판문점에서 문재인, 김정은 남북 정상회담 개최 |
| 5월 7일 | 김정은, 중국 다롄에서 시진핑과 회담 |
| 5월 9일 | 폼페이오 미 국무장관, 평양 방문 |
| 5월 10일 | 북, 미국인 억류자 3명 석방 |

| 5월 16일 | 북, 남북 고위급 회담 무기 연기 통보 |
| --- | --- |
| 5월 22일 | 문 대통령, 트럼프와 워싱턴에서 정상회담 |
| 5월 24일 | 북, 풍계리 핵실험장 폭파 이벤트 |
| 5월 24일 | 트럼프, 북미 정상회담 취소 통보 공개 |
| 5월 26일 | 문 대통령, 판문점에서 김정은과 비공개 정상회담 |
| 6월 1일 | 북한 김영철 부위원장, 백악관 방문해서 트럼프 예방 |
| 6월 12일 | 싱가포르에서 제1차 북미 정상회담 개최 |
| 6월 19일 | 김정은, 베이징 방문 |
| 6월 27일 | 트럼프, "칠면조 요리" 발언 |
| 6월 30일 | 김정은, 북순강화 즉 북한 북부와 동부 지역을 돌면서 경제 발전 총력전 독려 |
| 7월 3일 | 미국, FFVD 용어 사용 시작 |
| 7월 6일 | 폼페이오 장관, 평양 방문 |
| 7월 27일 | 미군 유해 55구 송환 착수 |
| 9월 5일 | 문 대통령, 평양에 특사 파견 |
| 9월 18일 | 문 대통령, 평양 방문 일정 시작 |
| 9월 26일 | 리용호 북한 외무상, 유엔 총회 참석 차 뉴욕 방문. 폼페이오 장관과 회담 |
| 10월 4일 | 강경화 외교부 장관, 대북 정책에서 "융통성 있는 접근법" 필요하다고 발언 |
| 10월 7일 | 폼페이오 장관, 평양 방문 |
| 10월 16일 | 미국 공민 브루스 바이론 로랜스, 북한에 불법 입국했다가 억류 조치 |
| 11월 6일 | 미국 중간선거. 미 하원은 민주당 압승으로 다수당 확보, 상원은 공화당 다수당 유지 |
| 11월 16일 | 마이크 펜스 미국 부통령, 싱가포르에서 NBC와 인터뷰하며 대북 유화 발언 |
| 12월 24일 | 트럼프, 스티븐 비건 대북 정책 특별대표에게 보고받는 사진을 트위터에 공개 |

## 2019년

| 1월 1일 | 김정은, 신년사에서 비핵화 의지 재확인 |
| --- | --- |
| 1월 7일 | 김정은, 열차로 베이징 방문 시작 |
| 1월 18일 | 김영철, 두 번째 백악관 방문 |
| 1월 19일 | 비건, 2박3일간 열린 스웨덴 국제 회의에 참석해 최선희 외무성 부상과 토론 |
| 1월 31일 | 비건, 미 스탠퍼드대학 특강에서 대북 정책 방향과 내용 설명 |
| 2월 6일 | 비건, 평양을 방문해 2박3일간 북미 정상회담 준비를 위한 실무 협상 진행 |
| 2월 9일 | 트럼프, 2차 북미 정상회담 장소로 하노이 낙점 공개 |
| 2월 27일 | 김정은-트럼프 2차 북미 정상회담 일정 착수 |
| 2월 27일 | 미 하원, 트럼프의 예전 변호사 마이클 코언 불러 '성추문' 관련 청문회 실시 |
| 2월 28일 | 김정은-트럼프, 합의문 없이 하노이 회담 종료 |

# 핵담판

초판 1쇄 발행   2019년 5월 22일

지은이   왕선택
펴낸곳   책책
펴낸이   선유정
편집인   김윤선
교정교열   노경수
표지 디자인   design group ALL(02-776-9862)
본문 디자인   필요한 디자인

출판등록   2018년 6월 20일 제2018-000060호
주소   (03088)서울시 종로구 이화장1길 19-6
전화   010-2052-7411

인스타그램   @chaegchaeg
페이스북   /chaegchaeg17
전자주소   chaegchaeg@naver.com

ⓒ 왕선택, 2019
ISBN 979-11-962974-6-6